Esther Vergenz

MIT DEM WOHNMOBIL IN DIE AUVERGNE

Die Anleitung für einen Erlebnisurlaub

DER WOHNMOBIL-VERLAG
D-36452 Kaltennordheim
OT Mittelsdorf

Die Deutsche Bibliothek – CIP-Einheitsaufnahme

Bibliografische Information der Deutschen Bibliothek

Die Deutsche Bibliothek verzeichnet diese Publikation in der Deutschen Nationalbibliografie.
Detaillierte bibliografische Daten sind im Internet über <http://dnb.ddb.de> abrufbar.

Titelbild: Moulins (Tour 17)
Bild in vorderer Klappe: Le Puy-en-Velay (Tour 12)

Karten: Esther Vergenz

Bildnachweis:
Titelbild (©iStock.com/Evan Frank); Bild in vorderer Klappe (©iStock.com/Sablin) S. 34 Château de Duc de Bourbon, S. 68 Kathedrale in Cleremont-Ferrand, S. 80 Basilika von Orcival (Jürgen Engel), alle anderen Fotos von der Autorin.

3. Auflage 2020

Druck:
Gutenberg Beuys Feindruckerei, 30851 Langenhagen

Vertrieb:
GeoCenter GmbH, 70794 Filderstadt

Herausgeber:
WOMO-Verlag, OT Mittelsdorf, 36452 Kaltennordheim
GPS: N 50°36'38.2" E 10°07'55.6"

Fon: 0049 (0) 36946-20691
Fax: 0049 (0) 36946-20692
eMail: verlag@womo.de
Internet: www.womo.de

Autoren-eMail: vergenz@womo.de

ISBN 978-3-86903-113-2

Einladung

Sie sind begeisterter Wohnmobilist oder auch Neuling auf dem Gebiet? Sie lieben Frankreich? Sie suchen Kunst, Kultur, Natur, Wellness, Möglichkeiten für Sport jeglicher Art - vorzugsweise Outdoor-Events? Sie suchen Ruhe und Besinnlichkeit? Sie suchen eine Region, die touristisch noch nicht so überlaufen ist und wo man als Wohnmobilist noch gerne gesehen wird? Wenn Sie all das mit »Ja« beantworten können, so sind Sie in »meiner« Auvergne goldrichtig.

Jede Menge Natur, die mit 395.000 Hektar größte Vulkanlandschaft sowie die mit 82°Celsius heißeste Quelle und der 10.000 Hektar umfassende grösste zusammenhängende Eichenwald Europas sind nur einige der Superlativen der Auvergne. Hinzu kommen rund 40 Schlösser, zahlreiche Ruinen, etliche Flüsse mit hohem Lachsvorkommen sowie das mit 1.850 Metern höchstgelegene Skigebiet des Französischen Zentralmassivs - Super-Besse/Puy de Sancy/Le Lioran -, das zu jeder Jahreszeit einen Besuch wert ist, und natürlich Napoléons Lieblingsbadeort und einstige Hauptstadt - Vichy - nebst der Heimat des kleinen, dicken (Michelin)Männchens, Clermont-Ferrand. All das und noch viel mehr zeichnet die Auvergne aus.

Kommen Sie mit uns, gleich zu welcher Jahreszeit. Das Klima ist nicht immer beständig, aber im Sommer laden viele Sonnentage zum Baden in Flüssen und Seen und im Winter die noch keinesfalls überlaufenen Skigebiete zum Skifahren ein.

Die Auvergne ist eine Region, die Sie mit allen Sinnen erleben sollten, und so lade ich Sie ein, auch die zahlreichen kulinarischen Köstlichkeiten vor Ort zu genießen. Wie wäre es mit einem der deftigen Eintopfgerichte mit heimischem Rindfleisch? Natürlich können Sie Ihren Lieben daheim auch zahlreiche Souvenirs mitbringen: Spitzen aus Retournac oder Le Puy, Lentilles aus der Gegend um Le Puy, die Pastilles de Vichy, die Lapillisades aus Lapalisse, Knoblauch aus Billom, köstliche Mineralwasser aus Vichy, St.-Yorre oder Volvic sowie natürlich jede Menge schmackhaften Käse.
Ehe ich ins Schwärmen gerate, lasse ich Sie nun mit dem kleinen Reiseführer und meiner hoffentlich auf Sie übergesprungenen Liebe zur Auvergne alleine.

Viel Spaß beim Lesen und vor allem anschließend bei der Reise, das wünscht Ihnen Ihre:

Esther Vergenz

Sehr geehrte Leserinnen und Leser, liebe WOMO-Freunde!

Reiseführer sind für einen gelungenen Urlaub unverzichtbar – das beweisen Sie mit dem Kauf dieses Buches. Aber aktuelle Informationen altern schnell, und ein veralteter Reiseführer macht wenig Freude.
Sie können helfen, Aktualität und Qualität dieses Buches zu verbessern, indem Sie uns sofort nach Ihrer Reise mitteilen, welchen unserer Empfehlungen Sie gefolgt sind (freie Stellplätze, Campingplätze, Wanderungen, Gaststätten usw.) und uns darüber berichten (auch wenn sich gegenüber unseren Beschreibungen nichts geändert hat).
Bitte füllen Sie schon während Ihrer Reise das Info-Blatt am Buchende aus und senden Sie es uns (gerne auch formlos als eMail) schnellstmöglich zu.
Dadurch helfen Sie uns und unseren Lesern – Ihren WOMO-Freunden – schneller aktualisierte Bücher zu erhalten.

Aktuelle Korrekturen finden Sie unter: forum.womoverlag.de

Um die freien Übernachtungs- und Campingplätze auf einen Blick erfassen zu können, haben wir diese im Text in einem Kasten nochmals farbig hervorgehoben und, wie auf den Karten, fortlaufend durchnummeriert. Wir nennen dabei wichtige Ausstattungsmerkmale und geben Ihnen eine kurze Zufahrtsbeschreibung. "Max. WOMOs" soll dabei andeuten, wie viele WOMOs dieser Platz maximal verträgt und nicht, wie viele auf ihn passen würden (schließlich gibt es auch Einwohner und andere Urlauber)!
Offizielle Übernachtungsplätze sind mit einem WOMO-Icon gekennzeichnet.
Übernachtungsplätze mit **B**ademöglichkeit sind mit hellblauer Farbe unterlegt. **W**anderparkplätze sind grün gekennzeichnet. **P**icknickplätze erkennen sie an der violetten Farbe. Auf Schlafplätzen, denen die gerade genannten Merkmale fehlen – also auf einfache **S**tellplätze – weist die Farbe Gelb hin.
Empfehlenswerte **C**ampingplätze haben olivgrüne Kästchen.
Wanderungen, die wir Ihnen besonders ans Herz legen möchten, haben wir hellgrün unterlegt.

Und hier kommt das Kleingedruckte:
Jede Tour und jeder Stellplatz sind von uns bereits mehrfach überprüft worden, wir können jedoch inhaltliche Fehler nie ganz ausschließen. Bitte achten Sie selbst auf Hochwasser, Brandgefahr, Steinschlag und Erdrutsch!
Verlag und Autoren übernehmen keine Verantwortung für die Legalität der veröffentlichten Stellplätze und aller anderen Angaben. Unsere Haftung ist, soweit ein Schaden nicht an Leben, Körper oder Gesundheit eingetreten ist, ausgeschlossen, es sei denn, unsere Verantwortung beruht auf Vorsatz oder grober Fahrlässigkeit.

Inhaltsverzeichnis

Inhaltsverzeichnis

Ehe wir gemeinsam „on tour" gehen, möchte ich Sie noch ein wenig bezüglich unseres Gebietes sowie der Handhabung dieses Reiseführers in Kenntnis setzen. Gebrauchsanweisungen sind häufig lästig – aber auch nützlich, um manchen Fragen vorzubeugen sowie böse Überraschungen zu vermeiden. Also bitte lesen Sie auch diesen Teil möglichst ausführlich:

Die Auvergne

Die Auvergne ist ein historisch wichtiges Gebiet in Zentralfrankreich. Nach der Fusion 2016 mit der Nachbarregion Rhône-Alpes firmiert sie als **Auvergne-Rhône-Alpes**. Ich bleibe erst mal beim Alten. Verwaltungssitz ist Clermont-Ferrand.

Abgeleitet wird der Name „Auvergne" von den mächtigsten Gallier-Stämmen (etwa um 50.v.Chr.), den Arvernern, die in dieser Gegend gegen die Eroberung durch die Römer kämpften (**Tour 4**). Funde beweisen (**Tour 16**), dass sich auf dem Gebiet der heutigen Auvergne aber auch bereits Urzeitmenschen wohlfühlten.

Geprägt wird die relativ dünn besiedelte und touristisch teils wenig erschlossene Region hauptsächlich von Landwirtschaft, Wäldern, Kulturdenkmälern, ruhenden Vulkanen, Thermalquellen und Wasser, Wasser, Wasser in jeglicher Form (außer Meer). Weltweit bekannt sind die zwei typischen Rinderrassen Salers und Aubrac, die Messer aus Thiers, der Reifenhersteller Michelin aus Clermont-Ferrand, die Linsen von Le Puy, sowie das bekannte, historisch wichtige Heilbad Vichy nebst elf Thermalbädern und das Mineralwasser Volvic. Zum Symbol geworden ist der 1.465 Meter hohe Puy-de-Dôme, ein Vulkan, der die anderen 80 Vulkane der Vulkankette „Chaîne des Puys" dominiert.

Auch kulinarisch ist die Auvergne etwas Besonderes: Deftige Eintöpfe, Linsengerichte aus den weltweit berühmten Linsen von Le Puy sowie bekannte Käsesorten. (Mehr dazu im hinteren Teil unter „**Tipps und Infos**".) Mehrere historische wie auch literarisch wichtige Pilger- und Wanderrouten verlaufen durch unser Gebiet. Die wichtigsten sind die Via Podiensis, ein Teil des Jakobsweges, und der Stevenson-Weg. (**Tour 11**). Auch zahlreiche Persönlichkeiten entstammen der Auvergne, etwa die Modeschöpferin Coco Chanel, der einstige Staatsmann Georges Pompidou oder der Mathematiker und Physiker Blaise Pascal.

Wer die Natur, Kunst und Geschichte liebt ist hier richtig!

Touren

Mein Reiseführer ist als ein Reisebeispiel anzusehen, wobei ich bemüht bin, für jeden was Passendes zu finden: Größere Städte und kleine idyllische Dörfchen, Natur, Kunst und Kultur, hohe Berge, sanfte Hügel, Seen und Flüsse, Einsamkeit und ein wenig Tourismus.

Sie finden hier kurze, längere und sehr lange Touren. Alle bin ich selbst abgefahren, wenn natürlich auch nicht alle an einem Stück. Wegen der besseren Lesbarkeit und des von mir beabsichtigten Unterhaltungswertes werden die Touren miteinander kombiniert, als wäre es eine einzig große Reise.

Da aber auch Sie wahrscheinlich nicht endlos lange Urlaub haben, steht es Ihnen frei, einzelne Routen auszuwählen, miteinander zu verbinden oder gar zu verkürzen.

Viele unserer Wohnmobile überschreiten das Gesamtgewicht von 3,5 Tonnen. Einige Straßen Frankreichs sind für diese Fahrzeuge gesperrt, da man vor allem den Schwerlastverkehr aus den Orten verbannen möchte. Ich habe es mehrheitlich erwähnt, jedoch sind einige Plätze nur auf den gesperrten Strecken anfahrbar. Manchmal steht „sauf riverains“ (Anlieger frei), was wir dann ja auch sind. Die meisten französischen Wohnmobilisten ignorieren die Verbotsschilder erfolgreich. Selbst die Polizei geht hiermit sehr großzügig um.

Meine jeweiligen Tourenkarten geben Ihnen einen Überblick über angrenzende Touren, Abkürzungsmöglichkeiten sowie

Reisen mit Zeit: Der durfte (fast) überall fahren...

Regionen aus anderen Büchern des WOMO-Verlags. Einen Gesamtüberblick finden Sie hinten in der Buchklappe. Selbstverständlich gibt es auch eine Anreisekarte mit von mir favorisierten Stellplätzen im Anschluss an dieses Kapitel hier.

Stellplätze

Die Auvergne ist eine sehr wohnmobilfreundliche Region. Es gibt dort so viele Stellplätze, dass ich sie gar nicht alle nennen kann. Sehen Sie mir also meine ziemlich persönliche Auswahl nach.

Für Womo-Neulinge unter Ihnen kurz zusammengefasst: Wenn Sie eines dieser beiden Verkehrszeichen unten sehen, haben Sie einen Übernachtungsplatz entdeckt. Viele von ihnen besitzen Ver- und Entsorgungsstationen, die häufig sogar kostenlos sind. An anderen Relais muss mit Münzen, Jetons oder ausschließlich mit Karte bezahlt werden. Neuere Relais sowie Schranken, die Ihnen Einlass auf den Stellplatz gewähren, sind nicht selten recht kompliziert zu bedienen. Scheuen Sie sich nicht, jemanden zu fragen, der dort steht, denn nicht immer ist die Erklärung vor Ort verständlich, wie auf dem Foto auf der nächsten Seite zu erkennen ist. Da hatte wohl Monsieur Google übersetzt!?

Die Bemerkung „sauf camping-cars“ unter einem Verbotsschild bedeutet: „außer Wohnmobile“. Klartext: Für alle verboten, außer für uns! Leider trifft man immer wieder PKW-Fahrer, die dieses Schild nicht richtig interpretieren können und unsere Plätze blockieren..

Wir unterscheiden in unseren Reiseführern zwischen offiziellen und anderen Plätzen. Unter „offiziell“ verstehe ich Plätze, die ausdrücklich von den Gemeinden, von Pass‘ Étapes (siehe **„Tipps & In-**

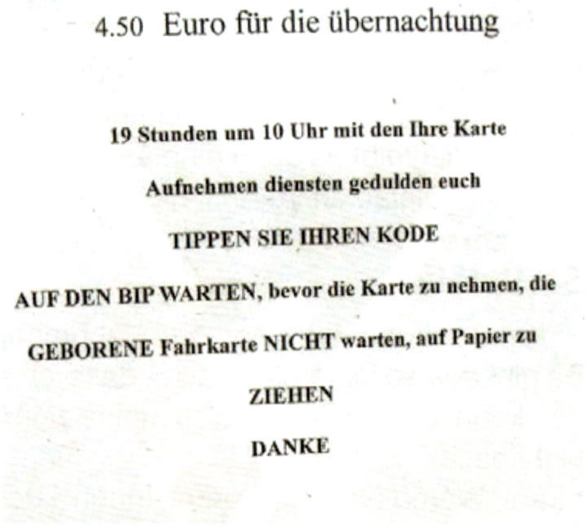

4.50 Euro für die übernachtung

19 Stunden um 10 Uhr mit den Ihre Karte

Aufnehmen diensten gedulden euch

TIPPEN SIE IHREN KODE

AUF DEN BIP WARTEN, bevor die Karte zu nehmen, die

GEBORENE Fahrkarte NICHT warten, auf Papier zu

ZIEHEN

DANKE

fos“) oder von Privat als solche ausgeschildert sind. In der Regel passen hier mehrere Wohnmobile drauf. Es ist aber nicht immer leicht, die Grenze zwischen offiziellen und anderen Plätzen zu ziehen. Ich habe mir erlaubt, solche, die lediglich eine Ver- und Entsorgung haben, mir aber nicht zum bequemen Übernachten geeignet erscheinen, als nicht offiziell einzustufen.

Nicht offizielle Plätze sollten bitte nicht überbevölkert werden, denn wir alle sind froh, dass es noch welche ohne Höhenbalken oder Verbotsschilder gibt.

In der Regel sind die Stellplätze ganzjährig geöffnet, allerdings ist auf einigen in den Wintermonaten das Wasser abgestellt. Hin und wieder sind Plätze wegen Märkten oder Veranstaltungen gesperrt. Wenn ich das in Erfahrung bringen konnte, habe ich es angesprochen. Nicht alle Plätze sind für sehr große Wohnmobile geeignet. Auch das erwähne ich extra.

Wenig einladend...

Stellplatz-, Strom- und Wasserpreise kann ich nur nach den Erkenntnissen in meiner letzten Recherche nennen. Erfahrungsgemäß können sich diese wieder schnell ändern.

Wenn es nur Strom an den Ver- und Entsorgungsrelais gibt, meist in Form von nur einer oder zwei Steckdosen, erwähne ich es in Klammern.

Apropos „Entsorgungsrelais“: Es existieren unterschiedliche Arten und entsprechend verschiedene Jetons beziehungsweise Bezahlmodalitäten. Wenn etwas extrem von der „Normalität“

abweicht, habe ich es im jeweiligen Kästchen vermerkt.

Überbleibsel aus dem Mittelalter?

Was die angegebene maximale Womo-Anzahl anbelangt, sind es häufig nur geschätzte Kapazitäten. Bei nicht offiziellen Plätzen halte ich die Anzahl bewusst niedrig, um keinen „Wohnmobil-Auflauf" heraufzubeschwören, der unweigerlich ein Verbot im nächsten Jahr nach sich ziehen könnte.

Wenn Sie lesen „klappstuhlgeeignet", können Sie Tisch und Stühle rausstellen oder die Markise ausfahren. Es empfiehlt sich, alles während der Nacht wieder ins Womo zu räumen. Ansonsten sind für längere Aufenthalte Campingplätze da.

Klappstuhlgeeignet...

Als Hundebesitzer haben wir natürlich auf vieles einen „Hundeblick".

Da Geschmäcker bekanntlich verschieden sind und die Zeit schnelllebig ist, kann es sein, dass Sie von mir favorisierte Plätze gar nicht schön finden oder dass der ein oder andere bereits kurz nach Veröffentlichung dieses Büchleins nicht mehr (so) existiert. Ich bitte um Nachsicht.

Campingplätze

Wir nennen nur einige der vielen Campingplätze. Sie bekommen hier entweder dann ein Kästchen, wenn in der Gegend keine andere Stellplatzmöglichkeit besteht oder aber wenn wir persönlich gute Erfahrungen gemacht haben. Die angegebenen Preise beziehen sich, wenn nicht anders erwähnt, auf ein Wohnmobil mit zwei Erwachsenen, wobei die Preise je nach Saison variieren. Daher auch die Internetseiten, auf denen Sie aktuelle Angaben finden. Ver- und Entsorgungsmöglichkeiten sowie Toiletten und Duschen werden bei Campingplätzen nicht angegeben, sie sind selbstverständlich.

Sehenswürdigkeiten

Auch hierbei wurde eine ganz persönliche Selektion vorgenommen. Der eine interessiert sich für Kunst, der andere für Architektur, Natur oder sonstige Dinge. Ich habe versucht, ein breites Spektrum mit typischen Museen und Sehenswürdigkeiten zu erfassen. Wenn möglich, habe ich jeweils die Internetseiten für weitere persönliche Recherchen, sich ändernde Öffnungszeiten und Preise angegeben.

Navigation & Kilometerangaben

Die meisten von Ihnen werden ein Navi oder ein navigierfähiges Tablet beziehungsweise Smartphone an Bord haben. Ich bekomme jedoch immer wieder Zuschriften von Lesern, die noch nach Karte – oder nach meinen Anweisungen – fahren. Daher hier auch neben den GPS-Daten die Straßennamen sowie die Anfahrtsbeschreibungen. Wenn kein Straßenname da steht, gibt es keinen.

Wir fahren mit einem LKW-Navigationsgerät sowie zusätzlich mit einem Michelin-Straßenkarten-Buch im Maßstab 1:200.000 und kommen prima damit zurecht.

Die angegebenen Kilometerzahlen zu Tourenbeginn oben im Balken sollen im Prinzip nur einen Überblick über die Tourenlänge geben. Umwege und Sich-Verfahren sind nicht mit eingerechnet.

Kästchen

Um die Übernachtungs- und Campingplätze schneller erfassen zu können, sind sie durchnummeriert und farblich unterschieden: Normale Stellplätze sind (dunkel)gelb, Badeplätze hellblau, Wanderparkplätze grün sowie Picknickplätze violett unterlegt. Campingplätze haben ein olivgrünes Zelt als Symbol. In den Karten haben offizielle Plätze ein Womo-Icon. Plätze, auf denen gar nicht übernachtet werden darf, bekommen lediglich einen entsprechend farbigen Rahmen.

Die Auvergne ist das ideale Wandergebiet, jedoch ist dieses kein Wanderführer und beinhaltet nur einige wenige Wander-Tipps meinerseits, die in einem grünen Kästchen zu finden sind.

Ein so genanntes „Schlaumeier-Kästchen" – mit beige/gelbem Untergrund – liefert Informationen zu Sehenswürdigkeiten, Geschichte und sonstig Wissenswertem.

Tipps & Infos

Wichtige Tipps und Infos zu Wohnmobilen, Wohnmobilreisen und Frankreich mit Schwerpunkt Auvergne, gibt es am Ende des Buches. Lesen lohnt sich – und das nicht nur für Neulinge.

In eigener Sache

Wie bei allen meinen Reiseführern sind auch hier – trotz mehrmaligem Korrekturlesens – Fehler nicht ausgeschlossen. Viele Sehenswürdigkeiten stehen bereits mehrere Jahrzehnte oder gar Jahrhunderte oder Jahrtausende unverändert da, Stellplätze und Campingplätze jedoch verlieren oft schnell an Aktualität. Sie könnten mir diesbezüglich helfen, indem Sie nicht im Stillen über mich schimpfen, sondern mir schreiben, was (Ihrer Meinung nach) nicht stimmt oder was sich geändert hat.

Natürlich nehme ich auch gerne weitere Anregungen und Tipps, aber auch Lob entgegen. Selbst Mitteilungen, dass sich nichts geändert hat, sind hilfreich. Ich antworte garantiert! Manchmal kann es jedoch etwas dauern, da ich viel unterwegs bin. E-Mails werden dabei schneller von mir beantwortet als schriftlich geführte Rückmeldungen per Post. Wie alle Autoren des WOMO-Verlages bin auch ich auf die Mithilfe der Leser angewiesen. Bitte schreiben Sie an den Verlag, der es an mich weiterleitet, oder aber direkt an mich:

Esther Vergenz
Richard-Wagner-Straße 49
D 35460 Staufenberg
esther-womo@freenet.de

Um Ihnen das Feedback zu erleichtern, befindet sich hinten im Buch eine vorbereitete Antwortkarte.

Aktualisierungen erfahren Sie zudem in unserem eigenen Wohnmobil-Forum unter **www.forum.womoverlag.de**, wo auch mal kräftig in der Gruppe diskutiert und ausgetauscht werden darf.

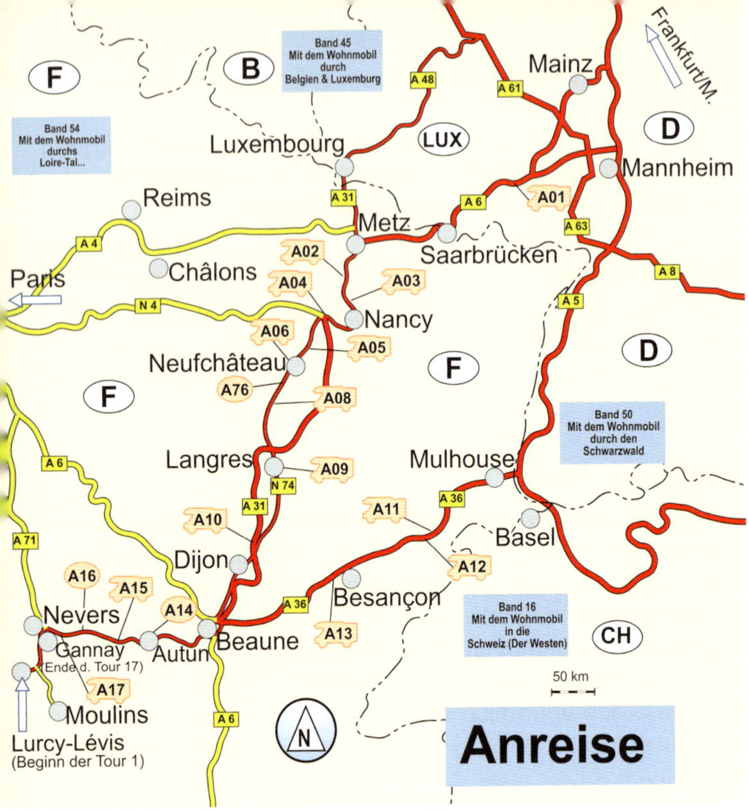

Anreise

Die Auvergne liegt ziemlich genau in der Mitte Frankreichs. Von Frankfurt/Main beispielsweise fahren Sie rund 800 Kilometer, bis Sie zum Beginn unserer ersten Tour gelangen. Im Sommer begleiten Sie auf Ihrem Weg nach Süden Heerscharen von Fahrzeugen mit ähnlicher Zielrichtung. Glücklicherweise biegen wir in der Nähe von Beaune nach rechts ab. Die meisten Ihrer Begleiter werden weiter gen Süden fahren, um die Strände der Côte d'Azur oder Spaniens zu übervölkern.

Ich gehe einmal davon aus, dass Sie sich – neben dem Navi – mit einer Straßenkarte unseres Nachbarlandes ausgerüstet haben. Wenn Sie unserer Tourenbeschreibung folgen wollen, orientieren Sie sich hier zunächst einmal nach Beaune. Von dort aus ist Nevers unser nächstes Ziel.

In der obigen Anreisekarte habe ich der Übersicht halber meist nur Autobahn eingezeichnet. Diese sind in Frankreich größtenteils gebührenpflichtig. Einige Abschnitte sind jedoch auch frei. Zu allen gebührenpflichtigen Autobahnen gibt es parallel gut ausgebaute Straßen. Zwischen Mulhouse und Besançon etwa kuschelt die Landstraße mit der Autobahn.

Unsere Reise ist eine Art Rundreise: Startpunkt ist **Lurcy-Lévis** und Endziel **Gannay**. Beide liegen nicht weit voneinander entfernt.

Beaune erreichen Sie entweder über Metz — Nancy — Langres oder über Freiburg — Mulhouse — Besançon. Welche Route Sie nehmen, hängt in erster Linie von Ihrem Wohnort ab. Auf jeden Fall sollten Sie schon die Anfahrt in den Urlaub mit einbeziehen. Denken Sie immer daran: Sie sind nicht auf der Flucht! Selbst wenn Sie gerne stundenlang am Steuer sitzen, fragen Sie mal ihre Mitfahrer...

Und da die Strecke bis in die Auvergne von den meisten Wohnorten aus kaum an einem Tag zu bewältigen ist, habe ich auf der Karte die wichtigsten Übernachtungsplätze eingezeichnet. Deren Ziffern werden im Folgenden näher erläutert. Dabei bedeutet die Abkürzung V&E, dass es eine Ver- und Entsorgungsstation gibt. Ü steht für eine Übernachtungsmöglichkeit. Die nachstehenden Kurzbeschreibungen folgen zuerst der Route über Metz und danach der über Mulhouse nach Beaune.

Metz — Beaune

Diese Route ist für all diejenigen interessant, die nicht gerade im tiefsten Süden Deutschlands, in Österreich oder in der Schweiz wohnen. Je nach Wohnort kann auch eine Fahrt über Luxembourg in Betracht gezogen werden. Vor allem, wenn man die günstigen Spritpreise bedenkt.

A01 Landstuhl: (V&E + Ü) [GPS: N 49° 24' 56.5" E 07° 34' 15.3"] Die BAB 6 Mannheim-Saarbrücken an der Ausfahrt Landstuhl verlassen und weiter Richtung Landstuhl fahren. Ab Ortseingang ist alles gut ausgeschildert: Zweimal rechts, am Bahnhof vorbei, am Schild nochmals rechts. 4 Plätze in Zentrumsnähe. Abwasserentsorgung etwas problematisch.

A02 Pont-à-Mousson: (V&E + Ü) [GPS: N 48° 54' 09.4" E 06° 03' 40.6", Promenade Winston Churchill] Die gebührenfreie A 31 an der Ausfahrt 28 – Pont-à-Mousson – verlassen. In den Ort hineinfahren und der Richtung „centre ville“ folgen. Nicht die Mosel überqueren! Geradeaus weiter, bis die unübersehbaren Schilder zum Stellplatz auftauchen. Wenn Sie am Ortsende am Kreisel ankommen, sind Sie etwas zu weit gefahren, können dort jedoch einmal drumrumfahren und dann in die erste Straße nach links abbiegen. 10 EUR/Nacht, darin enthalten sind Wasser, Strom, Toilette und Dusche.

A03 Millery: (V&E + Ü) [GPS: N 48° 48' 56.8" E 06° 07' 38.0"] Abfahrt 25 von der gebührenfreien Autobahn Metz-Nancy, dann Richtung Pompey. Im nächsten Ort (Marbache) ist Millery ausgeschildert. Fahren Sie langsam, die Verkehrsführung ist ein bisschen kompliziert: Nach einer Unterführung müssen Sie scharf links abbiegen! Folgen Sie jetzt immer den Schildern nach Millery. Im Ort finden Sie ziemlich am Anfang die Einrichtungen auf einem Parkplatz auf der linken Seite zwischen Straße und Moselle. Schön gelegen, aber nicht immer sehr leise. Brotautomat. Von Süden kommend, nach der Ausfahrt gleich rechts abbiegen.

A04 Toul: (V&E + Ü) [GPS: N 48° 40' 45.4" E 05° 53' 16.6", Avenue du Colonel Péchot] Von der A 31 an der Ausfahrt „Toul centre“ abfahren. Zuerst Richtung „centre ville“, dann den Schildern zum Bahnhof (Gare SNCF) folgen, bis rechts der Straße eine Wasserfläche zu sehen ist. Danach rechts abbiegen und dem Wasserlauf nachfahren. Der Platz liegt auf der rechten Straßenseite, links gegenüber ist die Polizei.

A05 Soulosse-sous-St-Élophe: (V&E + Ü) [GPS: N 48° 24' 34.3" E 05° 44' 19.9"] In Richtung Neufchâteau fahrend, brauchen Sie nur nach dem Ortsschild an der ersten Straße, die nach rechts abzweigt, von der Nationalstraße abzubiegen. Laut Leserzuschrift nicht mehr empfehlenswert.

A06 bei Neufchâteau: (V&E + Ü) [GPS: N 48° 20' 07.1" E 05° 42' 05.2", Rue du Cougnot, Rebeuville] Von Norden kommend links halten und Richtung Dijon fahren. Der Platz liegt außerhalb von Neufchâteau.

A07 Bazoilles-sur-Meuse: (Ü) [GPS: N 48° 18' 08.2" E 05° 39' 30.0", Route de Pompiere] Die Straße führt hier in einer Doppelkurve über die Meuse. Zum Übernachten überqueren Sie den Fluss jedoch nicht, sondern fahren kurz vor der Brücke nach links auf einer kleinen Straße an der Meuse entlang. Dort finden Sie einen schönen Platz.

A08 Goncourt: (V&E + Ü) [GPS: N 48° 14' 12.7" E 05° 36' 35.9", Place de la Meuse] Wenn Sie im Ort links abbiegen (ausgeschildert), erreichen Sie den Übernachtungsplatz.

A09 Langres: (V&E + Ü) [GPS: N 47° 51' 27.1" E 05° 19' 47.6", Espace Eponine] Die Stadt erreichen Sie über eine ansteigende Straße. Dann taucht links die Stadtmauer auf. Achten Sie ab hier auf das Womo-Symbol auf der rechten Seite. Ab der Abzweigung sind es noch rund 200 m zum Platz.

A10 Savigny-le-Sec: (V&E + Ü) [GPS: N 47° 26' 01.8" E 05° 02' 45.8", Chemin de Saussy] Etwas abseits unserer Route gelegen. Über Marsannay-le-Bois gut zu erreichen. Im Ort die 3. Straße rechts ab und den Hinweisschildern folgen.

Mulhouse — Beaune

Diese Route ist sinnvoll für Leute aus Süddeutschland und Österreich sowie Leser aus der nördlichen Schweiz.

A11 L'Isle-sur-le-Doubs: (Ü) [GPS: N 47° 26' 57.7" E 06° 34' 45.0", Parkplatz Aristide Briaud] Im Ort finden Sie direkt neben der Brücke über den Doubs hinter dem großen Parkplatz eine ruhige Übernachtungsmöglichkeit.

A12 Baume-les-Dames: (V&E + Ü) [GPS: N 47° 20' 23.2" E 06° 21' 27.9", Quai du Canal] Vom Ortszentrum aus fahren Sie Richtung „piscine", am „Super U" vorbei und dann geradeaus. Den folgenden Kreisel so verlassen, dass Sie über eine Brücke fahren können. Danach bei der ersten Einmündung rechts abbiegen (Schild „Esnans"). Fahren Sie jetzt ein Stück am Kanal entlang, bis Sie links den Platz sehen. 10 EUR inklusive Strom und V&E. Sehr schöner Platz, jedoch stark frequentiert. Tipp: Früh ankommen! Ausweichmöglichkeit: Campingplatz etwas weiter die Straße durch fahren.

A13 Besançon: (V&E + Ü) [GPS: N 47° 14' 13.3" E 06° 01' 00", Quai veil Picard] Orientieren Sie sich zuerst einmal Richtung Zentrum. Falls Sie die Schilder zum Stellplatz nicht sehen sollten, folgen Sie der Beschilderung zum „Centre Hospitalier Universitaire", überqueren aber nicht den Fluss. Sollte das trotzdem passiert sein, brauchen Sie nur zu wissen, dass sich der Stellplatz und das Krankenhaus auf der gegenüberliegenden Seite des Ufers befinden.

Beaune – Beginn der Tour 1

Dieser Abschnitt der Anreise ist nun für beide Anreisevarianten derselbe.

A14 Autun: (V&E + Ü) [GPS: N 46° 57' 20.9" E 04° 18' 59.7", Route de Châlon] Sie kommen auf unserer Fahrtstrecke am plan d'eau, einem kleinen See, vorbei. Genau dort finden Sie auch den Stellplatz.

A15 Château-Chinon: (V&E + Ü) [GPS: N 47° 03' 48.8" E 03° 58' 09.0", Place Jean Salloynner] Hier kommen wir an einem centre hospitalier vorbei. Danach geht's die erste rechts, dann scharf links und wieder rechts.

A16 Rouy: (V&E + Ü) [GPS: N 47° 01' 42.9" E 03° 32' 02.8"] Sie kommen am Ortsanfang direkt am Platz vorbei.

A17 St-Benin-d'Azy: (V&E + Ü) [GPS: N 47° 00' 03.3" E 03° 23' 43.4", Rue Henri Barbusse] Am ersten Kreisel am Ortsanfang nach links abbiegen. Dann sind Sie auf der D 9. Nach etwa 500 m liegt der Platz rechts.

Wenn Sie jetzt noch vor Nevers auf die N 7 Richtung Moulins abbiegen, brauchen Sie nur nach 30 Kilometern in St-Pierre die Straße zu verlassen und den Schildern nach Lurcy-Lévis zu folgen. Damit haben Sie die Auvergne erreicht.

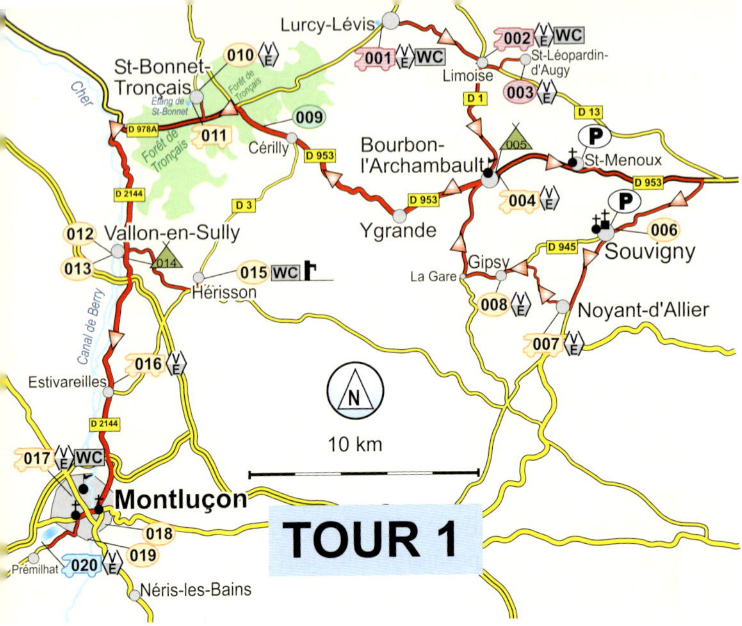

TOUR 1: Den Bourbonen auf der Spur 175 km

Lurcy-Lévis – Bourbon-l'Archambault – Souvigny
Vallon-en-Sully – Montluçon – Prémilhat

Stellplätze:	Lurcy-Lévis, Limoise, St-Léopardin-d'Augy, Bourbon-l'Archambault, St-Bonnet-Tronçais, Vallon-en-Sully, Hérisson, Estivareilles, Montluçon, Prémilhat
Campingplätze:	Camping Municipal Bignon (Bourbon-l'Archambault), Camp Municipal (Vallon-en-Sully)
Besichtigen:	Bourbon-l'Archambault, Hérisson, St-Menoux, Souvigny, Hérisson, Montluçon
Baden:	im See bei St-Bonnet-Tronçais, im See bei Prémilhat
Märkte:	Lurcy-Lévis (Mo.), Bourbon-l'Archambault (Sa.), Hérisson (Fr.), Montluçon (Do.)

Bienvenue dans l'Auvergne! „Mon" Auvergne, eine noch teils touristisch unerschlossene Region mitten in Frankreich, die ich im Laufe der Jahre schätzen und lieben gelernt habe. Ich lade Sie ein, mitzukommen. Auf unserer ersten Tour wandeln wir auf den Spuren der Herzöge von Bourbon, besuchen interessante Orte und lassen es uns an zwei Seen gut gehen.

Verschiedene Wege führen in die Auvergne, wir persönlich kommen über die N 7 und biegen anschließend auf die D 978A ins Département Allier. Der erste Ort, den wir erreichen, heißt Le Veudre. Hier bekommen Sie einen sehr schönen Ortskern zu sehen – vorausgesetzt, Ihr Gewicht (genauer genommen, das Ihres Fahrzeuges) – liegt nicht über 3,5 Tonnen. Dann müssen Sie nämlich mit dem Womo draußen bleiben. Aber auch als Besitzer der „leichteren Klasse" brauchen Sie sich nicht unbedingt durch die verkehrsberuhigten Straßen zu quälen: Am Ortseingang gibt es eine Umleitung für den Schwerverkehr. Und schöne Ortskerne werden wir noch viele sehen...

Egal wie, eigentlich kommen Sie automatisch auf die Zufahrtsstraße zu unserem ersten Ziel **Lurcy-Lévis**.

(001) Offizieller WOMO-Picknickplatz: Lurcy-Lévis

GPS: N 46° 44' 16.9" E 02° 56' 19.1" Plan d'eau des Sézeaux
Max. WOMOs: >15
Ausstattung: Ver- und Entsorgung, Strom (am Relais), Toilette, Mülleimer, WLAN, Picknicktische.
Beschreibung: Sehr schöner, ruhiger, kostenloser Platz in einer Freizeitanlage mit Tretbootverleih und Minigolf. Am See. Klappstuhlgeeignet. Teils schattig, auf Schotter und Wiese, parzelliert, am Ortsrand. Zentrum 800 m. Baden und Angeln möglich. Auch für große Womos geeignet. Der Schlüssel fürs WC muss geholt werden (siehe Anschlag).
Preise: Strom und Wasser je 2 EUR, mit Jetons.
Zufahrt: Am 1. Rondell im Ort rechts raus und dem Straßenverlauf folgen, bis man an eine Querstraße kommt. Dort scharf nach rechts – dem Hinweisschild nach – abbiegen. Anschließend abermals nach rechts. Stets geradeaus, bis Sie an den See und den Stellplatz kommen.
Hinweise: Jetons im Café im Ort oder vor Ort im Touristenbüro; laut Anschlag in der mairie, die hat jedoch Freitag bis Sonntag geschlossen. An Sonn- und Feiertagen sowie bei schönem Wetter stark frequentiert. Wenn der Wind ungünstig steht, sind Motorengeräusche der nahegelegenen Rennstrecke zu hören.

Hier heißt es entspannen, abends am See sitzen, angeln, schwimmen, den Franzosen bei ihren Freizeitgewohnheiten zuschauen oder sich mit anderen Wohnmobilisten unterhalten. Ich genieße es, endlich wieder in der Auvergne zu sein.

Lurcy-Lévin selber hat wenig zu bieten. Es ist vor allem die Idylle hier im Naherholungsgebiet, die mich verweilen und Ihnen die Stellplatzempfehlung geben lässt. Für meinen Mann besteht die Möglichkeit, Würmer an der Angel baden zu lassen und zu hoffen, dass einmal ein dicker Fisch anbeißt. Die Hoffnung stirbt zuletzt...

Bei schönem Wetter, besonders nach Feierabend und/oder am Wochenende, teilen wir uns die Idylle tagsüber mit einigen wohnmobillosen Franzosen: Boule-Spieler gehen ihrer Leidenschaft nach, Mütter fahren ihre Kinder am See spazieren und selbst pubertierende Jugendliche genießen.

Da die Parzellen für uns recht breit sind, können wir sogar die Markise ausfahren sowie Tisch und Stühle aus der Heckgarage holen. Zu allem Glück scheint auch die Sonne. Der Auvergne-Aufenthalt fängt gut an!

Im Sommer ist das Office de Tourisme vor Ort in einer kleinen Holzhütte untergebracht. Dort erhalten Sie unter anderem auch Jetons für Wasser und Strom oder die Billets für einen kleinen Tretboot-Ausflug auf dem See. Wer mag, spielt eine Runde Minigolf oder Boule. Nachts ist es hier sehr ruhig.

Um weiterzufahren, könnten wir quer durch Lurcy-Lévis touren, was jedoch nicht unbedingt empfehlenswert ist. Ich rate, zum Kreisel zurückzufahren, und dort die erste Abzweigung nach rechts zu nehmen. Achten Sie auf die Beschilderung „Moulins“ und biegen Sie dort nach links ab. Nun richten wir uns nach den Schildern, die nach Bourbon-l'Archambault dirigieren. Ehe wir dort hinfahren, machen wir noch zwei kleine Abstecher über zwei ebenfalls kleine Ortschaften. Beide besitzen schöne Stellplätze. Ein Grund, ihnen auf der nächsten Seite ein Kästchen zu widmen.

Wir befinden uns auf der D 1 und kommen so – ob wir wollen oder nicht – auf unserem Weg durch **Limoise**. Auch hier gibt es einen kleinen Angelsee.

Der nächste Platz ist eine sehr kleine, ruhige Alternative für eine Nacht und liegt nicht unbedingt auf unserem direkten Weg. Lassen Sie uns dazu ein kleines Stück die Hauptstraße wieder zurück- und auf der D 13 Richtung Moulins fahren. Schließlich leisten wir dem Schild nach links Folge, das uns auf die D 256 nach **St-Léopardin-d'Augy** schickt.

Wenn Sie Trubel suchen, sind Sie auch hier verkehrt. Es erwarten uns nämlich wieder ein idyllisch gelegener kleiner Teich sowie Ruhe, Ruhe und nochmals Ruhe.

(002) Offizieller WOMO-Picknickplatz: Limoise

GPS: N 46° 40' 33.5" E 03° 03' 05.7" An der D 1
Max. WOMOs: ca. 10
Ausstattung: Ver- und Entsorgung, Strom (am Relais), Toilette*, Mülleimer, Picknickbänke.
Beschreibung: Sehr ruhiger, kostenloser Platz auf befestigtem Untergrund, am Ortsrand, an kleinem (Angel)See.
Preise: Strom sowie Ver- und Entsorgung mit Jetons à 3 EUR.
Zufahrt: Geradeaus durch den Ort. Am Ortsende dem Hinweisschild auf der rechten Seite folgen. Durchqueren Sie den vorderen Bereich, dann erreichen Sie durch eine Verbindung den Stellplatz im hinteren Teil des Platzes.
Hinweise: Bei WC-Entleerung ohne Jetons fließt kein Wasser zum Nachspülen. *Lediglich ein Pissoire für Männer.

(003) WOMO-Picknickplatz: St-Léopardin-d'Augy

GPS: N 46° 41' 03.8" E 03° 06' 25.1" An der D 1
Max. WOMOs: 3
Ausstattung: Ver- und Entsorgung, Strom (am Relais), Mülleimer, Picknickbänke.
Beschreibung: Sehr kleiner, kostenloser Platz am Ortsrand, an einem kleinen Teich.

Preise: Strom sowie Ver- und Entsorgung mit Jetons, (in der mairie erhältlich).
Zufahrt: St-Léopardin durchqueren. Mitten im Ort nach rechts Richtung Moulins/Aubigny. Der Platz ist ausgeschildert. Er liegt am Ende rechts.
Hinweise: Sehr eng.

Unser eigentliches Ziel aber war und bleibt **Bourbon-l'Archambault**. Und da fahren wir jetzt auch hin. Zunächst muss ich wieder nach Limoise zurück und auf die D1. Dann sind wir auf dem direkten Weg – auf dem wir ohne die beiden Abstecher sowieso gewesen wären.

Bourbon-l'Archambault begrüßt mich mit einem Wirrwarr von kleineren Einbahnstraßen und im Sommer 2019 zusätzlich mit einer Sperrung mehrerer Straßen wegen eines Festes. Ich habe also gar keine andere Wahl, als dem vorgegebenen Weg zu folgen.

Mein Ziel ist ein nicht besonders schöner, aber zweckmäßiger Stellplatz. Wem das nicht gefällt, für den habe ich noch einen Campingplatz-Tipp.

(004) Offizieller WOMO-Stellplatz: Bourbon-L'Archambault

GPS: N 46° 35' 0.6" E 03° 03' 59.1" An der D 953
Max. WOMOs: 4-5
Ausstattung: Ver- und Entsorgung, Strom (am Relais).
Beschreibung: Kostenloser, nicht besonders schöner, staubiger Stellplatz. Teils schattig, auf festem Untergrund. Am Ortsrand, an der Umgehungsstraße. Bedingt klappstuhlgeeignet. Supermarkt in der Nähe. Zentrum ist fußläufig in etwa 15 min. zu erreichen.

Zufahrt: Dem Einbahnstraßensystem sowie den Hinweisschildern nach Moulins folgen. Wenn Sie eine Querstraße erreichen, bei der Sie auf eine Art Lagerhalle schauen, biegen Sie nach links und gleich darauf nach rechts auf den Stellplatz ab.

(005) WOMO-Campingplatz: Bourbon-L'Archambault (Camping Municipal Bignon***)

GPS: N 46° 34' 49.4" E 03° 02' 53.4" Bv Jean Bignon
Tel./Fax: +33 47 06 70 883
E-Mail: camping@mairie-bourbon.com
Öffnungszeiten: Mitte März - Mitte November
Beschreibung: Einfacher Campingplatz. Waschmaschine, Trockner, WLAN, Pool, Grillen erlaubt, Fernsehraum. Am Ortsrand, zum historischen Zentrum 1,5 km. 800 m zu SPA/Massagen
Preise: 15 EUR inkl. Strom, Hund 2 EUR.
Zufahrt: Den Ort durchqueren und sich nach den Wegweisern „toutes directions" richten. Der Campingplatz ist ebenfalls ausgeschildert.

Die Bourbonen

Um das Jahr 1000 herum errichteten die Herzöge von Bourbon ihren Stammsitz in Moulins und bildeten eine stabile Machtzentrale. Von dort aus eroberten sie die gesamte Auvergne. Sie kämpften gegen die Albigenser, die im Südwesten Frankreichs lebten und die wichtigste sowie bekannteste Untergruppe der Katharer waren. Sie gehörten zur religiös-sozialen, aber auch teils politisch motivierten Protestbewegung des 11. bis13. Jahrhunderts. Die Herzöge von Bourbon beteiligten sich ebenfalls an den Kreuzzügen ins Heilige Land.
Die Bourbonen bauten sich ein mächtiges Reich auf. Schließlich saßen sogar acht Mitglieder der Dynastie auf dem französischen Thron.
Heute finden wir noch Nachkommen dieses Geschlechts an der Staatsspitze von Luxemburg und Spanien.

Auf zur Stadtbesichtigung! Vom Stellplatz aus halte ich mich rechts, um später nach links in eine schmale Sackgasse zu gehen. Bald schon haben wir die Altstadt erreicht.

Die hiesige **Burg** wurde von Ludwig II. von Bourbon auf den Resten einer Ruine erbaut. Später verlegte er seine Residenz nach Moulins, und die Burg verfiel langsam.

Hier werden Sie verwöhnt...

Die Bourbonen werden uns übrigens bei unseren späteren Besichtigungen in St-Menoux und Souvigny sowie andernorts weiterhin verfolgen. Sie sind aber nicht alles, was der Ort zu bieten hat. Die **Thermalquellen** spielen hier ebenfalls eine große Rolle. Bereits seit der Antike sind sie bekannt und sprudeln bis heute mit 55° C leise vor sich hin. Ihnen wird nachgesagt, dass sie Rheuma lindern und Lähmungen bessern sollen.

Lassen Sie uns Bourbon-l'Archambault verlassen. Wir fahren vom Stellplatz nach rechts raus und auf der D 953 Rich-

tung Moulins weiter. Nur wenige Kilometer trennen uns von **St-Menoux.** Hier gibt es keinen Stellplatz, lediglich einen Vorschlag fürs Parken, um gemeinsam eine Kirche zu besichtigen. Falsch: Nicht „eine“, sondern eine ganz besondere Kirche! Unser Platz, der auch mit einem über 7,30 Meter langen Womo angefahren werden kann, liegt direkt an der D 953 entweder vor **[N 46° 35‘ 07.4“ E 03° 09‘ 26.8“]** oder gegenüber der Kirche **[N 46° 35‘ 07.5“ E 03° 09‘ 27.8“]**.

Im Gotteshaus befinden sich die sterblichen Überreste eines Bischofs, der im 7. Jahrhundert aus der Bretagne kam, um die Auvergne zu missionieren. Rund fünf Jahrhunderte später setzte man ihm mit der **Église St-Menoux** ein Denkmal. Manches braucht eben seine Zeit...

Das komplette Gotteshaus, das im 12. Jahrhundert auf dem Grab des bretonischen Bischofs Menoux errichtet wurde und heute seinen Namen trägt, ist einen oder mehrere Blicke wert. Selbst wenn Sie nicht gläubig sein sollten, der künstlerische Aspekt wird auch Sie beeindrucken. Highlight ist der ungewöhnliche **Sarkophag** im Chorumgang, der die Reliquien besagten Kirchenherrns beherbergt. Bi-

Der Glaube versetzt Berge...

schof Menulphus – genannt Menoux – gilt als Schutzheiliger der Armen im Geiste. Was auch immer das bedeuten mag...

Nun zur ungewöhnlichen Form des Steinsarges: Sehen Sie die drei seitlichen Öffnungen? Durch die kleineren „Löcher“ entdeckt man Gebeine, Hauptaugenmerkmal jedoch ist auf die große Öffnung zu richten: Es wird behauptet, dass – so man seinen Kopf da hineinsteckt – man geheilt werden würde. Aber von was? Von der „Armut im Geiste“!? Das mag man nun interpretieren, wie man will. Im Mittelalter verstand man darunter „Geisteskrankheiten“, eine Broschüre spricht von Kopfweh, Migräne und Depression. Oder ist es die Dummheit? Egal, es kann ja nicht schaden! Gemerkt habe ich bis heute nichts...

Wir fahren durch den schönen Ort weiter und biegen am Ortsende nach rechts auf die D 945, um nach **Souvigny** zu gelangen. Links ginge es, wenn Sie abkürzen und ins nahegelegene Moulins aus Tour 17 möchten, weiter.

In Souvigny fahre ich vorschriftsmäßig nach links auf die Umgehungsstraße für Fahrzeuge über 3,5 Tonnen. Auf diese Art und Weise finde ich auch einen schattigen Parkplatz für eine Ortsbesichtigung des sehenswerten Ortes, der leider keinen Stellplatz vorzuweisen hat. Mein Tipp: Biegen Sie am Straßenende nach rechts zur „centre ville“. Jetzt sehen Sie auch schon bald die schattigen Plätze rechts am Straßenrand. **[N 46° 32‘ 03.4“ E 03° 11‘ 43.6“, Route de Moulins, D 945]** Etwas weiter vor befindet sich linkerhand ein Parkplatz, auf dem man ebenfalls stehen und bei Bedarf auch übernachten kann [006: N 46° 32‘ 01.6“ E 03° 11‘ 37.8“, Route de Moulins, D 945].

Souvigny muss man einfach gesehen haben! Am besten gehen wir von meinem Parkplatz aus gemeinsam ein wenig

Souvigny – kleiner Ort mit großem Charme

zurück und nach links die Rue de Richevieille hoch. So kommen Sie ohne Probleme ins kleine Zentrum. Hier finden Sie dann auch **Le Prieuré St-Pierre et St-Paul**.

Sicherlich ist Ihnen Cluny ein Begriff!? Nein, nicht George Cluny! Lassen Sie mich vorsorglich mal wieder „lehrmeistern“: Um das Jahr 1000 herum haben Benediktinermönche in dem Ort Cluny ein Kloster gegründet. Das wuchs rasant an und hatte viele „Zweigstellen“. Eine der wichtigsten davon war Souvigny, wo – ebenso wie in den anderen 400 Dependancen – die Lehre des Heiligen Benediktus gelehrt und recht fundamentalistisch ausgelegt wurde. Heutzutage agieren Johanniter hinter den Mauern des Klosters.

Einige berühmte Persönlichkeiten wurden in der Kirche beigesetzt, darunter zwei Äbte aus dem Kloster Cluny sowie bourbonische Herzöge.

Tote Bourbonen...

Lassen wir die Toten in ihren Särgen ruhen sowie die Vergangenheit hinter uns und wenden uns der Gegenwart zu. Suchen Sie jetzt eine Übernachtungs- oder eine Ver- und Entsorgungsmöglichkeit? So fahren Sie einfach 8,5 Kilometer auf der D 945 weiter, um dann nach rechts auf die kleine, nicht sehr breite D 18 abzubiegen. **Noyant-d'Allier** heißt unser Ziel.

(007) Offizieller WOMO-Stellplatz: Noyant-d'Allier

GPS: N 46° 28' 42.2" E 03° 07' 28.7" Route de Châtillon
Max. WOMOs: 5
Ausstattung: Ver- und Entsorgung, Strom (am Relais), Mülleimer.
Beschreibung: Wenig attraktiver, kostenloser Stellplatz auf Asphalt, am Ortsrand, vor der mairie. Ortsmitte 100 m.
Preise: Frischwasser und Strom je 2 EUR.
Zufahrt: Der Platz liegt an der D 18 gleich zu Ortsbeginn links vor der mairie.

Wer mag, besucht hier das Industrie- und Bergwerkmuseum oder den gigantischen Buddha im Buddha-Garten. Ansonsten biegen Sie gegen Ende nach rechts auf die D 73, die dann zur D 11 wird und im kleinen Örtchen **Gipsy** mündet.

(008) WOMO-Stellplatz: Gipcy

GPS: N 46° 30' 08.6" E 03° 03' 10.4" Le Bourg
Max. WOMOs: 2-3
Ausstattung: Ver- und Entsorgung, Strom (am Relais).
Beschreibung: Ruhiger, kostenloser Platz in einem kleinen Ort, bei der Kirche. Auf Asphalt, Pizzeria in der Nähe.
Preise: Frischwasser und eine Stunde Strom je 2 EUR.
Zufahrt: Auf der Vorfahrtsstraße, der D 11, bleiben. Wenn links eine Halle und ein Steinkreuz zu sehen sind, davor nach links abbiegen. Sofort wieder nach links. Auf die Kirche zufahren und davor nach rechts. Der Platz ist ausgeschildert.

In Gipcy biege ich kurz darauf nach rechts auf die D 1 und vor Bourbon-l'Archambault nach links auf die D 953. Wir fahren durch Ygrande und Cérilly sowie schließlich durch den dunklen **Fôret de Tronçais**, ein etwa 11.000 Hektar großes Waldgebiet, das einst den Herzögen von Bourbon und später den französischen Königen gehörte. Colbert, seines Zeichens Minister Ludwig XIV., erkannte, dass dieses Terrain für den Flottenbau von Nutzen sein könnte und erließ Anordnungen zur Weiterentwicklung des Forstes. Dadurch fand eine zielgerichtete Aufforstung statt.

Gleich zu Beginn der „grünen Dunkelheit" liegt rechterhand ein Wanderparkplatz, wo Sie getrost auch nächtigen können.

(009) WOMO-Wanderparkplatz: Im Fôret de Tronçais

GPS: N 46° 37' 48.5" E 02° 46' 20.9" An der D 953 bei Cérilly
Max. WOMOs: 1-2
Ausstattung: Keine.
Beschreibung: Platz auf festem Untergrund. Außerhalb. Informations- und Orientierungstafeln, Wanderwege, einsam.
Zufahrt: Auf der Strecke von Cérilly nach St-Bonnet-Tronçais zu Beginn des Waldes rechts.

Achtung! Franzosen lieben die Jagd, speziell die Treibjagd. Da kann es schon mal passieren, dass Ihnen auf der Strecke ein gehetztes Tier vor das Womo läuft oder dass Jäger spontan die Straße für kurze Zeit sperren.

Behalten wir weiter unser Ziel – **St-Bonnet-Tronçais** – im Auge. Auf dem Weg dorthin spielte mein Navi „Schildbürger", es gab Abfahrten am Rondell an, die es gar nicht gab, oder wollte in Straßen, die nicht ideal für uns waren. Da kam Freude auf! Sollte Ihres ebensolche Spielchen treiben, vertrauen Sie meiner Wegbeschreibung in den Kästchen.

(010) WOMO-Stellplatz: St-Bonnet-Tronçais I

GPS: N 46° 39' 36.8" E 02° 41' 50.2" An der D 39/Route de Tronçais
Max. WOMOs: 9-10
Ausstattung: Ver- und Entsorgung, Strom (am Relais), Mülleimer.
Beschreibung: Kostenloser, ruhiger, wenig schöner Platz am Sportplatz. Zum Badestrand etwa 1 km. Weiterer See in der Nähe. Restaurant und Geschäft 500 m.
Preise: Frischwasser und Strom je 2 EUR. Jetons in der Bäckerei.
Zufahrt: Am Rondell die 4. Ausfahrt. Etwas weniger als 3 km auf der D 978A bleiben. Dann nach rechts auf die D 250. An der Gabelung rechts halten und auf der D 39 weiterfahren. Der Platz liegt an der Straße links.

(011) Offizieller WOMO-Stellplatz: St-Bonnet-Tronçais II

GPS: N 46° 39' 32.0" E 02° 41' 32.0" Rue de l'étang
Max. WOMOs: >10 **Ausstattung**: Keine.

Beschreibung: Ruhiger, kostenloser Platz auf Wiese. 500 m bis zum Badestrand. Restaurant und Geschäft in der Nähe. Klappstuhlgeeignet.
Zufahrt: Wie zum Stellplatz 010. Daran vorbeifahren und in St-Bonnet dem Wohnmobilschild durch den Ort folgen. Richten Sie sich nach „Plage-Camping". Wir überqueren ein Rondell und biegen sofort nach rechts auf eine Art Parkplatz. Dahinter befindet sich eine Wiese, die für uns gedacht ist.

Fahren Sie gar nicht erst zum Parkplatz am See: Ein Balken in zwei Metern Höhe weist uns in unsere Schranken. Bei Festen ist leider auch Stellplatz 011 gesperrt.

Der **kleine Badesee** lockt an sonnigen Tagen Wasserratten an den Strand. Viele! Der Geräuschpegel, der bis zum Platz 011 vordringt, ist der Beweis.

Mein nächstes Ziel heißt **Vallon-en-Sully**. Über die Schönheit der dortigen Stellplatzmöglichkeiten kann man geteilter Meinung sein. Mir gefällt es hier sehr gut. Man steht zwischen **Cher** und dem parallel verlaufenden **Canal de Berry**.

Am besten fahren wir dazu wieder zurück, ver- sowie entsorgen noch einmal, um den Weg zur D 978A einzuschlagen. Später geht's auf der D 2144 weiter. Grobrichtung: Montluçon.

Wir erreichen Vallon-en-Sully, und nun bleibt die Frage offen: Stellplatz neben Bootsvermietung, Stellplatz beim Sportplatz oder (je nach Reisezeit) Campingplatz? Alle sehr dicht beieinander...

(012) WOMO-Stellplatz: Vallon-en-Sully I

GPS: N 46° 32' 07.0" E 02° 36' 47.7" Allée des soupirs
Max. WOMOs: 6-8
Ausstattung: Picknickbänke, Mülleimer in der Nähe.
Beschreibung: Kostenloser Platz auf Wiese zwischen Kanal und Cher, sehr schattig. Geschäfte 500 m (auf die Hauptstraße nach links raus). Snackbar in der Nähe des Campingplatzes. Neben historischem Kanalgebäude und Bootsverleih. Am Rad- und Spazierweg nach Montluçon.
Zufahrt: Über die D 2144 den Ort passieren. An der Ampel nach rechts, Richtung Vallon-centre. Gleich nach der Brücke geht es zweimal links. Die Plätze befinden sich unter der Baumreihe am Kanal.
Hinweise: Am Tag Betrieb, in der Nacht sehr ruhig. Gute Angelmöglichkeit im Kanal und im Fluss. Die Snackbar ist nur im Juli/August geöffnet.

(013) WOMO-Stellplatz: Vallon-en-Sully II

GPS: N 46° 31' 53.6" E 02° 36' 49.9"
Allée des soupirs
Max. WOMOs: >10
Ausstattung: Mülleimer.
Beschreibung: Großer, kostenloser Platz zwischen Kanal und Cher, an kleinem Angelteich, auf Schotter und Wiese. Beim Sportplatz und vor dem Campingplatz. Schattig. Geschäfte 800 m (nach links auf die Hauptstraße raus). Snackbar am Platz. Am Rad- und Spazierweg nach Montluçon.
Zufahrt: Wie zum Stellplatz 012, aber bis zum Sportplatz weiterfahren.
Hinweise: Nachts sehr ruhig. Viele Angler. Gute Angelmöglichkeit im Kanal und im Fluss.

Hier führt der **Radweg nach Montluçon direkt am Kanal entlang**. Und hier treffen wir immer auf viele Angler. Manche

(014) WOMO-Campingplatz: Vallon-en-Sully (Camp Municipal**)

GPS: N 46° 31' 46.1" E 02° 36' 53.1" Allée des soupirs
Tel./Fax: +33 47 00 65 096 / +33 47 00 65 118
E-Mail: mairie.vallonsully@wanadoo.fr
Internet: www.allier-auvergne-tourisme.com/hotellerie-plein-air/vallon-en-sully/camping-municipal/4674057
Öffnungszeiten: Juli & August
Beschreibung: Sehr schattig, kleiner, einfacher Campingplatz. Laden, Snackbar (außerhalb), Spielplatz, Radweg nebenan am Kanal. Außerhalb, zum Ort 800 m. In der Nähe der Stellplätze, Angelsee davor, Canal de Berry und Cher nebenan. Gute Angelmöglichkeiten.
Preise: Stellplatz 10 EUR. Strom 2,50/Tag. Hunde kostenlos.
Zufahrt: Wie zu Stellplatz 013, jedoch an der Gabelung am Sportplatz nach links fahren.

Historisches Kanalgebäude

bauen sogar ihr Zeltchen sowie den Grill neben dem PKW auf und bleiben mehrere Tage.

Mir persönlich gefällt es hier immer wieder gut, wobei ich Platz 012 favorisiere.

Sollte Ihnen nach „altem Gemäuer“ sein, lassen Sie uns jetzt einen kleinen Abstecher nach **Hérisson** machen. Der Ort ist eine kleine Ansammlung weniger Häuser, welche sich um eine **Burgruine** gruppieren. Außerdem besitzt er einen schönen Stellplatz. Fahren Sie dazu über die Brücke und an der Ampel nach rechts. Letztendlich richte ich mich nach den Schildern, die uns nach Montluçon dirigieren, und fahre auf der D 11. Am STOP-Schild müssen wir nach rechts auf die D 3.

(015) WOMO-Stellplatz: Hérisson

GPS: N 46° 30‘ 25.3“ E 02° 42‘ 41.4“ Quai de l’Aumance
Max. WOMOs: 2-3
Ausstattung: Zwei Wasserhähne, Toilette, Mülleimer.
Beschreibung: Sehr schöner, kostenloser, schattiger und ruhiger Platz am Ortsrand zwischen Bäumen. Am Fluss, wenige Gehminuten zum Zentrum.
Zufahrt: Über die Brücke und gleich nach links in die Zielstraße.
Hinweise: Parken zwischen den Bäumen. Etwas weiter vor steht man näher am Wasser. Hier spielen Franzosen regelmäßig Boule. Bitte nicht blockieren!

Bitte nehmen Sie hier Rücksicht auf die Boulespieler und veranstalten Sie keinen Massenauflauf. Campingverhalten sollte unterbleiben: Mehr als 2-3 Womos, Grill, Liegestuhl & Co. gehören auf einen Campingplatz. Wenn sich alle daran halten, wird man uns den Platz hoffentlich noch länger zur Verfügung stellen. Sollten mehrere Wohnmobile dort stehen, fahren Sie zur Übernachtung entweder nach Estivareilles weiter oder zurück nach Vallon-en-Sully.

Hérisson selber ist ein kleiner Ort mit Charme und château. Wenn Sie wollen, gehen wir zur **Burgruine**. Aber ehrlich: Die Burg ist fotogen, mehr auch nicht! Dorthin gelangen wir durch den Ortskern. Der bereits erwähnte Charme liegt hier im Detail: Wunderschöne alte Häuser, Blumenschmuck vom Feinsten sowie eine fantastische Aussicht auf die Burg. Wenn möglich, kommen Sie an einem Freitag, dann findet am Dorfplatz ein besuchenswerter Markt statt.

Wir ziehen weiter. Lassen Sie uns der Einfachheit halber über die D 11 zurück Richtung Vallon und dort nach links auf die D 2144 Richtung Montluçon abbiegen. Natürlich können Sie auch direkt die D 3 nach **Estivareilles** wählen. Der Ort ist ausgeschildert.

(016) Offizieller WOMO-Stellplatz: Estivareilles

GPS: N 46° 25’ 29.3” E 02° 36’ 55.2” Rue de la République
Max. WOMOs: 10-15
Ausstattung: Ver- und Entsorgung, Mülleimer.
Beschreibung: Sehr ruhiger, großer und kostenloser Platz neben der salle polyvalente. Auf Schotter. Geschäfte in etwa 200 m.
Zufahrt: Gleich zu Ortsbeginn dem Womo-Schild nach links folgen. Kurz darauf geht es hinter der salle polyvalente nach rechts. Die V&E liegt auf der Zufahrt, der Platz hingegen am Ende der Stichstraße.
Hinweise: Kostenlose, jedoch vollkommen veraltete V&E. Die Toilette wird in den Abwasserablass geleert. Bei Festen ist der Platz gesperrt, V&E jedoch zugänglich.

Estivareilles selber hat nichts zu bieten, also fahren wir weiter. **Montluçon** heißt mein nächstes Ziel. Da wir ja bereits auf der richtigen Straße, der D 2144, sind und uns jede Menge Hinweisschilder dirigieren, erübrigt sich eine Wegbeschreibung. Mein Tipp: Montluçon sollten Sie auf keinen Fall auslassen, wenn Sie größere Orte mögen! Man hat für uns sogar einen (halb) offiziellen „Stellplatz“ eingerichtet. Einen ganz offiziellen gibt es rund vier Kilometer außerhalb an einem See.

(017) Offizieller WOMO-Stellplatz: Montluçon I

GPS: N 46° 21' 17.4" E 02° 35' 10.9" Rue des marais
Max. WOMOs: 10-15
Ausstattung: Ver- und Entsorgung, Strom (am Relais), Toilette, Mülleimer.
Beschreibung: Relativ ruhiger, kostenloser, gemischter Parkplatz im Nordwesten des Zentrums am Place de la Fraternité neben einem Park. Asphaltiert und beleuchtet. Supermarkt in der Nähe. Zentrum 20 min. zu Fuß.
Preise: 150 l Wasser 5 EUR, 10 min. Strom 2,50 EUR. Zu zahlen mit Karte.
Zufahrt: Vom Zentrum aus der D 943 folgen. Die Schilder besagen Châteauroux und Le Châtre. Wenn nach knapp 2 km links ein großer Platz auftaucht, biegen Sie direkt danach links ab (Achtung, Einbahnstraße!), dann sehen Sie auch schon am Ende der Straße die Ver- und Entsorgungsstelle. Wohnmobile parken in der Regel parallel zur D 943 (beginnend ab der Station).
Hinweise: Donnerstags wegen Markt geschlossen. Die enge V&E war bei unserem letzten Besuch im Sommer 2019 ziemlich verdreckt.

Bei meinem letzten Besuch war Platz 017 für uns wegen eines großen Marktes und noch größerer Baustellen nicht anzufahren. Versuchen Sie Ihr Glück! Falls Ihnen der Platz nicht gefällt, Sie ihn wegen Baustellen, Umleitungen oder ähnlichem nicht finden, falls Sie lediglich eine Stadtbesichtigung machen möchten, oder falls es Donnerstag sein sollte (Ich sage nur: Markt!), dann habe ich noch zwei Alternativen: Genaue Wegbeschreibungen würden in ein endloses „Rechts-links-Geradeaus“ ausarten. Vertrauen Sie Ihrem Navi!

(018) WOMO-Stellplatz: Montluçon II

GPS: N 46° 19' 53.9" E 02° 36' 17.4" Rue des faucheroux
Max. WOMOs: 10
Ausstattung: Keine.
Beschreibung: Einfacher, kostenloser Parkplatz am Stade des Îlets und Théatre des Îlets. Rund 1 km zum Zentrum.
Zufahrt: Bitte südlich des Zentrums halten. Den Wegweisern zum Stade St Jean sowie Théatre des Îlets folgen.

(019) WOMO-Stellplatz: Montluçon III

GPS: N 46° 20' 41.2" E 02° 36' 14.9" Quai Forey
Max. WOMOs: 2-3 **Ausstattung**: Keine.
Beschreibung: Gemischter, kostenloser Parkplatz auf Asphalt. Am Rande eines Gewerbegebietes sowie am Fluss. Etwa 10 min. Fußweg zur Innenstadt. Grillrestaurant in der Nähe.
Zufahrt: Über die D 2144 kommend Grobrichtung Moulins nehmen. Hinter dem Grillrestaurant mit B (wie die gleichnamigen Schuhe) in den Quai Forey und am Fluss entlang fahren. Das ist eine Sackgasse, aber man kann gut wenden. Nur für kleinere Wohnmobile geeignet.

Montluçon, eine Stadt mit Größe

Montluçon ist mit rund 42.000 Einwohnern die zweitgrößte Stadt der Auvergne und Wirtschaftsmetropole des Bourbonnais. Als alter Sitz der Herzöge von Bourbon hatte sich schon früh um das 1370 errichtete Schloss, welches oben auf der Anhöhe thront, ein Städtchen angesiedelt, dessen besonderes Flair auch heute noch zu spüren ist. Denkmalgeschützte Fachwerkhäuser, schmale verwinkelte Gässchen und Brunnen warten darauf, von uns bewundert zu werden. Rund um die um 1900 restaurierte Altstadt mit ihrem mittelalterlichen Charme hat sich ein modernes Montluçon mit einer großen Auswahl an zahlreichen Geschäften und Dienstleistern entwickelt.
„Die Stadt der Kunst", wie Montluçon vielerorts auch genannt wird, wartet mit architektonischen aber auch mit sonstigen Kunstwerken auf. So beherbergt heute das bereits erwähnte Château des Ducs de Bourbon – das Schloss der Herzöge von Bourbon – das Musée des Musiques Populaires mit über 700 Instrumenten. Das Château de la Louvière, das inmitten eines im italienisch-englischen Stil gehaltenen Parks liegt, zeigt temporäre sowie feste Ausstellungen unterschiedlichster Kunstrichtungen und Epochen.
Die Altstadt präsentiert zwei Kirchen: St-Pierre und Notre-Dame. Erstere stammt aus dem 12. und 13. Jahrhundert und ist somit die ältere der beiden Gotteshäuser. Versteckt zwischen hohen Häusern könnte man beinahe meinen, sie würde sich schämen. In ihrem Inneren wirkt sie fast ein wenig bedrückend, was aber sicherlich daran liegt, dass sie von nur geringem Lichteinfall beglückt wird. Interessant ist hier die Steinskulptur der Heiligen Magdalena von Michel Colomb, die im Stil der Schwarzen Madonnen erstellt wurde, von denen Sie weiter hinten in diesem Reiseführer noch öfters lesen werden. Die Kirche Notre-Dame stammt aus dem 15. Jahrhundert und ist von ihrem Äußeren her auffallender.
Übrigens liegt Montluçon am Cher und ist Endpunkt des Canal de Berry.

Idylle heute mitten in der Stadt: Angeln im Cher...

Idylle einst: Château des Ducs de Bourbon...

Direkt neben Platz 017 befindet sich ein kleiner Park, also ideal für Hundebesitzer. Zur Besichtigung geht's von dort aus zunächst Richtung Zentrum, wo ich immer wieder gerne durch die Fußgängerzone flaniere. Dem Hinweisschild zur **Burg** sollten Sie Folge leisten. Über steile Sträßchen und viele Treppen erreichen wir schließlich den **Schlosspark**. Hier oben kann man nicht nur das château der Herzöge von Bourbon finden, sondern auch noch einen Rundumblick über die Stadt genießen. Im Schloss selbst bietet sich der Besuch des **Musée des Musiques Populaires** an, wo mit Liebe zum Detail alte auvergnatische Musikinstrumente ausgestellt sind. Vom Akkordeon über verschiedene Drehleiern bis hin zu Dudelsäcken ist beinahe alles vorhanden. Es ist ein „lebendiges" Museum, denn in einer Werkstatt werden auch heute noch nach alten Plänen traditionelle Instrumente gebaut.

Lassen Sie uns langsam wieder zum Wohnmobil zurückgehen und weiterfahren. Nur wenige Kilometer trennen uns von einem schönen, offiziellen Platz an einem See, der in vielen Quellen als Stellplatz für Montluçon firmiert.

Dazu müssen wir den grünen Schildern folgen, die uns nach Poitiers schicken wollen. In Terre Neuve heißt es aufgepasst: Das Rondell bitte nach links heraus verlassen. Zwar möchte mich ein Schild ob meines Gewichtes diskriminieren und mir die Weiterfahrt versagen, jedoch wüsste ich nicht, wie ich anders auf den Stellplatz käme, auf dem etliche Womos mit mehr als 3,5 Tonnen Gewicht zu kämpfen haben.

Da der Platz stark frequentiert wird, sollten Sie rechtzeitig ankommen. Nach 16 Uhr sinken die Chancen auf einen freien Platz stetig. Wasserentnahme und Entsorgung sind leicht zu handhaben, aber für die Stromabnahme muss man schon ein

(020) Offizieller WOMO-Badeplatz: Prémilhat

GPS: N 46° 20' 04.6" E 02° 33' 31.7" Route de l'étang de Sault
Max. WOMOs: 8
Ausstattung: Ver- und Entsorgung, Strom, Mülleimer.
Beschreibung: Schöner, parzellierter Stellplatz auf Schotter, auf der gegenüberliegenden Straßenseite eines (Bade)Sees mit Möglichkeit zu zahlreichen Freizeitaktivitäten. Außerhalb des Ortes, kaum Schatten. Supermarkt in 5 min. zu Fuß erreichbar.
Preise: Wasser 5 EUR für 150 l, Strom 2,50 für 10 h. Bezahlt wird alles am Automaten.
Zufahrt: Den Kreisverkehr in Terre Neuve nach links verlassen und stets geradeaus fahren, bis auf der rechten Seite der gut beschilderte Stellplatz auftaucht.
Hinweise: Der Automat war bei unserem letzten Besuch kaputt, es gab dennoch Wasser und Strom. Rund um den See sind es etwa 3 km.

alter „Frankreich-Hase" sein, sich helfen lassen oder seinen Doktortitel in Wohnmobilstellplatzbenutzung gemacht haben. Mein Tipp: Merken Sie sich die Nummer der Steckdose, die Ihrem Wohnmobil am nächsten liegt. Schauen Sie sich zuvor mehrmals die reich bebilderte Bedienungsanleitung an und versuchen Sie, zu verstehen, was man Ihnen sagen will. Jetzt kann es losgehen: Sie stecken Ihre Kreditkarte in den dafür vorgesehenen Schlitz, tippen etliche, von Ihnen verlangte Zahlen ein und haben – wenn's klappt – Strom.

Blöd ist nur, dass der Automat wohl ein Verwandter der Formel1 ist, was Geschwindigkeit anbelangt, denn er lässt uns zwischen zwei Eingabeaufforderungen nur wenige Sekunden zum Nachdenken und Handeln.

Ich war jedesmal stolz auf mich, wenn ich es geschafft hatte. Zum Trost: Wir sind nicht alleine mit unserer Unfähigkeit, und zur Not geht es auch ohne Strom...

Warum der Platz in zahlreichen Quellen Montluçon in anderen **Prémilhat** zugeordnet wird, erschließt sich mir nicht so ganz. In Wahrheit liegt er näher an Terre Neuve...

Im Sommer herrscht hier im und am nahegelegenen **See** reger Bade- und Bootsbetrieb. An einem Ufer befindet sich zudem eine Surfschule. Natürlich können Sie auch angeln.

Und wer die französischen Supermärkte genauso liebt wie ich, der „parkt" Mann & Maus am See, legt die wenigen Meter zu Fuß zurück und geht shoppen.

Sollte es Ihnen wegen all dieses Trubels nicht gefallen, kommen Sie außerhalb der Sommermonate oder folgen Sie mir gleich zur Tour 2, denn dort geht es wieder etwas beschaulicher zu.

Wir verbringen hier trotz allem gerne immer wieder einen sonnenreichen Tag am See und erfreuen unsere Hunde mit einem Rundgang um Selbigen sowie anschließender Erfrischung im kühlen Nass. Wir sehen uns!

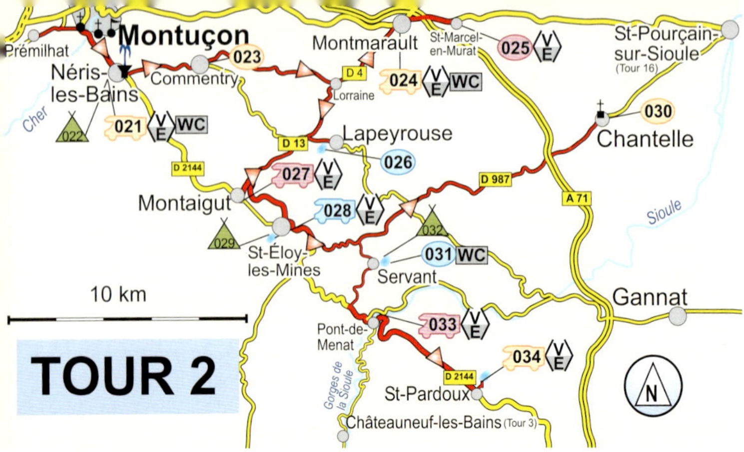

TOUR 2: Viele, viele Seen 155 km

Néris-les-Bains – Montmarault – Lapeyrouse – St-Éloy
Chantelle – Servant – St-Pardoux

Stellplätze:	Néris-les-Bains, Commentry, Montmarault, St-Marcel-en-Murat, Lapeyrouse, Montaigut, St-Éloy-les-Mines, Chantelle, Servant, Pont-de-Menat, am Étang des Cayers bei St-Pardoux
Campingplätze:	Camping du Lac (Néris-les-Bains), La Poule d'Eau (St-Éloy-les-Mines)
Besichtigen:	Néris-les-Bains, Chantelle
Baden:	Im See bei Lapeyrouse, im See bei St-Éloy, im See bei Servant, in der Sioule bei Pont-de-Menat
Wandern:	Bei Commentry
Märkte:	Néris-les-Bains (Do.), St-Éloy-les-Mines (Sa.)

In Tour 2 lernen wir beinahe alle Arten von Stellplätzen kennen: wunderschöne, solche auf denen man mal gerade eben eine Nacht verbringt und wieder andere, auf die man nur fährt, wenn es überhaupt nicht anders geht. Ferner finden wir jede Menge Gelegenheit zum Baden und Entspannen.

Wir starten im alten **Kurort Néris-les-Bains**. Sollten Sie von Montluçon kommen, ist Ihre Hauptrichtung Clermont-Ferrand, von Prémilhat aus müssen Sie zunächst ein paar Kilometer zurückfahren, bis Sie ebenfalls diesen Wegweisern folgen können. Wir befinden uns auf der altbekannten D 2144. Unser Ziel ist gut ausgeschildert, so dass ich Ihnen keine weiteren Richtungsangaben geben muss.

Néris-les-Bains erwartet uns mit einem Stellplatz, einem angrenzenden Campingplatz sowie viel Grün.

(021) Offizieller WOMO-Stellplatz: Néris-les-Bains

GPS: N 46° 17' 12.9" E 02° 39' 08.7" Avenue Marx Dormoy
Max. WOMOs: 6 **Öffnungszeiten**: 1. März - 31. Oktober
Ausstattung: Ver- und Entsorgung, 6 x Strom, Toilette, Mülleimer, WLAN.
Beschreibung: Kleiner, parzellierter, ruhiger Stellplatz vorm Campingplatz. Auf Schotter. An der D 155, am Ortsrand. Kleiner See in der Nähe. Zentrum 500 m entfernt.
Preise: 10 EUR inklusive Wasser und Strom. WLAN 1,50 EUR/h.
Zufahrt: Am ersten Kreisel im Ort nach rechts abbiegen und gleich wieder nach rechts. Dem grünen Schild „Camping du Lac" folgen. Nach ca. 1 km erreichen Sie, wenn Sie einen Berg hinunterfahren, den Camping- sowie den davor liegenden Stellplatz.
Hinweise: Wählen Sie sich einen freien Platz aus und melden Sie sich anschließend am Campingplatz an. Sollte die Rezeption nicht besetzt sein, kommt am Abend jemand zum Kassieren. Maximale Aufenthaltsdauer: 3 Nächte. Für sehr große Womos könnte es problematisch sein.

(022) WOMO-Campingplatz: Néris-les-Bains (Camping Municipal du Lac)

GPS: N 46° 17' 13.5" E 02° 39' 07.2" Avenue Marx Dormoy
Tel./Fax: +33 47 00 32 470 / +33 47 00 37 999
E-Mail: campingdulac-neris@orange.fr
Internet: www.campingdulac-neris.com
Öffnungszeiten: April - Anfang Oktober
Beschreibung: Direkter Zugang zum kleinen See. Teils schattig. Bar/ Restaurant, Waschmaschine, Kanu-Kajak-Verleih, Spielplatz sowie Volleyballfeld am Platz. Hunde erlaubt. In etwa 500 m Entfernung beheiztes Schwimmbad.
Zufahrt: Wie zum Stellplatz. Der Campingplatz liegt nebenan.

Wie der Zusatz „les bains" verrät, handelt es sich um einen Badeort. Ähnlich vieler anderer französischer Kurorte, ver-

Der Pavillon du Lac – einstiges Bahnhofsgebäude

strömt auch Néris-les-Bains den Charme des „Fin de Siècle", des vorletzten Jahrhunderts. Natürlich gibt es auch **Thermen**, ein Casino sowie Hotels und Restaurants. Besonders beeindruckend ist die Architektur. Eines der interessanten Bauwerke befindet sich direkt neben unserem Stell- und Campingplatz: Der Pavillon du Lac, ein **ehemaliger Bahnhof**, der heute verschiedenen Veranstaltungen Raum gibt. Die einstige Bahntrasse wurde ebenfalls „zweckentfremdet". Sie ist jetzt ein **Wanderweg** nach Montluçon.

Für die restlichen Sehenswürdigkeiten müssen wir ein paar Meter bis zum Kreisel, den Sie ja bereits bei der Einfahrt nach Néris kennengelernt haben, zurückgehen. Direkt davor gelangen Sie zum OTSI (die Abkürzung für „Office de Tourisme/ Syndicat d'Initiative", kurz „Touristenbüro").

Übrigens hatten sich bereits die Römer hier im einstigen Aquae Nerii sehr wohl gefühlt. Mit warmem Wasser, das direkt aus der **Quelle** sprudelt, konnte man es also sogar im „hohen Norden" gut aushalten. Ausnahmsweise gingen sie hier mal nicht ihrer Lieblingsbeschäftigung – dem Bau einer Wasserleitung – nach. Warum weiß keiner. Doch sie hinterließen ein **Amphitheater** und ein **Bad**. Beides allerdings relativ unspektakulär. Ich habe schon schönere gesehen! Zu finden sind sie links beziehungsweise rechts vom OTSI. Für den Besuch des Amphitheaters ist die Hauptstraße zu überqueren, und schon stehen Sie fast mitten in den wenigen Überresten.

Lassen Sie uns jetzt gemeinsam in eine andere Richtung gehen, in der es wesentlich mehr zu sehen gibt. Ich stehe –

zur Orientierung – mit dem Rücken vor der Tür des Touristenbüros und gehe geradeaus. Wir schlendern zunächst ein wenig durch den Park, der auch bei uns in keinem Kur- oder Badeort fehlen darf. Alles ist sehr gepflegt und in voller Blütenpracht. Wir kommen am Theater sowie am Casino vorbei, um schließlich zu den **Thermen** zu gelangen. Das ist alles nicht ganz nah, aber Bewegung tut ja bekanntlich gut.

Verlassen wir Néris und fahren zurück zum Kreisel. Unsere Richtung ist jetzt Clermont-Ferrand. Am Ortsende geht's nach links, wo wir den nächsten Stellplatz in **Commentry** hätten.

In unserer letzten Ausgabe nannte ich Ihnen noch einen Platz am Ostrand von Commentry. [023: N 46° 17' 12.9" E 02° 43' 13.0", Rue de la Banne] Leider war im Sommer die Entsorgung mit Steinen blockiert und der Platz schien vollkommen runtergekommen. Zur Strafe gibt's jetzt hier kein Kästchen... Wenn Sie jedoch hundemüde sein sollten, könnte der Platz eine Option sein. Offiziell gilt hier auch noch ein Verbot für Fahrzeuge über 3,5 Tonnen. Hier stehen aber stets LKWs!?

Von Commentry aus fahren wir weiter, bis wir den Schildern nach **Montmarault** folgen. Zur Orientierung: Irgendwann müssen Sie nach links auf die D 4, dann sind es noch etwa 7,5 Kilometer bis zu einem kleinen, wirklich schönen Stellplatz.

Rechts geht's nach Lapeyrouse, wohin wir als nächstes fahren werden. Wenn Sie gleich dorthin wollen, tun Sie es.

(024) Offizieller WOMO-Stellplatz: Montmarault

GPS: N 46° 19' 03.4" E 2° 57' 14.8" Rue de Turenne

Max. WOMOs: 4-5

Ausstattung: Ver- und Entsorgung, Strom (am Relais), Toilette.

Beschreibung: Kleiner, kostenloser, sehr gepflegter Platz im Ort. Bäcker 150 m, Carrefour 500 m. Pizzeria in der Nähe. Spielplatz nebenan.

Preise: Wasser und Strom je 2 EUR mit Jetons (in der mairie erhältlich).

Zufahrt: Richtung St- Pourçain. Wenn das Ende der 30er-Zone sichtbar ist, den kleinen länglichen grünen Schildern nach rechts folgen. Alles ist gut ausgeschildert.

Hinweise: Nachts könnten Sie sich durch Glockengeläut gestört fühlen.

Sollten die wenigen Plätze vergeben sein, gibt es in direkter Nachbarschaft einen großen, asphaltierten Platz, den man sich für eine Nacht zu Eigen machen kann. Für eine Ortserkundung benötigen Sie keinen Plan, Montmarault ist so klein, dass man sich nur schwer verlaufen kann. Aber es lohnt sich!

Stört Sie das Glockengeläut?

Bei meinem letzten Besuch begrüßten mich in der Nähe des Stellplatzes Kühe, und zwar solche, die weder einen Ton noch Milch von sich gaben. Diese interessante „Rasse" soll ich übrigens noch öfters in der Auvergne treffen. Vielleicht stehen die ja bei Ihrem Besuch auch noch dort!? Dann grüßen Sie sie.

Nur wenige Kilometer nordöstlich habe ich im Westen des kleinen Örtchens **St-Marcel-en-Murat** für Sie einen weiteren schö-

nen Picknickplatz, wo Sie ruhig übernachten können. Das Kästchen hierzu finden Sie auf der Seite nebenan.

Doch ich möchte lieber nach **Lapeyrouse** und bei dieser Hitze endlich mal wieder Wasser zur Erfrischung haben. Dazu fahren wir zurück auf die D 4. Von Stellplatz 024 aus geht es am großen Ausweich-Platz vorbei und nach rechts auf die Hauptstraße ab. Wieder mal ein Verbotsschild für uns Schwergewichtige, aber wir wollen ja nur bis zur Ampel, wo wir nach links abbiegen, um zur D 4 zu kommen. St-Éloy und Lapeyrouse, beides meine Ziele, sind ausgeschildert. Das ist auch unsere Richtung von St-Marcel aus.

(025) WOMO-Picknickplatz: St-Marcel-en-Murat

GPS: N 46° 19' 18.8" E 03° 00' 28.9" An der D 243/D 429
Max. WOMOs: >5
Ausstattung: Ver- und Entsorgung, Strom (am Relais), Mülleimer.
Beschreibung: Ruhiger, sauberer, großer sowie kostenloser gemischter Parkplatz in kleinem, ausgestorben wirkendem Weiler. Sehr schön angelegt. Auf Schotter und Wiese. Pizzeria/Resturant auf der gegenüberliegenden Straßenseite.
Preise: Wasser und Strom je 2 EUR. Jetons im Rathaus oder im Restaurant gegenüber erhältlich.
Zufahrt: Wenn man in das kleine Dorf reinfährt, sieht man gleich auf der linken Seite den Stellplatz.

(026) WOMO-Badeplatz: Lapeyrouse

GPS: N 46° 13' 20.0" E 02° 52' 53.8" Am plan d'eau
Max. WOMOs: 4-5
Ausstattung: Keine.
Beschreibung: Gemischter Parkplatz auf Wiese. Etwa einen Kilometer vom Ortszentrum entfernt, am Freizeit- und Badesee, ohne Wohnmobileinrichtungen und -service. Toilette, Dusche, Mülleimer, Sandstrand, Bänke, Volleyballfeld und Snackbar in der Nähe. Angeln und Baden möglich.
Zufahrt: Auf der D 998 den Ort passieren und Richtung plan d'eau fahren. Außerorts am Rondell die 1. Ausfahrt nehmen. Am Tennisplatz vorbei.
Hinweise: Enge Einfahrt! Änderungen sind geplant, ob man dann noch so stehen darf, war zur Zeit der Recherche noch nicht klar.

Ursprünglich war hier wohl die Einfahrt mit einem Schrankensystem geregelt, jetzt stehen nur noch Reste da, die die Einfahrt verengen, sowie ein ziemlich ramponiertes Spenden-Kästchen. Am **See** selber finde ich kein Verbotsschild. Mehrere französische Wohnmobile stehen und nächtigen hier. Platz ist genug. Von einem Franzosen erfuhr ich, dass es Änderungen geben soll. Also nicht schimpfen, wenn meine Informatio-

Glück gehabt: Trotz schönem Wetter (noch) Ruhe.

nen nicht mehr stimmen. Geplant ist wohl, den Badeplatz kostenpflichtig werden zu lassen. Ich hoffe nur, dass man uns nicht verbannt. Momentan genießen wir aber erst mal den Platz so, wie er ist. Man kann baden, angeln, relaxen, Boule spielen, sich ins kleine Lokal setzen oder um den See spazieren. Bei schönem Wetter und in den Ferien ist viel Betrieb.

Lassen Sie uns nun zurück durch Lapeyrouse fahren. Dabei werfe ich noch einen kurzen Blick auf die Kirche aus dem 12. Jahrhundert. Am Rondell geht's die 3. Ausfahrt auf die D 13 raus. St-Éloy-les-Mines heißt eigentlich mein nächstes Ziel, unterwegs finde ich jedoch noch einen weniger schönen, aber ruhigen, kleinen Stellplatz in **Montaigut**. Biegen Sie dazu am Ende der D 13 nach links ab.

(027) Offizieller WOMO-Picknickplatz: Montaigut

GPS: N 46° 10' 38.9" E 02° 48' 23.0" An der D 988
Max. WOMOs: 5
Ausstattung: Ver- und Entsorgung, Strom (am Relais), Mülleimer.
Beschreibung: Sehr ruhiger, kostenloser Platz am südöstlichen Ortsrand. Auf Schotter. Wiese dahinter, schattig. Ort mit Restaurant und Läden in 5 min. zu Fuß zu erreichen.
Preise: Wasser und Strom je 2 EUR, mit Jetons.
Zufahrt: Den Ort in südlicher Richtung passieren. Die Schilder weisen bereits zu Beginn den Weg zum Stellplatz. Er liegt in einer Sackgasse.

Schließendlich fahren wir zurück in den Ort, wo wir am Ende der Straße nach rechts Richtung Clermont-Ferrand und **St-Éloy-les-Mines** auf die D 2144 abbiegen. Uns erwartet ein weiterer **Badesee** auf einem Freizeitgelände. Jung und Alt können sich hier austoben sowie Wasser und Sonne genießen. Nur leider unsere Vierbeiner nicht. Wer mag, kann im Sommer auf dem Campingplatz gegenüber am anderen Ende des Sees Station machen. Der Weg ist gut beschildert. Lassen Sie sich jedoch bei der Zufahrt nicht vom Hinweisschild „Verbot der Einfahrt nach 500 m“ abhalten, denn nach 500 Metern sind Sie bereits an Ihrem Ziel.

(028) Offizieller WOMO-Badeplatz: St-Éloy-les-Mines

GPS: N 46° 09' 23.8" E 02° 50' 10.6" Rue du Puy du Dôme/RN 144
Max. WOMOs: 10-14

Ausstattung: Ver- und Entsorgung, Mülleimer.
Beschreibung: Eingezeichnete Plätze auf Asphalt. Teils schattig. In 100 m überwachter Badestrand. Spielplatz, Café/Bar und Picknickbänke am See. Zentrum 600 m, Laden 400 m. Wander- und Spazierweg. Angeln möglich.
Preise: Wasser 2 EUR.
Zufahrt: Durch den Ort. Am Ortsende am Rondell rechts abbiegen. Dem Piktogramm folgend gleich darauf nach rechts auf den Platz biegen.
Hinweise: Relativ enge Plätze, aber ruhig. Im Sommer kommt täglich kurz nach 8 Uhr der Bäcker vorbei. Hunde sind am Badestrand verboten.

(029) WOMO-Campingplatz: St-Éloy-les-Mines (Camping Municipal La Poule d'Eau**)

GPS: N 46° 09' 05.1" E 02° 49' 59.4" Rue de la poule d'eau
Tel./Fax: +33 47 38 54 547
E-Mail: selm.maire@wanadoo.fr **Internet**: www.sainteloylesmines.com
Öffnungszeiten: Juni - September
Beschreibung: Relativ kleiner Campingplatz am See. Alle Plätze mit Stromanschluss. Schattig, Spielplatz, Tischtennisplatten, Brotservice. Freundliches Personal. Angeln und Baden im See möglich.
Preise: Je nach Saison etwa 20 EUR. Hund 1,70 EUR.
Zufahrt: Wie zum Stellplatz, jedoch die Straße weiterfahren. Nach ein paar Kilometern geht's links zum Campingplatz. Alles gut beschildert.
Hinweise: Nicht vom Einfahrt-verboten-Schild abschrecken lassen!

Leider nur ohne Hund...

Es ist schön, aber wir bleiben nicht länger, da wie gesagt am **Badestrand** Hundeverbot herrscht. Widmen wir uns also einem weiteren der zahlreichen auvergnatischen Seen nebst einem idyllischen Stell- oder auch Campingplatz. Also zurück zum Rondell und dort die 1. Ausfahrt nach Servant nehmen. Die nächsten beiden Rondells verlasse ich einmal über die 3. und einmal über die 2. Ausfahrt. Am Ende der Straße geht's nach rechts auf die D 79. Das Département und somit die Straßennummer wechseln. Wir sind auf der D 998, nach rund drei Kilometern halte ich mich links und bin auf der D 987.

So langsam merke ich, dass ich die Abzweigung zu meinem ursprünglichen Ziel Servant verpasst habe. Egal, das kann warten! Steht auch in einer Woche noch da! Ich fahre auf gut Glück weiter und mache eine interessante Entdeckung: Einen fantastischen Blick, einen (inoffiziellen) Stellplatz sowie eine wunderschöne Benediktinerinnenabtei, in der heute von den Nonnen Naturkosmetika hergestellt und verkauft werden. Die Rede ist von **Chantelle**, direkt an der D 987. Auch dieser Ort ist wieder eng mit der Geschichte der Bourbonnais verbunden. Wer mehr über die **Abtei Saint-Vincent de Chantelle** erfahren möchte, stattet ihr einen Besuch ab und/oder schaut im Internet unter **www.abbaye.benedictines-chantelle.com**.

(030) WOMO-Stellplatz: Chantelle

GPS: N 46° 14' 26.2" E 03° 09' 26.2" An der D 987
Max. WOMOs: 1-2
Ausstattung: Infotafel, Mülleimer.
Beschreibung: Aussichtspunkt, der durch ein Schild angekündigt wird.
Preise: 8 EUR, Strom mit Jetons. Auf befestigtem Untergrund an der Straße, neben Tennisplätzen und Mini-Golf-Anlage. Bushaltestelle nebenan.
Zufahrt: Auf der D 987 durch den Ort Richtung St-Pourçain-sur-Sioule. Der Platz befindet sich am Ortsende links.
Hinweise: Wem es hier zu laut und zu „öffentlich" ist, kann am Ende des Platzes nach rechts fahren und steht dann hinter den Tennisplätzen ruhig und schön. **GPS: N 46° 14' 27.9" E 03° 09' 26.8"**.

Um die Abtei zu besuchen, gehen wir die Straße ein wenig zurück und biegen nach rechts.

Übrigens, hören Sie es rauschen? Das ist die Bouble, die sich hinter unserem Stellplatz und dem Ort in **Waldschluchten über vier Kilometer** durch die Landschaft schlängelt. Ein guter Grund für einen Spaziergang!?

Doch nun – wie versprochen – zu dem sehr ruhigen Platz am See mit Badestrand, wo ich meinem Mann einen Angeltag, mir Zeit zur weiteren Planung und den Hunden friedliches Herumtollen gönnen kann. Für einen längeren Aufenthalt gibt es in der Nachbarschaft einen kleinen, „urtümlichen" Campingplatz.

Blick vom Stellplatz aus auf die Abtei St-Vincent de Chantelle

Dazu fahren wir rund 23 Kilometer zurück. Diesmal passe ich auf, dass ich die Abzweigung – jetzt natürlich nach links – auf die D 92 nicht verpasse. Unser Ziel liegt außerhalb des Ortes. Also nicht verzweifeln, wenn Sie wieder aus **Servant** draußen sein sollten.

(031) WOMO-Badeplatz: Servant

GPS: N 46° 08' 26.9" E 02° 56' 04.2"
Max. WOMOs: 2-3
Ausstattung: Mülleimer, Picknickbänke, WC.
Beschreibung: Wenig frequentierter, ruhiger Platz außerhalb des Ortes, am See. Auf Wiese. Campingplatz, Badestrand und Snackbar nebenan. Angeln und Baden möglich. Kein Schatten.
Zufahrt: Durch den Ort bis zur Abzweigung. Dort nach links Richtung plan d'eau/stade/camping. Am Ortsende die Straße weiterfahren. Auf einer kleinen Anhöhe dem extrem kleinen Schild zum See und zum Campingplatz nach rechts folgen. See und Stellplatz liegen rechts.
Hinweise: Sehr einsam. Nachts sehr ruhig. Dem Tagespreis für eine Angelkarte nach zu urteilen (80 EUR!), muss es hier guten Fisch geben.

Das benötigte Kästchen finden Sie übrigens, wenn Sie umblättern. Wir genießen erst einmal den See, der uns fast alleine gehört, um am nächsten Tag frischen Mutes zurück in den Ort zu fahren. An der bereits kennengelernten Abzweigung halten wir uns links und bleiben rund vier Kilometer auf

(032) WOMO-Campingplatz: Servant (Camping Municipal La Prade)

GPS: N 46° 08' 28.7" E 02° 56' 23.3"
Tel./Fax: +33 75 36 05 304 / +33 66 47 64 988
E-Mail: campinglaprade@gmail.com
Öffnungszeiten: Anfang März - Ende Oktober
Beschreibung: Kleiner, naturbelassener Campingplatz mit wenig Schatten und wenig Plätzen. Außerhalb des Ortes an Angel- und Badesee. Waschmaschine, kostenloses WLAN, Brotservice, Spielplatz, Tischtennisplatte, Volleyballfeld und Basketballkorb. Hunde erlaubt.
Preise: 10 EUR inklusive Wasser und Strom.
Zufahrt: Wie zum Stellplatz, am Ende links weiterfahren.

der sehr kurvenreichen, aber schönen D 18. Am Ende der Straße geht's nochmals nach links auf die D 2144 Richtung **Pont de Menat**, das an der wirklich wunderschönen **Sioule** liegt.

Die Sioule

Hatte ich geglaubt, der letzte Platz sei idyllisch gewesen und nicht mehr zu toppen, so werde ich nun eines Besse-

(033) Offizieller WOMO-Picknick-platz: Pont-de-Menat

GPS: N 46° 06' 11.4" E 02° 55' 53.0"
Max. WOMOs: 10-15
Ausstattung: Ver- und Entsorgung, Mülleimer, Picknickbänke.
Beschreibung: Sehr ruhiger, kostenloser, abgelegener, schattiger Platz auf festem Grund, Wiese. An der Sioule. Kanu-Verleih nebenan. Klappstuhlgeeignet.
Zufahrt: Auf der D 2144 bleiben. Über die Brücke und gleich hinter dem Kanu-Verleih nach links, dem Schild „Centre Loisirs/La Passerelle/aire camping-cars" folgen. Wir fahren durch eine Einfahrt, die wie der Eingang auf ein Privatgrundstück aussieht. Am Ende links haltend auf den großen Stellplatz fahren.
Preise: Wasser 2 EUR, mit Jetons.
Hinweise: Das Flot Bleu war im Sommer 2019 defekt, man bekam dennoch kostenlos Wasser.

ren belehrt. Idylle pur! Und vor allem endlich Schatten! Wir nehmen ein zweites Frühstück ein, „baden" unsere Füße sowie die Hunde im klaren Wasser der **Sioule** und genießen...

Zum Abschluss möchte ich Ihnen einen weiteren See ans Herz legen: den **Étang des Cayers bei St-Pardoux**. Bleiben Sie einfach auf der D 2144.

(034) Offizieller WOMO-Stellplatz: Am Étang des Cayers bei St-Pardoux

GPS: N 46° 03' 33.0" E 02° 59' 26.2" **Max. WOMOs**: 3-4

Ausstattung: Ver- und Entsorgung, Strom (am Relais), Mülleimer, Bank.
Beschreibung: Sehr ruhiger, kostenloser Platz am Angelteich. Wiese und Wald. Ideal zum Wandern.
Preise: Wasser und Strom je 2 EUR, mit Jetons.
Zufahrt: Gleich, hinter dem ersten Haus (rechts), in St-Pardoux nach rechts abbiegen und dem kleinen Wohnmobilschild folgen. Es liegt eine sehr eintönige, einsame Strecke vor uns. Nach etwas mehr als 1 km nach links abbiegen. Nach weiteren 800 m sind wir am Ziel.
Hinweise: Sehr einsam. Keinerlei Infrastruktur. Im Sommer 2019 funktionierte das Relais nicht.

TOUR 3: Mit der Sioule auf Du & Du 120 km

Châteauneuf-les-Bains – Viaduc des Fades – Miremont Méandre de Queuille – Manzat

Stellplätze:	St-Gervais-d'Auvergne, Sauret-Besserve, St-Jacques-d'Ambour, St-Georges-de-Mons, Manzat
Campingplätze:	Les Prés Dimanche (Châteauneuf-les-Bains), L'Étang Philippe (St-Gervais-d'Auvergne), Camping Municipal de Miremont, Camping Municipal in St-Georges-de-Mons
Besichtigen:	Viaduc des Fades, Méandre de Queuille
Baden:	In der Sioule bei Châteauneuf-les-Bains, in der gestauten Sioule bei St-Jacques-d'Ambour
Märkte:	St-Gervais-d'Auvergne (Mo.), Les Ancizes (Mi.), St-Georges-de-Mons (Di.), Manzat (Mi.)

*Die sehr wandelbare **Sioule** spielt die Hauptrolle in dieser Tour: Mal fließt sie eher träge vor sich hin, mal sprudelt sie zwischen Felswänden hindurch, mal ist sie gestaut und mal* *naturbelassen. Ihre kleine Schwester, die* Sioulet *macht dieses Spielchen ebenso mit. Teilweise erscheint sie auf der Landkarte wesentlich breiter als die Sioule. Dann ist sie dafür jedoch nur knietief. Aber auch sie ist so kräftig, dass sie* Schluchten *in den Fels gegraben hat.*

Ich beginne mit einer kleinen Warnung: Wir fahren auf teils engen Straßen, um nicht zu sagen Sträßchen. Mein Wohnmobil misst etwa 7,50 Meter – das war schon manchmal etwas abenteuerlich. Sollte Ihr Fahrzeug viel länger sein oder Sie sich die Strecke nicht zumuten, rate ich, die Tour abzukürzen, ganz zu ignorieren oder den ein oder anderen Ort auszulassen. So kommen Sie stressfrei zur nächsten Tour. Aber es ist weniger schlimm, als es sich anhört. Dafür, dass es mit 7,50 Metern Länge, 2,20 Metern Breite und über 3,5 Tonnen geht, bin ich der lebende Beweis: Und ich bin eine Frau am Steuer, meine Herren!

Beginnen wir mit der Sioule-Schlucht. Unser Treffpunkt ist Pont-de-Menat, und zwar dort, wo es vom Stellplatz ausgesehen vor der Brücke nach links zu den **Gorges de la Sioule** – den Schluchten der Sioule – geht. Wir befinden uns auf der D 109. Die Straße ist relativ schmal, lässt sich aber im Prinzip gut fahren, schließlich ist sie ja auch nicht für Fahrzeuge über 3,5 Tonnen gesperrt. Gerade habe ich Kopfkino: Was ist, wenn mir jetzt ein Mähdrescher entgegenkommt? Wer von uns bei-

Einst ein feudales Gebäude, das Château Rocher an der Siouleschlucht

den fährt rückwärts? Und in genau diesem Moment begegnet mir ein Kamikaze-LKW-Fahrer. Wow, das war knapp!

Sollte Sie das Schild zum **Château Rocher** reizen, vergessen Sie es. Es war vielleicht mal ein feudales Schloss, heute ist es lediglich eine Ruine, die man nicht einmal mehr besichtigen kann.

Bleiben wir also auf der D 109 und genießen die herrliche Landschaft sowie ab und an einen Blick auf die Sioule. Vielleicht überlassen Sie Letzteres sicherheitshalber Ihrem Beifahrer!?

Unser Weg führt unweigerlich nach **Châteauneuf-les-Bains**. Dazu biegen wir am Ende der Schlucht nach rechts und fahren über den Fluss. Leider hat dieser recht schöne Ort keinen Stellplatz, als Entschädigung aber zwei Campingplätze. Ich nenne Ihnen einen davon:

(035) WOMO-Campingplatz: Châteauneuf-les-Bains (Les Prés Dimanche)

GPS: N 46° 01' 38.0" E 02° 33' 56.5" An der D 109
Tel./Fax: +33 47 38 64 150
E-Mail: campingdelasioule@gmail.com
Internet: www.campingdelasioule.com
Öffnungszeiten: April - Ende Oktober
Beschreibung: Ansprechender Platz direkt an der Sioule. Mit Hecken abgetrennte Plätze. Etwa 750 m bis zu den Wellness- und Thermaleinrichtungen. WLAN, Waschmaschine, Trockner, Brotservice, kleiner Laden, Boulebahnen, Tischtennisplatte. Hunde erlaubt.
Preise: Je nach Saison etwa 15 EUR inklusive Strom. Hund 0,50 EUR.
Zufahrt: Stets auf der D 109 fahren. Ziemlich zu Ortsanfang weist ein Schild nach links zum Campingplatz.
Hinweise: Anglerparadies.

Wer sich nur mal eben den Ort ansehen möchte, für den habe ich eine Parkplatzempfehlung am Ortsausgang auf der linken Seite bei einem Denkmal **[N 46° 01' 27.3" E 02° 53' 44.2"]**. Nebenan gibt es eine kleine Fußgängerbrücke über die Sioule.

Für die Weiterfahrt folgen wir den Hinweisschildern bezüglich **St-Gervais-d'Auvergne**. Das bedeutet, wenn wir hinter Châteauneuf-les-Bains auf eine Ampel an einer Anhöhe treffen, dass wir das Womo sehr scharf nach rechts lenken müssen. Holen Sie weit aus, und fahren

Nichts für Wohnmobile...

Sie die Kehre großzügig. Es kommt Ihnen bestimmt keiner entgegen, denn die Ampelanlage stellt sicher, dass wir alleine im Kurvenbereich sind. Sollten Sie einen großen Überhang haben, ist Vorsicht geboten: Man setzt leicht auf, denn es geht zu allem Überfluss auch noch aufwärts. Die Ampelphasen sind leider relativ kurz, aber die meisten Franzosen bleiben – trotz Grünphase – stehen, wenn sie merken, dass ein größeres Fahrzeug wie wir rangieren muss. Zur Beruhigung sei Ihnen gesagt: Die Strecke wird auch von Omnibussen sowie LKWs befahren.

Die Sioule liegt nun erst einmal hinter und **St-Gervais-d'Auvergne** wenige Kilometer vor uns.

In St-Gervais- d'Auvergne gibt es einen unattraktiven Stellplatz beim Supermarkt, eine Ver- und Entsorgungsmöglichkeit sowie einen schön gelegenen Campingplatz am See. Treffen Sie Ihre Entscheidung. Ver- und entsorgen können Sie hier: **[N 46° 02‘ 12.6“, E 02° 49‘ 04.0“, in der Nähe des Campingplatzes]**.

(036) WOMO-Stellplatz: St-Gervais-d'Auvergne

GPS: N 46° 01' 51.1" E 02° 49' 14.2" Rue de l'égalité
Max. WOMOs: 4-5
Ausstattung: Mülleimer.
Beschreibung: Kostenloser, unattraktiver großer Platz auf Asphalt bei einem Supermarkt. Am Ortsrand.
Zufahrt: Durch den Ort, bis man fast am Ende ist. Zum Supermarkt hin nach rechts abbiegen. Links befindet sich der große Platz neben der Feuerwehr.
Hinweise: Der See liegt in knapp einem Kilometer Entfernung. Der Weg dort hin führt an der Straße entlang.

(037) WOMO-Campingplatz: St-Gervais-d'Auvergne (Camping de l'Étang Philippe*)**

GPS: N 46° 02' 12.8" E 02° 49' 02.2" Lieu-dit Mazières
Tel./Fax: +33 04 73 85 74 84
E-Mail: contact@camping-etang-philippe.fr
Internet: www.camping-etang-philippe.fr
Öffnungszeiten: April - Ende September
Beschreibung: Kostengünstiger Campingplatz mit großzügigen, parzellierten und schattigen Plätzen am See. Ver- und Entsorgung in der Nähe. Waschmaschine, Snackbar, Pool, Strand, Spielplatz, verschiedene Sportangebote am Platz sowie am See. WLAN. Zentrum mit verschiedenen Geschäften in etwa 10 min. zu Fuß erreichbar. Hunde erlaubt.
Zufahrt: Geradeaus durch den Ort. Am Kreisverkehr gegen Ortsende die 1. Ausfahrt Richtung „base de loisirs" nehmen. Bald darauf den Schildern nach links zum Platz folgen.

Wir entscheiden uns für den Campingplatz, da ist es gemütlicher und da haben wir wenigstens einen See vor der Haustür. Und hier am **Étang Philippe** lässt es sich mal wieder gut ein paar Tage aushalten.

Auf der Weiterfahrt bleiben wir dem Wasser treu. Vom Stellplatz aus geht's dazu die paar Meter zur „Hauptstraße" zurück und dort nach rechts raus bis zum Rondell, wo wir die 2. Ausfahrt nehmen. Vom Campingplatz aus fahren Sie ebenfalls auf die Hauptstraße zurück und ebenfalls nach rechts bis zum Rondell. In diesem Fall ist es dann die 1. Ausfahrt. Nun sind wir wieder vereint! Wir umrunden St-Gervais, indem wir am nächsten Kreisverkehr die 3. Ausfahrt Richtung Manzat/Riom auf die D 227 nehmen. Schließlich folgen wir an einer Kreuzung dem Hinweis nach **Sauret-Besserve** und fahren etwa vier Kilometer auf der schmalen D 523 geradeaus (Bitte nicht wörtlich nehmen, die Kurven müssen Sie natürlich nehmen!).

Bald schon habe ich mein Ziel erreicht: eine Ansammlung weniger Häuser, eine Kirche und – man glaubt es kaum – ein Stellplatz. Nein, kein See, keine Sioule, aber ein extrem ruhiger und sauberer Platz zum Schlafen. Früher konnte man hier gut ver- und entsorgen. Bei unserem letzten Besuch war das Relais jedoch kaputt. Ich befürchte, dass es so schnell nicht repariert werden wird, denn der Ort scheint wieder eines der „Geisterdörfer" Frankreichs zu sein. Autos und gepflegter Blumenschmuck deuten auf Leben hin, aber ich bekam niemanden zu Gesicht.

Folgen wir nun weiter den Schildern zur **Barrage de Besserve** oder zum **Viaduc des Fades**. Letzteres ist ein gigantisches Bauwerk, das in vielen Reiseführern Erwähnung findet. Darf also auch hier nicht fehlen. Sie können dazu entweder geradeaus, also vom Stellplatz aus nach links, weiterfahren oder zurück nach St-Gervais (Vielleicht verzichten Sie ja

(038) WOMO-Stellplatz: Sauret-Besserve

GPS: N 45° 59‘ 32.5“
E 02° 48‘ 26.2“
An der D 523
Max. WOMOs: 4-5
Ausstattung: Ver- und Entsorgung, Strom (am Relais), Picknickbank.
Beschreibung: Sehr ruhiger, sauberer, kostenloser Platz im Ort, neben der Kirche. Auf Schotter, teils schattig.
Zufahrt: Den Schildern „Viaduc des Fades“ und „Barrage de Besserve“ folgen. Kurz vor der Kirche befindet sich der Platz links.
Hinweise: Das Dorf wirkt wie ausgestorben. V&E war im Sommer 2019 defekt. Nachts ist der Platz bis 2 Uhr beleuchtet.

sowieso gleich auf Sauret-Besserve!?) und sich auf der D 987 und anschließend – St-Priest-des-Champs passierend – auf der D 62 heranpirschen. Mein Navi und ich waren uns da ausnahmsweise mal einig und haben die letzte Variante gewählt. Warum? Für unsere Ausmaße ist es leichter zu bewältigen. Sie denken an meine einleitenden Worte!?

Der filigrane Riese: Le Viaduc des Fades

Bereits vor über 100 Jahren – genauer 1908 – hatte es Gustave Eiffel geschafft, die höchste Eisenbahnbrücke Europas fertigzustellen. Damit brach er seinen eigenen Rekord, den er ein paar Jahre zuvor mit dem Viaduc de Garabit aufgestellt hatte.
Der Viaduc des Fades, der die Sioule mit einer Höhe von sage und schreibe 123 Metern überspannt, ist auch heute noch immer der höchste seiner Art.

(039) WOMO-Stellplatz: Am Viaduc des Fades

GPS: N 45° 58' 15.7" E 02° 47' 52.8"
Max. WOMOs: 1-2 **Ausstattung**: Keine.
Beschreibung: Sehr einsamer, kleiner Platz auf Schotter, unterhalb der Staumauer mit Sicht auf den Viaduc des Fades.
Zufahrt: Über die gestaute Sioule fahren. Kurz darauf – Aufgepasst! – eine kleine, sehr scharf nach links gehende und ohne Beschilderung versehene Abzweigung nehmen. Es geht steil nach unten. Vor einer Rechtskurve fahren wir nach links.
Hinweise: Sehr eng bemessener Platz mit wunderschönem Panorama.

Egal wie, wir treffen uns an einer Kreuzung kurz vor der Staumauer. Diejenigen unter uns, die direkt von Sauret-Besserve kamen, biegen jetzt nach links ab, ich hingegen nehme Rechts. Die Schilder besagen Les Ancizes.

Ich führe Sie nun zu meinem oben aufgeführten „Geheimtipp", der nach Veröffentlichung dieses Buches wohl keiner mehr sein wird: Ein Stellplatz, damals für uns alleine! Bitte fallen Sie nicht in Scharen ein, sonst wird er vielleicht gesperrt.

Bereits unterwegs konnten wir das Kunstwerk **Monsieur Eiffels** bestaunen. Sie kennen Ihn sicherlich als Konstrukteur des berühmten Eiffelturms von Paris!? Hier in der Auvergne scheint er zuvor kräftig geübt zu haben. Bestaunen wir jetzt seinen **Viaduc des Fades**, der die Sioule überspannt. Bereits vor über 100 Jahren brach Monsieur Eiffel damit seinen eigenen Rekord. Auf der Tour 9, lernen Sie seinen „Bruder" – den Viaduc de Garabit – kennen.

Wer nur kurz anhalten möchte, kann sein Glück an der D 62, kurz vor der Staumauer versuchen. Für uns sind die Plätze zu kurz, so dass wir schräg einparken müssten und zwei bis drei Plätze blockieren. **[N 45° 58' 26.4" E 02° 47' 55.0"]**

Wir fahren „unsere“ Straße weiter, denn mir gefällt die kurvenreiche D 62. In Les Ancizes-les-Comps biegen wir nach rechts auf die D 19, überqueren die Sioule und passieren einen Ort namens Pont du Bouchet. Unser Ziel **Miremont** ist ausgeschildert. In Grégottier müssen wir dazu nach links und kurz darauf nach rechts abbiegen.

In Miremont erwarten uns lebensgroße Puppen, ein Camping- sowie ein inoffizieller Stellplatz. Die Plätze sind nichts Spektakuläres, aber wir haben schon schlimmere gehabt.

(040) WOMO-Campingplatz: Miremont
(Camping Municipal de Miremont)

GPS: N 45° 53' 58.1" E 02° 42' 50.6" An der D 121
Tel./Fax: +33 47 37 99 252
Internet: www.tourisme-combrailles.fr/camping-municipal-de-miremont-miremont **Öffnungszeiten**: Mai - Ende September
Beschreibung: Kleiner, sauberer Campingplatz mit viel Schatten. Am Ortsanfang. Am Fluss. Ideal zum Angeln. Spielplatz. Hunde erlaubt. Kleiner Laden im Ort.
Preise: 10 EUR inklusive Strom. Hunde kostenlos.
Zufahrt: Der Platz liegt gleich zu Beginn des Ortes rechts an der Straße.
Hinweis: Am besten die unteren Plätze meiden, da man sich hier sehr leicht festfahren kann.

(041) WOMO-Stellplatz: Miremont

GPS: N 45° 53’ 56.0” E 02° 42’ 50.9” an der D 121
Max. WOMOs: 3-4
Ausstattung: Toiletten.
Beschreibung: Kleiner Platz auf Schotter, am Fluss, neben der mairie und dem kleinen Laden sowie schräg gegenüber vom Museum.
Zufahrt: Kurz hinter dem Campingplatz und vor der mairie nach rechts rein- und durchfahren.

Miremont selber ist ein kleiner, schnuckeliger Ort mit einem ebenfalls kleinen **Museum**. Hier wird kein Eintritt erhoben, vielmehr hat man ein Spendenkästchen aufgestellt. Eine nette Art, wie ich finde. So „bezahlt“ man doch gerne!?

Wir fahren die D 121 weiter und folgen der guten Beschilderung nach **St-Jacques-d’Ambur**. Allerdings ignorieren wir zunächst den Ort und nehmen rund 3,5 Kilometer vorher eine Straße nach links, die uns verheißt, dass es dort zur „base de loisir“ geht. Diese Vokabel bedeutet meistens eine Stellplatzmöglichkeit. Und wirklich: Über einige Serpentinen führt mich der Weg nach rund 600 Metern hinunter zum See, besser zur gestauten **Sioulet.**

Es ist wunderschön hier an der kleinen Schwester der Sioule! Und so stürzen wir Zwei- und Vierbeiner uns ins kühle Nass, vertreten uns die Beine, angeln, und genießen. Und wenn man dem Schild dort glauben darf, könnte auch das Abendbrot gesichert sein – bei dem Fischangebot!

(042) WOMO-Badeplatz: Am Lac de Sioulet de Chazotte (bei St-Jacques-d'Ambur)

GPS: N 45° 54' 22.4" E 02° 45' 24.6"
Max. WOMOs: >5 **Ausstattung**: Keine.
Beschreibung: Weit außerhalb gelegener, gemischter, kostenloser Parkplatz. Teils auf Wiese, teils auf Schotter. An der zum See gewordenen Sioulet. Sandstrand sowie Strandbar in der Nähe. Nachts sehr einsam.
Zufahrt: Auf der D 121 Richtung St-Jacques-d'Ambur dem Wegweiser zur „base loisir" beziehungsweise zum „lac" scharf nach links folgen. Es geht bergab. Am Ende ist noch einmal eine scharfe Kehre zu bewältigen.
Hinweise: An manchen Tagen ist der Badestrand überwacht. Keile benutzen, denn der Platz ist an den meisten Stellen abschüssig.

Nachts ist es hier sehr einsam und sehr dunkel.

Gut ausgeruht geht es zurück zur Hauptstrecke und weiter Richtung St-Jacques. Am Ende der D 121 fahren wir nach links und gelangen automatisch auf die D 61. Ebenfalls eine schöne, kurvenreiche Straße. Keine Angst, der Stresspegel steigt hier nicht.

Schließlich beenden wir unsere kleine Rundfahrt um die Sioulet und kommen wieder in Les Ancizes raus, wo wir diesmal nach rechts abbiegen.

Kurze Zeit später erreichen wir **St-Georges-de-Mons**. Auch hier kann ich Ihnen einen Stell- und einen Campingplatz anbieten. Über deren Schönheit müssen Sie selber urteilen...

(043) WOMO-Stellplatz: St-Georges-de-Mons

GPS: N 45° 56' 23.9" E 02° 50' 32.7" Pl des Anciens Combattants
Max. WOMOs: 4-5
Ausstattung: Ver- und Entsorgung, Strom (am Relais).
Beschreibung: Großer, kostenloser, nicht besonders schöner, geschotterter Platz am Ortsrand vor dem Campingplatz. Geschäfte fußläufig in 300 m zu erreichen.
Zufahrt: Durch St-Georges Richtung Manzat fahren. Gegen Ortsende nach rechts abbiegen und sich dabei an den Hinweisschildern zum „Camping Municipal" orientieren. Stets geradeaus. Direkt vorm Campingplatz ist links ein großer freier Platz.
Hinweise: Duschen können gegen Entrichtung von 2 EUR am Campingplatz benutzt werden.

(044) WOMO-Campingplatz: St-Georges-de-Mons (Camping Municipal**)

GPS: N 45° 56' 23.7" E 02° 50' 34.5" Pl des Anciennes Combattants
Tel./Fax: +33 47 38 67 622
E-Mail: ville-st-georges-de-mons.fr **Internet**: www.ville-st-georges-de-mons.fr/accueil_hebergement.aspx#00007359
Öffnungszeiten: Mai - Ende September
Beschreibung: Ver- und Entsorgung vorm Campingplatz am Relais, WLAN, Spielplatz, Geschäfte 300 m. Hunde erlaubt.
Zufahrt: Durch St-Georges Richtung Manzat fahren. Gegen Ortsende nach rechts abbiegen und sich dabei an den Hinweisschildern zum „Camping Municipal" orientieren. Stets geradeaus, dann stoßen Sie direkt auf den Campingplatz.
Hinweise: Sehr einfacher, preiswerter Platz. Für nur 7,40 EUR bekommen Sie vorm Campingplatz einen geräumigen Rasenplatz zugewiesen und können die Annehmlichkeiten des Campingplatzes mitbenutzen.

Weiter geht's auf der D 19. Ein Hinweisschild auf den **Méandre de Queuille** erweckt meine Neugier. Also biege ich kurzerhand nach links auf die D 90, wo mich nach rund vier Kilometern zwar kein Stellplatz, jedoch ein interessantes Panorama auf Flusswindungen der Sioule erwarten. Dazu sollten Sie am Ortsausgang von **Queuille** hinter dem Zebrastreifen nach links hinter die église de Queuille fahren und nach einer Parkmöglichkeit Ausschau halten.

Zur Orientierung ein paar Koordinaten: **[N 45° 58‘ 20.8“ E 02° 50‘ 58.2“]**. Platz gefunden? Prima! Den Rest müssen Sie zu Fuß erledigen, indem Sie den Schildern durch ein Wäldchen folgen. Sie finden eine Aussichtsplattform mit wunderschönem Panorama! Das alles lohnt sich jedoch nur bei wirklich schönem Wetter.

Zurück und wieder auf die D19 Richtung **Manzat**. Knapp acht Kilometer liegen vor uns.

In Manzat beende ich meine 3. Tour, nicht jedoch, ohne Ihnen zuvor den dortigen **Stellplatz** zu nennen, der zwar nicht besonders schön aber zweckmäßig ist.

Auch dieser Ort gibt nicht viel her. Für eine ruhige Nacht, in der man seine Eindrücke der letzten Kilometer verarbeiten und sich auf die Tour „Feuer & Wasser" freuen kann, reicht es jedoch allemal.

(045) WOMO-Stellplatz: Manzat

GPS: N 45° 57' 42.8" E 02° 56' 19.8" Place du 14 Juillet
Max. WOMOs: 10-15
Ausstattung: Ver- und Entsorgung, Mülleimer.
Beschreibung: Großer, nicht gerade attraktiver Platz am salle polyvalente am westlichen Ortsrand. Auf Schotter, Geschäft in etwa 200 m.
Zufahrt: Auf der D 227 in den Ort kommend die erste Straße nach rechts. Kurz darauf befindet sich beim salle polyvalente ein großer freier Platz.
Hinweise: Sehr einfache V&E, die sich ganz hinten rechts befindet.

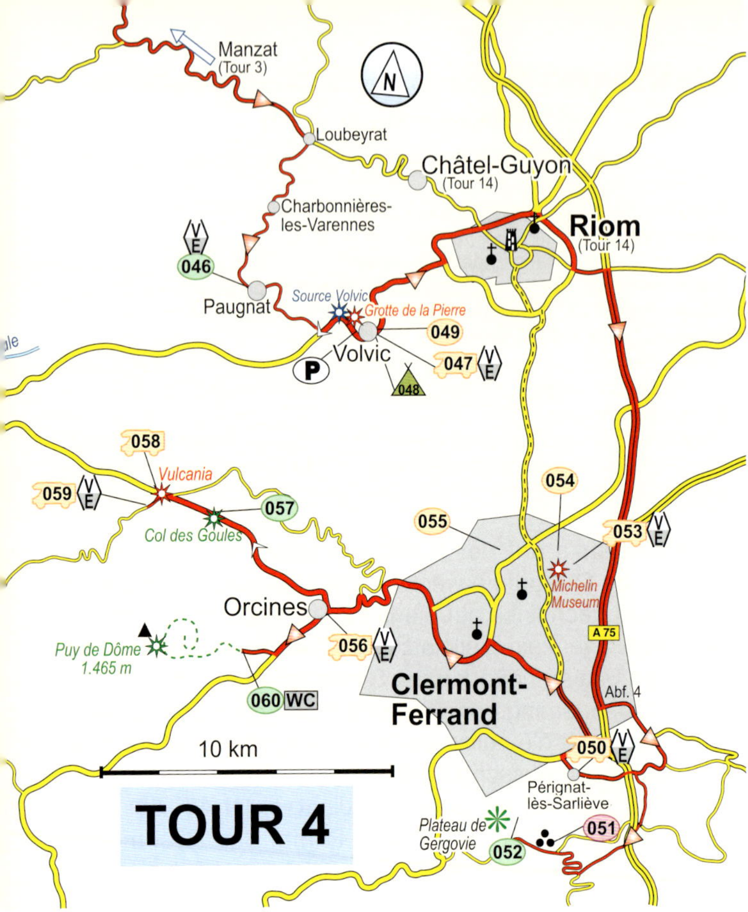

TOUR 4: Feuer & Wasser 110 km

Paugnat – Volvic – Plateau de Gergovie – Clermont-Ferrand – Vulcania – Puy-de-Dôme

Stellplätze:	Paugnat, Volvic, Pérignat-lès-Sarliève, am Plateau de Gergovie, Clermont-Ferrand, Orcines, Vulcania, am Fuß des Puy de Dôme
Campingplätze:	Camp Pierre et Sources (Volvic)
Besichtigen:	Volvic mit Quelle & , Grotte de la Pierre, Plateau de Gergovie, Clermont-Ferrand, Vulcania, Puy de Dôme mit Merkurtempel
Wandern:	Paugnat, am Puy de Dôme
Märkte:	Clermont-Ferrand (Sa.)

Die Tour trägt den Titel „Feuer & Wasser" wegen der beiden Elemente, die die Auvergne ausmachen und die hier meine Route dominieren. Begleiten Sie mich zu den berühmten – ruhenden – Vulkanen und erfreuen Sie sich mit mir an den Wassern der Auvergne, gleichgültig ob als Mineralwasser, See oder Fluss.

Wir beginnen in Manzat. Fahren Sie dort einfach auf der Durchgangsstraße weiter. Grobrichtung ist Riom. Nach knapp zehn Kilometern erreichen wir Loubeyrat. Dort heißt es, rechts nach Charbonnières-les-Varennes abbiegen. Achtung: Links kommen Sie nach Charbonnières-les-Vieilles! Das Missachten derartiger kleiner Namenszusätze kann fatale Folgen haben...

Weiter gilt es, **Paugnat** – den Ort hinter Charbonnières – zu passieren. Am Ende der Straße gelangen wir an ein Rondell. Würden wir dieses nach links raus verlassen, kämen Sie nach Volvic. Kommt Ihnen bekannt vor? Richtig! In den Regalen unserer Super- und Getränkemärkte sind Flaschen dieses Mineralwassers zu finden. Bestimmt haben Sie es auch schon mal probiert!? Doch dazu später. Wir verlassen den Kreisverkehr erst einmal an der 1. Ausfahrt nach rechts auf die D 90 Richtung Les Ancizes/St-Georges. Warum? Ganz einfach: Wir wollen uns mal wieder ein wenig bewegen sowie Ihnen einen ruhigen Wanderparkplatz vorstellen.

(046) Offizieller WOMO-Wanderparkplatz: Paugnat

GPS: N 45° 53' 05.6" E 02° 58' 48.2"
Route de St-Georges/ D 90
Max. WOMOs: 10
Ausstattung: Ver- und Entsorgung, Strom (am Relais), Infotafel.
Beschreibung: Sehr ruhiger, schattiger Platz. Außerhalb. Auf Wiese und Schotter. Auf zwei Ebenen verteilt. Zentrum 600 m. Leider ohne Mülleimer, aber mit Glascontainer.
Zufahrt: Hinter Charbonnières am Rondell nach rechts raus. Nach 100 m links, dem Wohnmobilschild folgen. In einen asphaltierten Waldweg einbiegen.
Hinweise: Von hier aus kann man schöne Spaziergänge unternehmen. Wasser und Strom 2 EUR, mit Jetons

Eigentlich war ich überzeugt, dass sich hier keiner hinverirrt. Ich wurde eines Besseren belehrt: Wir waren nicht alleine. Schöne Plätze machen eben schnell die Runde!

Holen Sie jetzt die Wanderschuhe und -stöcke aus der Heckgarage, um eine kleine Wanderung anzugehen. Diese Auszeit haben wir uns verdient, und unsere Hunde würden uns danach ein Dankesschreiben schicken, wären sie nicht Analphabeten.

Zu heiß? Mitnichten, denn die meiste Zeit bewegen wir uns im schattigen Wald. Ich habe also keine Ausrede...

Im Wald von Paugnat (rund 1 Stunde)

Wir beginnen natürlich am Wanderparkplatz und gehen zuerst einmal die Straße hoch. An der Gabelung geht's nach links und anschließend durch den Wald. Nach rund zehn Minuten haben wir den eigentlichen Anfang des Rundweges erreicht.

Sehen Sie eine Eisenbahnlinie? Dann taucht rechts von Ihnen auch schon gleich eine Übersichtstafel auf. Sie haben jetzt die Qual der Wahl: Der gelbe Weg ist ohne jede Schwierigkeiten selbst für kleine Kinder geeignet. Angeblich dauert er 45 Minuten, was ich jedoch für übertrieben halte. Dann gibt es noch den blau markierten Weg. Das ist eindeutig die schönere, jedoch „schwierigere" Variante.

Während der Pfad mit der gelben Markierung uns um einen Hügel herumführt, erklimmen wir auf dem mit dem blauen Zeichen eine Höhe von über 900 Metern. „Übersetzt" heißt das, dass wir auf einer Strecke von 600 Metern knapp 200 Höhenmeter überwinden müssen. Ich wähle die letztere Variante, auch wenn mir klar ist, dass ich bei der Hitze ganz schön ins Schwitzen komme.

Egal wie, Sie können sich auf jeden Fall den Markierungen anvertrauen. An einem der Steine, die den Rundweg markieren, ist der Hinweis „Table d'Orientation" zu finden, und wir werden hierzu nach rechts dirigiert. Von dort oben haben Sie eine Aussicht vom Tal des Allier rechterhand bis zur Kette der Puys auf der linken Seite. Vor uns liegt ein alter Steinbruch, der als Denkmal für den Bergbaubetrieb in der Gegend „restauriert" wurde. Dieses beeindruckende Bild bietet sich uns insgesamt von zwei Aussichtsplattformen aus. Wenn Sie den zweiten „belvédère" erreicht haben, wird's einfacher: Es geht nur noch bergab. Wir erreichen schließlich wieder den gelben Rundweg und folgen ihm ohne größere Schwierigkeiten bis zum Stellplatz. Damit Sie nicht aus Versehen die richtige Abzweigung verpassen, hier noch ein Tipp: Wenn aus dem Waldweg ein Asphaltweg wird, ist es Zeit, nach links abzubiegen.

Es war schön, auch wenn es echte Höhepunkte nicht gab. Wir schlagen nun hier unser Nachtlager auf und machen uns am nächsten Morgen gut ausgeschlafen und erholt auf den Weg zum Kreisel zurück. Hier folgen wir den Schildern nach **Volvic**. Ich lande auf der D 986, und es geht hinab ins Tal – und zwar ziemlich steil! Für Fahrzeuge wie für unseres, also solche, über 3,5 Tonnen, gilt eine Geschwindigkeitsbeschränkung von 30 km/h. Gar nicht so einfach, das einzuhalten, wenn das Hinterteil schiebt! Die Kiesbetten rechts der Straße erzeugen bei mir Kopfkino – Schreckensszenario...

Selbstverständlich möchte ich die Quelle sehen. Und da wir mittels brauner Schilder auf die „**Source Volvic**“ sowie die „**Grotte de la Pierre**“ aufmerksam gemacht werden, biege ich auch gleich nach links ab. Keine Angst, das Verbotsschild für LKWs gilt erst ab einem späteren Straßenabschnitt. Wir lenken unser Womo nämlich schon gleich nach links.

Ich bin froh, am Ende der Straße einen Parkplatz gefunden zu haben, die meisten Parkgelegenheiten sind nämlich mit einem von uns so gehassten Balken versehen. **[N 45° 52‘ 11.2“ E 03° 01‘ 55.5“]** Übernachten sollten Sie hier nicht, obwohl es theoretisch möglich ist.

Die Quelle wurde 1927 entdeckt, ihr Wasser jedoch erst 1938 in Flaschen abgefüllt. Heute ist Deutschland Hauptabnehmer des **Volvic Mineralwassers**.

Und hier sprudelt sie nun – eingesperrt, aber fröhlich vor sich hin. Einen Blick kann man dennoch riskieren und auch eine Kostprobe vor Ort ist drin.

Nebenan gibt es im Informationszentrum Schautafeln und Videovorführung. Wer schon jetzt neugierig geworden ist, schaut nach unter **www.volvic.fr/visitez_ la_source**.

Ganz in der Nähe befindet sich die 2018 eröffnete „Grotte de la Pierre“. Eine interessante Darstellung der vulkanischen

Hier wurde die Quelle eingesperrt...

Echtes Volvic-Wasser

Gegebenheiten und des Bergbaus in Bezug auf die Quelle. **[N 45° 52' 18.6" E 03° 01' 53.7", 2 route du pont Jany. Dauer einer Führung eine Stunde und 15 Minuten]** Mehr im Internet unter **www.maisondelapierre-volvic.com/fr/**

Lassen Sie uns nun ein Plätzchen für die Nacht finden und vielleicht auch ein wenig die historische Altstadt ansehen. Dazu fahre ich zurück und biege nach links auf die D 986. Bleiben Sie dort so lange, bis ein Schild nach links zum Campingplatz weist. Jetzt haben Sie ein Problem: Campingplatz? Stellplatz vor dem Campingplatz mit Ver- und Entsorgung? Oder großer Parkplatz mit wunderschöner Sicht auf das

(047) Offizieller WOMO-Stellplatz: Volvic I

GPS: N 45° 52' 21.0" E 03° 02' 48.5"
Rue de Chancelas
Max. WOMOs: 5
Ausstattung: Ver- und Entsorgung.
Beschreibung: Sehr enger Stellplatz vor dem Campingplatz, neben der Ver- und Entsorgung. Auf Asphalt. An der Straße zur historischen Altstadt.
Zufahrt: Auf der D 986 dem Schild zum Campingplatz folgen. Der Stellplatz befindet sich gleich rechts vorm Campingplatz.

Église de Volvic

alte Volvic und der Möglichkeit, fußläufig in die Altstadt zu gelangen?

(048) WOMO-Campingplatz: Volvic (Camping Pierre et Sources****)

GPS: N 45° 52' 21.4" E 03° 02' 47.3" Rue de Chancelas
Tel./Fax: +33 47 33 35 016
E-Mail: camping@ville-volvic.fr **Internet**: www.camping-volvic.com
Öffnungszeiten: Ganzjährig.
Beschreibung: Terrassenförmig angelegter Campingplatz am Ortsrand. Plätze parzelliert, nur wenig Schatten. Snackbar, Waschmaschine, Trockner, Laden, Brotservice, WLAN, Spielplatz und Tischtennisplatte. Zentrum etwa 1 km. Hunde erlaubt.
Preise: Rund 20 EUR in der Hauptsaison.
Zufahrt: Auf der D 986 dem Schild zum Campingplatz folgen.

(049) WOMO-Stellplatz: Volvic II

GPS: N 45° 52' 17.3" E 03° 02' 30.7" Rue de Chancelas
Max. WOMOs: >5
Ausstattung: Keine.
Beschreibung: Neu angelegter, gemischter Parkplatz mit Parkscheinautomat. Neben dem Stadion. Schöne Aussicht. Keinerlei Schatten. Rund 600 m bis zum Zentrum.
Zufahrt: Von Stellplatz 047 beziehungsweise vom Campingplatz aus die Straße weiter Richtung historischem Zentrum fahren. Der Platz liegt rechts hinter dem Sportgelände.
Hinweise: Im Sommer 2019 war der Platz im (Um)Bau, so dass noch kein Parkscheinautomat funktionierte und der Preis nicht bekannt war.

Bei unserem letzten Besuch war der Parkplatz im Umbau und die Automaten funktionierten (noch) nicht. Daher kann ich nur vage Informationen geben. Ich hoffe, dass niemand auf die Idee kommt, einen Höhenbalken zu installieren.

Für die Ortsbesichtigung weist uns die hoch über uns thronende **Kirche**, deren Panorama besonders schön von Platz 049 aus zu bewundern ist, den Weg.

Weiter geht's Richtung Clermont-Ferrand und anschließend Richtung Issoire. Dabei kommt man automatisch auf die gebührenfreie Autobahn, wo ich jedoch nicht lange bleibe. Abfahrt 4 gehört mir! Runter von der Autobahn und den Schildern zum „Plateau de Gergovie“ folgen. Eine exakte Wegbeschreibung wäre mühselig und würde Sie langweilen. Vertrauen Sie auf die gute Beschilderung. Zuvor habe ich aber noch einen Stellplatz in **Pérignat-les-Sarliève** anzupreisen, der verspricht, schön zu werden. Warum diese Formulierung? Ganz einfach: Er ist bis Dezember 2019 wegen Bauarbeiten gesperrt, und zu diesem Zeitpunkt liegt mein Reiseführer hoffentlich schon beim Verleger. Daher bitte ich um Nachsicht, wenn einige Informationen vielleicht nicht mehr aktuell sein sollten.

(050) Offizieller WOMO-Stellplatz: Pérignat-les-Sarliève

GPS: N 45° 44' 14.3" E 03° 08' 17.6" Rue des caves
Max. WOMOs: 5
Ausstattung: Ver- und Entsorgung, Strom (am Relais).
Beschreibung: Kleiner Platz*.
Zufahrt: Zunächst Richtung Clermont-Ferrand fahren und von dort aus den Schildern Richtung Issoire folgen. Das bedeutet, dass wir auf die gebührenfreie Autobahn kommen. An der Abfahrt 4 die Autobahn verlassen. Pérignat sowie der Stellplatz im Ort sind sehr gut ausgeschildert.
Hinweise: Am hinteren Ende des Stellplatzes gibt es einen kleinen Weg, über den gelangt man in rund 2 min. ins Zentrum. Im Sommer 2019 befand sich der Platz im kompletten Umbau, so dass ich hier keine genauere Beschreibung geben kann.

Wir fahren über die D 800 zum **Plateau de Gergovie** hoch. Die Straße ist schmal und steil, lässt sich aber gut fahren und bietet fantastische Aussichten sowie zwei Stellplatzmöglichkeiten. Schönes Wetter sollten Sie im Gepäck mitführen.

Achtung: Kurz vor Gergovie geht es links für Busse und uns zum Plateau weiter, rechts fahren PKWs in den Ort. Noch ehe ich die volle Höhe erreiche, entdecke ich linkerhand einen sehr schönen, ruhigen Platz, der sich durchaus auch zum Übernachten eignet. Allerdings ist es hier sehr einsam. Außer Tischen und Bänken gibt es noch **Ausgrabungen** eines einstigen Oppidiums. [051: N 45° 43' 03.8" E 03° 06' 58.4", an der D 800]

Oben auf dem Plateau finden wir jede Menge Parkplätze mit der Möglichkeit, auch zu übernachten. Vielleicht ein wenig zugig und tagsüber etwas viel Publikum, aber wunderschön und des Nachts den Sternen nah sowie sehr ruhig. Es sei denn, die Gallier oder gar die Römer kämen... [052: N 45° 43' 13.7" E 3° 07' 35.8", an der D 800]

Ein wunderschöner Stellplatz auf dem Weg zum Plateau de Gergovie

Das Plateau de Gergovie – Klingt wie bei Asterix!?

Das Plateau, das einst Plateau de Merdogne genannt wurde, ist ein recht großes Areal rund 15 Kilometer südlich der Auvergne-Hauptstadt Clermont-Ferrand. Seine Berühmtheit erlangte die Hochebene, weil sie als offizielle Stätte der Schlacht von Gergovia gilt. Hier sollen sich im Jahr 52 vor Christi Vercingetorix – Der Name erinnert an Asterix!? – und die Truppen von Julius Caesar gegenübergestanden haben. Vercingetorix war übrigens ein Fürst der gallisch-keltischen Arverner.

Das Gedenksteinmonument auf 744 Metern Höhe oben am Plateau besteht aus typischem Volvic-Gestein, also Vulkangestein. Es wurde von Napoléon III zu Ehren eben jenes Averner-Fürsten errichtet. Nebenan befindet sich heute nebst einem Café/Restaurant ein Informationszentrum, welches über Archäologie, Geschichte sowie Geologie des Plateaus zu erzählen weiß.

Erwähnenswert sind ferner zwei Attraktionen hier oben: Alljährlich findet im Juli das Archäologie-Fest Arverniales statt, wo für ein Wochenende an der Zeit gedreht wird und die Gallier auferstehen. Das zweite Ereignis findet jeweils am zweiten Oktoberwochenende statt. Es handelt sich dabei um das Cervolix, ein Drachenfestival. Genießen Sie den Blick von hier oben über die Châine des Puys, die Vulkankegel-Kette.

Neben der tollen Aussicht punktet die Hochebene noch mit einer Orientierungstafel, einem Informationszentrum, einer Gaststätte und natürlich dem **Denkmal.** Ich selber kann mich gar nicht satt genug an dem einmaligen Blick über die Vulkanwelt der Auvergne sehen. Für Kinder gibt es einen kleinen **Rundwanderweg**, der mit einem Schmetterling gekennzeichnet ist und etwa eineinhalb Stunden in Anspruch nimmt. Sehr kindgerecht erklärt, jedoch leider nur auf Französisch.

Ehe ich mich in die schlummernde Vulkanwelt der Auvergne stürze, biete ich Ihnen noch ein wenig Großstadtgefühl. Wir fahren zurück nach **Clermont-Ferrand**, der Hauptstadt der Auvergne. Folgen Sie hier den Schildern zum Zentrum.

Die Parkplatzsuche gestaltet sich schwierig. Mein Tipp: Nutzen Sie das Wochenende, am besten den Sonntag, dann finden Sie eher einen freien Platz. Ich habe selber noch nie in Clermont-Ferrand übernachtet, da wir die Natur bevorzugen. Hier jedoch ein paar Vorschläge, wo Sie parken und (vielleicht) sogar übernachten können. Eine grobe Wegbeschreibung gebe ich Ihnen mit auf den Weg, für eine genaue ist die Verkehrsführung zu kompliziert.

Da wäre zunächst die offizielle Version: Ein P&R-Parkplatz mit Ver- und Entsorgung nordöstlich des Zentrums an der N 89:

(053) Offizieller WOMO-Stellplatz: Clermont-Ferrand I

GPS: N 45° 47' 52.6" E 03° 06' 45.7"
Rue de la Fontaine de la Ratte/P&R Les Pistes
Max. WOMOs: 9 **Ausstattung**: Ver- und Entsorgung.
Beschreibung: Plätze auf einem P&R-Parkplatz in der Nähe der N 89, im Nordosten der Stadt. Mit Schranke. Kein Schatten und recht laut. Auf Asphalt, beleuchtet. Etwas mehr als 3 km Fußweg ins historische Zentrum. Es besteht jedoch eine gute Straßenbahnanbindung direkt vom Platz aus. Tickets dafür gibt es beim Parkwächter. Kein WLAN.
Preise: 9 EUR inklusive Kurtaxe sowie Ver- und Entsorgung.
Zufahrt: Richten Sie sich nach den Wegweisern „Musée d'Art Roger Quilliot" und „Riom". Ein großes Schild weist auf die P&R-Plätze hin.
Hinweise: Die Schranke verfügt über eine Gegensprechanlage, die Abends nicht mehr besetzt ist, so dass dann kein Reinkommen möglich ist. Achtung, beim Verlassen des Platzes geht die Schranke (zu) schnell wieder runter.

Oder versuchen Sie es hier:

(054) WOMO-Stellplatz: Clermont-Ferrand II

GPS: N 45° 47' 26.5" E 03° 06' 39.7" Rue Debay Facy
Max. WOMOs: >5
Ausstattung: Keine.
Beschreibung: Gemischter Parkplatz in der Nähe der N 89 sowie des Stellplatzes 053. Straßenbahnhaltestelle, Bäcker und Lebensmittelladen sowie das Musé de l'Aventure Michelin sind in der Nähe. Kein Schatten. Rund 2,5 km Fußweg bis ins historische Zentrum.
Preise: 1,40 EUR pro Tag, Nachts kostenlos.
Zufahrt: Wie zu Stellplatz 053. Richtung Stade Marcel-Michelin sowie L'Aventur Michelin.
Hinweise: Tagsüber viele PKWs. Für Womos über 7 m nicht geeignet.

Schließlich hätte ich noch einen Platz unter der Rocade-Brücke anzubieten. Hier stehen Sie nicht schön, aber nahe am historischen Zentrum. Nachts ist der Platz kostenlos. Gegenüber befindet sich ein Supermarkt. Und das Tolle für Hundebesitzer: Sie können Ihren Vierbeiner im Womo lassen, da es hier viel Schatten gibt. [055: N 45° 46' 09.3" E 03° 05' 23.5", Viaduc St-Jacques, Grobrichtung Uni]

So, jetzt kann's losgehen! Hier in Clermont-Ferrand ist ein kleiner dicker Mann beheimatet, der nur aus Reifen besteht. Sie kennen ihn bestimmt!? Das Michelin-Männchen. Klar, hier hat ja auch die bekannte Reifenfirma Michelin ihren Sitz. Das Michelin-Museum „**L'Aventure Michelin**", in dessen Nähe Sie vielleicht gerade stehen, ist empfehlenswert. Wegweiser gibt es genug. Mehr unter **www.clermontauvergnetourisme.com/de/fiches/michelin-museum-laventure-michelin/**.

Sie werden schnell merken, dass etliche Reifenhändler vor Ort sind. Dazu fällt mir eine Episode – eine Art Lobeshymne auf die Franzosen – ein, die Ihnen Mut machen will, wenn Sie einmal eine Panne haben sollten. Während einer meiner Reisen stellte ich fest, dass mein Reifen Luft verlor und Auffüllen nichts half. Da mir das zu riskant erschien, steuerte ich kurzerhand den erstbesten Reifenservice an einer der Ausfallstraßen in Clermont-Ferrand an. Mein Herz schlug schneller, als ich einen Blick auf die Uhr warf, besagte sie doch: Mittagspause. Und die ist den Franzosen „heilig". Ich fuhr dennoch auf den Hof und klagte dem erstbesten Menschen mein Leid. Und was passierte? Sofort kam ein Monteur, sah sich die Sache an, bockte das Wohnmobil hoch, nahm den Reifen ab, erneuerte das Ventil und la voilà, fertig war die Sache. Unterdessen packten die anderen Mitarbeiter im Hintergrund alles für die Mittagspause aus, die bereits seit 15 Minuten begonnen hatte. Nach dem Preis gefragt, schickte er mich ins Büro. Die Dame dort erklärte, dass sei Service am Kunden...

Doch nun ein paar Tipps, was Sie sich in der Stadt unbedingt

Versteckte Kathedrale

ansehen sollten. Ideal ist, wenn Sie sich einen Stadtplan besorgen, da ich nicht weiß, von wo Sie kommen oder was Sie interessiert. Beginnen möchte ich mit der **Place de Jaude**, wo das Denkmal des heldenhaften **Vercingétorix**, Symbol der Auvergne, steht. Von Vercingétorix haben wir bereits gehört und den dazugehörenden Schlachtort gemeinsam betreten.

Gehen Sie in Blickrichtung weiter und biegen auf der „Anhöhe" nach rechts, sehen Sie vor sich in voller Pracht die Kathedrale. Davor befindet sich die Place de la Victoire mit einem Brunnen. Mit vollem Namen heißt die Kirche **Cathédrale Notre-Dame-de-l'Assomption**. Begonnen wurde ihr Bau 1248, fertiggestellt erst Anfang des 19. Jahrhunderts. Man nennt sie auch „Die schwarze Kathedrale", weil sie gänzlich aus dunklem, porösem Lavagestein Volvics besteht. In ihrem Inneren beeindrucken vor allem die Fenster und eine Statue der **schwarze Madonna**. Haben Sie sie entdeckt? Schauen Sie in eine der Kapellen, da thront sie hinter dem Altar. Übrigens ist die Kathedrale Sonntags von 12 Uhr bis 15 Uhr geschlossen. Warum auch immer!? Vielleicht brauchen auch die Heiligen mal eine Siesta?

Kaum zu glauben, aber nun haben Sie bereits die wichtigsten Sehenswürdigkeiten der Stadt kennengelernt. Wer noch mehr entdecken will, achtet auf die Pläne, die an verschiedenen Stellen im Zentrum zu finden sind. Sie leiten zu weiteren markanten Punkten. Dazu gehören unter anderem die r**omanische Basilika Notre-Dame-du-Port** mit Votivtafeln in der Krypta, etliche Museen und natürlich für die Damenwelt zahlreiche Geschäfte.

Lassen Sie uns nun die Stadt verlassen. Dabei halten wir uns an die Schilder zu „Vulcania“ oder zum „Puy de Dôme“. Anfänglich war ich ein wenig skeptisch, ob ich mit dem Womo die vor mir liegende Strecke bewältigen kann, schließlich geht es ja hoch hinaus, in die Vulkanwelt der Auvergne. Aber seien Sie getrost: Das ist alles kein Problem. In der Regel berühren unsere Reifen gut ausgebaute und relativ breite Straßen. Auch ausreichend Park- und Stellplatzmöglichkeiten gibt es zwischen all den schlafenden Vulkanen.

Die Straße schlängelt sich meist in Serpentinen hoch. Wir befinden uns im Naturpark der Vulkane, dem **Parc naturel régional des Volcans d'Auvergne** und idealerweise auf der D 941. Wenn Sie an eine Gabelung kommen, wo es links zum Puy de Dôme – der auch liebevoll nur „Le Puy“ genannt wird – und rechts nach Vulcania geht, wähle ich erst einmal rechts und bleibe auf der D 941. Bald schon erreichen wir **Orcines**.

(056) Offizieller WOMO-Stellplatz: Orcines

GPS: N 45° 47' 17.5" E 03° 0' 39.5" Route de Limoges/D 941B
Max. WOMOs: 50
Ausstattung: Ver- und Entsorgung, Strom (am Relais), Mülleimer, WLAN.
Beschreibung: Großer Platz neben Sportstätten am nordwestlichen Ortsrand. Von Wald und Feld umgeben. Mit automatischer Schranke. Zentrum rund 800 m.
Preise: Anfang Mai bis Ende September 8 EUR, ansonsten 6 EUR. Wasser, Abwasser sowie 4 Stunden Strom jeweils 2 EUR.
Zufahrt: Stets auf der D 941 Richtung Vulcania bleiben. Am Ortsende von Orcines geht es nach rechts zur aire de camping-car.
Hinweise: Die Schranke öffnet bei der Ausfahrt, nachdem Sie mit Kreditkarte bezahlt haben. V&E war bei unserem Besuch defekt.

Jetzt steigt die Straße ordentlich an und wir kommen Richtung **Col des Goules**, wo wir kurz vorher – genauer gesagt hinter La Fontaine du Berger – einen Wanderparkplatz sehen. [057: N 45°48'11.9" E 02°59'15.4", an der D 941] Verschiedene Wanderwege sind mit Angaben von Dauer, Höhenunterschieden sowie Schwierigkeitsgraden ausgeschildert. Wir befinden uns jetzt auf einer Höhe von 978 Metern. Übernachtet haben wir hier noch nicht, aber es ist gut denkbar.

Eigentlich wollte ich ja nicht unbedingt nur hoch hinaus sondern eher unter die Erde. Also auf nach **Vulcania**!

Bald schon sind wir an einem großen Rondell, wo Sie das Ziel nicht mehr verfehlen können: „Vulcania“ strahlt es uns überall entgegen. Nehmen Sie die dritte Ausfahrt, denn schließlich brauchen wir ja erst einmal einen Parkplatz. In Hoch-Zeiten werden Sie hier von Personal eingewiesen. Bei unserem letzten Besuch war es bereits 17 Uhr, niemand war da, und die Schranke öffnete sich in beide Richtungen von alleine...

(058) Offizieller WOMO-Stellplatz: Vulcania I

GPS: N 45° 48' 47.3" E 02° 57' 07.0"
Route de Mazayes/D 559
Max. WOMOs: ca. 60
Öffnungszeiten: Mitte März - Mitte November
Ausstattung: Picknickbänke, Mülleimer.
Beschreibung: Gemischter Parkplatz, der zum Freizeitpark Vulcania gehört. Für Busse und Womos sind ganz hinten Plätze ausgewiesen.
Zufahrt: Am Rondell die 3. Ausfahrt raus und den Hinweisen folgen.
Hinweise: Tagsüber wird man von Parkwächtern eingewiesen. Alles ist sehr gut ausgeschildert. Schranke.

Wer es ganz offiziell möchte, nimmt die „aire de nuit". Aber auch hier ist „Dauercamping" weder erlaubt noch sinnvoll.

(059) Offizieller WOMO-Stellplatz: Vulcania II

GPS: N 45° 48' 44.2" E 02° 56' 56.2" Route de Mazayes/D 559
Max. WOMOs: >20
Ausstattung: Ver- und Entsorgung, Strom (nicht ausreichend viele Anschlüsse vorhanden), Mülleimer.
Beschreibung: Großer, sauberer und ruhiger Platz bei der Vulcania-Erlebniswelt. Teils asphaltiert, teils geschottert.
Preise: Von 17 Uhr bis 12 Uhr kostet es 10 EUR/Nacht. 2 Nächte kosten 18 EUR. Achtung: Der Platz sollte bis 12 Uhr verlassen werden, da sonst bis 17 Uhr jeweils 2 EUR pro Stunde zusätzlich berechnet werden! 6 h Strom und 100 l Wasser jeweils 2 EUR, mit Jetons.
Zufahrt: Am Rondell die 3. Ausfahrt und dann den Schildern folgen.
Hinweise: Max. 2 Nächte erlaubt. Bezahlt wird am Automaten. Da gibt es auch die Jetons. Tipp: Tagsüber auf dem kostenlosen Vulcania-Parkplatz parken.

Was aber ist Vulcania, dass man daraus so einen Hype macht? Kurz und gut: Eine Art wissenschaftlicher Freizeit- und Erlebnispark, bei dem sich ein großer Teil der Attraktionen unterirdisch abspielt. Vulcania ist Spannung gepaart mit Wissensvermittlung für Jung und Alt. Hunde dürfen hier leider nicht mit in den Park. Noch ein Tipp: Sollten Sie Trubel mögen, fahren Sie im Juli oder August sowie an Sonn- und Feiertagen hin.

Moderne Reise zum Mittelpunkt der Erde und mehr...

Das Gelände ist so groß und teils verwirrend unübersichtlich, dass ich mich erst einmal genauestens orientieren muss. Wenn Sie es einrichten können, sollten Sie auf jeden Fall einen ganzen Tag einplanen.
Hier noch ein wenig Hintergrundwissen: Die Bevölkerung war damals mit dem Bau nicht ganz einverstanden. Man befürchtete eine Verschandelung der Landschaft, was es wohl auch geworden wäre, wenn nicht (fast) der komplette Komplex unterirdisch angelegt worden wäre, so dass lediglich die kleine Eingangshalle und ein Turm in Form eines Vulkans von außen sichtbar sind. Was bleibt, ist jedoch die starke Verkehrsbelastung rings um Vulcania. Aber ehrlich: Nur wenige Kilometer weiter

herrscht am Puy de Dôme – einem natürlichen Besuchermagnet – nicht weniger Verkehrsaufkommen...
Sie müssen sich keiner Führung anschließen, Sie können Vulcania auch auf eigene Faust erobern. Eine Führung – die es sogar in deutscher Sprache gibt – verrät Ihnen jedoch viele kleine interessante „Geheimnisse". Die „guides" sind äußerst kompetent und beantworten gerne alle Fragen. Wie ich erfuhr, haben fast alle Geologie studiert. Besonders beeindruckt war ich von der Information, dass die Geräusche, die ich in der Nähe eines freigelegten Kraters höre, die Originalaufnahmen des berühmtesten französischen Vulkanforschers Krafft sind, die er selbst im Krater eines Vulkans aufgenommen hatte, als dieser kurz vor dem Ausbruch stand. Herr Krafft kam übrigens – Ironie des Schicksals – bei einem Vulkanausbruch ums Leben.
Eine andere Möglichkeit ist ein Audioguide, der Sie in Ihrer Muttersprache durch die Anlage führt. Keine Angst, die Handhabung habe selbst ich verstanden. Das Teil schaltet sich selbstständig an, wenn Sie an einem interessanten Punkt stehen bleiben. Überhaupt ist ganz Vulcania eine High-Tech-Insel zwischen all diesen altehrwürdigen echten Vulkanen. Interaktive Bildschirme, Non-Stop-Videos von Vulkanausbrüchen, die sich dann abschalten, wenn niemand mehr im Raum ist, Kino à la Jules Verne, wo Sie durch den Schlund eines Vulkans zum Mittelpunkt der Erde reisen können, wobei die Sessel durch Vibration und Neigung den Film unterstützend begleiten, und vieles mehr. Alles ist im nicht gerade geringfügigen Eintrittspreis enthalten.
Sie können zudem nicht nur (gefühlt) zum Mittelpunkt der Erde reisen, sondern auch wie Jules Verne mit dem Ballon in die Lüfte steigen. Und zwar leibhaftig! Der Fesselballon bringt sie jedoch nicht so weit wie einst Monsieur Verne, aber Sie werden immerhin auf eine Höhe von 150 Metern gebracht. Das Gelände und die Vulkanlandschaft sollen von oben fantastisch aussehen. „Sollen" – ich war zu feige zum Ausprobieren...
Auf der anderen Straßenseite befindet sich der Puy de Lemptegy, ein vor etwa 30.000 Jahren neugeborener Vulkan der Chaîne des Puys. Hier sind rund zweieinhalb Stunden dauernde, geführte Touren zu Fuß oder mit dem Zug möglich. Selbstverständlich kann man sich auch frei bewegen. Zu entdecken gibt es geologische Schätze sowie Infos zur Menschheitsgeschichte des Ortes.

Mich zieht es jetzt zur nächsten Attraktion – zum 1.465 Meter hohen **Puy de Dôme**. Einige Quellen besagen, dass er der höchste Vulkan der Auvergne sei. Warum? Keine Ahnung, denn der Puy de Sancy ist mit 1.885 Metern noch ein ganzes Stück höher. Ich habe es übrigens nicht nachgemessen!

Egal wie, er ist in jedem Fall ein Vorzeigevulkan und ein Besuchermagnet. Den Weg dorthin finden Sie genauso leicht, wie den nach Vulcania. Riesige Schilder allüberall! Schon am Rondell ist er ausgeschildert, wo wir zunächst über die D 941 geleitet werden. Rund zwölf Kilometer liegen vor uns.

Der Riese der Auvergne

Der Puy de Dôme zählt mit einer Höhe von 1.465 Metern zu den monogenetischen Vulkanen, was einen erneuten Ausbruch so gut wie unwahrscheinlich erscheinen lässt. Er gehört zu der Chaîne des Puys – der Kette der Puys – sowie zum Regionalen Naturpark Volcans d'Auvergne und ist laut der meisten Quellen der höchste Berg dieser Vulkankette. Ganze 15 Kilometer trennen ihn von Clermont-Ferrand.
In nicht einmal einer Viertelstunde fährt seit 2012 eine Zahnradbahn regelmäßig von der Talstation in der Nähe des Parkplatzes bis auf 1.406 Metern Höhe zur Bergstation. Dabei wird der Berg komplett umrundet.
Der Gipfel des Puy de Dôme erfreute sich schon in früheren Zeiten großer Beliebtheit. Er diente der Errichtung von Tempeln und Gotteshäusern. Zunächst stand hier ein von den Galliern erbautes Heiligtum des keltischen Gottes Dumiatis. Zu Zeiten der Römer wurde der Tempel des Mercurius erbaut, dem später eine Wallfahrtskapelle folgte. Heute findet man eine Ausgrabungsstätte vor.
Von 1907 bis 1925 verkehrte von Clermont-Ferrand aus eine Bahn zur Bergstation. Später entstand auf dieser Trasse eine Straße und im Jahre 1956 errichtete man eine UKW- und TV-Sendeanlage auf dem Berg.
Die Straße von Clermont-Ferrand auf den Puy de Dôme kann sich als eine der bekanntesten Anstiege der berühmten Tour de France rühmen. Sie überwindet dabei in nur 14 Kilometern über 1.000 Höhenmeter, wobei die Radfahrer eine durchschnittliche Steigung von 7,5 Prozent in Kauf nehmen mussten. Nach 1988 kam das Aus.
Blaise Pascal, seines Zeichens Wissenschaftler und Schriftsteller, gelang es, auf diesem Berg die Schwere der Luft nachzuweisen.
Oben auf dem Gipfel gibt es ein Observatorium mit einem kleinen Museum. An manchen Tagen genießt man von hier oben einen atemberaubenden Blick auf die Wolkendecke. Bei klarer Sicht sind etwa 100 Vulkane bis zu einer Entfernung von 30 Kilometern zu erkennen.
Rund um das Gipfelplateau führt ein Wanderweg mit Hinweistafeln.
Die Silhouette des Puy de Dôme wird übrigens vielerorts als Symbol für diese Gegend benutzt. So ist der Berg etwa auf den Etiketten des französischen Mineralwassers Volvic abgebildet.

Der Puy de Dôme ist auf unseren Reisen häufig präsent. Manchmal ist er jedoch sehr kamerascheu und versteckt sich hinter Wolken oder in einem Dunstschleier. Wenn Sie ihn bei Sonnenschein antreffen, dann ist es ein unvergleichlich schönes Erlebnis. Das wiederum wollen viele andere Menschen mit uns teilen, und so ist der Trubel auf und um den Vulkan herum oft sehr groß. Übrigens erkennen Sie ihn an seiner regelmäßigen Form und an den Masten auf seinem Gipfel sowie bei schönem Wetter an den zahlreichen Paraglidern.

(060) WOMO-Wanderparkplatz: Am Fuße des Puy de Dôme

GPS: N 45° 46' 10.9" E 02° 59' 07.6"
Max. WOMOs: >20 **Ausstattung**: Toilette in der Nähe, Mülleimer.
Beschreibung: Großer, gemischter Parkplatz auf Asphalt am Fuße des Puy de Dôme. Kaum Schatten. Wanderwege sowie die Talstation der Zahnradbahn vor Ort.

Zufahrt: Den Hinweisschildern zum Puy de Dôme folgen. Parkplätze für Busse und Wohnmobile befinden sich im hinteren Bereich.
Hinweise: Offiziell darf hier nicht übernachtet werden, jedoch wird es geduldet. Bitte kein campingähnliches Verhalten!

Nun können Sie entscheiden: Unten bleiben, zu Fuß hochwandern oder mit der Standseilbahn hochfahren?

Ich entscheide mich heute für die **Zahnradbahn**, die in der Nähe unseres Parkplatzes in kurzen, regelmäßigen Abständen abfährt. Für 36 Euro bringt sie uns und die beiden Hunde hoch und später auch wieder zurück. Die Fahrt dauert keine Viertelstunde, die Wanderung hingegen mindestens 90 Minuten. Gutes Schuhwerk sowie viel Puste sind Grundvoraussetzungen für die „Besteigung" des Puys. Falls Sie sich fürs Wandern entscheiden, hier eine kleine Zusammenfassung, obwohl man an manchen Tagen einfach nur dem Menschenstrom folgen muss...

„Gipfelerstürmung" des Puy de Dôme

Eine detaillierte Wegbeschreibung benötigen Sie nicht, denn erstens ist offensichtlich, wo sich der Gipfel befindet, zweitens gibt es Wegweiser und drittens müssten Sie lediglich den Menschenmassen folgen, die sich hier „hochquälen". Anders sieht es bei Nebel und Regen aus. Aber dann wollen Sie ja wohl auch nicht nach oben!?
Bei strahlendem Sonnenschein unbedingt an Kopfbedeckung denken! Wichtig sind zudem gutes Schuhwerk sowie ausreichend Getränke als Proviant.
Bis zur Überquerung einer Straße gehen wir geschützt durch den Wald. Danach wird die Bewaldung und damit der Schatten spärlicher, und wir

sind bisweilen längere Zeit ungeschützt der Sonne ausgesetzt. Der Waldweg besteht größtenteils aus kleinen Steinchen vulkanischen Ursprungs. Daher der Tipp mit dem Schuhwerk.
Je näher wir dem Gipfel kommen, desto steiler geht's voran. Zum Trost – oder zur Erbauung? – finden wir eine kleine Tafel, auf der steht, dass „nur noch" 250 Höhenmeter bis zum Gipfel zu überwinden seien. Dreisprachig steht drunter: „Nur Mut!" Fast oben angelangt, fährt der „train" an uns vorbei.
Zugegeben, das Ganze ist eine schweißtreibende Angelegenheit, aber die Aussicht hier oben auf dem Gipfel entschädigt für vieles. Außerdem wird dort fürs leibliche Wohl gesorgt. Ein Espresso und ein gekühltes Getränk sind auch bitternötig!
Wir erblicken Clermont-Ferrand, was nicht unbedingt erwähnenswert ist, aber wir sehen auch die Chaîne des Puys (die Kette der Puys), was mich persönlich sehr beeindruckt.
Die Reste des Merkurtempels sind ebenfalls interessant. Die Römer waren wohl überall!? Für sie besaß dieser Berg eine besondere Ausstrahlung und so weihten sie ihn dem Gott der Händler und Reisenden. Einst stand hier eine 20 Meter hohe Bronzestatue dieses Gottes, die jedoch in irgendwelchen dunklen Ecken verschwand.
Natürlich sticht auch die riesige Telekommunikations-Anlage ins Auge, die man ja bereits „unten" immer wieder sah, und die den Puy de Dôme erkennbar macht. Zudem gibt es eine Wetterstation.
Zum Abschluss noch eine Gipfelumrundung. Der Weg ist mit Hinweistafeln bespickt. Bleibt zum Schluss die Frage offen: Abstieg zu Fuß oder mit der Zahnradbahn?

Vor allem im Sommer sind Sie hier oben nicht alleine. Menschenmassen, Restaurants, Imbiss-Stände sowie viele Paraglider, die hier oben immer wieder inmitten der Menschenmenge landen und Sie sogar mit ihrem Schirm – versehentlich – à la Christo einhüllen.

Natürlich genießen wir nicht nur die fantastische Aussicht, wir statten auch den Resten des ehemaligen **Merkur-Tempels** einen Besuch ab, umrunden den Gipfel und beenden – dem Himmel zum Greifen nah – unsere Tour 4.

Harmlose, nichts ahnende Spaziergängerin eingefangen...

TOUR 5: Hoch hinaus... 240 km

Aydat – Le Mont-Dore – La Bourboule – Lac Chambon
Issoire – Super Besse – Lac Pavin – La Tour d'Auvergne

Stellplätze:	Aydat, Col de Guéry, Le Mont-Dore, La Bourboule, am Plateau de Charlanne, Col de la Croix Morand, Chambon-sur-Lac, Murol am Lac Chambon, St-Nectaire, Champeix, Issoire, Lac Pavin, Super-Besse, Chastreix-Sancy, La Tour-d'Auvergne,
Campingplätze:	Les Bombes (am Lac Chambon), Camping Municipal le Mas (Issoire)
Besichtigen:	Le Mont-Dore, La Bourboule, St-Nectaire, Issoire,
Baden:	Im Lac d'Aydat, im Lac Chambon, im See bei Super-Besse, im See bei La Tour-d'Auvergne
Wandern:	In Aydat, am Col de Guéry, am Plateau de Charlanne, am Col de la Croix Morand, am Lac Pavin, in Super-Besse, bei Chastreix-Sancy
Märkte:	Aydat (Di.), La Bourboule (Di. & Sa.), St-Nectaire (So.), Issoire (Sa. & Mi.)

Diese Tour ist nichts für Menschen, die keine Höhen oder Seen mögen. Wir bewegen uns oft auf schwindelnden Höhen von über 1.000 Metern, besuchen im Sommer Wintersportorte und genießen das kühle Nass zahlreicher Seen.

Trennen wir uns vom Puy de Dôme, er verfolgt uns aus der Ferne ja doch kontinuierlich. Außerdem lernen wir andere, ebenso interessante Puys kennen und lieben. Zunächst möchte ich Ihnen aber einen wunderschönen Stellplatz zeigen, der einst ein Campingplatz war und auf dem Sie sich richtig ausbreiten können. Er liegt in der Nähe eines Sees. Etwa 26 Kilometer gut zu fahrender Strecke liegen dafür vor uns.

Ich lasse mich zunächst von den Schildern leiten, die aus dem umfangreichen Parksystem am Puy den Ausgang weisen. Auf der D 68 fahrend biege ich am Rondell die 1. Ausfahrt auf die D 942 raus. Nach etwa zehn Kilometern geht's an einem weiteren Kreisel über die 4. Ausfahrt auf die N 89. Auf meiner Karte trägt sie die Nummer D 2089. Wir folgen dem grünen Schild nach Clermont-Ferrand beziehungsweise dem weißen nach Nébouzat. Auf 980 Metern Höhe fahre ich schließlich am Col de la Ventouse nach rechts Richtung Lac Chambon. Mein Ziel ist jedoch erst einmal Aydat, genauer der **Lac d'Aydat**. Ich bleibe nun längere Zeit auf der D 13 und wechsle an einem Kreisverkehr zur D 90. Linkerhand sehen wir „Les Ânes d'Alexandre et Sylvain", wo man Esel streicheln und reiten kann. Einen Parkplatz gibt es genau gegenüber. Gleich dahinter geht's zum „Camping du Lac d'Aydat". Ich fahre jedoch weiter. Schon gleich sehen wir links den See, und beidseitig der Straße parkende PKWs und Womos, deren Insassen bei diesem fantastischen Wetter die Freuden des Sees genießen. Wer mag, kann bei [061: N 45° 39' 50.7" E 02° 58' 49.4", an der D 90] auf einem Parkplatz direkt am See stehen oder für eine Nacht sogar bleiben. Aber wir fahren weiter.

(062) Offizieller WOMO-Stellplatz: Aydat

GPS: N 45° 39' 37.2" E 02° 58' 36.8" Rue du stade
Max. WOMOs: ca. 50 **Öffnungszeiten**: April - Oktober

Ausstattung: Ver- und Entsorgung, Strom, Toilette, Dusche, Spülbecken, Spielplatz.
Beschreibung: Einstiger Campingplatz mit vielen schattigen Plätzen, auf festem Untergrund. Am See, jedoch von hier kein Blick auf diesen möglich. Hinterm Sportplatz. Gut bestückter Laden sowie Pizzeria in 200 m Entfernung. Fußweg zum See direkt angrenzend. Bademöglichkeit in 10-15 min.
Preise: 10,50 EUR inklusive Wasser und Sanitäranlage. Strom 2 EUR.
Zufahrt: Durch Aydat und hinter der Kirche nach links abbiegen. Gerade durchfahren.
Hinweise: Die Sanitäranlagen sind veraltet aber nutzbar. Automatische Schranke, wo man am Automaten einen Code erhält. Bezahlen nur mit Karte möglich. V&E außerhalb, auf dem Platz jedoch einige Wasserentnahmestellen.

Hier verbringen wir immer wieder gerne ein paar ruhige Tage: Man kann angeln, wenn man weit genug die Straße vorläuft, und auch baden, aber vor allem herrlich spazieren gehen und viel Natur beobachten. Der Platz selber ist nahezu perfekt.

Der Ort ist überschaubar: Eine mairie, ein historischer Brunnen, eine interessante Kirche aus dem 12. Jahrhundert, ein kleiner Lebensmittelladen, eine (meist geschlossene) Pizzeria, eine Post und manchmal sogar ein kleiner überschaubarer Markt rund um die Kirche. Der See misst rund 65 Hektar und kann zu Fuß umrundet werden. Der Weg dazu ist ausgeschildert. Dafür geht es vom Platz gleich nach rechts raus. Hier erwarten uns Infotafeln über Flora und Fauna sowie Wege über Holzstege. So manches Tier kreuzt meinen Weg.

Mein alltäglicher, lehrreicher Gang zum See...

Weiter geht's! Sie könnten sich nun entweder direkt zum Lac Chambon begeben, Badefreuden genießen und einen Stell- sowie Campingplatz finden oder aber „einen auf Kultur machen“ und nach Orcival fahren. Von da aus ist der Weg zum Lac Chambon immer noch möglich. Unterwegs steuern wir noch ein paar Wanderparkplätze an und besuchen einen interessanten Kurort. Ich nehme für Sie die weitere Variante und (fast) alles mit, was sich so bietet.

Beginnen wir mit der Kultur: In Aydat biege ich bei der Kirche nach links auf die D 90. Ziemlich kurvig geht's bergauf. Aber was hatte ich erwartet? Schließlich sind wir ja in einer Bergregion. – Und es wird noch „schlimmer“...

Linkerhand ist die **Cascade de Veyréras [N 45° 39' 20.2" E 02° 58' 02.0"]** ausgeschildert. Wir ignorieren, ich kann ja nicht alle Sehenswürdigkeiten „mitnehmen“.

Am Ende der Straße geht es nach rechts auf die D 788 (und übrigens auch zum Lac Chambon). Eine schöne, teils schmale Strecke liegt vor mir. Wir passieren La Garandie und kommen wieder in die Situation, uns zwischen Links und Rechts entscheiden zu müssen. Ich nehme Rechts und bin auf der D 983. Auch diese Straße endet bald. Zur Abwechslung wähle ich nun Links und bin auf der breiteren N 2089 (N 89). Jetzt sehe ich die Fragezeichen in Ihrem Gesicht: Es geht Richtung Puy de Dôme und Vulcania. Hätten wir auch gleich haben können!? Stimmt! Aber dann wäre uns Aydat entgangen.

Weiter im Text: Nach Nébouzat schwenke ich nach links auf die D 216. Bleiben Sie auf der schmalen Vorfahrtsstraße,

Die Basilika von Orcival

dann sind Sie bald in **Orcival**. Der Ort selber ist so klein, dass man mit einem Wohnmobil schwer einen Parkplatz findet. Bleiben Sie daher lieber auf der Umgehungsstraße. Hier habe ich immer einen Platz – und sogar eine Ver- und Entsorgung an der Straße gefunden. **[N 45° 40' 55.3" E 02° 50' 35.1", an der D 27]**

Orcival besitzt eine interessante **Basilika** mit einer interessanten Entstehungsgeschichte:

Der Hammer und die Basilika

Begonnen hatte alles mit einer Quelle. Das Wasser galt als wundertätig und heilend. Eines Tages wurde ausgerechnet dort eine Marienstatue gefunden. Man brachte sie in die nächstgelegene Kirche – am nächsten Tag war sie verschwunden. Kaum zu glauben, aber sie lag wieder neben der Quelle. Das Spielchen ging noch ein paar Mal so weiter. Schließlich wurde das Ganze als Wink Gottes verstanden und so interpretiert, dass an der Quelle eine Kirche gebaut werden sollte. Mit dem Bau eines Gotteshauses wurde begonnen, aber eins ums andere Mal stürzte das noch nicht fertige Gebäude wieder ein. Voller Wut warf der Baumeister seinen Hammer weg. Einer Art Eingebung folgend, begann man nun mit dem Kirchenbau dort, wo der Hammer gelandet war. Und siehe da: Alles klappte vorzüglich!
Heute ist die noch existierende Madonna neben einem hinter Glas verschlossenen Kirchenschatz zu bestaunen.
Am Portal findet sich ein weiteres Zeichen der „eigenwilligen“ Madonna: Eisenketten von Gefangenen, die von ihr befreit worden sein sollen.

Wenn Sie die Basilika nicht sehen möchten, fahren Sie einfach weiter. Die Straße führt wieder himmelwärts. Bald schon erreichen wir den nächsten Pass, den **Col de Guéry**, wo wir

(063) WOMO-Wanderparkplatz: Am Col de Guéry

GPS: N 45° 37' 20.6" E 02° 49' 15.7" 1.259 m.ü.d.M.
Parking Roches Tuillière et Sanadoire
Max. WOMOs: >5
Ausstattung: Mülleimer, Picknickbänke, Wandertafel.
Beschreibung: Kostenloser, gemischter Parkplatz direkt an der D 983. Auf Asphalt mit fantastischer Aussicht.
Zufahrt: Die D 983 Richtung Le Mont-Dore und Lac Chambon weiterfahren. Der Platz liegt rechts und ist nicht zu übersehen.
Hinweise: Bei schönem Wetter stark frequentiert.

einen großen Parkplatz sehen, auf dem bereits viele Wohnmobile ihren Platz gefunden haben. Hier gibt es eine Aussichtsplattform, die einen fantastischen Blick auf den Roche **Sanadoire** sowie den **Roche Tuillière**, zwei Felsnadeln, freigibt. Ferner können Sie von hier auf gut beschriebenen Wanderwegen dorthin gelangen. Ich beschließe, hier zu übernachten.

Ein neuer Tag – ein neuer Col! Diesmal handelt es sich um den Col de la Croix Morand. Aber dazu später. Zuvor statten wir noch zwei typischen Kurbädern einen Besuch ab. Wenn Sie die D 983 weiterfahren, sehen Sie bereits die Hinweisschilder auf den Ort mit dem wohlklingenden Namen **Le Mont-Dore** (Goldener Berg? Oder ist „Dore" eine Abkürzung für die kleine Dordogne, die dort entlangfließt?). Folgen Sie den Schildern. Eine schöne Strecke von knapp zehn Kilometern mit Kurven, Steigungen und Gefälle liegt vor uns, bis uns schließlich Le Mont-Dore mit einem ziemlichen Gefälle und einer engen Straße, die durch parkende PKWs nicht gerade verbreitert wird, begrüßt. Hier hat man mal wieder an uns gedacht: ein Campingplatz und nebenan ein ebenso komfortabler Stellplatz.

(064) Offizieller WOMO-Stellplatz: Le Mont-Dore

GPS: N 45° 34' 37.3" E 02° 48' 13.8" Av des Crouzets/1.020 m.ü.d.M.
Max. WOMOs: >50
Ausstattung: Ver- und Entsorgung, Strom (an den Plätzen), Mülleimer.
Beschreibung: Stellplatz neben dem Campingplatz. Dahinter fließt die kleine Dordogne. Parzelliert, auf roten Schottersteinen mit kleiner Wiesenfläche. Klappstuhlgeeignet. Automatische Schranke. Bezahlt wird am Automaten. Zentrum ca. 1 km zu Fuß. Navette hält vorm Platz.
Preise: 11,50 EUR inkl. allem.
Zufahrt: In Le Mont-Dore den Berg runter. Am Ende der Vorfahrtsstraße an der Kreuzung mittig „toutes directions" fahren. Die nächste große Kreuzung überfahren. Jetzt den Schildern „stade/gare routière/Camping des Crouzets" folgen. Wenn links eine Tankstelle kommt, die nächste Straße nach rechts rein und sofort wieder nach links auf den Platz.
Hinweise: Der rote Schotter bringt viel Dreck ins Womo. Viele Wohnmobilisten stehen hier länger, da sie im Ort kuren.

Talstation der Funiculaire

In Le Mont-Dore ist viel los! Der Ort liegt zu Füßen des **Puy de Sancy**, einem der großen Wintersportgebiete der Auvergne, und hat im Winter sicherlich noch mehr Daseinsberechtigung – und Touristen – als jetzt im Sommer. Wir befinden uns auf über 1.000 Metern Höhe und die kleine Dordogne, deren Quelle hier ganz in der Nähe liegt, fließt direkt hinter unserem Stellplatz vorbei. Im Zentrum pulsiert das Leben. Bereits die Gallier wussten die dortigen Thermalquellen zu nutzen, und die Römer errichteten später eine ihnen typische Therme. Im Mittelalter jedoch geriet der Ort in Vergessenheit. Erst Ende des 17. Jahrhunderts erwachte er wieder zum Leben, bis Le Mont-Dore im 19. Jahrhundert schließlich als **Thermalbadeort** anerkannt wurde. Dank ihres Kohlensäure- und Siliziumgehaltes können die warmen Quellen gegen Athma und Rheuma eingesetzt werden.

Eine weitere Attraktion ist die **älteste Standseilbahn Frankreichs**, die Funiculaire du Cabucin. Sie existiert seit 1897/98 und fährt ihre Gäste bis auf 1.286 Meter hoch. Oben kann man wandern und im Winter auf den Loipen Ski fahren.

Um in den schönen Teil der Stadt zu gelangen, müssen Sie aus der Stellplatzeinfahrt nach rechts raus und anschließend nach links bis zum Kreisel vor. Dort halten Sie sich wieder rechts. Sie könnten auch die Navette gegenüber nehmen.

Lust auf einen weiteren Badeort in der Nähe? Dann verlassen Sie den Stellplatz nach rechts raus, auf die D 130, Boulevard Mirabeau. Achtung: Kurz darauf sollten Sie dem braunen Schild mit der Aufschrift „Taillerie du Sancy“ nach rechts folgen. Es geht über Bahnschienen und am Ende der Straße nach links. Wir sind nun auf der D 996 und bleiben auch bis **La Bourboule** dort. Wenn Sie dort rechts den Bahnhof sehen, kommen Sie gleich durch eine Allee, in der Parkmöglichkeiten für einen Stadtbesuch bestehen. **[N 45° 35' 22.5" E 02° 44' 38.7", Av des États Unis/D 996]**. Für einen etwas längeren Aufenthalt gibt es eine aire de camping-car.

(065) Offizieller WOMO-Stellplatz: La Bourboule

GPS: N 45° 35' 09.1" E 02° 44' 07.1" Chemin de la Suchère
Max. WOMOs: >6
Ausstattung: Ver- und Entsorgung.
Beschreibung: Kostenloser, einsamer, abgelegener, nicht attraktiver Platz vor dem centre equestre. Bäcker und Supermarkt 1 km, Zentrum 500 m.
Zufahrt: Den Ort auf der D 996 durchqueren. Linkerhand sind eine Kirche, ein Park sowie anschließend die Grands Thermes zu sehen. Die 2. Straße nach der Therme und hinter einem Zebrastreifen nach links. Über eine kleine Brücke. Die Straße wird enger. Nach rund 350 m nach rechts in die Zielstraße.
Hinweise: Schon alleine wegen der Anfahrt für Womos über 8 m nicht zu empfehlen. Nicht besonders sauber und schön. Weg zum Bäcker: Durch den Wald auf der linken Seite die Treppe runter.

La Bourboule besitzt das Flair eines alten **Luftkur- und Thermalbades**. Bereits zu Beginn des 15. Jahrhunderts fanden die Bäder eine urkundliche Erwähnung. Das erste Kurbad wurde 1821 in Betrieb genommen, und damit begann der Aufschwung. Die 60° C warme Choussy-Perrière-Quelle sowie die lediglich 20° C warme Fenêstre-Quelle sind schwach

Hier ist die Gesundheit beheimatet: Les Grands Thermes

arsenhaltig und werden zur Therapie von Atemwegs- und Hauterkrankungen eingesetzt.

Neben der Kirche gelten die Thermalbauten an den Flussufern, mehrere Grünflächen sowie zahlreiche Gebäude im Belle-Epoque-Stil als das Sehenswerte der Stadt.

Per Zufall entdecke ich in der Nähe einen Wander- und Übernachtungsplatz, der so schön ist, dass ich lange überlegt habe, ob ich ihn für mich behalte. Er liegt nicht gerade auf meiner geplanten Route, sondern vielmehr zwischen hier und dem direkten Weg zum Ende der Tour 5. Kurzbeschreibung: Durch Bourboule, am letzten Rondell die 1. Ausfahrt Richtung Ussel. Oben am Berg nach links.

(066)WOMO-Wanderparkplatz:
Am Plateau de Charlannes

GPS: N 45° 34' 44.0" E 02° 44' 06.2" 1.151 m.ü.d.M.
Max. WOMOs: >5
Ausstattung: Mülleimer.
Beschreibung: Kostenloser Parkplatz sehr weit außerhalb eines Ortes, in einer Sackgasse, auf einem Plateau, an einem Lift. Auf Asphalt und Wiese. Spielplatz, Restaurant/Imbiss vorhanden. Verschiedene Wanderwege. Teils schattig.
Zufahrt: Über die D 996 zur D 129 und später an einer Kreuzung nach links auf die D 610 zum Plateau de Charlannes. Bis ganz zum Ende durchfahren.
Hinweise: Sehr schöne Strecke, sehr einsam. Es geht stetig bergauf. Belohnt wird man mit einem fantastischen Panorama.

Okay, ich gebe zu, ich fahre jetzt ein wenig umständlich, aber ich will zurück nach Le Mont-Dore, denn ich habe mir den **Col de la Croix Morand** in den Kopf gesetzt. Grobrichtung ist Issoire. Upps, jetzt geht's nicht nur hoch, es wird auch wieder ganz schön eng! Eigentlich kennen wir die Strecke ja, aber damals ging's runter...

Achtung: An der Gabelung nach rechts auf die D 996! Der Col de la Croix Morand wartet auf über 1.400 Metern Höhe mit einem unbeschreiblichen Panorama, mit schönen Spazierwegen und einer Übernachtungsmöglichkeit auf uns. Von Einsamkeit kann tagsüber bei Sonnenschein nicht die Rede sein.

**(067) WOMO-Wanderparkplatz:
Am Col de la Croix Morand**

GPS: N 45° 35' 50.3" E 02° 51' 0.6" An der D 996/1.401 m.ü.d.M.

Max. WOMOs: >5
Ausstattung: Mülleimer. Picknickbänke.
Beschreibung: Etwa 7 km von Le Mont-Dore entfernt gelegener, kostenloser, gemischter Parkplatz auf dem Pass. Auf Schotter. Wanderwege. Café/Auberge auf der gegenüberliegenden Straßenseite.
Zufahrt: Die D 996 Richtung Issoire/Le Chambon-sur-Lac fahren. Der Platz liegt rechts.
Hinweise: In der Saison und bei schönem Wetter viel Betrieb. Nachts sehr ruhig. Meist windig.

Knapp 14 Kilometer weiter erreichen wir **Chambon-sur-Lac**. Die ersten Campingplatzschilder und auch den Ort ignoriere ich. Erst wenn es zum Camping „Les Bombes“ geht, biege ich nach rechts.

(068) Offizieller WOMO-Stellplatz: Chambon-sur-Lac

GPS: N 45° 34‘ 12.3“ E 02° 54‘ 14.2“ La Vergne
Max. WOMOs:>20 **Öffnungszeiten**: Mai - Mitte September

Ausstattung: Ver- und Entsorgung (vorm Campingplatz am Zufahrtsweg), Strom, Mülleimer (beim Campingplatz).
Beschreibung: Recht schöner Platz hinter dem Campingplatz „Les Bombes". Auf Wiese/ Schotter, mit Schranke. Wenig Schatten, da die Bepflanzung noch jung ist. Ort 500 m, See knapp 1 km.
Preise: 7 EUR. V&E mit Jetons.
Zufahrt: Den Ort umfahren und dem Schild zum „Camping les Bombes“ folgen. Wenn links der Friedhof zu sehen ist, rechts reinbiegen. An der V&E sowie am Campingplatz vorbeifahren. Der Platz liegt weiter hinten auf der linken Seite.
Hinweise: Die Ver- und Entsorgungsstation ist nicht besonders sauber.

Der Namenszusatz „sur Lac“ ist ein Fake. Der See liegt weiter weg. Enttäuscht fahre ich auf der D 996 weiter. Und endlich sehe ich den See! Der Platz ist ebenfalls bald erreicht. Und auf dem Parkplatz stehen trotz Verbots einige Womos.

(069) Offizieller WOMO-Stellplatz: Murol am Lac Chambon

GPS: N 45° 34’ 19.0” E 02° 55’ 47.1” Allée de la plage

Max. WOMOs: 25
Öffnungszeiten: Mitte April - Mitte September
Ausstattung: Ver- und Entsorgung, Strom, WLAN, Mülleimer.
Beschreibung: Sehr schöner Stellplatz auf Wiese und Schotter. Parzelliert, teils schattig. Mit Schranke. Klappstuhlgeeignet. Überwachter Badestrand 300 m, Ort 2 km.
Preise: 10 EUR (Juli & August 12 EUR) inklusiv allem.
Zufahrt: Am Ende des Sees am Rondell die 1. Ausfahrt zur „Plage Muroll“ nehmen. Vorm großen Parkplatz nach links, der Platz liegt rechts.
Hinweise: Zum Camping „Domaine du Lac Chambon“ geht es den Weg weiter vor. Hier kann gegen Entgelt die Dusche benutzt sowie in einem kleinen Laden eingekauft werden.

Schön ist es hier... wenn es nur nicht im Sommer so überlaufen wäre...

Murol ist ein schöner Ort mit einem schönen **château**. Wir sehen es, wenn wir die D 996 weiter Richtung Issoire fahren. Wer den Wegweisern zum château folgt, kann hier parken **[GPS: N 45° 34' 42.5" E 02° 56' 31.8"]**.

Als nächstes machen wir Station in **St-Nectaire**, einem Ort, der sich in Saint-Nectaire-le-Haut mit einer der **bedeutendsten romanischen Kirchen der Auvergne**, und in Saint-Nectaire-le-Bas mit den **Thermalquellen** teilt. Einen wirklich schönen Stellplatz hat der Ort leider nicht. Die offizielle Version liegt in St-Nectaire-Haut – also oben. Hier stehen Sie ortsnah und des Nachts ruhig. Beinahe! Denn die Glocken der in Sicht- und Hörweite befindlichen Kirche läuten auch nachts. Mich stört es nicht, im Gegenteil, für mich gehört es zum Frankreich-Feeling. Zur Ortsbesichtigung ist es der ideale Platz.

(070) Offizieller WOMO-Stellplatz: St-Nectaire I

GPS: N 45° 35' 19.7" E 02° 59' 37.0" Place de la mairie
Max. WOMOs: 3-4
Ausstattung: Mülleimer.
Beschreibung: Kostenloser, gemischter Parkplatz bei der Kirche und der mairie, in St-Nectaire-Haute. Auf Schotter. Öffentliche Toilette in ca. 50 m. Geschäfte in der Nähe.
Zufahrt: Am Ortsanfang nach links Richtung St-Nectaire-Haut/mairie/église. Die Zufahrt ist schmal und steil. Fast ganz oben liegt in einer Linkskurve links unser Platz.
Hinweise: Häufiges Glockengeläut, auch in der Nacht.

Eine weitere Möglichkeit, das Wohnmobil zu platzieren, befindet sich direkt an der Durchgangsstraße. Hier stehen Sie eng an eng, auf Schotter und überhaupt nicht schön. [071: N 45° 35' 08.7" E 02° 59' 30.4", an der D 996] Ich würde ihn als Not-Notlösung bezeichnen. Zur Oberstadt sind es zu Fuß knapp einen Kilometer steil bergauf. Zur ville-bas hingegen 1,5 Kilometer, jedoch ohne Steigung.

St-Nectaire ist ein **Kurbad** mit langer Vorgeschichte, zudem kommt hier der berühmte **Käse** gleichen Namens her. Eine Fromagerie befindet sich daher auch am Ortsanfang. Und genau dort, wo es zur Oberstadt hoch geht, befinden sich links noch die **Grottes du Cornadore**, interessante Höhlen mit zwei warmen Quellen. **Fünf Dolmen und zwei Menhire** in der Umgebung zeugen ferner von neolithischer Existenz. Besuchen Sie doch mal gegen Ortsende den interessanten „**Parc du Dolmen**" auf einem Hügel.

Ich bleibe der D 996 treu und stelle dabei fest, dass auch der nächste Ort, **Montaigne-Le Blanc**, schön ist. Würden wir halten, kämen wir bei dem Tempo selbst im nächsten Jahr nicht weiter. Vielleicht bei der nächsten Recherche!?

Eine Zwischenstation muss jedoch noch drin sein: Nachdem nämlich die letzten Stellplätze eher enttäuschend waren, gibt es in **Champeix** einen wunderschönen, neuen, offiziellen Platz, der Ruhe und Erholung verspricht.

(072) Offizieller WOMO-Stellplatz: Champeix

GPS: N 45° 35' 18.3" E 03° 06' 56.4" Rue de Montaigut/D 996
Max. WOMOs: 14*
Ausstattung: Ver- und Entsorgung, Strom, Mülleimer.
Beschreibung: Schöner, neu angelegter Stellplatz am Ortsrand. Die Plätze sind mit Holzbalken begrenzt. Auf Kies, wenig Schatten. Die V&E befindet sich auf der 2. Ebene, rechts hinter den unteren Plätzen. Ortsmitte 2 km. Supermarkt 5 min. Fußweg (an der D 996).
Preise: April - November 4 EUR, ansonsten kostenlos. Strom/2 h und Frischwasser je 2 EUR (mit Jetons). Gezahlt wird am Automaten hinten rechts auf der 2. Ebene; nur mit Karte möglich.
Zufahrt: Am Ortseingang dem Wohnmobilschild nach rechts folgen. Über die kleine Brücke. Der Platz liegt dann rechts.
Hinweise: *Auf der 2. Ebene sind bei der V&E-Station weitere 12 Stellplätze. Unbedingt rechtzeitig am Automaten ein Ticket ziehen, die Polizei kontrolliert regelmäßig!

Es wird wieder Zeit für einen größeren Ort. Daher fahren wir „unsere" Straße weiter und richten uns nach der Beschilderung „**Issoire**". Hier finden wir einen Stellplatz, von wo aus eine Stadtbesichtigung kein Problem ist und wo Sie am Abend müde ins Wohnmobil fallen können. Für einen längeren Aufenthalt kann ich einen ruhigen und schönen Campingplatz in der Nähe eines Angelsees sowie des Allier empfehlen. Allerdings liegt er weit außerhalb.

(073) Offizieller WOMO-Stellplatz: Issoire

GPS: N 45° 32' 43.1" E 03° 14' 26.7"
Bv André Malraux/résidence les dômes
Max. WOMOs: 12-13
Ausstattung: Ver- und Entsorgung, Mülleimer.
Beschreibung: Idealer Stellplatz für eine Stadtbesichtigung. Kleine Parzellen auf Schotter. Kleiner Grünstreifen. Hinter der Seniorenresidenz, Supermarkt nebenan. Pizzeria in der Nähe. Historisches Zentrum 800 m.
Preise: Wasser und Entsorgung kostenlos (vorne an der Ecke). Kurtaxe 0,30 EUR/Person (am Automaten zu bezahlen).
Zufahrt: Gleich zu Beginn nach rechts Richtung centre abbiegen und der Beschilderung sowie der D 996 folgen. Am 2. großen Rondell die 3. Ausfahrt Richtung A 75 nehmen. Nachdem links die Résidence les dômes zu sehen ist nach links in die Straße einbiegen und durchfahren.
Hinweise: V&E ist vorne an der Ecke bei der Einfahrt an der Hauptstraße. Nachts sehr ruhig und dunkel. Nur für Womos bis 8 m geeignet. Ausweichplätze am Supermarkt nebenan. Bislang war bei unseren Besuchen der Automat für die taxe de séjours jedes Mal kaputt.

(074) WOMO-Campingplatz: Issoire (Camping Municipal le Mas***)

GPS: N 45° 33' 04.1" E 03° 16' 26.3" 14 Av du Dr Bienfait
Tel./Fax: +33 47 38 90 359 oder +33 60 98 05 263 (Mobil)
E-Mail: camping-mas@wanadoo.fr **Internet**: www.camping-issoire.fr/fr/
Öffnungszeiten: Anfang April - Ende Oktober
Beschreibung: Campingplatz im Nordosten der Stadt. Historisches Zentrum 3 km. Am Angelsee sowie am Allier gelegen. Großer Supermarkt fußläufig zu erreichen. Ver- und Entsorgung, WLAN, Brotservice, Spielplatz, Tischtennis, Fernsehraum, Laden. Nahe der Autobahn. Hunde erlaubt.
Preise: Je nach Saison rund 17 EUR - 18 EUR, Strom 3,45-3,70 EUR, Hund 0,70 EUR.
Zufahrt: Im Prinzip muss man quer durch den ganzen Ort fahren. Bereits in der Stadtmitte, sind die Schilder zum „Camping" zu sehen. Wenn Sie die Autobahn überquert haben, sind Sie beinahe schon dort. Am Kreisel nach der Autobahn-Überquerung ist der Platz weiterhin gut beschildert. Wer über die A 75 kommt, nimmt die Ausfahrt 2.
Sonstiges: Sehr freundliches und hilfsbereites Personal. Supermarkt in der Nähe. Angelkarte für den See an der Rezeption erhältlich.

Mein Gang ins Zentrum beginnt am Stellplatz. Ich wende mich nach rechts und gehe bis zum Rondell vor, von wo wir gekommen sind. Dort biege ich nach links in die kleine Straße. Das ist die Rue du Huit Mai, die mit einem Schild für eine 30er-Zone sowie für ein LKW-Verbot eingeleitet wird. Wenn Sie nun geradeaus gehen, sind Sie in nicht einmal zehn Minuten an der **Halle aux Grains**. Ich überquere den Boulevard Albert Buisson, gehe in das kleine Gässchen, sehe den **Uhrturm** – die Tour d'Horlog – und bin auf dem richtigen Weg zum Stadtkern.

Hier ein paar Tipps, was es zu sehen gibt: Als erstes natürlich die Kirche. Mit dem Bau der **Église St-Austremoine** wurde um 1130 begonnen. Heute gilt sie als größter Bau der Romantik in der Auvergne. Steht in den Prospekten – habe ich aber irgendwie irgendwo schon öfters gelesen!? Egal, ich geb's weiter. Man beachte die Schönheit der Skulpturen und Mosa-

Rapunzel zu Besuch in Issoire

iken. Interessant ist ihr Innenraum, welcher im 19. Jahrhundert renoviert wurde, wobei man nicht mit Farbe geizte. In der Krypta befinden sich die Reliquien des Heiligen Austremoine, des Namensgebers und ersten Bischofs der Auvergne.

Die **Tour d'Horloge**, gleichzeitig das Museum der Renaissance, ist ein weiteres Wahrzeichen Issoires. Bei meinem letzten Besuch nahm ihn gerade Rapunzel in Beschlag. Sie können ihn besteigen und Issoire von oben sehen.

Haben Sie auf der Place de la Republique die kunstvoll gearbeiteten Wasserspeier entdeckt? Die **Renaissancegebäude** Maison à Arcades und Maison du Chancelier Duprat verdienen ebenfalls unsere Beachtung. Sie entdecken bestimmt noch mehr!

Zur Weiterfahrt treffen wir uns am zurückliegenden Kreisel, wo ich die 1. Ausfahrt Richtung A 75 nehme. In Perrier fahren wir nach links auf die D 26. Wir passieren **St-Floret**, mit einer sehr schönen, mittelalterlichen Brücke, den Überresten einer Festung aus dem 13. Jahrhundert mit **Donjon**, einem Gebäude mit Tristan-und-Isolde-**Fresken** aus dem 14. Jahrhundert sowie einer Romanischen Kapelle aus dem 12. Jahrhundert. Parken gestaltet sich schwierig, vor allem für längere Womos. Versuchen Sie es links längs der Straße.

Ansonsten vertrauen wir des Weiteren der Beschilderung zum **Lac Pavin** und achten dabei auf die Hinweise nach Besse-et-St-Anastaise/Lac Pavin/La Tour-d'Auvergne.

(075) WOMO-Stellplatz: Lac Pavin

GPS: N 45° 30' 07.6" E 02° 53' 27.8" 1.170 m.ü.d.M.
Max. WOMOs: >10
Ausstattung: Mülleimer.
Beschreibung: Gemischter Parkplatz auf befestigtem Untergrund, kurz vorm Lac Pavin. Außerhalb, ca. 500 m Fußweg zum See. Nachts sehr ruhig. Öffentliche Toiletten, Touristeninformation und Restaurant am See.
Zufahrt: Wir umrunden Besse-et-St-Anastaise – in einigen Karten auch Besse-en-Chandesse genannt – und nehmen am Rondell die 3. Ausfahrt. Der See ist ausgeschildert.
Hinweise: Nachts sehr ruhig. Vom Platz aus führt ein Weg direkt zum See hoch.

Sollten Sie sich – wie ich bei meinem ersten Besuch – auf ein Bad im See freuen, kann ich nur sagen: Ein Satz mit X, war wohl nix, denn es herrscht Badeverbot. Lohnenswert ist ein Abstecher dennoch. Allerdings sollten Sie sich genau aussuchen, wann Sie anreisen: Meiden Sie Wochenenden!

Alles strömt zum See...

Der knapp 1.200 Meter hoch gelegene, kreisrunde vulkanische Maarsee, der bis zu 92 Meter tief und von Wald umgeben ist, wird innen von Forellen sowie Seesaiblingen und außen von Menschenmassen bevölkert. Gehen wir vom Stellplatz aus hoch zum See, einfach dem Besucherstrom folgen! Hier können Sie sich über die prähistorische Zeit des Sees informieren und ihn in rund 60 Minuten umrunden. Nur nicht baden!

Noch heute hört man mancherorts, der See sei verflucht. Das rührt von der Legende her, nach der der Lac de Pavin 1783 seine Farbe gewechselt haben soll und zu anderen Zeiten Luftbläschen aus ihm emporstiegen. Seither war die Rede von einem Drachen. Ferner erzählt man, dass jeder in den See geworfener Stein ein Unwetter heraufbeschwöre. Also lassen Sie es lieber bleiben! Übrigens soll der See einen extrem hohen Gasgehalt haben, den man riechen würde. (Ich habe nichts gerochen.) Daher wird regelmäßig kontrolliert, um bei einer plötzlichen, gefährlichen Entladung die notwendigen Maßnahmen ergreifen zu können. Ein interessanter, lebender See! Skulpturen, Touristenbüro und ein Restaurant lenken jedoch von der ursprünglichen Idylle ab.

Zurück zur Hauptstraße und zu einem See, in dem man endlich wieder baden kann. Nehmen Sie dazu am Rondell die 2. Ausfahrt und fahren Sie auf einer erstaunlich breiten Straße himmelwärts nach **Super-Besse**, wo wir auf über 1.300 Metern Höhe eine atemberaubende Aussicht haben. Wintersportfreunde besetzen diesen Ort während der kalten Zeit, ich lie-

(076) Offizieller WOMO-Stellplatz: Super-Besse I

GPS: N 45° 30' 16.5" E 02° 51' 10.9" Aire de La Biche, 1.308 m.ü.d.M.
Max. WOMOs: >100
Ausstattung: Ver- und Entsorgung, Strom, Mülleimer.
Beschreibung: Riesiger, ruhiger Stellplatz mit fantastischem Panorama, auf Asphalt. In der Nähe zahlreicher Lifte, Sportstätten und eines Sees. Klappstuhlgeeignet. Kein Schatten. Restaurants 900 m, Badestrand 700 m.
Preise: 7,50 EUR, Wasser 1 EUR, Strom 2,50 EUR/4 h. Bezahlt wird am Eingang in einem Häuschen am Automaten, mit Karte.
Zufahrt: Zu Beginn des Ortes am Rondell nach links und noch etwa einen Kilometer lang dem Wohnmobilschild folgen.
Hinweise: In der Nähe hält eine kostenlose Navette.

(077) WOMO-Badeplatz: Super-Besse II

GPS: N 45° 30' 29.3" E 02° 51' 14.5"   An der D 149D, 1.308 m.ü.d.M.
Max. WOMOs: ca. 10
Ausstattung: Toiletten in der Nähe, Mülleimer.
Beschreibung: Kostenlose Parkplätze auf Asphalt, am See und in der Nähe verschiedener Sportstätten sowie Lifte. Geschäfte in knapp 500 m.
Zufahrt: Wie zu Stellplatz 076, jedoch die Straße bis zum See weiter runter fahren.
Hinweise: Offiziell ist hier das Stehen mit dem Wohnmobil nur tagsüber erlaubt, es wird jedoch auch Nachts geduldet.

be ihn während des Sommers. Ausruhen, Wandern ein kühles Bad im **Lac des Hermines** machen Laune. Mountainbiker, durch die Lüfte fliegende Menschen, Wanderer, „Trocken-Ski-Fahrer", Schlittenhundeführer und viele weitere erfindungsrei-

Fliegende Menschen...

Sessellifte in der Sommerfrische...

che Bewegungs-Freaks begegnen mir auf meinem Streifzug durch die Gegend. Im Winter müssen hier Massen von Skifahrer den Ort in Besitz nehmen.

Super-Besse ist ein erst 1961 entstandenes Wintersportzentrum auf 1.350 Metern Höhe am Südhang des **Puy de Sancy**. Es verfügt über 22 Liftanlagen, von denen einige auch im Sommer in Betrieb sind. Es besteht eine direkte Verbindung mit der Skistation Mont-Dore.

Ich finde es besonders interessant, den Menschen zuzuschauen, die sich trauen, „**Fantastic Zipline**" für einen Flug über Baumwipfel und See auszuprobieren. Mit einem Höhenunterschied von 240 Metern, einer Länge von 1.600 Metern und einer gigantischen Geschwindigkeit ist es Frankreichs größte Zipline.

An der Talstation, also am gegenüberliegenden Seeufer von Stellplatz 077, befindet sich ein vereinsamtes **Ver- und Entsorgungsrelais [N 45° 30' 24.2" E 02° 51' 30.3", Route du lac]**. Gleichzeitig kann man hier mit dem Hund gut ins Wasser gehen (Falls es Sie interessiert!?)

Ein weiterer See in dem gebadet werden kann, wartet auf mich. Also wieder den Berg Richtung Besse runter und unten nach rechts auf die D 203 Richtung La Tour-d'Auvergne.

Unterwegs genießen wir hinter Picherande noch einmal einen fantastischen Ausblick. Und wo ich mich gerade an die Höhe gewöhnt habe, würde ich Ihnen gerne noch einen sehr einsamen, sehr gut ausgestatteten und fast noch nicht bekannten, offiziellen Stellplatz auf rund 1.400 Metern Höhe ans Herz legen. Folgen Sie den Wegweisern nach **Chastreix.**

(078) Offizieller WOMO-Wanderparkplatz: An der Ski-Station von Chastreix-Sancy

GPS: N 45° 32' 05.9" E 02° 46' 36.3" 1.397 m.ü.d.M.
Max. WOMOs: 16
Ausstattung: Ver- und Entsorgung, Strom. Toilette und Dusche nur im Winter geöffnet. Mülleimer.
Beschreibung: Extrem einsamer Stellplatz in einer Sackgasse nahe der Ski-Station. Sehr sauber, neue Automaten, ausreichend Stromsäulen. Kein Schatten. Zahlreiche Wanderwege. Fantastisches Panorama. Der Ort liegt ca. 7 km weit entfernt.
Preise: 12 EUR inkusive allem.
Zufahrt: Chastreix wird komplett durchfahren, dann noch 7 km steil bergauf, immer dem Schild zur Ski-Station folgen. Die Straße endet in einer Sackgasse.
Hinweise: Im Sommer ist hier außer dem Stellplatz alles geschlossen.

Eine wunderschöne Strecke, nur dachte ich zwischenzeitlich nach der Abzweigung und nachdem ich den eigentlichen Ort Chastreix passiert hatte, ich hätte mich verfahren. Die Straße scheint kein Ende nehmen zu wollen. Aber wir sind richtig! Jetzt weiß ich, dass der Platz gaaaaanz weit außerhalb liegt und das Ganze auch noch in einer Sackgasse endet! Aber keine Angst, es gibt ausreichend Platz zum Wenden.

Wir befinden uns am Fuße des 1.885 Meter hohen Puy de Sancy, der höchsten Erhebung des französischen Zentralmassivs, und schauen auf den imposanten **Roc Courlande** sowie die fantastische Landschaft unter und über uns.

Wanderwege, Skilifte, eine atemberaubende Landschaft mit zahlreichen Wandermöglichkeiten und im Sommer absolute Einsamkeit – das ist alles, was ich bei meinem Besuch im August 2019 vorfinde. Einfach nur ein Traum!

Sollten Sie hier bleiben wollen, ihr Wohnmobil können Sie problemlos ver- und entsorgen, sich selber jedoch nicht. Also unbedingt vorher einkaufen! Der Weg zu Fuß morgens zum Bäcker dürfte von hier oben zwar sicherlich gesund aber wohl doch viel zu weit und zu steil sein.

Wir haben Glück, die Sonne scheint und wir haben klare Sicht. Selten standen wir so ruhig und haben so ungestört geschlafen wie hier. Ist ja auch Sommer! Wer den Winter mag, der wird sicherlich dann auch hier seine Freude haben. Ich denke jedoch, mit der Einsamkeit dürfte es dann aber vorbei sein. Ich selber bin „Winter-Legasthenikerin", und schon alleine der Gedanke an die Anfahrt bei Schnee lässt bei mir Panik aufkommen.

Doch nun zum versprochenen See in **La Tour-d'Auvergne**. Zurück zur D 203 und unseren ursprünglichen Weg weiter verfolgen. Achtung: Fahren Sie an der Gabelung nicht nach rechts in den Ort rein, sondern bleiben Sie geradeaus. So gelangen Sie auf einfachstem Weg zum Stellplatz.

(079) Offizieller WOMO-Stellplatz: La Tour-d'Auvergne

GPS: N 45° 31' 57.7" E 02° 40' 53.4" Parking du plan d'eau
Max. WOMOs: >20
Ausstattung: Ver- und Entsorgung, Strom (am Relais), Mülleimer, Außendusche am See.
Beschreibung: Stellplatz auf verschiedenen Ebenen, auf Schotter. Wenig Schatten. Klappstuhlgeeignet. Überwachter Badestrand in der Nähe. Angeln und Baden gut möglich. Ort etwa 700 m.
Zufahrt: Die Ortsumgehung nehmen. Am Ortsschild nach links Richtung Bagnols und nach ca. 400 m nach rechts dem Schild folgen. Bis zum Ende durchfahren.
Hinweise: Achtug: WC-Wasser wurde als „eau portable" – also Trinkwasser – deklariert!

Der Ort, über dem eine weiße Madonna thront, hat nicht viel zu bieten. Dafür ist es am See um so schöner.

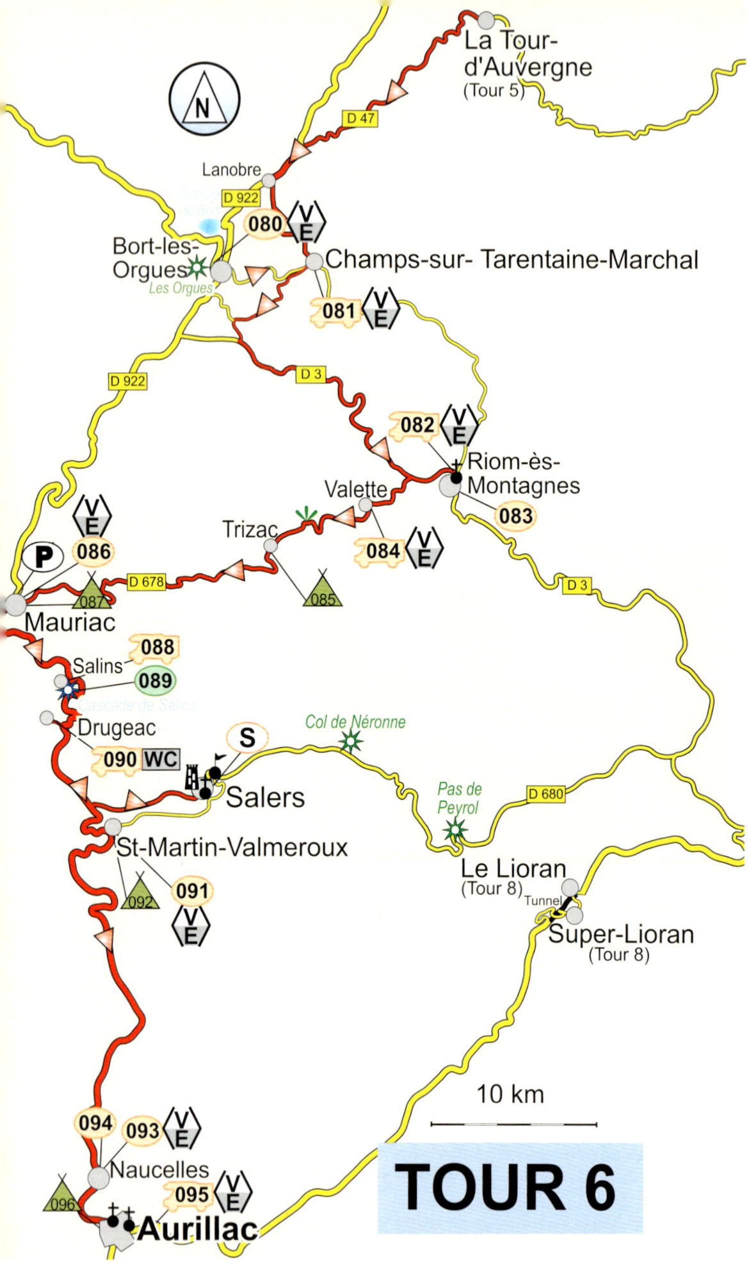

TOUR 6: Schirm, Charme & Cascade 220 km

Bort-les-Orgues – Riom-ès-Montagnes – Mauriac
Cascade de Salins – Salers – Aurillac

Stellplätze: Bort-les-Orgues, Champs-sur-Tarentaine-Marchal, Riom-ès-Montagnes, Valette, Mauriac, Salins, an der Cascade de Salins, Drugeac,

	Salers, St-Martin-Valmeroux, Naucelles, Aurillac
Campingplätze:	Camping Municipal Le Pioulat (Trizac), Val Saint Jean (Mauriac), Le Moulin du Teinturier (St-Martin-Valmeroux
Besichtigen:	Riom-ès-Montagnes, Kathedrale in Mauriac, die Cascade de Salins, historische Altstadt von Salers, historische Altstadt von Aurillac
Baden:	Im See bei Mauriac
Wandern:	Rundwanderweg an der Cascade de Salins
Draisinenfahren:	Bei Drugeac
Märkte:	Champs-sur-Tarentaine-Marchal (Do. & Sa.), Riom-ès-Montagnes (Sa. 19 Uhr in der Halle), Mauriac (Mo., Do. & Sa.), Salers (Mi.), St-Martin-Valmeroux (Fr.), Aurillac (Mi. & Sa.)

Vor uns liegt nun wieder eine kürzere Tour am Rande des Parc Naturel Régional des Volcans d'Auvergne. Wir besuchen einige kleine beschauliche Orte, schöne Stell- und Campingplätze sowie am Schluss die Regenschirmstadt Aurillac.

Am See in La Tour-d'Auvergne hatten wir Tour 5 beendet. Lassen Sie uns nun zurück auf die D 47 fahren, in die wir nach rechts einbiegen, um nach rund 16 Kilometern nach links auf die D 922 Richtung **Bort-les-Orgues** zu fahren. Jetzt können Sie entweder bis Bort-les-Orgues durchstarten und die dortigen Orgeln besuchen, wobei Sie einen Seitensprung ins **Limousin** wagen, oder aber ein wenig abkürzen und zum nächsten auvergnatischen Stellplatz weiterfahren.

Welche Orgeln? Steinerne Orgeln, besser gesagt, aufrecht stehende **Basaltsäulen**. Für den Weg dorthin gibt es ausreichende Wegweiser. Auch den Stellplatz, der auf „fremdem"

Die Orgeln von Bort-les-Orgues

Terrain liegt, finden Sie gut. [080: N 45° 23' 56.2" E 02° 29' 49.8"]

Ich bleibe der Auvergne treu und biege unterwegs bei Lanobre nach links auf die D 49. Eine ziemlich holprige Strecke! Schon bald komme ich in einen schönen Ort mit einem ebenfalls schönen, und vor allem schattigen Stellplatz.

(081) Offizieller WOMO-Stellplatz: Champs-sur-Tarentaine-Marchal

GPS: N 45° 23' 39.9" E 02° 33' 30.2" Route de Bort/D 679

Max. WOMOs: >10

Ausstattung: Ver- und Entsorgung, Mülleimer.

Beschreibung: Sehr schattiger, kostenloser Stellplatz im Garten eines Herrenhauses. Am Ortsende, auf Wiese. Gegenüber einer Tankstelle und neben dem Kindergarten. Zentrum 500 m.

Zufahrt: Am Ende der Straße geht es im Ort nach rechts auf die D 679 Richtung Bort-les-Orgues/Aurillac. Wir fahren bis zum Ortsende durch. Wenn links eine Tankstelle zu sehen ist, müssen Sie dem Schild nach rechts in die Einfahrt folgen.

Hinweise: Kein Ablass, den man anfahren könnte, daher Brauchwasser mit einem Eimer auffangen.

Wir setzen unseren Weg fort und fahren wenig später nach links auf die D 22 Richtung Mauriac/Aurillac/Campingplatz. Die Straße ist relativ schmal, aber es sind ja nur etwas mehr als sechs Kilometer, bis sie wieder breiter wird. Es sollte nur kein breiter Schwertransporter entgegenkommen! Obwohl, das hatte ich auch schon überlebt. Vor ein paar Tagen fuhr an einer anderen Stelle ein PKW einem Mähdrescher vorweg, warnte uns und ließ uns irgendwo an passender Stelle am Rand warten. Damit müssen Sie rechnen. Geht alles in Frankreich!

Unsere Route führt durch eine extrem dünn besiedelte, waldreiche und wenig befahrene Gegend. Doch irgendwann gibt es wieder Leben. Eine Kreuzung verspricht bessere Straßen. Obwohl geradeaus unser Ziel **Riom-ès-Montagnes** ausgeschildert ist, biege ich nach links auf die D 103 wo „Les Clos" zu lesen ist. Vertrauen Sie mir, auch wenn es immer noch eng ist! Am Vorfahrt-achten-Schild biege ich nach links und bin auf der gut ausgebauten D 3. Endlich wieder den so lange vermissten Mittelstreifen und Gegenverkehr! Schon erstaunlich, über welche Kleinigkeiten man sich freuen kann...

In Riom-ès-Montagnes erwarten uns gleich zwei Stellplätze: ein offizieller und ein schöner. Achten Sie beim Eingeben ins Navi auf den Zusatz „ès-Montagnes“, sonst sucht es das Riom aus Tour 14.

(082) Offizieller WOMO-Stellplatz: Riom-ès-Montagnes I

GPS: N 45° 17' 03.2" E 02° 39' 25.2" Rue de champ de foire
Max. WOMOs: >10
Ausstattung: Ver- und Entsorgung, Strom (am Relais), Mülleimer.
Beschreibung: Großer, asphaltierter und unattraktiver Platz ohne Schatten in der Nähe eines Supermarktes. Am nördlichen Stadtrand. Etwa 500 m bis zur Innenstadt.
Preise: 3,50 EUR, Wasser 2 EUR, Strom 2 EUR/h, mit Jetons.
Zufahrt: Am Ortsanfang am 1. Rondell rechts raus. Am nächsten Rondell beim Bahnhof die 3. Ausfahrt und sofort wieder nach rechts, dem Piktogramm folgen. Der Platz liegt rechts.
Hinweise: Zwar gibt es eine Schranke, die scheint jedoch immer offen zu sein.

Hier steht man offiziell, aber nicht schön. Einkaufen können Sie im angrenzenden Supermarkt. Was mich irritiert, ist die stets offene Schranke...

Der zweite Platz liegt am anderen Ende der Stadt, im Südosten, vorm Sportplatz beziehungsweise dem Schwimmbad. Dahinter fließt die Véronne.

(083) WOMO-Stellplatz: Riom-ès-Montagnes II

GPS: N 45° 16' 44.5" E 02° 39' 51.6"
Max. WOMOs: 10
Ausstattung: Bänke, Mülleimer.
Beschreibung: Kostenloser, gemischter Parkplatz auf Schotter vorm Schwimmbad und dem Sportgelände. Schattig, an kleinem Fluss. Südöstlich des Zentrums. Stadtmitte ca. 600 m.
Zufahrt: Im Ort den Schildern zum „complexe sportif“ beziehungsweise „piscine“ folgen. Grobrichtung ist Puy Mary/Murat. Am Ortsausgang am Rondell zum „complexe sportif“ abbiegen.
Hinweise: Vor uns befinden sich interessante Skulpturen.

Direkt vor uns befinden sich ein paar interessante **Skulpturen**. Zum Zentrum müssen Sie nach rechts, an der kleinen La Véronne entlang und dann über die Brücke gehen. Interessant sind die **Église Saint-Georges** aus dem 11. Jahrhundert, die

Jungfrau-Maria-Statue am Place de la fontaine aus dem späten 15. Jahrhundert sowie die **Renaissance-Häuser**.

Wir verlassen den Platz Richtung **Valette**, also nach dort, von wo wir gekommen sind. Grobrichtung ist Mauriac/Bort-les-Orgues. Ich bin auf der D 3 und werde kurz darauf nach links auf die D 678 nach Valette dirigiert. Schon bald nach dem Ortsschild gibt es einen Hinweis auf die Ver- und Entsorgungsstation. Nichts wie hin! Alles ist hier etwas eng geraten und für größere Wohnmobile komplett ungeeignet. Das war meine Information in der letzten Ausgabe dieses Reiseführers. Jetzt ergänze ich: Der Platz hat schon bessere Tage gesehen. Ver- und Entsorgungsrelais kaputt und auch sonst eher dem Untergang geweiht. Doch wo wir schon mal hier sind, ein Kästchen, falls es spät sein sollte und Sie einen einsamen Übernachtungsplatz mit einem Womo unter 7 Metern suchen. Ruhig schlafen kann man hier immer noch.

(084) Offizieller WOMO-Stellplatz: Valette

GPS: N 45° 16‘ 11.0“ E 02° 36‘ 09.0“ An der D 678
Max. WOMOs: 5
Ausstattung: Ver- und Entsorgung*, Strom (am Relais)*, Picknicktisch.
Beschreibung: Sehr kleiner, ruhiger, enger, ziemlich vernachlässigter Stellplatz am Ortsrand. Plätze sind mittels Hecken parzelliert.
Preise: Strom und Wasser je 2 EUR*.
Zufahrt: Gleich zu Ortsbeginn den Schildern nach rechts folgen.
Hinweise: *Das Relais war im Sommer 2019 kaputt. Nichts funktionierte. Für Wohnmobile über 7 m ist der Platz nicht geeignet.

Der Ort ist ebenfalls sehr klein. Das allmorgendliche Baguette finden Sie, wenn Sie Glück haben und schon beziehungsweise noch welches da sein sollte und das Café/Restaurant geöffnet hat, indem Sie zurück zur Hauptstraße und anschließend nach rechts bis kurz vor Ortsende gehen. Und genau hier fahre ich jetzt dran vorbei, um für mein doch größeres Gefährt und uns eine Schlafstatt zu finden.

Wir bleiben auf der D 678, „klettern“ himmelwärts und überschreiten abermals die 1.000-Meter-Marke. Begleitet werden wir von einem schönen Panorama auf die Puys d’Auvergne. Das entschädigt uns für den eben erlebten Stellplatz.

In **Trizac** werde ich komplett entschädigt: Gleich zu Beginn, lächelt mir neben dem Friedhof ein kleiner aber feiner Campingplatz mit allem Notwendigen zu. Mal wieder Wäsche waschen wäre gut!? Zunächst ist hier niemand anzutreffen: Die Rezeption ist geschlossen und zwei Wohnmobile sowie ein Wohnwagen stehen verlassen da. Das ganze Gelände ist menschenleer. Das Tor steht offen, also platzieren wir uns und warten. Später werden wir sehr freundlich empfangen und finden alles, was man so braucht. Die anderen mobilen Heime bleiben bis zum Abend verwaist. Sie dienen Arbeitern für die Nacht, wie wir später erfuhren. See und Platz gehören uns also tagsüber ganz alleine...

(085) WOMO-Campingplatz: Trizac
(Camping Municipal Le Pioulat)

GPS: N 45° 14' 54.2" E 02° 32' 11.6" An den D 678
Tel./Fax: +33 60 86 31 468
Internet: www.trizac.fr/herbergements-trizac_fr
Öffnungszeiten: Mitte Juni - Mitte September
Beschreibung: Kleiner Campingplatz am südlichen Ortsrand bei einem kleinen Angel- und Badesee, kleiner Sandstrand. Beim Friedhof. Waschmaschine, beheizte Sanitäranlagen, Barbecue-Grills, Spielplatz. Hunde erlaubt. Ort ca. 5-10 min. zu Fuß.
Preise: Pro Person, Wohnmobil & Strom 2,50 EUR.
Zufahrt: Gleich zu Ortsbeginn nach rechts Richtung Friedhof und See.
Hinweise: Keine Grauwasserentsorgung für Wohnmobile. Rezeption ist nur stundenweise besetzt, also bei Ankunft einfach einen Platz suchen, installieren und später anmelden. Zahlung nur mit Bargeld möglich.

Ein Campingplatz (fast) für uns alleine...

In dem knapp 500-Seelen-Dorf gibt es alles, wie mir die nette Dame an der Rezeption versicherte.

Mein nächstes Ziel heißt **Mauriac** und dank der guten Beschilderung leicht zu finden. Dennoch eine Kurzbeschreibung: Weiter fahren, auf die D 922 Richtung Aurillac und im Zweifelsfall immer „toutes directions“. So einfach ist das! Die Sache mit dem Stellplatz ist ein wenig komplizierter: Keiner liegt für einen Stadtbummel im Zentrum, dafür gibt es aber einen, an dem man ver- und entsorgen sowie in der Nähe eines

(Bade)Sees mit verschiedenen Freizeitangeboten übernachten kann.

(086) WOMO-Stellplatz: Mauriac

GPS: N 45° 13' 06.6" E 02° 19' 18.4" Route de Val Saint Jean
Max. WOMOs: 10
Ausstattung: Ver- und Entsorgung, Strom (am Relais), Mülleimer.
Beschreibung: Kostenloser großer, asphaltierter Stellplatz kurz vorm Camping Municipal „Le Val St Jean“, parken und übernachten möglich. Halbschattig. Stadt rund 1 km, Badesee mit Spielplatz, Strand, Toiletten, Kanu-Verleih und Snackbar in 300 m.
Preise: Wasser und Strom je 2 EUR, mit Jetons.
Zufahrt: Die Anfahrt für Wohnmobile über 3,5 t ist etwas weiträumiger, ansonsten fährt man durch die Innenstadt. Wir richten uns zunächst nach den Schildern zur centre ville, fahren am Supermarkt vorbei und rechts ab auf die D 105, Richtung Neuvic (Ussel). Nach mehr als 1 km geht es hinter einem höheren Häuserblock scharf nach links. Die 1. Straße nach rechts, am STOP-Schild nochmals nach rechts. Stets dem Schild „plan d'eau“ folgen.

Dem Piktogramm entsprechend nach links auf den Platz fahren.
Hinweise: Im Sommer 2019 war die V&E defekt. Man konnte jedoch kostenlos entsorgen. Der nahegelegene CP ist recht preisgünstig.

Nur wenige Meter weiter gibt es einen Campingplatz:

(087) WOMO-Campingplatz: Mauriac (Val Saint Jean****)

GPS: N 45° 13' 07.2" E 02° 18' 57.8" Plan d'eau
Tel./Fax: +33 47 16 73 113 **Internet**: www.cantalcamping.fr/
Öffnungszeiten: Ende April - Mitte Sept.
Beschreibung: Am See, in der Nähe eines Freizeitzentrums. Direkter Zugang zum Strand. Auf Wiese. Brotservice, Pool, Wasserrutsche, Spielplatz, Kanu-, Kajak- und Tretboot-Verleih, diverse Sportangebote, Angeln möglich, Fahrradverleih, verschiedene Animationen und Veranstaltungen. Teils schattig. Waschmaschine, Bar/Snackbar, WLAN, Grillen erlaubt. Hunde erlaubt. Ort 1,5 km.
Preise: Um die 20 EUR. Sondertarif: 1 Nacht 9-12 EUR.
Zufahrt: Wie zum Stellplatz, jedoch die Straße noch etwas weiterfahren.

Für eine Ortsbesichtigung finden Sie vielleicht hier einen passenden Parkplatz **[N 45° 13‘ 00.2“ E 02° 19‘ 50.8“, Boulevard de Monthyon]**. Wir haben Glück und stehen nahe der Kathedrale. **Notre-Dame des Miracles** (übersetzt: Heilige Muttergottes der Wunder) – wieder eine der wichtigsten romanischen Kirchen der Auvergne – ist nicht zu verfehlen. Folgende Geschichte ist mit ihr verknüpft: Zwei glaubensstarke Auvergnaten wurden einst in Spanien von den Arabern gefangen genommen und in Ketten gelegt. Ihre inbrünstigen Gebete um Rückkehr in die Heimat wurden erhört, und sie fanden sich tags drauf vor der Kirche von Mauriac wieder. Zwar immer noch in Ketten, aber wenigsten zu Hause. Dieses Ereignis findet man als Reliefszenen auf dem dortigen Taufbecken wieder. Daneben sehen Sie die Sarazenenketten, von denen eben die Rede war. Das Wallfahrtsbild der schwarzen Madonne ist nicht mehr das Original, es wurde nach einem Diebstahl ersetzt. Und den Apostel-Figuren über dem Hauptportal hat man während der Religionskriege die Köpfe abgeschlagen.

Mein nächstes Ziel ist eine Stadt, die – wie so viele Orte – ebenfalls auf -ac endet, jedoch größer und bekannter ist. Auf zur Stadt, der die Regenschirme ihre Existenz verdanken – auf nach Aurillac! Also wieder auf die D 922 und den Wegweisern „Aurillac" oder „toutes directions" folgen.

Ehe wir jedoch dort ankommen, habe ich – Sie kennen das ja von mir – noch ein paar Zwischenstopps eingelegt. Der erste ist hinter dem Örtchen **Salins**. Den Ort selber ignoriere ich, obwohl man mir sagte, man könne hier bei der mairie stehen. [088: N 45° 11' 30.2" E 02° 23' 36.0"] Ich habe eine viel interessantere Sache für Sie: Eine Parkgelegenheit, die nicht ausschließt, dass Sie hier auch übernachten könnten... wenn Sie es direkt an der Hauptstraße auf einem nicht besonders attraktiven Platz lieben.

Weil der Platz nicht so schön ist, bekommt er kein Kästchen, weil er aber eine Übernachtung nicht generell ausschließt und weil wir ihn brauchen, um eine besonders schöne Naturerscheinung zu sehen, bekommt er eine eigene Nummer. [089: N 45° 11' 18.8" E 02° 24' 10.4", an der D 966] Die Rede ist von der **Cascade de Salins**. Sie erreichen den Platz, wenn Ihnen auf der D 922 ein auffälliger **Viadukt** ins Blickfeld rückt.

Gehen Sie den kleinen Weg nach rechts und staunen sowie genießen Sie! – Na, zu viel versprochen? Es ist schon beeindruckend, wie sich die

Parken ja, aber übernachten???

Auze fast 30 Meter in die Tiefe stürzt und ihren Weg unbekümmert weiterverfolgt.

Weiter geht die Fahrt. Kurz vor **Drugeac** führt mich die Straße nach rechts zu genau diesem Ort. Mich machte das Schild neugierig, das in 500 Metern einen Parkplatz verspricht und zusätzlich mit einem Wohnmobilpiktogramm für Ver- und Entsorgung versehen ist. Also nichts wie hin! Das passende Kästchen ist auf der anderen Seite.

Gleich hier befindet sich auch die „**Vélo-Rail**", auf „Neu-Französisch" die Strecke für die „Draisine". Wer es nicht kennt: Es handelt sich dabei um ein Schienenfahrzeug, das auf längst verlassenen Eisenbahnschienen mittels Muskelkraft vorwärtsbewegt wird. Diese Strecke hier führt rund zwei Stunden über 7,2 Kilometer bis nach Salins und wieder zurück. Die Fahr-

(090) Offizieller WOMO-Stellplatz: Drugeac

GPS: N 45° 10' 01.6" E 02° 23' 12.0" Place de la gare
Max. WOMOs: 6-7
Ausstattung: Ver- und Entsorgung, Strom (am Relais), Toilette.
Beschreibung: Kostenloser Platz an der Vélo-Rail-Abfahrt, am ehemaligen Bahnhof. Am Ortsrand, Geschäfte und Restaurant 100 m.
Preise: Wasser und Strom je 2 EUR, mit Jetons.
Zufahrt: Etwa 1 km nachdem wir von der D 966 abgebogen sind, scharf nach links auf die D 38. Stets der Beschilderung „Vélo-Rail" folgen.
Hinweise: Nicht für Womos über 8 m geeignet. Ab hier können Sie mit der Draisine fahren.

karte ist nicht gerade billig, aber es lohnt sich, schon alleine wegen der drei Tunneldurchfahrten und der drei Viadukte. Genauere Auskünfte erhalten Sie am Bahnhof oder per Telefon unter +33 47 14 05 418. Im Sommer empfiehlt es sich, zu reservieren.

Zurück auf die Hauptstrecke, wo ich nach knapp sechs Kilometern nach links auf die D 680 fahre. Mein Ziel – **Salers** – ist ausgeschildert. Ein Muss für jeden, der in dieser Gegend weilt. Einziger Wermutstropfen: Man hat für uns extra einen Stellplatz hergerichtet, auf dem wir jedoch nicht übernachten dürfen. Schade! **[N 45° 08' 24.7" E 02° 29' 41.4", Rocade Charles Maigne]** Noch ein Tipp: Kommen Sie nicht zu spät, denn der Andrang auf die Stellplätze ist groß.

Das Bezahlen der Parkplatzgebühr stellt mich zunächst vor eine nicht ganz leichte Aufgabe: Viel Text, den ich erst einmal verstehen und verarbeiten muss. Damit man den Parkschein auch ja nicht „weitervererben" kann, muss das KFZ-Kennzeichen eingegeben werden. Für 14 Stunden Parkzeit zahlen wir 3 Euro (Ein sehr geringer Betrag!), ab 14 Stunden und 15 Minuten kostet das Ganze dann schon 20 Euro (Ein recht überzogener Betrag!). Allerdings gilt das alles nur vom 1. April bis zum 10. November. Jetzt stelle ich mir jedoch die Frage: Was passiert, wenn ich Abends ankomme und meine 14 Stunden bezahle? Und kann ich zwischen dem 11. November und dem 31. März dort übernachten? Auf Nachfrage erhielt ich ein eher müdes Lächeln...

Auch das Schild am Ortsausgang, da, wo es zum **Schloss** sowie zum **Pas de Peyrol** geht, wirft bei mir Unverständnis auf: Nach 15 Kilometern dürfen wir am **Col de Néronne** in der Zeit von 0 Uhr bis 18 Uhr nicht mehr weiterfahren? Wer fährt denn aus welchem Grund im Dunklen über den Pass? Fehlendes Panorama ist da doch vorprogrammiert. Im Touristenbüro sagte man mir dazu, dass ich 15 Kilometer weit fahren und dann in eine Navette umsteigen könnte. Sollten Sie ein Motorrad dabei haben, sportlich durchtrainiert für eine Radtour in den Bergen oder Anhänger von Navettes sein, lassen Sie sich die Strecke zum **Puy Mary** nicht entgehen. Es wurde mir berichtet, dass es wunderschön sei. Ich schiebe es auf meine Hunde, dass ich die Navette-Tour nicht

mache. In Wahrheit jedoch bin ich eine absolut schlechte Beifahrerin und kann mir denken, wie die Fahrer ihre Fahrzeuge auf den engen, kurvigen und hoch gelegenen Straßen manövrieren...

Doch zurück zum wunderschönen Salers. Vor dem Stadtbummel noch ein wenig gelehrmeistert:

Von Menschen und Kühen

Die Mittelalterstadt Salers befindet sich auf einem Hochplateau auf etwa 950 Metern Höhe mit Blick auf die Monts du Cantal. Im Osten kann man die Gipfelkette des 1.592 Meter hohen Puy Violent erspähen. Der etwa 30 Kilometer entfernte und 1.588 Meter hohe Pas de Peyrol ist – nicht für uns – über die D 680 zu erreichen.

Trotz der nur knapp 300 Einwohner – Tendenz sinkend – herrscht hier vor allem im Sommer reges Treiben. Der Ort lebt vom Tourismus!

Salers ist eine komplett erhaltene Kleistadt der Renaissancezeit. Im Mittelalter wurde sie von einer Stadtmauer geschützt, von der heute noch die Porte de la Martille sowie die Porte du Beffroi als Zeitzeugen übrig geblieben sind.

Auffalend ist, dass die meisten Gebäude aus schwarzem Vulkanstein der Auvergne gemauert sind.

Besonderes Augenmerk hat die Église Saint-Mathieu aus dem späten 15. Jahrhundert verdient. In ihrem Inneren befinden sich Tafelbilder des spanischen Barockmalers Jusepe de Ribera, eine polychrome steinerne Grablegung von 1495 sowie Wandteppiche aus dem 17. Jahrhundert. Der große Platz im Zentrum wird auch Place Tyssandier-d'Escous genannt, nach dem Menschen, dessen Konterfei auf dem dortigen Denkmal zu sehen ist. Ernest Tyssandier d'Escous züchtete einst aus der heimischen Rasse die heute so beliebten Salers-Rinder, die zu den ältesten Rassen des Landes zählen. Die Tiere haben eine helle- bis dunkelmahagonirote Färbung – ganz selten schwarz – und wiegen 600 bis 800 Kilogramm.

Salers ist schön, traumhaft schön. Wer mag, kann hier auch einige Museen besuchen, was jedoch schwierig ist, da wir wenig Zeit haben, weil man ja schließlich nicht übernachten darf...

Hinten rechts: Ernest Tyssandier d'Escours, Vater der Salers-Rinder

Grablegung Kunstwerk von 1495

Zurück zur D 922. Wenn Sie die Müdigkeit übermannt, hätte ich in **St-Martin-Valmeroux** eine Übernachtungsmöglichkeit in Form eines Stell- oder eines Campingplatzes.

(091) Offizieller WOMO-Stellplatz: St-Martin-Valmeroux

GPS: N 45° 06' 58.4" E 02° 25' 13.4" Rue de Montjoly
Max. WOMOs: 5
Ausstattung: Ver- und Entsorgung, Mülleimer.
Beschreibung: Kostenloser Platz am Ortsrand, Fluss ca. 120 m , Campingplatz 250 m und Ortsmitte 500 m. Öffentliches Schwimmbad in der Nähe.
Preise: Wasser 2 EUR.
Zufahrt: Im Ort nach rechts auf die D 37 Richtung Ste-Eulalie, dem kleinen Schild zur aire de camping-cars und zum Campingplatz folgen.

(092) WOMO-Campingplatz: St-Martin-Valmeroux (Le Moulin du Teinturier***)

GPS: N 45° 06' 58.3" E 02° 25' 23.7" 9 Rue de Montjoly
Tel./Fax: +33 47 16 94 312
E-Mail: campinglemoulinduteinturier@gmail.com
Internet: www.saint-martin-valmeroux.fr/tourisme-loisirs/camping-municipal **Öffnungszeiten**: Ganzjährig
Beschreibung: Campingplatz am Ortsrand. Sehr schattig, Laden, Restaurant, WLAN, Waschmaschine, Spielplatz, Tischtennis. Hunde erlaubt. Grillen erlaubt. Nahe eines Flusses (Angeln). Zentrum knapp 500 m.
Zufahrt: Wie zum Stellplatz.
Hinweise: Im Sommer kann das öffentliche Schwimmbad in 200 m Entfernung kostenlos mitbenutzt werden.

Der Ort ist schön, kann aber nicht mit Salers mithalten. Sollte es Ihnen hier nicht behagen oder der Platz belegt sein, gibt es in rund 25 Kilometern in **Naucelles** einen weiteren Stellplatz. Auch hier die Devise: Nicht schön aber zweckmäßig.

(093) WOMO-Stellplatz: Naucelles

GPS: N 44° 57' 23.7" E 02° 25' 03.7" Rue du Terrou
Max. WOMOs: 3-5 **Ausstattung**: Ver- und Entsorgung, Mülleimer.
Beschreibung: Kostenloser, ruhiger gemischter Parkplatz in der Ortsmitte, in der Nähe einer Grundschule, einer kleinen Grünanlage sowie einiger Sportstätten.
Preise: Wasser 2 EUR, mit Jetons.
Zufahrt: Durch den Ort und gegen Ende am Rondell die 1. Ausfahrt nach rechts auf die D 253 nehmen. Vor dem Verbotsschild für Fahrzeuge über 9 t rechts rein. Hinter dem Sportplatz rechts. Am STOP-Schild dem sehr kleinen Wohnmobilschild folgen. In 90 m befindet sich auf der linken Seite hinten ein großer Parkplatz mit einer V&E-Station.

Kleinere Womos könnten auch auf dem Platz direkt an der Durchgangsstraße übernachten. [094: N 44° 57‘ 25.2“ E 02° 25‘ 13.“, Rue du Terrou/D 922] Wie laut das jedoch ist, vermag ich nicht zu sagen.

Doch lassen Sie uns nun endlich in die „**Regeschirmstadt**" fahren. Es ist gar nicht mehr weit. Weit erscheint mir hingegen die Fahrt durch die Stadt. Eine genaue Wegbeschreibung kann und mag ich Ihnen wirklich nicht geben. Vielleicht helfen Ihnen die Begriffe D 120, Angoulème sowie der Fluss Jordanne als Anhaltspunkt? Besser noch wäre ein zuverlässiges Navi. Meines hatte zwischenzeitlich kapituliert, beziehungsweise ich war zu bockig und bin in manche Straßen nicht reingefahren, weil ich meinte, sie seien für mich zu eng oder aber ich hatte mich bei enormem Verkehr falsch eingeordnet, oder, oder, oder... Egal wie, ich hab's geschafft! Und Sie schaffen es auch!

(095) Offizieller WOMO-Stellplatz: Aurillac

GPS: N 44° 55' 46.4" E 02° 26' 58.4" Pl du champ de foire

Max. WOMOs: 6-8

Ausstattung: Ver- und Entsorgung, Strom, öffentliche Toilette in der Nähe, Mülleimer.

Beschreibung: Asphaltierte, sehr enge Plätze vor dem Parkplatz Angoulême-Foirail. Rund 5-10 min. Fußweg bis zum historischen Zentrum. Fluss (Jordanne) in der Nähe. In der Nähe eines Rondells.

Preise: Wasser 3,50 EUR, Strom (am Relais) 3,50 EUR, am Platz kostenlos.

Zufahrt: Ich komme von der D 922 über die D 120 nach Aurillac. Den Hinweisschildern Richtung Angoulême folgen. Am Fluss, der links von uns liegt, ein Stück entlangfahren. An einem der unzähligen Kreisel der Beschilderung nach rechts folgen. Gleich links befinden sich Stell- und Parkplatz.

Hinweise: Hier geht es sehr eng zu. Das Rangieren ist bei voller Belegung mit größeren Womos nicht ganz einfach. Die veraltete V&E-Station ist nur sehr schwer zugänglich. Grauwasser ablassen ist nicht möglich. Die kostenlosen Stromanschlüsse an den Plätzen sind „abenteuerlich". Der Parkplatz dahinter ist für Wohnmobile gesperrt. Bei Festivitäten ist der komplette Platz gesperrt.

Falls es Ihnen hier zu eng oder zu laut sein sollte, oder falls Sie keinen Platz bekommen haben, kann ich Sie vertrösten: In etwas mehr als einem Kilometer gibt es einen Campingplatz, der nach speziellen Umbaumaßnahmen bis zu maximal 320 Womos gleichzeitig Platz bieten soll. Sozusagen ein Riesen-Stellplatz. Ehrlich: Ich habe nicht nachgezählt, aber Platz ist wirklich genügend. Näheres nach dem Umblättern. Auch ein Infokästchen finden Sie auf der nächsten Seite. Ich empfehle, es vor dem Stadtrundgang zu lesen.

Dann kann's losgehen! Vom Stellplatz aus ist es ein Klacks bis zum Zentrum: Wir überqueren die Jordanne in der Nähe unseres Platzes und schon liegt die Innenstadt direkt vor uns.

(096) WOMO-Campingplatz: Aurillac
(Camping de l'Ombrade***)

GPS: N 44° 56' 06.9" E 02° 27' 24.3" 16 Rue du Gué Bouliaga
Tel./Fax: +33 47 14 82 887
E-Mail: tourisme@caba.fr
Internet: www.camping.caba.fr/camping-de-l-ombrade/#
Max. WOMOs: 320 (!) **Öffnungszeiten:** Mitte Juni - Mitte Sept.
Beschreibung: Campingplatz, der sich vornehmlich auf die Aufnahme von Wohnmobilen spezialisiert hat. Sehr schattig. Waschmaschine, Spielplatz, Tischtennisplatte, Angelmöglichkeiten. Geschäft 100 m. Historische Altstadt 1 km.
Preise: Je nach Saison zwischen 13 EUR und 19 EUR.
Zufahrt: Vom Stellplatz aus den Kreisel nach rechts verlassen, so dass der Fluss links liegt. An der nächsten Brücke überqueren wir die Jordanne und folgen den Campingplatz-Wegweisern.
Hinweise: Nach Umbaumaßnahmen nimmt der Platz 320 Wohnmobile auf. Während des Internationalen Theaterfestivals im August ist er jedoch für die Festival-Teilnehmer reserviert.

Regenschirme aus Aurillac

Wer einen echten „Aurillac" besitzt, also einen Regenschirm mit Gütesiegel, der in den Produktionsstätten der gleichnamigen Stadt hergestellt wurde, hat ein Produkt mit großer Tradition und von allerhöchster Qualität.
Der Beginn der Regenschirm-Industrie geht hier bis ins 19. Jahrhundert zurück. Damals brachten die Pferdehändler ihre Tiere aus der Auvergne zum Verkauf nach Spanien und im Gegenzug Baumwolle für die Schirme mit. Das 1884 gegründete Haus Piganiol ist eine der ältesten Regenschirmmanufakturen vor Ort. 2009 erhielt es für seine Tradition eine Auszeichnung.
1997 schlossen sich die lokalen Hersteller zusammen und gründeten das Label des „Regenschirms aus Aurillac".
Die Schirme werden heute mittels einer halb-handwerklichen Methode angefertigt. Die Arbeit funktioniert über den Zuschnitt und das Zusammenfügen bis hin zum Vertrieb. Exportiert wird in die ganze Welt. Besonders bei Luxusmarken ist der Regenschirm aus Aurillac angesagt. Das Repertoire dieser soliden Produkte besteht aus speziellen Damen- und Herrenschirmen, bunten und einfarbigen Modellen sowie Stockschirmen aber auch faltbaren Varianten.

Die wichtigste Kirche von Aurillac ist mein erstes Ziel. Normalerweise muss man eine Kirche nicht suchen, sondern sieht sie bereits von Weitem. Hier ist das anders. Die **Église St-Géraud** befindet sich rechterhand. Sie wurde ringsum von Häusern zugebaut und kann somit keinen exponierten Platz für sich beanspruchen. Wegen der dichten Bebauung drumherum ist sie bezüglich ihrer Größe nicht in ihrer Gesamtheit wahrzunehmen. Gehen Sie einfach hinein, dann sehen Sie, welch schönes Gotteshaus Aurillac besitzt.

Wie so viele Kirchen in der Region, hat auch die Abbatiale Saint-Géraud eine bewegte Geschichte hinter sich: Sie wurde auf den Überresten eines Klosters errichtet. Grundsteinlegung war im Jahr 885. Für damalige Verhältnisse wurde sie dann in

Im Hintergrund die Abbatiale Saint-Géraud – im Vordergrund die Jordanne

Rekordzeit fertiggestellt: Bereits 916 konnte der erste Gottesdienst zelebriert werden. In den Religionskriegen wurde sie im 16. Jahrhundert von den Protestanten zerstört und dann allmählich wieder aufgebaut. Der Wiederaufbau dauerte bis ins 19. Jahrhundert.

Aurillac en détail...

Das ehemalige Kloster wurde – wie der Name verrät – vom Heiligen Géraud gestiftet, folglich wurde die Kirche auch nach ihm benannt. Im Inneren finden Sie seine Statue.

Schlendern wir nun noch ein bisschen durch die Alt-

Als es noch keine Waschmaschinen gab...

stadt. Zu bestaunen gibt es vieles, egal ob im Detail oder als Ganzes.

Meine besondere Aufmerksamkeit fanden unter anderem die **Schwarze Madonna** in der **Kirche Notre-Dame-aux-Neiges**, die reichlich verzierte Fassade des einstigen Pilgerhospizes aus dem 12. Jahrhundert, die Fassade des hôtel de ville, das Haus mit der Aufschrift „Art 62" neben dem Theater, und vor allem die zahlreichen Regenschirme, die uns bei strahlendem Sonnenschein besonders gut gefallen.

Natürlich gibt es auch ausreichend Gelegenheit, den Gaumenfreuden gerecht zu werden. Und Shoppen geht natürlich ebenfalls. Sie sehen, alles Gründe, vielleicht etwas länger in Aurillac zu verweilen und die besondere Atmosphäre der Stadt zu genießen!?

Egal wie, ich verabschiede mich hier erst einmal mit ein paar Regenschirmen und beende meine Tour 6 mit der Regenschirmstadt, die ich übrigens bei keinem meiner Besuche im Regen vorfand. Schlecht fürs Geschäft!? Nein, für Deutschland oder hier als Sonnenschirm sind sie gut zu gebrauchen. Oder suchen Sie eventuell noch ein Mitbringsel?

Regenschirme sind auch bei Sonne schön!

TOUR 7: Rund um den Stausee 110 km

Ytrac – Lacapelle-Viescamp – St-Paul-des-Landes – La Roquebrou – Cayrols – Sansac-de-Marmiesse

Stellplätze:	Ytrac, Lacapelle-Viescamp, St-Paul-des-Landes, La Roquebrou, Villa des Fleurs bei St-Gérons, am Plage de Rénac, Cité de Pradelle, am Plage d'Espinet, Cayrols, Sansac-de-Marmiesse
Campingplätze:	Camping Municipal Lacapelle (Lacapelle)
Besichtigen:	La Roquebrou mit Marienstatue- und Schlossberg, Barrage de St-Étienne-Cantalès
Baden:	Im Stausee
Wandern:	Nahe der D 207 bei Lacombe zur Barrage sowie zum Badestrand
Märkte:	St-Paul-des-Landes (So.), La Roquebrou (Fr.)

Uns erwartet westlich von Aurillac der Lac de St-Étienne-Cantalès mit schönen Badestränden sowie einer beeindruckenden Staumauer. Außerdem besuchen wir einen pittoresken Ort mit einem wunderschönen Stellplatz direkt am Fluss. Hier können Sie einer gigantischen Madonna, die sich vis-à-vis zum château platziert hat und über dem kleinen Städtchen thront, zu Füßen liegen.

Lassen Sie uns von Aurillac nach **Ytrac** fahren. Dafür ist es notwendig, auf die Westseite der Stadt zu gelangen, was mittlerweile für Sie kein Problem mehr sein dürfte!? Wir nehmen am Stellplatz am Rondell die 2. Ausfahrt Richtung Clermont-Ferrand. Weiterhin weisen uns die Schilder „toutes directions“ und „Tulle/Limoges/Brive“ unseren Weg. Letztendlich geht es über die D 18 direkt nach Ytrac, wo es außer einem Stellplatz mit Ver- und Entsorgung nichts Besonderes gibt:

(097) Offizieller WOMO-Stellplatz: Ytrac

GPS: N 44° 54‘ 57.6“ E 02° 21‘ 51.4“ Av de l’égalité/D 18
Max. WOMOs: 10-12
Ausstattung: Wasser*, Strom, Toilette, Mülleimer.
Beschreibung: Gemischter, kostenloser Parkplatz auf Asphalt am Ortsrand. Vor der Kulturhalle. An der D 18, am Place de Monterblanc. Bäcker 5 min. Fußweg.
Zufahrt: Stets auf der D 18 bleiben und dort Richtung Innenstadt fahren. Der Platz liegt direkt links an der Straße, ein Womo-Schild weist uns den Weg.
Hinweise: *Kein Ablass sowie keine Wasserentnahme für Frischwasser möglich. Wasser in kleinen Mengen kann am Wasserhahn im WC entnommen werden. Strom ist frei. Samstags kommt ein Pizzawagen.

Weiter geht’s zum elf Kilometer entfernten **Lacapelle**, was gut ausgeschildert ist! Auch hier gibt es außer einen ersten Blick auf den See sowie einen kleinen Stell- und einen kleinen Campingplatz nichts weiter zu erwähnen.

(098) Offizieller WOMO-Stellplatz: Lacapelle-Viescamp

GPS: N 44° 55’ 16.7” E 02° 15’ 49.1” An der D 18
Max. WOMOs: 4-5
Ausstattung: Ver- und Entsorgung, Strom (am Relais), Toilette, Mülleimer.
Beschreibung: Kleiner kostenfreier Platz auf Schotter vor dem Campingplatz. Am Ortsrand, direkt an der D 18, etwa 1,5 km bis zum See sowie zu den Flüssen l’Authre und Cère. Sehr ruhig.
Preise: Wasser 3,50 EUR.
Zufahrt: Auf der D 18 bleiben und dem Hinweisschild zum Campingplatz folgen. Der Platz liegt links.

(099) WOMO-Campingplatz: Lacapelle-Viescamp (Camping Municipal*)

GPS: N 44° 55‘ 17.0“ E 2° 15‘ 49.1“ An der D 18
Tel./Fax: +33 47 14 63 173 **Öffnungszeiten**: Juli & August
Beschreibung: Kleiner Campingplatz mit nur wenig Öffnungszeiten. Am Ortsrand, direkt an der D 18, etwa 1,5 km bis zum See sowie zu den Flüssen l’Authre und Cère. Sehr ruhig. Hunde erlaubt. Teils schattig.
Preise: Platz plus ein Erwachsener 9 EUR, jede weitere Person 3 EUR, Strom 2,50 EUR, Hund 1,50 EUR.
Zufahrt: Wie zum Stellplatz. Der Campingplatz liegt hinter dem Stellplatz.

Mein nächstes Ziel heißt **St-Paul-des-Landes**. Dazu begebe ich mich von Lacapelle aus lieber erst einmal wieder Richtung Ytrac zurück. Ja, das muss sein, denn Lacapelle ist so eine Art „One-Way-Ort": Man kann hinein- jedoch nur bedingt und mit kleineren Womos weiterfahren. Es sei denn, Sie wollen Lacapelle auf der sehr schmal werdenden D 18 umrunden und die kleine Brücke über den Fluss nehmen...

Wir bewegen uns jetzt gegen den Uhrzeigersinn um den See. Aufgepasst, nach etwa 1,8 Kilometern müssen Sie an einer Gabelung nach links fahren! Die Straße ist wirklich keine Autobahn, aber ich bin schon schlimmere gefahren. Wir überqueren zweimal hintereinander Eisenbahnschienen, halten uns in einer Kurve abermals links und kommen schließlich nach insgesamt etwa vier Kilometern ans Ende der Straße, wo wir uns entscheiden müssen: Rechts nach St-Paul zu einem sehr kleinen Stellplatz oder links gleich nach La Roquebrou, wo man gut und gerne länger bleiben kann und Platz hat. Im letzten Fall sollten Sie darauf achten, am Ende der Straße nicht – wie die Schilder sagen – nach links sondern nach rechts Richtung Aurillac zu fahren. Das ist einfacher. Letztendlich sollten Sie auf die gut ausgebaute D 120 kommen, wo Sie ein Schild nach links dirigiert.

Ich folge aber erst einmal etwa 2,5 Kilometer den Hinweisschildern nach **St-Paul-des-Landes**.

(100) Offizieller WOMO-Stellplatz: St-Paul-des-Landes

GPS: N 44° 56‘ 32.8“ E 2° 18‘ 59.9“ Rue de Moinac
Max. WOMOs: 2-3*
Ausstattung: Ver- und Entsorgung, Strom (am Relais), Mülleimer.
Beschreibung: Kostenloser, ruhiger, sehr kleiner Stellplatz. Auf Asphalt. Am Ortsrand, Restaurant und Läden rund 150-200 m.
Preise: Wasser und Strom je 3,50 EUR, mit Jetons.
Zufahrt: Von der D 64 kommend am Rondell die 2. Ausfahrt nehmen. Am STOP-Schild nach links und sofort wieder nach rechts, dem Womo-Schild folgen. Der Platz liegt gleich rechts.
Hinweise: *Es handelt sich um den Typ „kuscheliger“ Stellplatz: Wenn große Womos hier stehen, passen allerhöchstens 1-2 Fahrzeuge drauf.

Über die gut ausgebaute D 120 geht es nun endlich nach **La Roquebrou** weiter, wo wir bald wieder mit den Lesern vereint sind, die die andere Strecke genommen haben. Kurz bevor ein Schild nach links zum Campingplatz weist, befindet sich rechts eine **Ver- und Entsorgungsstation [N 44° 57‘ 54.8“ E 02° 11‘ 48.7“, an der D 120]**. Theoretisch praktisch, praktisch jedoch eng. .

Der erste mögliche Übernachtungsplatz in La Roquebrou befindet sich links an der Durchgangsstraße. Aber Achtung!

Nicht in der Nacht von Donnerstag auf Freitag dort stehen, da ist der Platz wegen des Marktes gesperrt.

(101) WOMO-Stellplatz: La Roquebrou I

GPS: N 44° 58' 01.1" E 02° 11' 31.9" Place du Foirail/Av des platanes
Max. WOMOs: 2-3
Ausstattung: Mülleimer, Toilette, Info-Tafel.
Beschreibung: Großer, kostenloser, gemischter Parkplatz im Ort. Am Fluss, auf Asphalt. Bäcker schräg gegenüber, Lebensmittelladen und Restaurants in der Nähe. Spielplatz und Boulebahnen nebenan.
Zufahrt: An der V&E vorbei in den Ort fahren. Der Platz befindet sich links an der Cère.
Hinweise: Freitags ist hier Markt; also keine Übernachtung von Donnerstag auf Freitag möglich. „Lärm" wegen Spielplatz und Boulespieler.

(102) Offizieller WOMO-Stellplatz: La Roquebrou II

GPS: N 44° 57' 56.7" E 02° 11' 29.6" An der D 7
Max. WOMOs: >10

Ausstattung: Mülleimer.
Beschreibung: Großer, kostenloser Platz auf Wiese und Schotter. Direkt an der Cère. Klappstuhlgeeignet. Zu Fuß zur Ortsmitte 400 m. Angeln möglich. Kaum Schatten.
Zufahrt: Wie zu Stellplatz 101, jedoch weiter die Straße entlang und bei der Kirche nach links abbiegen. Hinter der Brücke gleich wieder nach links (la gare). Die Koordinaten oben geben die Stelle an, wo es den kleinen Weg links runter zum Fluss geht.
Hinweise: Sehr schönes Panorama. Oft gesellen sich Angler oder Boule-Spieler mit PKWs zu uns auf den Platz.

Abends auf Stellplatz 102: Täglicher „Besuch" von Boulspielern

Blick vom offiziellen Stellplatz aus. Traumhaft!

Der erste Platz ist sehr zentral, viel schöner jedoch stehen Sie am zweiten Platz. Der Weg zum Ort – Sie sind ihn gefahren – ist allerdings von dort aus nicht schön. Aber egal, ich genieße auf Platz 102 die Ruhe sowie den atemberaubenden Blick auf die Silhouette der Stadt.

La Roquebrou oder Laroquebrou? In offiziellen Plänen und Broschüren existieren ebenso wie bei den Einwohnern beide Schreibweisen nebeneinander.

Zeit, den Ort zu erkunden! Zum Touristenbüro geht es nach der Brücke nach links. Die Altstadt befindet sich sozusagen hinter der Kirche, bergauf. Nur zur groben Orientierung.

Hoch oben über dem Ort thront eine **weiße Madonna**. Die haben Sie – ebenso wie vis-à-vis das château – sicherlich schon entdeckt. Der Madonna können Sie „entgegenklettern" und ihr zu Füßen „liegen". Im alten Schloss finden immer wieder verschiedene Ausstellungen statt. Lassen Sie sich Zeit, denn es gibt viel zu entdecken.

Gekonnt geparkt...

Überraschenderweise gibt es in diesem gerade mal rund 1.000-Seelen-Örtchen viel Kultur. Höhepunkte dürften die Buch-Messe sowie das Boogie-

Sie scheint alles im Griff (und im Blick) zu haben...

Woogie-Festival sein. Leider konnte ich beides noch nicht selber erleben.

Wenn wir nun gemeinsam weiterfahren wollen, treffen wir uns am Stellplatz 102. Hier befinden wir uns auf der anderen Seite des Stausees, von dem wir bislang noch nicht viel gesehen haben. Eigentlich sind wir also auf dem Rückweg.

Rückweg? See? Und immer noch nicht im Wasser gewesen? Wir holen es bald nach. Versprochen! Zuvor jedoch möchte ich noch ein wenig „klugscheißern":

Lac de St-Étienne-Cantalès, ein Eldorado für alle

Der 562 Hektar große Lac de Saint-Étienne-Cantalès misst 12,5 Kilometer in der Länge und ist der größte künstlich angelegte See der Auvergne. Über einen Staudamm wird das Wasser der Cère zurückgehalten. Der See, der aber auch das Wasser des Authre aufnimmt, besitzt unterschiedliche Uferabschnitte: schroff und unzugänglich, sowie Sand-

strände oder solche mit Felsen und Kiesel. Die so gestaute Cère zeigt ein interessantes, „zerfranstes“ Bild mit Buchten, Halbinseln und Inseln. Die 124 Meter lange Schwebebrücke, die die beiden Badestrände Rénac und Espinet verbindet, ist besonders interessant.
Der fischreiche See ist ein Eldorado für Angler: Zander und etliche andere Raubfische tummeln sich hier.
Neben natürlichen, leicht hügeligen und bewaldeten Ufern, die erholsame Spaziergänge versprechen, bietet der Lac de Saint-Étienne-Cantalès auch von Menschenhand angelegte Strände mit reichhaltigem Freizeitangebot wie Baden, Surfen, Stehpaddeln und vieles mehr.
Die Staumauer – le barrage – erstreckt sich von der Gemeinde Saint-Gérons nach Saint-Étienne-Cantalès. Der Damm hat eine Höhe von 69 Metern und ist Teil des Netzwerks der Widerstandsdenkmäler. Offiziell eingeweiht wurde er am 1. Juli 1945 von Général de Gaulle sowie vom Sultan von Marokko.

Lassen Sie uns also vom Stellplatz 102 nach links raus- und Richtung Bahnhof fahren. Nach etwa zwei Kilometern auf der D 7 biegen wir nach links auf die D 207. Der Wegweiser besagt St-Gérons/Plage de Rénac. Diesen Badeplatz fahren wir später an. Ich möchte Ihnen nämlich erst einmal einen Blick auf die Staumauer sowie einen schönen Platz gönnen.

Blick auf die Staumauer

Kunst weist den Weg zur Staumauer

(103) Offizieller WOMO-Stellplatz: An der D 207 nahe Lacombe

GPS: N 44° 56' 44.3" E 02° 12' 53.4" An der D 207/Villa des Fleurs
Max. WOMOs: 3* **Ausstattung**: Picknicktisch, Orientierungstafel.

Beschreibung: Kleiner, schattiger, kostenloser Stellplatz neben der Straße auf befestigtem Untergrund. Gut ausgeschilderte Wander-/Spazierwege zur Aussichtsplattform, zur Staumauer und zum Badestrand.

Zufahrt: Fast 2 km auf der D 207 weiter Richtung Barrage fahren. Rechts sehen wir eine Art Feriensiedlung und gleich darauf links den Weiler Lacombe. Der Platz liegt kurz darauf rechts.

Hinweise: *Es gibt einen 4. Platz, der ist jedoch für Menschen mit Behinderung reserviert. Der Stellplatz eignet sich nicht unbedingt für einen mehrtägigen Aufenthalt.

Hier können Sie Übernachten, Picknicken, Wandern und einen Abstecher zur Staumauer und zum Badestrand machen. Und wenn wir schon mal hier sind, fahren wir auch anschließend auch noch über die **Staumauer** und besuchen einen Stellplatz der ruhig, jedoch nicht unbedingt sehr attraktiv ist. Wer mag kann dort ein Schwimmbad besuchen. **[N 44° 56' 46.5" E 02° 13' 39.5"]**

(104) WOMO-Stellplatz: St-Étienne-de-Cantalès

GPS: N 44° 56' 42.9" E 02° 12' 25.6" Cité de Pradelle
Max. WOMOs: 3-4
Ausstattung: Keine.
Beschreibung: Gemischter, kostenloser Parkplatz auf Asphalt in einem kleinen Wohngebiet mit Blick auf den See. Kein Schatten.
Zufahrt: Über die Staumauer, weiter Richtung St-Étienne-de-Cantalès. Am Vorfahrt-achten-Schild rechts ab und gleich nochmals rechts. Der Platz liegt nach rund 150 m links.
Hinweise: Schöner Blick auf den See. Wer statt beim 2. Mal rechts abzubiegen geradeaus weiterfährt, kommt zum Schwimmbad und kann auch dort parken.

Doch nun, wie schon lange versprochen, ein paar „richtige“ Badestrände und -plätze. Als erstes geht's zur **Plage de Rénac**. Dazu fahren wir am besten wieder zurück. Einer Wegbeschreibung bedarf es nicht, denn der Strand ist hinreichen ausgeschildert.

(105) WOMO-Badeplatz: Plage de Rénac

GPS: N 44° 56' 08.9" E 02° 13' 05.2" oder N 44° 56' 03.6" E 02° 13' 02.4"* An der Plage de Rénac
Max. WOMOs: >7
Ausstattung: Mülleimer.
Beschreibung: Gemischter, kostenloser Parkplatz direkt am See mit jeder Menge Freizeitangeboten. Sandstrand rund 20 m entfernt. Außerhalb. Kaum Schatten. Tretbootverleih, Snackbar.
Zufahrt: Der Beschilderung zur „Plage de Rénac“ folgen. Es gibt dabei viele Abzweigungen, daher gut auf die Wegweiser achten, die jedoch mehr als ausreichend sind.
Hinweise: *In der Saison und bei schönem Wetter – vor allem am Wochenende – viel Betrieb. Auf dem ersten Platz geht es wesentlich enger zu. Die meisten Womos stehen auf dem zweiten Platz auf einer großen Wiese.

Auf dem Parkplatz stehen viele PKWs, daher geselle ich mich lieber zu den anderen Wohnmobilen, die auf einer großen Wiese stehen. Im Sommer ist hier am See die Hölle los...

Ganz in der Nähe gibt es einen zweiten Strand mit Übernachtungsmöglichkeit, die **Plage d'Espinet**. Luftlinie wäre er ebenso wie zu Fuß über die imposante 124 Meter lange **Schwebebrücke** sehr nah, mit dem Womo müssen wir jedoch etwa acht Kilometer in Kauf nehmen. Dafür erwartet uns ein ganz offizieller Stellplatz mit Pass' Étapes. Nichts wie hin! Zurück zur D 207, nach etwa einem Kilometer nach links, und den Wegweisern folgen.

(106) Offizieller WOMO-Badeplatz: Plage d'Espinet

GPS: N 44° 55' 57.2" E 02° 13' 55.0" An der Plage d'Espinet
Max. WOMOs: 26
Ausstattung: Ver- und Entsorgung, Strom, Mülleimer, kostenloses WLAN.
Beschreibung: Neu angelegter Platz am See, 300 m bis zum Sandstrand. Außerhalb. Sehr ruhig, Schatten. Spielplatz, Beach-Volleyball, Angeln und andere sportliche Aktivitäten möglich.
Preise: 9 EUR inklusive allem. 1. 10. - 31. 12. kostet es nur 8,40 EUR.
Zufahrt: Der guten Beschilderung zur „Plage d'Espinet" folgen.
Hinweise: Der Platz gehört zur Kette „Camping-Car-Park". Nähere Informationen hierzu weiter hinten unter dem Punkt „Tipps & Infos".

Anders als an der Plage de Rénac gibt es hier weniger Bade- denn mehr Bootsbetrieb. Heißt aber nicht, dass Sie nicht am Strand liegen und baden könnten. In der Saison ist ein Bademeister vor Ort, und die Liegewiese oft „überbevölkert" – leert sich jedoch zur Nacht hin.

Zur Weiterfahrt nehmen Sie die altbekannte D 7 Richtung Süden. Unser vorletztes Ziel heißt **Cayrols**, ein beschaulicher, kleiner Ort mit einem ruhigen und schön gelegenen Stellplatz.

(107) Offizieller WOMO-Stellplatz: Cayrols

GPS: N 44° 49' 48.0" E 02° 13' 59.5" L'étang
Max. WOMOs: 10
Ausstattung: Ver- und Entsorgung, Strom.
Beschreibung: Schön angelegter, kostenloser Stellplatz am Ortsrand. Auf Schotter. Ortsmitte 250 m.
Preise: Wasser und Strom 3,85 EUR, mit Jetons.
Zufahrt: Den Ort auf der Vorfahrtsstraße so lange durchqueren, bis uns das Wohnmobil-Piktogramm nach rechts schickt.

Bald nun haben wir unsere See-Umrundung beendet. Auf dem Weg zum Start- und Zielpunkt Aurillac kommen wir auf der N 122 noch durch **Sansac-de-Marmiesse**. Auch hier können Sie ver- und entsorgen sowie übernachten... und anschließend auf der N 122 weiter nach Aurillac fahren.

(108) Offizieller WOMO-Stellplatz: Sansac-de-Marmiesse

GPS: N 44° 53' 02.0" E 02° 20' 48.5" Place du commerce
Max. WOMOs: 4
Ausstattung: Ver- und Entsorgung, Mülleimer.
Beschreibung: Gemischter, kostenloser Parkplatz auf Asphalt bei mehreren Geschäften. Im Ort.
Preise: Frischwasser 2 EUR.
Zufahrt: Im Ort den Parkplatzschildern nach links folgen.
Hinweise: Nicht für Wohnmobile über 7 m geeignet.

TOUR 8: Pässe, ein Skiort & eine Brücke 110 km

Vézac – Vic-sur-Cère – Col de Curebourse
Le Lioran – Murat – Pierrefort – Pont de Tréboul

Stellplätze:	Vézac, Vic-sur-Cère, beim Col de Curebourse, Le Lioran, Murat, Paulhac, Pierrefort
Campingplätze:	Camp Municipal (Vic-sur-Cère)
Wandern:	Zum Rocher des Pendus am Col de Curebourse, in Le Lioran
Märkte:	Vic-sur-Cère (Di. & Fr.), Pierrefort (Mi.)

Waren wir zuletzt westlich von Aurillac unterwegs, so bewegen wir uns nun nordöstlich davon – und zwar teilweise in schwindelnden Höhen, wobei wir wieder einmal unter anderem den Reiz eines Wintersportortes im Sommer entdecken.

Wir starten in Aurillac und bleiben auf der N 122. Grobrichtung ist Issoire/Clermont-Ferrand. Auf diese Art erreichen Sie problemlos Vic-sur-Cère. Unterwegs jedoch gibt es noch einen ruhigen Übernachtungsplatz. Um dort hin zu kommen, müssen Sie kurz nach Aurillac von der N 122 nach rechts auf die D 990 Richtung Mur-de-Barrez abbiegen.

Unser Zwischenziel heißt **Vézac**. Übrigens ein idealer Platz, um nach einem Stadtbummel in Aurillac (Tour 6) eine ruhige Nacht zu haben.

(109) WOMO-Stellplatz: Vézac

GPS: N 44° 53' 25.6" E 02° 31' 03.7" Place du 19 Mars 1962

Max. WOMOs: 3-4

Ausstattung: Ver- und Entsorgung.

Beschreibung: Kostenloser, ruhiger, asphaltierter gemischter Parkplatz gegenüber der Kirche, vorm Golfplatz, am Ortsrand.

Preise: V&E mit Jetons.

Zufahrt: Im Ort die erste Straße nach rechts, dem Wohnmobil-Schild folgen. Rund 800 m weiterfahren.

Hinweise: Die V&E befindet sich auf der gegenüberliegenden Straßenseite, linkerhand der Kirche. Laut dortigem Schild darf man hier 24 Stunden stehen. Bleibt nur die Frage, wo!? Platz ist da nicht wirklich...

Auf nach **Vic-sur-Cère**! Fahren Sie zurück – oder bleiben Sie – auf der N 122. Unser Ziel liegt auf der Strecke. Im Ort selber folge ich am Ortsanfang der Beschilderung „toutes directions“. Diese Route ist in erster Linie für LKWs und somit auch für größere Womos als Ortsumgehung gedacht. Fahrer kleinerer Mobile sollten sich ihr ebenfalls anschließen, um besser voranzukommen.

Hier gibt es einen Campingplatz und kurz darauf auch einen Stellplatz. Wir nehmen Letzteren und verbringen dort den

(110) WOMO-Campingplatz: Vic-sur-Cère (Camping Municipal**)

GPS: N 44° 58' 52.1" E 02° 37' 44.0" 15 Avenue des Tilleuls

Tel./Fax: +33 47 16 37 078

E-Mail: campingvicnature@gmail.com

Internet: www.vicsurcere.fr/camping-municipal-de-vic-cere

Öffnungszeiten: Anfang Mai - Ende September

Beschreibung: Am Ortsrand, an der Cère. Schattig und sehr ruhig. Waschmaschine, kleiner Spielplatz, Volleyballnetz, Tischtennis, Angeln möglich. Hunde erlaubt. Ort, Supermarkt und Schwimmbad rund 200 m bis 300 m entfernt.

Preise: Je nach Saison max. etwa 15 EUR, Hunde kostenlos.

Zufahrt: Zunächst den Wegweisern „toutes directions“ und somit der LKW-Ortsumgehung folgen. Der Campingplatz ist bereits am Rondell ausgeschildert.

(111) Offizieller WOMO-Stellplatz: Vic-sur-Cère

GPS: N 44° 58' 56.0" E 02° 37' 53.2"
Avenue des Tilleuls
Max. WOMOs: 10
Ausstattung: Ver- und Entsorgung, Strom (am Relais), Picknickbänke nebenan.
Beschreibung: Kostenloser, parzellierter Stellplatz auf festem Untergrund in der Nähe des Campingplatzes. Am Ortsrand, am Fluss. Sehr schattig. Spielplatz, Schwimmbad und Supermarkt in der Nähe. Ort 200 m.
Preise: Wasser und Strom jeweils 2 EUR, mit Jetons.
Zufahrt: Am Campingplatz vorbeifahren und dem Wohnmobil-Schild folgen. Der Platz befindet sich rechts, nach dem Ortsendeschild.
Hinweise: Hier geht es recht eng zu. Größere Womos könnten beim Rangieren Schwierigkeiten haben. Achtung: Vor den einzelnen Plätzen befinden sich kleine Begrenzungssteine, die beim Ein- und Ausparken leicht übersehen werden können.

Rest des Tages für die weitere Planung, zum Angeln und zum Relaxen. Ein schöner Platz und nachts sehr ruhig.

Am nächsten Tag fahre ich wieder zurück und biegen nach links in den Kreisel, um dort die Entscheidung zu treffen: Einen kleinen Abstecher zu einem Wanderparkplatz mit fantastischer Landschaft oder hoch hinaus in ein Skigebiet, das im Sommer seinen ganz besonderen Reiz versprüht. Ich schildere Ihnen beide Möglichkeiten, vielleicht fällt Ihnen dann die Entscheidung leichter!?

Für die erste Variante fahren Sie am Rondell nach links. Nachdem wir die Eisenbahnschienen unterquert haben, ist ein Richtungswechsel angesagt: Auf nach rechts! Hier taucht wieder der bereits erwähnte Ort Mur-de-Barrez auf. Ein schöner Ort, aber da er nicht mehr in der Auvergne liegt, widme ich ihm hier keine Zeilen. Jetzt bitte (mindestens) einen Gang runterschalten, denn es geht deutlich bergauf. Kurz nach der Passhöhe – wir befinden uns auf der D 54 und am **Col de Curebourse** auf 997 m.ü.d.M. – biege ich nach rechts zu einem Parkplatz. Hier ist wandern angesagt. Natürlich können Sie auch übernachten, aber ich finde, dafür gibt es schönere Plätze!? Deshalb bekommt der Platz zwar eine Nummer, jedoch kein Kästchen. [112: N 44° 58' 05.9" E 02° 38' 37.4"]

Wir wollen uns ein wenig die Beine vertreten. Von hier zweigt nämlich ein Weg zum **Rocher des Pendus** ab. Für diese kleine Wanderung benötigen wir etwa 45 Minuten. Der Weg ist gut ausgeschildert.

Ein fantastisches Panorama! Aber ich muss einen unverzeihlichen Fehler gestehen: Wir waren bei unserer letzten Recherche das erste Mal hier, und ausgerechnet da versagten die Akkus meiner Kamera. Den fantastischen Blick müssen Sie nun wohl selber erleben...

Fertig gewandert? Dann lassen Sie uns zurückfahren. Jetzt ist das Skigebiet dran. Am Rondell in Vic-sur-Cère fahren wir auf die N 122 Richtung Clermont-Ferrand.

Bei **St-Jacques-des-Blats** knacken wir die 1.000 Meter-Marke und erhaschen einen schönen Blick auf eine noch höhere Auvergne. Ein Vorgeschmack auf das, was uns erwartet!

Kurz darauf stehe ich schon wieder vor einer schweren Entscheidung: Geradeaus durch einen **Tunnel** oder nach links und mein Wohnmobil einen **Pass** hochscheuchen. Ich entscheide mich für die Womo-Quäl-Tour. Mein Mann hat ein verräterisches Lächeln im Gesicht, denn er kennt meine Bedenken Tunnels gegenüber...

Was den Tunnel angeht, kann ich nichts sagen, aber bezüglich des Passes kann ich Sie beruhigen: Er lässt sich über die D 67 prima fahren.

(113) WOMO-Stellplatz: Le Lioran I

GPS: N 45° 05' 08.2" E 02° 44' 54.5" An der D 67, 1.100 m.ü.d.M.
Max. WOMOs: 25
Ausstattung: Öffentliche Toilette in der Nähe.
Beschreibung: Kostenloser Platz längs der D 67 auf Asphalt. Laut. Etwa 5 Gehminuten bis zu den Liften, Geschäften und Restaurants.
Zufahrt: Auf der D 67 über den Col de Cère. Der Platz liegt gleich am Ortsrand rechts an der Straße. Nicht klappstuhlgeeignet. Tagsüber laut.
Hinweise: Schöne und viele Wandermöglichkeiten in unmittelbarer Nähe. Lifte sind teils ganzjährig in Betrieb.

Egal wie, wir kommen zur **Wintersportstation Le Lioran**, genauer, zur **Talstation von Laveissière**. Dieses Skigebiet wurde Anfang 1900 erschlossen, und ich will mir gar nicht erst vorstellen, was dort im Winter los ist, denn bereits im Juli tummeln sich hier mal wieder zahlreiche sportliche und weniger sportliche Menschen.

(114) WOMO-Stellplatz: Le Lioran II

GPS: N 45° 05' 12.2" E 02° 44' 54.3" An der D 67, 1.200 m.ü.d.M.
Max. WOMOs: 5-10
Ausstattung: Öffentliche Toilette in der Nähe.
Beschreibung: Kostenloser Platz auf gemischtem, asphaltiertem Parkplatz, in der Nähe von Stellplatz 113. Laut. In der Nähe von Liften, Wanderwegen, Geschäften sowie Restaurants.

Zufahrt: Auf der D 67 über den Col de Cère. Der Platz ist als Parkplatz ausgeschildert und liegt gleich zu Anfang rechts. Einige Plätze sind sogar bedingt klappstuhlgeeignet, da dahinter etwas Wiese ist. Tagsüber laut und viele parkende PKWs. Direkt dahinter befindet sich eine kleine Kapelle.
Hinweise: Schöne und viele Wandermöglichkeiten in unmittelbarer Nähe. Lifte sind teils ganzjährig in Betrieb.

31°C, ein No-Go für Ski-Fans, für mich pure Freude!

Über Geschmack lässt sich streiten...

Übrigens, sollten Sie hier mit vollem Wassertank und leerer Toilettencassette ankommen, weil es keinerlei Möglichkeit zum Ver- und Entsorgen gibt.

Wer mag, kann selbst im Sommer mit der Seilbahn bis auf 1.855 m hoch auf den **Plomb de Cantale** fahren und oben wandern. Wir selber sind gerade auf etwa 1.200 Metern Höhe.

Mein Tipp: Gehen Sie nicht nur dem Trubel nach und erkunden den touristischen Teil – wobei man sich über dessen Optik streiten kann –, sondern nehmen Sie den Weg rechts neben dem kleinen Kirchlein bei Platz 114 und gehen Sie über die zahlreichen Holzstege. Wir genießen hier das kühle kleine Bächlein, die Ruhe sowie den Schatten und die Landschaft.

Unser weiterer Weg führt uns an Platz 113 vorbei und den Berg hinunter. Mein Ziel ist das rund 13 Kilometer entfernte **Murat**. Unterwegs finden wir noch weitere Möglichkeiten an einer weiteren Skistation zu übernachten, ehe es am Rondell über die 2. Ausfahrt auf die altbekannte N 122 geht. Übrigens: Hier wären wir von links gekommen, wenn wir den Tunnel genommen hätten. Hätten, hätten, hätten...

Grobrichtung für uns ist nun Le Puy und Clermont-Ferrand. Unser Ziel ist auch gut ausgeschildert.

Jetzt geht es so richtig bergab, und das Gaspedal hat eine längere Pause. Dafür müssen Motorbremse und Bremse um so härter arbeiten.

(115) Offizieller WOMO-Stellplatz: Murat

GPS: N 45° 06' 34.2" E 02° 52' 09.9" Avenue du Dr Malait

Max. WOMOs: 20

Ausstattung: Ver- und Entsorgung, Toilette, Mülleimer.

Beschreibung: Kostenloser, nicht besonders attraktiver Platz auf Schotter. Am ehemaligen Bahnhof, am Ortsrand, unterhalb einer Mauer. Laut und ohne Schatten. Zentrumsnah.

Zufahrt: Im Ort Richtung Clermont-Ferrand fahren. Hinter der Abzweigug – dort, wo es für LKWs verboten ist – scharf nach rechts einbiegen.

Hinweise: WC sowie V&E befinden sich Richtung Ausgang vor dem einstigen Bahnhofsgebäude.

Murat selber ist mit seiner historischen Altstadt, in der Häuser aus dem Mittelalter sowie aus der Renaissance zu finden sind, ein recht schöner Ort. Der Stellplatz dafür weniger...

Wir fahren nun nach rechts auf die D 926 Richtung Mende/ St Flour. Nach kurzer Fahrt biege ich abermals nach rechts, um auf die D 34 zu gelangen. Mein nächstes Ziel heißt eigentlich Pierrefort, doch unterwegs entdecke ich noch einen Platz zum Übernachten:

(116) WOMO-Stellplatz: Paulhac

GPS: N 45° 0' 12.9" E 02° 54' 26.0" Lotissement St-Laurent

Max. WOMOs: 3-5

Ausstattung: Ver- und Entsorgung, Strom (am Relais), Toilette in der Nähe.

Beschreibung: Kostenloser, gemischter Parkplatz auf Asphalt an der salle volyvant. Gegen Ortsende, an der D 44.

Preise: Wasser und Strom je 2 EUR, mit Münzen zahlbar.

Zufahrt: Gegen Ortsende nach links ab auf die D 44. Richten Sie sich nach dem Schild „salle polyvant".

Auch hier wieder kein Gewinner eines Schönheitswettbewerbs. Daher hätte ich eine Alternative, wenn Sie es ganz besonders einsam mögen und auch gegen ein schönes Panorama nichts einzuwenden haben. Der Platz liegt rund zwei

Kilometer außerhalb. Eigentlich wieder einer von der Sorte, die ich am liebsten gar nicht öffentlich preisgeben mag. Aber ich finde, ich bin es meinen Lesern schuldig. Außerdem vertraue ich Ihnen, dass Sie „pfleglich“ mit dem Tipp und dem Platz umgehen.

(117) WOMO-Picknickplatz:
An der D 44, nahe Paulhac

GPS: N 45° 0' 46.4" E 02° 53' 26.6" An der D44
Max. WOMOs: 1-2
Ausstattung: Picknickbänke, Mülleimer.
Beschreibung: Kleiner, kostenloser, einsamer, sehr ruhiger Platz etwa 2 km außerhalb. Westlich von Paulhac.
Zufahrt: In Paulhac hinter der Kirche nach rechts auf die D 44. Wenn rechts so eine Art kleine Stallung zu sehen ist, biegen wir links zum Picknickplatz.
Hinweise: Bitte nur anfahren, wenn nicht bereits einige Womos stehen, da wir kein Verbotsschild heraufbeschwören möchten.

Kehren wir zur D 34 und nach Paulhac zurück. Hier bleiben wir, bis diese in die D 990 mündet. Nach etwa vier Kilometern erreichen wir den letzten Stellplatz dieser Tour.

(118) WOMO-Stellplatz: Pierrefort

GPS: N 44° 55' 19.1" E 02° 50' 31.6" Côte du Chabridet
Max. WOMOs: >20
Ausstattung: Ver- und Entsorgung, Strom (am Relais).
Beschreibung: Gemischter, recht trostloser Parkplatz am Ortsrand auf befestigtem Boden. Neben der halle de sports. Die V&E befindet sich etwa 100 m vom Platz entfernt.
Preise: Wasser und Strom jeweils 2 EUR, mit Jetons.
Zufahrt: Auf der D 990 bleiben und dem Wohnmobil-Schild folgen.
Hinweise: V&E bei **N 44° 55‘ 19.6“ E 02° 50‘ 28.2“**. Klötze empfohlen, da leichte Schräglage.

Wir nähern uns dem Tourenende. Folgen Sie der Beschilderung zur **Gorges de la Truyère** beziehungsweise zum **Pont de Tréboul**. **[N 44° 52' 24.6" E 2° 52' 02.9"]** Diese imposante Hängebrücke mit einer ebenso interessanten Geschichte müssen wir überqueren, um dahinter nach links Richtung Chaudes-Aigues, unserem ersten Ziel der nächsten Tour, zu gelangen. Parken am Pont de Tréboul ist nicht so einfach, denn es gibt wenig Platz. Aber zur Geschichte kann ich noch kurz etwas sagen: Der Pont befindet sich dort, wo einst die steinerne Brücke war, welche die Römerstraße von Dienne nach La Roche-Canilhac entlangführte. Auch damals wurde dadurch die Truyère überquert. Man musste jedoch lange Zeit Maut bezahlen. Zu Beginn des 19. Jahrhunderts entstand der **Sarrans-Staudamm** und sowohl Brücke als auch Häuser fielen dem Bau zum Opfer. Die heutige Brücke ist mautfrei.

TOUR 9: Heiße Wasser, Stahlriese & schwarzer Jesus — 110 km

Chaudes-Aigues – Viaduc de Garabit – Ruynes-en-Margeride – St-Flour – Massiac

Stellplätze:	Chaudes-Aigues, an der D13 bei Maurines, am Belvédère de Mallet, am Viaduc de Garabit, Ruynes-en-Margeride, St-Flour, Massiac
Campingplätze:	Le Château du Couffour (bei Chaudes-Aigues)
Besichtigen:	Heiße Quelle und Musée Geothermia in Chaudes-Aigues, Viaduc de Garabit und die gestaute Truyère, Ruynes-en-Margeride, Altstadt von St-Flour, Massiac
Baden:	In der Truyère

Wandern:	Zur Kapelle bei Massiac
Märkte:	Chaudes-Aigues (Mo./im Sommer Do. & Mi. bis 17 Uhr), St-Flour (Sa., basse cité Di.), Massiac (Di.)

Diese Tour weiß von heißem Wasser, tiefem Wasser, einem eisernen Koloss, beeindruckenden Panoramen, einer schwarzen Madonna sowie interessanten Orten zu erzählen.

In der letzten Tour sind wir hinter dem **Pont de Trébul** nach links auf die D 11 abgebogen. Eigentlich ist es dann nicht mehr weit bis **Chaudes-Aigues**, aber planen Sie Zeit ein: Ich habe mal wieder eine sehr idyllische, jedoch auch kurvenreiche und letztendlich manchmal schmale Straße vor mir, die zunächst an der **Truyère-Schlucht** entlang führt. In der Nähe des kleinen Ortes Auzolles geht es zudem steil himmelwärts – bis auf über 900 Metern Höhe. Aber, wo es bergauf geht, geht es bekanntlicherweise auch wieder bergab, und dann liegt uns das idyllische Heilbad Chaudes-Aigues und damit unser erstes Ziel zu Füßen.

Hier habe ich gleich zwei – nicht gerade „berauschende" – Stellplatzvorschläge sowie einen Campingplatz anzubieten. Die Anfahrt richtet sich nach Ihrer Route. Vielleicht sind Sie ja von Murat aus direkt nach St-Flour gefahren? Dann müssen Sie eben „rückwärts denken". Wer über die D 11 fährt, kommt zuerst unweigerlich am Campingplatz vorbei. Der liegt jedoch etwas weit außerhalb.

(119) WOMO-Campingplatz: Chaudes-Aigues (Le Château du Couffour**)

GPS: N 44° 50' 41.8" E 03° 00' 04.4" Le Couffour
Tel./Fax: +33 67 52 76 927
E-Mail: campingcouffour@gmail.com
Internet: www.camping-chaudesaigues.fr/
Öffnungszeiten: Mitte April - Mitte Oktober
Beschreibung: Kleiner, älterer Campingplatz, 2 km vom Ort entfernt, inmitten der Natur. Ruhige Lage. Steiler Fußweg durch Wald und Flur nach Chaudes-Aigues. Schattig, WLAN in der Nähe der Rezeption, Waschmaschine, kleiner Laden mit Brotservice (nur Juli/Aug.), Snackbar, Spielplatz. Hunde erlaubt.
Preise: Je nach Saison zwischen 7,60 EUR und 9,10 EUR, Strom 3 EUR, Hund 0,50 EUR.
Zufahrt: Wer über die D 11 kommt, biegt noch vor Chaudes-Aigues nach links Richtung village de vacances ab. Nun sind es noch etwas mehr als 1 km. Von Norden über die D 921 kommend geht's durch Chaudes-Aigues durch und am Ende nach rechts den Berg hoch. Der Campingplatz ist ausgeschildert. Später nach rechts abbiegen.
Hinweise: Sehr naturverbunden. Anfahrt auch für große Wohnmobile geeignet. Weg nach Chaudes-Aigues entweder 2 km über die Straße oder 15 - 20 Minuten über den Fußweg.

(120) Offizieller WOMO-Stellplatz: Chaudes-Aigues I

GPS: N 44° 51' 00.1" E 03° 00' 10.1" Av Georges Pompidou
Max. WOMOs: >10
Ausstattung: Ver- und Entsorgung, Strom (am Relais), Mülleimer.
Beschreibung: Gemischter, kostenloser, nicht gerade ansehnlicher Parkplatz auf Schotter, am Rande der Stadt. Etwa 10 min. bis zum Zentrum, 5 min. bis zum Thermalbad.

Preise: Wasser und Strom je 2 EUR.
Zufahrt: Über die D11 kommend, am Ende der Straße nach links auf die D 921. Den Berg runter und vor der Therme scharf nach rechts, dem Schild „A 75/Montpellier" folgen. Nun keinesfalls die nach links abknickende Vorfahrt nehmen, sondern geradeaus in die zunächst schmäler werdende Gasse bis zum Stellplatz durchvorfahren.
Hinweise: Total veraltetes Relais zum Ver- und Entsorgen, das bei unserem letzten Besuch nicht funktionierte. Tagsüber ist der Platz oft mit PKWs zugeparkt. Platz ist so wie vor 10 Jahren!

(121) WOMO-Stellplatz: Chaudes-Aigues II

GPS: N 44° 51' 20.0" E 03° 00' 23.0"
Av Pierre Vialard/Parking de la piscine
Max. WOMOs: 2-3
Ausstattung: Keine.
Beschreibung: Gemischter Parkplatz am Ortsrand am Schwimmbad.
Zufahrt: Von der D 11 aus durch den Ort fahren und am Ortsende vor der Tankstelle gleich in der Kurve nach rechts auf den Parkplatz neben dem Schwimmbad und Tennisplatz fahren. Von der anderen Richtung aus liegt der Platz am Ortsanfang links.
Hinweise: Bei unserem letzten Besuch im Sommer 2019 wurde am Platz gebaut. Ich konnte nicht in Erfahrung bringen, ob er weiterhin für uns zu benutzen ist.

„Waschmaschine..."

Wir befinden uns in einem kleinen, überschaubaren Städtchen, in dem man sich nur mit größter Anstrengung verlaufen kann. Trotzdem möchte ich Sie ein Stück begleiten. Vom Stellplatz 120 aus müssen wir zurück zur Vorfahrtsstraße, um am **Thermalbad** vorbei Richtung Zentrum zu gehen. Rechterhand sehen Sie ein ehemaliges **Waschhaus**. Hier hatten die Frauen früher schon fließend heißes Wasser zum Waschen. Welch ein Luxus! Energiesparen war wohl schon damals angesagt!?

Der Name Chaudes-Aigues deutet nämlich auf die dortigen Attraktionen –

nämlich die „heißen Wasser“ – hin. Mehr als 30 heiße Quellen befinden sich in und um den Ort herum. Die bemerkenswerteste unter ihnen dürfte die **Source du Par** sein, die **heißeste Quelle Europas**. Das Wasser der Par erreicht hier eine Temperatur von 82° C, wenn es aus der Erde kommt.

Seit langer Zeit schon wird ein Großteil der Häuser im Ort mit dem natürlich vorkommenden heißen Wasser beheizt. Das heiße, mit heilenden Wirkstoffen versehene Nass wird natürlich auch für den Kurbetrieb verwandt. Sollten Sie unter Rheuma oder Arthrose leiden, sind Sie hier goldrichtig!

„Wo aber ist nun die versprochene Hauptattraktion Chaudes-Aigues?“, fragen Sie sicherlich mit Recht. Gar nicht so einfach: Selbst bei meinem letzten Besuch bin ich mal wieder an der Quelle vorbeigelaufen, ohne sie zu bemerken! Das wäre mir in Deutschland sicherlich nicht passiert, denn hier hätte man so etwas zu vermarkten gewusst. In Frankreich aber ist eben vieles ein bisschen anders...

Die Source du Par liegt ziemlich unscheinbar mitten im Ort, und würde es nicht um sie herum dampfen, könnte man sie glatt für einen gewöhnlichen Brunnen halten. Schilder weisen darauf hin, aber nur, um die Grobrichtung zu zeigen. Direkt davor steht nichts.

Damit es Ihnen aber nicht so geht wie mir, hier eine Kurzbeschreibung: Von der Durchgangsstraße – der Avenue du Président Georges Pompidou – aus geht es gegenüber des Flusses durch einen Torbogen. Somit erreichen Sie den Marktplatz. Gehen Sie nun immer geradeaus in die kleine Rue du Par und la voilà: Vor dem „**Musée GEOTHERMIA**“ finden Sie das kleine, unscheinbare „Naturwunder“.

Hier fließen pro Minute rund 300 Liter heißen Wassers heraus. Das schafft kein Warmwasserboiler!

Allen, die jetzt spontan die Hände ausstrecken wollen, um das kostbare Nass zu berühren, sei gesagt: Vorsicht, extrem heiß! Was bei 82° C wohl auch nicht anders zu erwarten ist.

Der Besuch des dahinter liegenden Museums, das Ihnen die Wunder der Erde näher bringen möchte, ist zu empfehlen. **[Musée Geothermia, von April bis Ende Dezember täglich 10-12 Uhr und 14-18.30 Uhr; Hunde erlaubt. www.pays-saint-flour.fr/patrimoine-culturel/musee-geothermia]**

Schauen Sie auf Ihren Wegen mal nach oben: An einigen Häuserfassaden finden Statuen von Heiligen, die dem entsprechenden Viertel individuell zuzuordnen sind, „Asyl“, indem man sie in einen Glaskasten sperrte und ihnen so ein „Dach über dem Kopf“ gewährte.

Wenn Sie sich – von der Quelle aus gesehen – nach rechts wenden, kommen Sie zu der **gotischen Kirche St-Blaise-St-Martin** aus dem 15. bis 16. Jahrhundert. Dazu müssen wir einen kleinen Berg

„erklimmen". Aber alleine schon die Aussicht auf die Aussicht lässt mich die vor mir liegende Anstrengung vergessen.

Vom bereits zuvor besuchten Place du Marché – den Blick Richtung heiße Quelle gerichtet – nach links in die Rue St-Jean gehend, sehen wir auf der linken Seite die **Chapelle des Pénitents** mit einem wunderschönen Altar.

Sollten Sie nun genug haben, so lassen Sie uns weiterfahren. Ich lenke mein Womo auf die D 921 Richtung St-Flour, was sich jedoch gegen Ortsende schnell ändern soll, denn ich möchte wieder einmal ein paar Abstecher machen.

Biegen Sie also direkt bei der kleinen **Kirche Notre-Dame de Pitie** nach rechts auf die D 13, wo unser nächstes Ziel – der Viaduc de Garabit – gut ausgeschildert ist. Über eine sehr schöne, kurvenreiche Strecke fahren wir bis auf etwa 1.000 Metern Höhe hinauf, um immer wieder ein herrliches Panorama genießen zu können. Bevor wir uns dem interessanten – ob schönen oder nicht schönen, sei dahingestellt – eisernen Koloss nähern, bleibe ich noch mindestens zweimal stehen. Auch habe ich zuvor zwei sehr schöne Plätze anzubieten, wo Sie entweder einfach nur Rast machen, etwas wandern oder aber auch übernachten können.

Der 1. Platz befindet sich – „ganz plötzlich" auftauchend – direkt rechts an der D 13 auf 970 Metern Höhe. Bei schönem Wetter gibt's eine schöne Aussicht gratis.

(122) WOMO-Picknickplatz: Bei Maurines

GPS: N 44° 52' 38.6" E 03° 05' 03.1" An der D 13

Max. WOMOs: 1-2

Ausstattung: Wasser, Mülleimer, Picknickbänke, Orientierungstafel.

Beschreibung: Einsamer, weit von einem Ort abgelegener Platz auf befestigtem Untergrund, nahe der D 13, auf 960 m.ü.d.M.

Zufahrt: Auf der Strecke von Chaudes-Aigues zum Viaduc de Garabit, direkt an der D 13 auf der rechten Seite hinter der Abzweigung nach Maurines.

Hinweise: Herrliche Aussicht. Wasser ist kostenlos .

Platz 2 ist in der Nähe von Mallet, am **Belvédère de Mallet**, und ebenfalls direkt an der D 13, jedoch linkerhand von Ihnen.

(123) WOMO-Picknickplatz: Am Belvédère de Mallet

GPS: N 44° 54' 48.8" E 03° 06' 37.7" Lieu-Dit Cirqu de Mallet
Max. WOMOs: 1-2
Ausstattung: Picknickbänke, Orientierungstafel.
Beschreibung: Gemischter Parkplatz außerhalb des Ortes, direkt an der D 13, auf Asphalt. Restaurant/Bar gegenüber.
Zufahrt: Auf der Strecke von Chaudes-Aigues zum Viaduc de Garabit, direkt an der D 13, linkerhand, in einer Kurve.
Hinweise: Sehr schöne Aussicht auf die gestaute Truyère. Die Straße weiter vor befindet sich ein Badestrand, an dem jedoch Hundeverbot besteht.

Achtung, der Platz befindet sich direkt in einer Kurve! Nehmen Sie sich hier auf jeden Fall ein wenig Zeit für einen kleineren Zwischenstopp und den einmalig schönen Blick über die **gestaute Truyère** mit Sicht auf kleine Inselchen und eine Brücke.

Am besten tun wir es jetzt den Franzosen gleich, holen Tisch und Stühle heraus und genießen erst einmal eine kleine Mahlzeit. Übrigens auch etwas, an das wir uns inzwischen in Frankreich gewöhnt haben: Speziell zur Mittagszeit holen Jung und Alt an allen möglichen und unmöglichen Stellen jede Menge Essen und Trinken aus den kleinsten Autos und lassen es sich gut gehen. Eben „savoir vivre"!

Sollte es Sie nun nach einem kühlen Bad gelüsten, gehen Sie ein paar Meter die Straße entlang, um bald darauf zu einem wunderschönen **Badestrand** hinabsteigen zu können. Hier gilt jedoch (leider) Hundeverbot.

Doch nun zu unserem eigentlichen Ziel, zum **Viaduc de Garabit**, der seine Berühmtheit wohl einzig und allein seinem Erbauer – dem berühmten Monsieur Eiffel – zu verdanken hat.

Wir hatten schon einmal mit Monsieur und einem seiner Bauwerke das Vergnügen. Sie erinnern sich? Tour 3.

Also weiter über die Truyère und einfach der D 13 folgen. Am Ende der Straße geht's geradeaus auf die D 909, wo wir unser Wohnmobil abstellen und vielleicht sogar noch eine Nacht verbringen. Es besteht jedoch auch die Möglichkeit, über den vor uns liegenden Pont de Garabit zu fahren und dahinter sein Glück zu versuchen. Auf beiden Plätzen ist es nachts ruhig, und in beiden Fällen können Sie die Illumination des nahen eisernen Riesen bestaunen.

(124) WOMO-Stellplatz: Am Viaduc de Garabit I

GPS: N 44° 58' 22.8" E 03° 10' 28.6" An der D 909
Max. WOMOs: 3-4 **Ausstattung**: Keine.

Beschreibung: Außerhalb jeglichen Ortes, direkt da, wo sich die D 909 und die D 13 begegnen. Noch vor der Brücke, mit Blick auf den Viaduc de Garabit. Kostenlose Plätze auf befestigtem Randstreifen, unter Bäumen.
Zufahrt: Da, wo die D 13 auf die D 909 trifft halbrecht auf die D 909 Richtung A75/Montpellier abbiegen. Der Viaduc de Garabit liegt jetzt vor uns. Linkerhand sind am Straßenrand Möglichkeiten, das Wohnmobil abzustellen.
Hinweise: Nachts wird das Bauwerk illuminiert.

(125) WOMO-Stellplatz: Am Viaduc de Garabit II

GPS: N 44° 58' 28.5" E 03° 10' 21.8" An der D 909
Max. WOMOs: 2-3
Ausstattung: Keine.
Beschreibung: Außerhalb jeglichen Ortes. Hinter der Brücke, an einer kleinen Einbuchtung am Straßenrand.
Zufahrt: An der bei Stellplatz 124 erwähnten Kreuzung nach links abbiegen und über die Brücke fahren. Sofort wieder nach rechts Richtung Ruynes-en-Margerite.
Hinweise: Schöne Sicht auf den Viaduc de Garabit.

Zugegeben, der Anblick dieser Stahlkonstruktion ist auf seine ganz eigene Art schon etwas Besonderes. Man kann es nicht beschreiben, man muss es selber gesehen haben. Nachts ist er illuminiert. Da gefällt er mir besser.

Ehe Sie sich dem architektonischen Kustwerk nähern, sollten Sie vielleicht noch einen oder mehrere Blicke auf mein „Schlaumeierkästchen“ auf der folgenden Seite werfen, um die Genialität des Bauwerkes zu verstehen:

Eines der Meisterwerke von Gustave Eiffel

Le Viaduc de Garabit

Der Viaduc de Garabit – eine Eisenbahnbrücke, die das Flusstal der gestauten Truyère überspannt – wurde gegen Ende des 19. Jahrhunderts vom Eiffelturm-Konstrukteur Gustave Eiffel erbaut. Die statischen Berechnungen stammten allerdings von Maurice Koechlin.

Lange Jahre war dieser stählerne Koloss die höchste Eisenbahnbrücke weltweit.

Wie aber kam es zum Bau? Die tiefen Schluchten rund um die Stadt St-Flour erschwerten den von der Landwirtschaft – besonders von der Rinderzucht – lebenden Bauern den Transport ihrer Ware. Unwegsame Überführungen sowie Gefahren sorgten dafür, dass bereits während des Weges zahlreiche Tiere erkrankten oder verendeten. Daher auch der Name Garabit, der sich von „Garde Boef" ableiten lässt.

1880 begann man mit den Bauarbeiten, die nach vier Jahren beendet werden konnten. Bis zu 500 Arbeiter waren damit beschäftigt, allein Gustave Eiffel konnte den Ruhm für sich einstecken. Da er bereits mehrere stählerne Brücken konstruiert hatte, erhielt er den Beinamen „Eisenzauberer" sowie den Auftrag, anlässlich der Weltausstellung in Paris den Eiffelturm zu errichten.

Ursprünglich war der Viaduc de Garabit grau, erst vor wenigen Jahren entschied man sich, die Brücke rot streichen zu lassen, was ihr eine besondere Note verleiht. Des Nachts wird sie angestrahlt.

Die Meinungen der Franzosen bezüglich dieser Stahlkonstruktion gehen sehr auseinander: Während die einen stolz auf dieses, in ihren Augen eher filigrane Bauwerk sind, bezeichnen es andere als hässlich. Fest steht jedoch, dass der Viadukt sich trotz seiner Größe erstaunlich gut in die Landschaft einfügt, und dass alljährlich zahlreiche Touristen eigens wegen dieser Brücke herkommen.

Zum Schluss noch einige technische Daten: Der Viaduc überspannt mit einer Höhe von 122 m das Tal der Truyère auf einer Länge von über 560 m. Für den Bau wurden 3.900 t Schmiedeeisen verwertet. Aufgrund der damaligen Berechnungen darf sie auch heute nur noch mit einer Höchstgeschwindigkeit von 40 km/h passiert werden. Gegenwärtig herrscht – neben dem im Sommer verkehrenden Touristenzug – nur noch wenig Verkehr über den Viaduc.

Es bietet sich nun nicht nur an, schnell ein paar Fotos zu „schießen", ein kleiner Spaziergang in der Gegend ist ebenso lohnend wie eine größere Wanderung oder eine Bootsfahrt. Bei einem Aufenthalt direkt an – und vielleicht sogar in – der Truyère, beim Angeln oder einfach beim „Chillen" lässt sich ein herrlicher Urlaubstag verbringen. Schon gewusst, dass die Truyère zu den fischreichsten Flüssen ganz Frankreichs zählt?

Summa summarum: Ob das Bauwerk nun „schön" oder „nicht schön" ist, sei immer noch dahingestellt. Schön ist auf jeden Fall der Aufenthalt hier.

Im Sommer 2019 fanden wir, wie so vielerorts in Frankreich, wegen der gerade geendeten Tour de France ein ganz besonderes Kunstwerk am Felsen: Ein riesiges gelbes Trikot. Ist das LandArt?

Folgen Sie mir nun bitte weiter. Das bedeutet, entweder über die Brücke oder – falls Sie auf Platz 125 stehen – zurück zur D 909. Selbst wenn mein nächstes Ziel **Ruynes-en-Margeride** nach rechts auf der D 13 ausgeschildert ist, folge ich ausnahmsweise mal meinem Navi und biege hinter der Brücke nach links ab und bleibe auf der D 909 Richtung St-Flour. Ein Stück geht es bergauf, und wir werden auf der kurvenreichen Strecke mit ein paar herrlichen Blicken über den Fluss aber auch auf den Viaduc de Garabit belohnt. Nach rund 3,5 Kilometern biegen wir endlich nach rechts ab. Noch sechs Kilometer trennen mich von meinem Ziel. Zuvor jedoch muss ich am STOP-Schild noch einmal nach rechts auf die D 4 raus.

Warum wir diesen Abstecher machen? Na ganz einfach: Ruynes-en-Margeride ist ein kleiner Ort, der für uns eine Übernachtungsmöglichkeit inklusive Ver- und Entsorgung geschaffen hat. Danke!

(126) WOMO-Stellplatz: Ruynes-en-Margeride

GPS: N 45° 00' 04.6" E 03° 13' 26.2"
Max. WOMOs: >5
Ausstattung: Ver- und Entsorgung, Mülleimer.
Beschreibung: Großer, kostenloser Platz auf gefestigtem Untergrund am Ortsrand. Zentrum in 5-10 Minuten zu Fuß erreichbar.
Zufahrt: Bereits am STOP-Schild, wo es auf die D 4 geht, ist die Ver- und Entsorgungsstation ausgeschildert. Bitte rechts, Richtung Paulhac/ Saugues fahren. Am Ortsende nach links abbiegen.
Hinweise: Man kann sowohl links bei der Versorgung als auch rechts auf dem großen Platz stehen. Letzterer ist jedoch bei Festivitäten gesperrt.

Als nächstes wollen wir einem schwarzen Jesus unsere Aufwartung machen sowie mal wieder unseren Lebensmittelvorrat in einem Supermarkt auffüllen. Also auf nach **St-Flour**! Es geht zurück zur D 909. Bleiben Sie hier, dann kann nichts schiefgehen. Außerdem ist alles gut ausgeschildert.

Etwa drei Kilometer vor dem Ziel wird uns ein Blick auf den idyllisch am Berg gelegenen oberen Teil der Stadt St-Flour gewährt. Schließlich kommen wir in der Unterstadt an. Folgen Sie dem Straßenverlauf und dem Hinweisschild.

(127) Offizieller WOMO-Stellplatz: St-Flour (ville basse)

GPS: N 45° 02' 09.3" E 03° 05' 54.2" Rue Marie-Aimée Méraville

Max. WOMOs: 10
Ausstattung: Ver- und Entsorgung, Strom (am Relais).
Beschreibung: Kostenloser, asphaltierter Platz in der Unterstadt (ville basse). Am Bach, ruhig. Historisches Zentrum in der Oberstadt 30-40 min. Läden und Restaurant 300 m.
Preise: Strom und Wasser je 2 EUR.
Zufahrt: Auf der D 909 dem Hinweisschild nach rechts folgen. Die Straße ganz durchfahren.
Hinweise: Nachts ruhiger als in der haute ville, jedoch weiter von den Sehenswürdigkeiten entfernt. Sehr steiler Aufstiegt zur Oberstadt.

Wer zum historischen Ortskern hoch in die Oberstadt möchte, fährt noch etwas weiter. Da sind Sie näher an der Altstadt, da ist auch mehr los. Ruhiger stehen Sie unten. Ver- und Entsorgen ist auf jeden Fall auch auf dem Platz in der ville basse stressfreier. Mein Tipp: Falls Sie ein wenig „alpin“ veranlagt sein sollten und den Aufstieg für eine Stadtbesichtigung nicht scheuen, bleiben Sie „unten“. Soweit das Für und Wider der einzelnen Plätze. Entscheiden Sie selbst! Ich kann beide Plätze lediglich als Übernachtungsplatz bei großer Müdigkeit oder als Parkplatz für eine Stadtbesichtigung empfehlen.

(128) WOMO-Stellplatz: St-Flour (ville haute)

GPS: N 45° 02' 01.3" E 03° 05' 17.3" Cours Chazerat

Max. WOMOs: 6-8

Ausstattung: Ver- und Entsorgung, Strom (am Relais), Mülleimer.

Beschreibung: Kostenloser, gemischter Parkplatz auf Asphalt. Zentral gelegen. Zentrum 100 m. Teils schattig. Bäcker und Supermarkt in der Nähe. Spielplatz nebenan.

Preise: Strom und Wasser je 2 EUR, mit Jetons.

Zufahrt: Wie zu Platz 127, jedoch die D 909 weiterfahren. Am Rondell zum centre historique/ville haute abbiegen, den Berg hoch fahren und oben das 1. Rondell überqueren. Nun können Sie links auf dem großen Parkplatz nach hinten raus einen Platz suchen. Zur Ver- und Entsorgung geht's bis zum nächsten Kreisverkehr weiter. Diesen nach links raus verlassen. Sofort wieder links in die Zielstraße einbiegen.

Hinweise: Oft laut. Wohnmobile stehen im hinteren Bereich. Tagsüber häufig mit PKWs belegt. Die V&E befindet sich hinter dem Stellplatz. Sie ist schlecht anzufahren; größere Womos versperren dabei oft die Straße. Von November bis März ist sie geschlossen. Bei Festen und Veranstaltungen ist der ganze Platz gesperrt.

Ganz so schlimm, wie es sich anhört, ist der Weg nicht, wenn man die richtige Strecke findet. Mein Tipp: Bis zur Kirche am Ende der Straße vor, dann rechts über die Brücke, um dahinter geradeaus den Chemin des Chèvres – einen kleinen, über Treppen führenden Weg – einzuschlagen.

Machte St-Flour bei meinem allerersten Besuch einen eher heruntergekommenen Eindruck, da ein Großteil der Häuser Baustellen oder Ruinen glichen und die Gassen leer und verdreckt waren, so konnte ich bei meinen späteren Aufenthalten meine Meinung revidieren: St Flour ist sehenswert!

Hier ein paar Tipps: Sollten Sie in der Unterstadt stehen, kommen Sie nicht umhin, die alte, bereits 1404 erwähnte, dreibogige Steinbrücke über die Ander – **le Pont Vieux** – in der Nähe der Kirche zu bestaunen. So richtig schön wird es jedoch erst in der haute ville, die auf einem Basaltvorsprung liegt.

Mehrere Jahre bin ich recht achtlos an der Freiheitsstatue – an der **Fontaine de la Renommée** – beim oberen Kreisverkehr, schräg gegenüber von Platz 128 vorbeigegangen. Irgendwann machte mich ein Franzose darauf aufmerksam und ich erfuhr, dass der Künstler Vital Dubray mit diesem Werk 1891 einen Skandal heraufbeschworen hatte. Warum? Schauen Sie genau hin, dann wird es Ihnen klar: Die Dame ist nackt – und das war für die damalige Zeit nicht schicklich.

Den bereits angesprochenen **schwarzen Christus** aus dem 13. Jahrhundert finden Sie neben der interessanten Grablegung in der **fünfschiffigen gotischen Kathedrale St-Pierre**. Es ist schon ein merkwürdiger Anblick für uns Westeuropäer, einen schwarzen Gekreuzigten zu sehen!?

Die skandalträchtige Dame

Was hat St-Flour noch zu bieten? Etliche malerische Gässchen, schöne Plätze, die ihren mittelalterlichen Stil bewahren konnten, zahlreiche Renaissance-Häuser, interessante Torbögen, Überreste der einstigen Festungsmauern sowie den ehemaligen Bischofspalast, der heute ein Museum der Haut-Auvergne beherbergt, das **Musée Alfred Drouët,** in dem Sie Kunst und interessante Möbel bestaunen können, sowie natürlich einige schöne Straßencafés.

Jetzt überlasse ich Ihnen die Stadt, gehen Sie auf Entdeckungstour. Sollten Sie noch etwas Interessantes finden, würde ich mich freuen, wenn Sie es mir mitteilten.

Wir verlassen St-Flour und wollen nach **Massiac**. Von Stellplatz 127 aus biege ich nach links auf die

D 909, von Platz 128 aus fahre ich bis zum Rondell vor. Unsere Richtungen sind A 75/Massiac sowie Clermont-Ferrand.

Sollten Sie sich wie ich vorgenommen haben, keine Autobahn zu fahren, kann ich nur sagen: Im Folgenden kommt man (fast) nicht um deren Benutzung herum. Sie ist übrigens mautfrei. Unsere Karte, die Straßenführung sowie die freundliche aber bestimmende Simme unseres Navis leiteten uns stets für rund 23 Kilometer über die A 75. Sie können sich kaum vorstellen, was ich schon herumgeirrt bin, nur um die Autobahn zu vermeiden. Vergebens!

Am **Col de la Fageole** sind wir wieder einmal auf über 1.100 Meter hoch.

Für Massiac kann ich Ihnen zwei Übernachtungsmöglichkeiten anbieten, die eng beieinander liegen. Bitte im Ort am Ende der Straße nach links Richtung Aurillac fahren. Seien Sie ausnahmsweise einmal ungehorsam und folgen Sie nicht Ihrem Navi, das will Sie wahrscheinlich über eine Brücke schicken, über die Sie gar nicht fahren können.

Wir stehen auf Platz 129 recht schön und direkt am Alagnon. Ver- und Entsorgung sind auf Platz 130 bei einer Schule. Bei Regen stehen Sie hier sauberer, nicht aber schöner.

(129) WOMO-Stellplatz: Massiac I

GPS: N 45° 15' 11.0" E 03° 11' 39.2" Rue Jacques Chaban Delmas
Max. WOMOs: >10
Ausstattung: Ver- und Entsorgung*, Mülleimer.
Beschreibung: Kostenlose Stellfläche am Ortsrand, am Fluss. Bei Regen matschig. Bäcker und Ortsmitte 500 m.
Preise: Wasser 2 EUR.
Zufahrt: Auf der Autobahn, der A 75, die Abfahrt 24 nehmen. Noch etwa 1 km auf dieser Straße bleiben. Im Ort nach links, der Womo-Beschilderung und dem Hinweis zum collège folgen. Hinter der Brücke rechts. Bei der abknickenden Vorfahrt nach rechts.
Hinweise: *Die Ver- und Entsorgung befindet sich rund 150 m weiter vor bei Stellplatz 130. Im Winter ist sie gesperrt.

(130) WOMO-Stellplatz: Massiac II

GPS: N 45° 15' 14.1" E 03° 11' 38.0" Rue Jacques Chaban Delmas
Max. WOMOs: 5
Ausstattung: Ver- und Entsorgung, Mülleimer.
Beschreibung: Asphaltierter Platz am Ortsrand, ca. 150 m von Platz 129 entfernt, neben einer Schule/Halle.
Preise: Wasser 2 EUR.
Zufahrt: Wie zu Platz 129, aber noch rund 150 m weiterfahren. Der Stellplatz liegt links.
Hinweise: Veraltete V&E, die im Winter gesperrt ist.

Den kleinen, eher unscheinbaren Ort erreichen wir in gut fünf bis zehn Minuten. Dazu geht man über die kleine Fußgängerbrücke in der Nähe des 1. Stellplatzes. Verlaufen kann man sich hier nur schwer. Aber Massiac hat einen gewissen

Charme: Kleine Gässchen mit teils wunderschönen Häusern, die **Pfarrkirche St-André** aus dem 15. Jahrhundert, die in ihrem Inneren eine ganz besondere Madonnen-Holzstatuette beherbergt, sowie neben der Kirche einen Platz mit Brunnen und Blumenschmuck...

Typisch für den Ort sind die Makronen. Sehr zu empfehlen ist auch mal wieder der wöchentliche Markt, der sich den Fluss auf der anderen Seite der Durchgangsstraße entlangschlängelt. Und wie wäre es mit einem Gang zur **Chapelle castrale Sainte-Madeleine de Chatel**, die am Ortsausgang auf einem Basaltfelssporn thront? Sie sehen, der Aufenthalt hier lohnt sich.

TOUR 10

TOUR 10: Den Allier entlang — 90 km

Brioude – Lavaudieu – Villeneuve-d'Allier Lavoûte-Chilhac – Langeac –Chanteugues

Stellplätze:	Brioude, Vieille Brioude, Lavaudieu, bei La Chomette, Villeneuve-d'Allier, Lavoût-Chilhac, Langeac, Chanteugues
Campingplätze:	Camping Municipal La Vialette (Villeneuve-d'Allier), Camping des Gorges d'Allier (Langeac)
Besichtigen:	Altstadt von Brioude mit Aquarium und Maison de Mandrin, Weinmuseum und Bauerngarten in Vieille Brioude, Kloster und Ortskern von Lavaudieu, Lavoût-Chilhac, Altstadt von Langeac, Chanteugues mit ehemaliger Abtei
Baden:	Im Allier bei Vieille Brioude, Villeneuve-d'Allier, Lavoût-Chilhac und Langeac
Zugfahrt:	Mit dem Touristenzug durch die Allier-Schlucht
Märkte:	Brioude (Sa.), Langeac (Di. und Do.), Lavoût-Chilhac (So.)

Geschichte, Kunst, Kultur und Natur, das sind die Schlagworte, die uns auf dieser Tour begleiten werden. Wir besuchen interessante, historische Orte und widmen uns hauptsächlich dem Gebiet entlang dem Allier mit seinem klaren Wasser und den atemberaubenden Schluchten.

Massiac war unsere letzte gemeinsame Station. Folgen Sie uns nun zurück auf die Hauptstrecke und zur A 75/E 11, auf die wir Richtung Clermont-Ferrand auffahren. An der Ausfahrt 22 wechseln wir jedoch schon wieder auf die D 588. Unser Ziel ist der wunderschöne Ort **Brioude**.

Wie, den kennen Sie nicht? Dann wird es Zeit! Insgesamt liegen rund 20 Kilometer mit sieben Kilometern mautfreier Autobahn vor mir.

Wie bereits erwähnt, ist Brioude eine schöne Stadt, der Stellplatz hingegen verdient eher die Note 3: Er grenzt an eine Halfpipe sowie an Schrebergärten und gehört zu einem normalen Parkplatz. Die kleinen Bäume am Stellplatz spenden nicht wirklich Schatten – und gerade den hätten wir gebraucht. Als Versöhnung sorgt dafür die nächtliche Beleuchtung für ein Sicherheitsgefühl sowie für Romantik.

(131) Offizieller WOMO-Stellplatz: Brioude

GPS: N 45° 17' 39.9" E 03° 23' 16.4" Rue de Lamothe
Max. WOMOs: 40-50
Ausstattung: Ver- und Entsorgung, Strom (am Relais), öffentliche Toilette, Mülleimer, Stadtplan.
Beschreibung: Ausgewiesene Plätze auf gemischtem, kostenlosem Parkplatz am Rande der Stadt mit direktem Zugang zur Altstadt. Teils Schotter, teils Asphalt. Kaum Schatten, Nachts beleuchtet, Skatepark nebenan, WLAN. Bäcker und historische Altstadt 100 m.
Preise: Wasser und Strom je 2 EUR, mit Jetons (im OTSI in 100 m).
Zufahrt: Von der D 588 kommend in Brioude am Rondel die 2. Ausfahrt Richtung centre ville nehmen. Den nächsten Kreisel fast einmal umrunden, um ihn an der 3. Ausfahrt zu verlassen. Hier befindet sich ein (extrem) kleines Womo-Schild. Geradeaus, über die Schienen, am nächsten Kreisel die 1. Ausfahrt Richtung Le Puy. Rechts hoch, Richtung centre historique. Nach dem 30er-Schild am nächsten Kreisverkehr gleich rechts raus und durch die Unterführung. Der Platz liegt rechts.

Hinweise: Nachts sehr ruhig. Gläserner Aufzug in die Oberstadt am Platz.

Wir entdecken die Stadtmauern Brioudes sowie den gläsernen Aufzug am anderen Ende des Parkplatzes, der uns direkt in die etwas höher gelegene Altstadt bringt.

Legenden vom Heiligen und vom Schmuggler

Eine Legende besagt, dass Julien – lateinisch Julianus –, der zweithöchste Offizier der Römischen Legion, der aus Wien stammte und zum Christentum konvertierte, nach Brioude flüchtete. Hier starb er im Jahre 304 als Märtyrer. Er wurde vor den Toren der Stadt enthauptet. Sein Grabmal war im Mittelalter Wallfahrtsort. Es wird behauptet, dass die heutige Basilika genau an dieser Stelle errichtet worden sei.
Eine weitere Legende berichtet von dem Schmuggler Louis Mandrin aus der Dauphiné, der uns vielerorts in der Auvergne begegnet. Im Maison de Mandrin in Brioude geschah beispielsweise eine seiner vielen Missetaten.
Geboren wurde er 1725 als Sohn des Pferdehändlers Francis Anthony Chuck. Nach dem Tod seines Vaters war er mit 17 Jahren Familienoberhaupt von neun Kindern. 1753 geriet Mandrin in eine tödlich endende Schlägerei und wurde zum Tode verurteilt. Er konnte fliehen und schloss sich einer Schmugglerbande an, die ihn zum Anführer machte. Eine Art „organisiertes Verbrechen“ wurde von Chuck – wie er genannt wurde – ins Leben gerufen. Der Schmuggel zwischen der heutigen Schweiz und Frankreich florierte. Mehrmals konnte er sich einer Festnahme entziehen. Am 26. 08. 1754 drang Mandrin an der Spitze einiger bewaffneter Männer in Brioude ein und zwang den Vertreter der dortigen Tabakbauern, eine große Menge geschmuggelten Tabaks zu überhöhten Preisen zu kaufen. Die Tabakbauern, die in der damaligen Zeit ein Verkaufsmonopol besaßen, waren bei der Bevölkerung sehr unbeliebt, und so begrüßten die Bewohner das Vorgehen Mandrins. Es wird erzählt, dass eben jener Vertreter der Tabakbauern nur acht Tage später an den Folgen eines Schocks verstorben sei.
Am 26. Mai 1755 – im Alter von nur knapp 30 Jahren – wurde der von der Bevölkerung verehrte Mandrin in Valence hingerichtet.

Selbstverständlich ist unser erstes Ziel das Wahrzeichen der Stadt, die im romanischen Stil gehaltene **Basilika Saint-Julien**, die ab 1060 in drei Etappen – wahrscheinlich auf dem Grab des römischen Soldaten Julianus – erbaut wurde. Die Kirche ist sowohl von außen als auch von innen sehenswert.

Nicht nur ihre unverwechselbaren Türme, auch die typischen Rundbögen lassen den Besucher in Ehrfurcht verweilen. Kleinere Details, wie die „unheimlichen Gestalten“ an der Eingangstür, ziehen immer wieder meine Aufmerksamkeit auf sich.

Im Innenraum finden wir rot-weiß-gestreifte Säulen im maurischen Stil. Interessante Wand- und Deckenmalereien

sehen Sie im hinteren Teil. Und selbst die modernen Glasfenster, die neben den herkömmlichen Kirchenfenstern bestehen, haben ihren Reiz. Zudem sind die Säulenkapitellen sowie ein auf Holz gezogenes Gemälde aus dem 17. Jahrhundert, das einen leprakranken Christus darstellt, erwähnenswert. Steigen wir ein paar Stufen hinab, kommen wir zu den Reliquien des Heiligen.

Der Weg zur Basilika? Ganz einfach: Wenn Sie aus dem Aufzug aussteigen, gehen Sie zunächst geradeaus. An einer Ecke rechts befindet sich eine Konditorei mit einladenden Auslagen, denen ich nur selten widerstehen kann. Dort biegen Sie nach rechts und erblicken bereits „unseren" Saint-Julien in seiner vollen Pracht.

Weitere Besichtigungen hebe ich für morgen auf. Die gemachten Eindrücke müssen erst verarbeitet werden.

Der Heilige

Am nächsten Tag steht die historische Altstadt mit ihren Sehenswürdigkeiten – wie den mittelalterlichen Häusern – auf dem Plan. Einige der interessanten Gebäude, deren Besonderheiten häufig im Detail liegen, finden Sie in der Rue d'Alsace, in der Rue de la République oder am Place du Mazel.

Wollten Sie nicht schon immer mal einen König treffen? Dann sind Sie in Brioude goldrichtig: Den König des Allier – den Lachs – treffen Sie nicht nur im Fluss sondern auch im **Maison du Saumon et de la Rivière** – im Haus des Lachses und des Flusses –, wo Sie über die Geschichte und das Ökosystem des Alliers informiert werden und mehr als 800 Fische rund 40 verschiedener Arten in riesigen Aquarien beobachten können. Zu finden ist es – vom Stellplatz kommend – rechts der Hauptstraße. **[www.aquariummaisondusaumon.com/, L'Aquarium Le Maison du Saumon et de la Rivière, Place de la Résistance, täglich von 14 Uhr bis 18 Uhr]**

Oder treiben Sie es doch mal auf die Spitze und besuchen Sie das **Hôtel de la dentelle** – das Haus der Spitzen-(klöppelei). **[www. hoteldeladentelle. com, Rue du 4 Septembre, täglich von 9 Uhr bis 12 Uhr und von 14 Uhr bis 18 Uhr, Sonntags nur von 15 Uhr bis 18 Uhr]** Es handelt sich dabei sowohl um ein Museum und als auch um ein Atelier gleichzeitig, denn hier finden Ausstellungen aber auch Unterricht statt.

Das durch seine wunderschöne Holzfassade auffallende **Maison de Mandrin**, das im Mittelalter erbaut wurde, befindet sich schräg gegenüber und ist in seinem Inneren ein Muss für Kunstliebhaber. **[20 Rue du Quatre, geöffnet Montags bis Samstags von 10 Uhr bis 18 Uhr]**

Doch nun heißt es Abschied nehmen. Neue, ebenso schöne und interessante Ziele erwarten uns. Wir verlassen den Stellplatz wegen der Einbahnstraßenregelung nach

Einst Räuberhöhle, jetzt Haus für Kunstliebhaber

oben raus, biegen zweimal nach links, überfahren – Autsch! – das erste Rondell und nehmen am nächsten die 2. Ausfahrt auf die N 102 Richtung Le Puy, um nach **Vieille-Brioude**, der kleinen, älteren Schwester von Brioude zu gelangen. Wenn Sie sagen, es gibt eine andere Strecke, kann ich nur antworten: Stimmt!

Kurze Zeit später biegen wir nach rechts ab, wo Sie bald an eine alte Steinbogenbrücke, die über den Allier führt, kommen und einen fantastischen Blick haben. Jetzt wissen Sie auch, warum ich diese Strecke gewählt habe!?

Die **Pont de Vieille-Brioude** hat eine Gesamtlänge von 100 Metern sowie eine Bogenspannweite von 45 Metern. Nein, ich habe es nicht nachgemessen, nur nachgelesen. Errichtet wurde sie von 1824 bis 1832, nachdem die Vorgängerin im März 1822 in sich zusammengebrochen war. Keine Angst, die „neue Brücke" hält uns und unsere Wohnmobile aus, gleichgültig, wie viel wir vorher vom guten französischen Essen zu uns genommen haben. Halten Sie unbedingt hier an **[N 45° 15' 40.1" E 03° 24' 35.2"]**. Postkartenidylle!

Auf der anderen Seite steht eine Kirche, neben der Sie ein **Weinmuseum** sowie ein **Bauerngarten** zum Besuch einlädt.

Geöffnet ist leider nur vom 15. Juni bis 15. September. Sollten Sie jedoch zu dieser Zeit dort sein, müssen Sie unbedingt – auch als Nicht-Weinkenner – hineingehen. Im angrenzenden verträumten Bauerngarten werden wir von zahlreichen Pflanzen inklusive den dazugehörigen Tieren wie Schmetterlingen und Eidechsen begrüßt. Der Blick auf den tiefer liegenden Allier setzt dem Ganzen noch die Krone auf.

Vieille-Brioude besitzt übrigens auch einen offiziellen Stellplatz. Hier lässt es sich in aller Ruhe nächtigen und relaxen. Wer einen Aufenthalt für längere Zeit sucht, kann auf den Campingplatz gehen... wenn er geöffnet ist. Die passenden Kästchen finden Sie auf der gegenüberliegenden Seite.

Ist Ihnen schon aufgefallen, dass hier viele Schilder zweisprachig sind? Dazu zu habe ich mal wieder ein Schlaumeierkästchen für Sie vorbereitet. Auch das befindet sich nebenan.

Mein nächstes Ziel soll **Lavaudieu**, ein kleiner, sehr schöner Ort, sein. Bei unserem ersten Be-

Wein, Wein, Wein...

(132) Offizieller WOMO-Stellplatz: Vieille-Brioude

GPS: N 45° 15' 53.8" E 03° 24' 20.5" Rue de Combevignouse
Max. WOMOs: 6-10
Ausstattung: Ver- und Entsorgung*, Strom (am Relais)*, öffentliche Toilette in der Nähe, Mülleimer, Bänke.

Beschreibung: Kostenloser Stellplatz auf Asphalt am Ortsrand. Basketball- und Spielplatz nebenan. Ortsmitte mit Geschäften und Pizzeria in 5 min. zu Fuß erreichbar. Nachts beleuchtet. Nur für Womos unter 8 m geeignet.
Preise: Wasser und Strom je 2 EUR, mit Jetons.
Zufahrt: An der Kirche weiter geradeaus durch den Ort fahren. Gegen Ortsende, gegenüber einem Hotel, nach rechts zum Parkplatz reinfahren. Ver- und Entsorgung sowie WC liegen bei einer großen alten Weinpresse, der Stellplatz einige Meter weiter hinten.
Hinweise: *Ver- und Entsorgung liegen etwa 100 m vorher bei einem Parkplatz, neben der Av Versailles du Pont **[N 45° 15' 55.1" E 03° 24' 21.3"]**. Der Platz wird wenig frequentiert.

(133) WOMO-Campingplatz: Vieille-Brioude (Camping de la Bageasse***)

GPS: N 45° 16' 53.0" E 03° 24' 16.8" La chaud
Tel./Fax: +33 47 15 00 770
E-Mail: camping.brioude@aquadis-loisirs.com
Internet: www.aquadis-loisirs.com/de/campingplatz-de-la-bageasse/
Öffnungszeiten: Anfang März - Anfang November
Beschreibung: Campingplatz auf halber Strecke zwischen Vieille Brioude und Brioude mit geräumigen Plätzen. Schattig, parzelliert, am Allier. Hunde erlaubt. Angeln, Kanuverleih, kostenfreies WLAN, Strandzugang mit Badeaufsicht im Juli/August am gestauten Allier, Pool (je nach Wetterlage von Mai bis September), Snackbar von Mai bis September.
Zufahrt: Vom Stellplatz in Vieille-Brioude nach rechts raus auf die D 912 Richtung Brioude. Zwischen Vieille-Brioude und Brioude zwischen einem 70er-Schild und einem Haus nach rechts Richtung „La chaud" abbiegen. Auf der schmalen Straße rund 160 m weiter fahren. Links halten. Nach weiteren 650 m links. Am Ende des Weges nach rechts. Der Platz ist in 500 m erreicht.

Okzitanisch

Sowohl im Cantal als auch im Puy-de-Dôme und in der Haute-Loire lesen – weniger hören – Sie auch heute noch mancherorts Auvergnatisch – ein Dialekt der Okzitanischen Sprache.
Unter Okzitanisch versteht man eine galloromanische Sprache, die im südlichen Drittel Frankreichs aber auch in den piemontesischen Alpen Italiens und im spanischen Katalonien vorkommt. Der Wortschatz ist zumeist lateinischen sowie romanischen Ursprungs. Eine Vielzahl von Dialekten gehört dem Okzitanischen an, das sich grob in drei Gruppen einteilen lässt: Nordokzitanisch, Südokzitanisch und Gaskognisch. Auvergnatisch – oder auch Arvernisch – ist der ersten Gruppe zuzuordnen. Ursprünglich entwickelte sich das Okzitanische im südlichen Frankreich

aus dem Vulgärlatein – dem gesprochenen Latein. Bis zum 12. Jahrhundert bildeten sich daraus zwei unterschiedliche Literatursprachen: das Langue d'oil – nördlich der Loire, was im Prinzip dem heutigen Französisch entspricht – sowie das im Süden bekannte Langue d'oc, auch als Provenzalisch oder Limousinisch bekannt.
Nur wenige Menschen können heute noch Okzitanisch sprechen, allerdings gab es in der 2. Hälfte des 19. Jahrhunderts Bestrebungen, eine moderne okzitanische Literatursprache zu schaffen. Auch aus touristischen Gründen geht man vermehrt dazu über, diese Sprache zu pflegen. So finden Sie speziell in Teilen der Auvergne vielerorts Straßen- und Ortsschilder in zweisprachiger Form.

such gab ich ziemlich blauäugig „Lavaudieu" ins Navi ein und konnte wiederholt feststellen, dass jeder Womo-Urlaub zugleich ein Abenteuerurlaub ist. Auf der Fahrt von Brioude dort hin waren wir damals sehr unbedarft und vertrauten vollkommen der Technik, sprich der netten Stimme des Navigationsgerätes. Was mich erwartete, ist nicht jedermanns Sache, daher lotse ich Sie lieber über die Strecke, die wir seither nehmen. Übrigens könnte ich die damalige Route heute auch nicht mehr nehmen, denn mein Womo ist mit den Jahren „gewachsen" und die Strecke kann lediglich ein abenteuerlustiger Wohnmobilfahrer, dessen Gefährt die 7-Meter-Marke nicht überschreitet, unbeschadet bewerkstelligen. Zudem würde der lange Überhang meines Gefährts auf der Brücke, die ich im folgenden erwähne, unweigerlich dazu führen, dass ich aufsetzen würde. Muss nicht sein! Dennoch eine Kurzbeschreibung, vielleicht gehören Sie ja zu der Kategorie der Abenteurer mit kleinerem Wohnmobil!?

Abseits der N 102 irrte ich also auf Wegen umher, die das Navi mir nannte. Straßen, die gerade mal so breit waren wie mein Womo, Wege, die als bessere Feldwege zu bezeichnen sind, und nicht zuletzt musste ich über eine Brücke, die genau den Ausmaßen meines damaligen Wohnmobils entsprachen. Da ich nicht nur „Navi-Vertrauen“ hatte sondern auch noch neugierig war, was mich hinter dieser Brücke erwarten würde, zögerte ich nur kurzfristig. Zum Glück war die Begrenzungsmauer niedrig, so dass die Seitenspiegel über die Brüstung hinausragen konnten. Am allerschlimmsten war es jedoch, dass diese alte Steinbrücke eine derartige Wölbung besitzt, dass man am Anfang – selbst aus der erhöhten Sitzposition eines Wohnmobilfahrers – nicht sehen kann, was sich hinter ihr verbirgt. In meinen allerschlimmsten Vorstellungen sah ich mich schon in einem Fluss landen. Ein Rückwärtsfahren war auf der Brücke bei bester Fahrkunst auszuschließen, und auch das Aussteigen auf selbiger unmöglich, da kein Platz mehr zum Öffnen der Türen war. Idealerweise hätte ich zuvor aussteigen und zu Fuß erkunden müssen, was mich hinter der Brücke erwartet. Jedoch: Faulheit siegte!

Soweit meine kleine Exkursion. Sollten Sie neugierig geworden sein: Die Brücke befindet sich bei **N 45° 16‘ 35.8“ E 03° 24‘ 37.0“**. Schön ist sie!

Nun aber zu der weniger abenteuerlichen Streckenführung: Von Vieille-Brioude aus müssen wir zurück zu der neuen/alten Steinbrücke zu Beginn des Ortes und über den Allier. Wenn Sie am Ende der Vorfahrtsstraße nach rechts abbiegen, kommen Sie nach La Chomette, wo Sie sehr ruhig in der Nähe eines Friedhofs übernachten könnten. Mich verbinden mit dem Ort ganz persönliche, schöne Erinnerungen.

Wir fahren jedoch erst einmal nach links Richtung Brioude und somit auf die N 102. Am bereits bekannten großen Rondell vor Brioude geht es die erste Ausfahrt auf die D 588 raus. Grobrichtung ist La Chaise-Dieu. Auch hier fahren wir später noch hin. Versprochen! Bald dirigiert uns eine Abzweigung nach rechts auf die D 20. Aber Achtung: In **Fontannes** die abknickende Vorfahrt nach links nehmen, sonst könnten Sie eventuell auf „meiner“ Brücke oder in einem anderen Abenteuer landen! Bleiben Sie auf dieser Strecke.

Wenn Sie einen Hinweis auf die **Abbaye Bénédictine** sowie auf Lavaudieu sehen, biegen Sie nach rechts. Rund 1,5 Kilometer weiter haben wir unser Ziel erreicht.

(134) WOMO-Picknickplatz: Lavaudieu

GPS: N 45° 15' 48.1" E 03° 27' 23.2" Le bourg
Max. WOMOs: >10
Ausstattung: Picknickbänke, öffentliche Toilette in 200 m im Ort, Mülleimer, Orientierungstafel.
Beschreibung: Kostenloser, des Nachts sehr ruhiger Platz, teils auf Wiese, teils auf Schotter. Am Ortsrand, mit schöner Aussicht und guten Wandermöglichkeiten. Direkt an der Senouire. Angeln je nach Wasserstand möglich. Restaurant und Ortskern 200 m.
Zufahrt: Über die D 588 Richtung La Chaise-Dieu, anschließend auf der D 20 den Schildern zur Abbaye Bénédictine und Lavaudieu folgen. Nach hinten durchfahren.
Hinweise: Keinerlei Einkaufsmöglichkeiten vor Ort.

Ich glaube mit Recht behaupten zu können, dass Lavaudieu eines der schönsten Dörfchen Frankreichs ist. Parkplatzprobleme gibt es hier wider Erwarten keine, denn direkt neben der Senouire stehen dem Besucher jede Menge große Plätze mit fantastischer Aussicht zur Verfügung.

Wir waren schon zu (fast) jeder Jahreszeit hier, fanden aber nie den erwarteten Trubel vor. Zwar gab es im Juli und August ein klein wenig mehr Leben, aber das, was viele Wohnmobi-

Lavaudieu im Sommer...

...und im Spätherbst

listen manchmal so gar nicht mögen, nämlich den Massentourismus, habe ich hier nie erlebt.

Nur wenige Minuten Fußweg trennen uns vom Stellplatz bis zum höher gelegenen mittelalterlichen Dorf, das sich um das **Benediktinerkloster** aus dem 11. Jahrhundert schmiegt. Außerhalb der Saison müssen Sie auf Führungen sowie ununterbrochene Öffnungszeiten verzichten, doch seien Sie getrost: Auch so kann man es in vollen Zügen genießen.

Schreiten Sie offenen Auges durch das idyllische Lavaudieu, denn alleine schon das Straßenbild ist sehenswert: Enge Gassen, durch die manchmal sogar ein Auto fährt, sind so geneigt, dass bei starkem Regen in der Mitte eine Abflussmöglichkeit gegeben ist. Ferner rücken interessante Häuser sowie im Sommer Häuserschmuck und Blumenarrangements in unser Blickfeld.

Besonders beeindruckt hat mich natürlich die Benediktinerabtei, die 1057 von Saint Robert, dem Begründer von La Chaise-Dieu, das wir in Tour 13 besuchen werden, ins Leben gerufen wurde. Die einstige Klosterkirche St-Andreas, die aus dem 11. bis 12. Jahrhundert stammt, besteht aus zwei Kirchenschiffen: einem romanischen Hauptschiff mit bescheidenem Ausbau sowie einem jüngeren Seitenschiff. Sie beherbergt interessante **Wandmalereien** der Italienischen Schule aus dem 14. Jahrhundert, die zwischen 1965 und 1980 freigelegt und teils restauriert wurden. Auffallend ist eine sehr eigenartige Allegorie des Pest-Todes. Diese entdecken Sie – vom Eingang aus gesehen – rechts oben. Einzigartig auf der Welt wird hier der Tod als Frau mit rotem Kleid dargestellt, die totbringende Pfeile auf die Menschen wirft. Das Dramatische dabei ist, dass die „lady in red“ durch den schwarzen Schleier blind ist und somit wahllos auf die Menschheit zu treffen scheint.

Der Tod in Frauengestalt trifft seine Opfer blind...

Auch das große Wandbild im linken Querschiff vorne, das aus dem 16. Jahrhundert stammt und mit „Das Martyrium der Heiligen Ursula und ihrer Töchter in Köln/Rhein" betitelt ist, bedarf der Aufmerksamkeit. Damit nicht genug! Nehmen Sie sich Zeit, denn diese relativ kleine Kirche beherbergt zahlreiche weitere Obskuritäten. Dazu zählen auch der Christuskopf hinter Glas, ein mit Pfeilen durchbohrtes Kind sowie rechts über der Kanzel der auffallende Pelikan aus Holz, der seine Jungen füttert –, übrigerns das Symbol der Selbstaufgabe.

Erschlagen von so viel Kunst, Kultur und Schönheit will ich mir nun ein wenig die Beine rund um den Stellplatz sowie am Flüsschen Senouire vertreten. Die Senouire selber präsentierte sich mir in den unterschiedlichsten „Temperamenten": Während wir hier einst einen Bauern trafen, der seine Kühe über den nur knöcheltiefen Fluss trieb und sich dabei eine Trinkflasche sowie eine Gießkanne mit Wasser füllte, war der Fluss an genau dieser Stelle ein andermal brausend und tosend. Kein Rüberkommen möglich...

Verlassen wir Lavaudieu. Wer direkt nach Langeac will, biegt am Ende der

Christus hinter Glas

Straße nach rechts ab, wer ans gleiche Ziel, jedoch mit einigen Zwischenstopps möchte, nimmt Links.

Für den direkten Weg fahren Sie wie folgt: Hinter Lavaudieu nach rechts auf die D 20 Richtung Paulhaguet. Dieser Ort wird umfahren. Am Ende geht's nach links, um wieder ein Stück auf der N 102 Richtung Le Puy zu bleiben. Rund 1,5 Kilometer danach biegen Sie hinter einer Bergkuppe nach rechts auf die D 56. Insgesamt eine interessante Strecke, wobei Langeac sehr früh gut ausgeschildert ist.

Ich bleibe aber bei meinem ursprünglichen Vorhaben und fahre von Lavaudieu aus nach links Richtung Brioude, um auf die N 102 und nach **La Chomette** zu gelangen.

Diesen kleinen Ort an der N 102 will ich unbedingt erwähnen. Das hat einen nostalgischen Hintergrund: Hier wohnt und arbeitet der 1933 geborene Maler **Daniel Recanzone**, dessen Tochter Florence vor über 20 Jahren für mehrere Wochen bei uns zu Gast war und uns mit ihrem Charme sowie ihren gesanglichen Fähigkeiten vereinnahmte. Damals kam sie zu uns, um ihr Deutsch zu verbessern und übte dabei täglich vor allem Lieder von Schuhmann. Heute ist **Florence Recanzone** eine über europäische Grenzen bekannte Opernsängerin. Lust auf meinen emotionalen Spuren zu wandeln? Ihr Wohnmobil können Sie gegenüber der Kirche parken **[N 45° 13‘ 47.3“ E 03° 28‘ 29.9“]**. Gleich rechts vom Parkplatz aus führt eine kleine Gasse zum äußerlich eher unscheinbar erscheinenden Haus/Atelier der Familie Recanzone.

Zum Übernachten kann ich Ihnen bei La Chomette einen ruhigen Platz, unweit der N 102, empfehlen:

(135) WOMO-Stellplatz: Hinter La Chomette

GPS: N 45° 13' 33.2" E 03° 28' 42.2" An der N 102
Max. WOMOs: 2-3
Ausstattung: Mülleimer.
Beschreibung: Sehr ruhiger Parkplatz vorm Friedhof am Wald, oberhalb der N 102.
Zufahrt: Von Brioude Richtung Le Puy-en-Velay auf der N 102 hinter La Chomette rechts zum Friedhof hoch.
Hinweise: Nachts sehr einsam und ruhig.

Sollten Sie für die weitere Route mehr dem Navi als mir vertrauen, geben Sie bitte Lavoûte-Chilhac als Zwischenziel ein, um auf der interessanteren D 585 zu fahren und einige Zwischenziele entdecken zu können. Ich selber begebe mich nach Vieille-Brioude zurück, um ziemlich gleich nach der Steinbrücke nach links auf die D 585 abzubiegen, die parallel zum Allier verläuft.

Haben Sie Zeit und sind Sie ein Naturliebhaber? Dann finden Sie zwischen **La Vialette** und **Villeneuve-d'Allier** die richtige Stelle. Hier liegen linkerhand der Straße ein Badeplatz mit Bootsanlegestelle sowie ein kleiner, naturbelassener, idyllischer Campingplatz. Ruhe und Besinnlichkeit sind angesagt.

(136) WOMO-Badeplatz: Bei Villeneuve-d'Allier/St-Ilpize

GPS: N 45° 12' 22.9" E 03° 23' 55.4"
Max. WOMOs: 1-2* **Ausstattung**: Keine.
Beschreibung: Kostenloser, idyllischer Badeplatz außerhalb, am Allier, gegenüber des Campingplatzes. In der Nähe der D 585. Nachts sehr ruhig. Kaum Schatten. Klappstuhlgeeignet.
Zufahrt: Bald nach dem Ortsschild nach links abbiegen. Der Campingplatz ist ausgeschildert.
Hinweise: *Außerhalb der Öffnungszeiten des Campingplatzes kann man durchaus auch mit etwa 4 Womos und länger dort stehen. Im Sommer sehr viele Kanu-Fahrer.

Bei schönem Wetter werden Sie – neben den Campingplatzbenutzern – viele Kanufahrer sowie Franzosen antreffen, die ihre wundervolle Landschaft zu schätzen wissen, die hier angeln, baden oder einfach nur picknicken. Hier muss ich immer wieder an unseren allerersten Besuch denken: Neben uns picknickte und angelte ein älteres Ehepaar mit Enkel. Rot-

(137) WOMO-Campingplatz: Bei Villeneuve-d'Allier/St-Ilpize (Camping Municipal La Vialette)**

GPS: N 45° 12' 23.0" E 03° 23' 54.2" Nahe der D 585
Tel./Fax: +33 47 17 40 679
E-Mail: campinglavialette@gmail.com
Internet: www.campinglavialette.wixsite.com/camping-la-vialette
Max. WOMOs: 30 **Öffnungszeiten**: 1. Mai - 31. Oktober
Beschreibung: Kleiner, naturbelassener Campingplatz am Allier. Außerhalb, etwa 2 km zum Ort. Plätze auf Wiese, Snackbar, Spielplatz. Baden, Angeln und Kanufahren im Allier. Wenig Schatten.
Preise: 9,40 EUR, Strom extra.
Zufahrt: Bald nach dem Ortsschild nach links abbiegen. Der Campingplatz ist ausgeschildert.
Hinweise: Kanu-Verleih am Platz. Max. Womo-Länge 7 m.

wein, Käse und Baguette waren nur einige der nicht fehlen dürfenden Mitbringsel. Als der Enkel mehrere kleine Fische geangelt hatte und sie in einem Eimer mit wenig Wasser und natürlich lebend präsentierte, war ich der irrigen Annahme, er wolle „spielen". Weit gefehlt! Von den Großeltern erfahre ich, dass diese Minifische frittiert ein Hochgenuss seien. Wer's mag...

Schweren Herzens trenne ich mich von diesem herrlichen Fleckchen Erde, das ein naher Verwandter des Paradieses sein muss. Ich fahre zurück zur Vorfahrtsstraße, in die ich nach links einbiege. Mich erwartet eine schöne, kurvenreiche Strecke, ehe ich in **Lavoûte-Chilhac** ankomme. Und wieder einer der vielen wunderschönen Orte. Mit einem kleineren Mobil finden Sie hier gut einen schönen Stellplatz direkt am Wasser. Mit einem größeren bedarf es größerer Fahrkünste und noch größerem Glück, denn alleine schon im Ort selber geht es eng zu. Die vielen „französisch" parkenden PKWs erleichtern die Sache nicht unbedingt. Aber der Besuch lohnt!

(138) WOMO-Badeplatz: Lavoûte-Chilhac I

GPS: N 45° 08' 50.7" E 03° 24' 06.5"
Max. WOMOs: 4-5
Ausstattung: Keine.
Beschreibung: Kostenloser, gemischter (Park)Platz beim Maison de l'oiseaux de Haut Allier. Direkt am Allier. Angeln und Baden möglich. Ortsnah.
Zufahrt: Im Ort nach links Richtung Paulhaguet, auf die D 4. Über die Brücke fahren und sofort wieder nach rechts. Den Wegweisern zum Maison des oiseaux folgen.
Hinweise: Nachts sehr ruhig.

(139) WOMO-Badeplatz: Lavoûte-Chilhac II

GPS: N 45° 08' 54.9" E 03° 24' 12.4"
Max. WOMOs: 4-5
Ausstattung: Keine.
Beschreibung: Kostenloser Platz hinter einem Parkplatz. Direkt am Allier. Angeln und Baden möglich. Ortsnah.
Zufahrt: Über die Brücke wie zu Stellplatz 138, jedoch die Straße weiterfahren. Hinter der Kirche geht es nach links auf einen Parkplatz. Dort am Anfang gleich runter zum Fluss. Kanuverleih.
Hinweise: Nachts sehr ruhig. Zufahrt eher für kleinere Womos geeignet.

(140) WOMO-Campingplatz: Lavoûte-Chilhac (Camping Municipal La Ribeyre)

GPS: N 45° 09' 06.7" E 03° 24' 26.6" La Ribeyre
Tel./Fax: +33 47 17 74 803 oder +33 47 17 74 567
E-Mail: lavoute-chilhac.com
Internet: www.auvergnevacances.com/campings-auvergne/la-ribeyre-lavoute-chilhac/
Öffnungszeiten: 15. Juni - 30. September
Beschreibung: Schattiger Campingplatz am Fluss, fast 1 km Fußweg ins Zentrum. Kanu- und Kajak-Verleih am Platz, WLAN, Waschmaschine. Hunde erlaubt.
Preise: Personen, Wohnmobilstellplatz und Strom je 3,50 EUR/Tag.
Zufahrt: Gleich am Ortsanfang nach dem 30er-Schild scharf nach links abbiegen und den Wegweisern „Ribeyre“ und „VVF“ folgen.

Lavoûte-Chilhac ist eine kleine Gemeinde mit einem ganz besonderen Charme. Die **mittelalterliche Brücke** aus dem 15. Jahrhundert mit Teilen aus dem 11. Jahrhundert ist nur eine der Sehenswürdigkeiten. Weiterhin interessant sind das **Priorat Sainte-Croix**, das ursprünglich im Jahre 1025 gegründet wurde, wobei wir jetzt den Bau aus dem 15. Jahrhundert bestaunen dürfen, sowie die Kirche Notre-Dame.

Für unsere Weiterfahrt müssen wir zurück auf die D 585, Richtung **Langeac**, wo ich die Asphaltstraße gegen Schienen tauschen möchte.

Langeac erwartet uns sehnsüchtig mit drei der berühmten französischen Rondells. Richten Sie Ihr Augenmerk zunächst auf das Campingplatz-Schild. Einen offiziellen Stellplatz gibt

(141) WOMO-Campingplatz: Langeac (Camping des Gorges de l'Allier***)

GPS: N 45° 06' 07.8" E 03° 29' 58.1" Domaine le Pradeau
Tel./Fax: +33 47 17 70 501
E-Mail: infos@campinglangeac.com
Internet: mairielangeac.wixsite.com/campinglangeacdeutch
Öffnungszeiten: 01. April - 31. Oktober
Beschreibung: Campingplatz mit teilweise viel Schatten, am Eingang der Allierschlucht. Badestelle im Allier am Ende des Platzes mit feinem Kiesstrand. Pool (nur Juli/August geöffnet), Fahrradwaschanlage (!), Brotservice, Waschmaschine, Trockner, kleiner Laden (im Sommer), kleine Snackbar, kostenloses WLAN. Innenstadt 5 min. Fußweg (nach links raus), Supermarkt 10-15 min. (nach rechts raus).
Preise: 11 EUR - 13 EUR, Strom 2,60/h.
Zufahrt: Am Ortseingang am Supermarkt vorbei, Richtung Saugues. Am Rondell die 3. Ausfahrt zum Campingplatz nehmen. Der Platz ist ausgeschildert.
Hinweise: Kanuverleih nebenan.

Der Allier mit Badestrand am Campingplatz

es nicht, aber wir sahen immer wieder Franzosen unterhalb der Brücke stehen und übernachten. Ein Verbotsschild steht dort, aber es scheint geduldet zu werden. Daher hier die Daten: [142: N 45° 05' 58.1" E 03° 29' 57.9", Chemin de la Vigerie]. Dort hin kommen Sie, wenn Sie am Rondell die 2. Ausfahrt nehmen und gleich den nächsten Kreisverkehr nach links raus verlassen, um über die Brücke zu fahren. Hinter der Brücke geht es nach rechts.

Wer hier nichts findet und nur eben mal seine Fahrtüchtigkeit Nacht wiederherstellen möchte, für den habe ich einen Platz am Ortsende Richtung Saugues. Außer einem festen Untergrund, Tennisplätzen, Gärten sowie den Allier in der Nachbarschaft gibt es hier nicht viel. Er liegt linkerhand der D 585, wo es gegenüber einer kleinen Eisenbahnunterführung ziemlich steil hinunter geht. [143: N 45° 05' 38.4" E 03° 30' 08.4"] Der Weg in den Ort ist etwas weiter.

Wir entscheiden uns meist für den Campingplatz, da wir in Langeac gerne mehrere Tage bleiben. Hier gibt es viel Natur und einen wunderschönen Badeplatz mit Kiesstrand. Gegenüber springen Jugendliche vom Felsen ins glasklare Nass. Nichts für mich! Aber interessant zu beobachten. Fische und Frösche kreuzen ebenso wie Eidechsen unsere Wege. Außerdem sind die Stadt und ein Supermarkt gut zu Fuß zu erreichen. Nach längerer Abstinenz treffen wir hier meistens auch deutsche Urlauber.

Langeac an sich ist ein eher kleiner, beschaulicher Ort, den man in wenigen Stunden erkunden kann. Sehr gut gefällt mir der dortige Markt an jedem Dienstag und Donnerstag. Als Sehenswürdigkeiten würde ich die engen Gassen, die alten Häuser und die zahlreichen Straßencafés sowie natürlich die **Kapelle St Pierre de Chavanon** mit der Reliquie und das **Historial Mère Agnès** in der Rue St-Pierre de Chavanon ansehen.

Wenn Sie vom Campingplatz aus den kleinen Fußweg entlang des Allier gehen, gelangen Sie zu einem wirklich schön angelegten Freizeitpark mit dem wundervollen Namen „Île d'Amour".

Ein ganz besonderes Highlight aber ist die Fahrt mit dem **train touristique** durch die **Allier-Schluchten**. Sie führt größtenteils hoch über dem Allier entlang, vorbei an bizarren Felsformationen und über etliche Brücken. Einige der Brücken hätte ich mir lieber von unten angeschaut. Mein innerer Trost war: Sie halten schon viele, viele Jahre lang, warum sollten sie gerade jetzt einstürzen, wenn ich drüberfahre!?

Markttag

Eine sehr freundliche – jedoch leider nur fließend französisch sprechende – Stimme erklärt die Landschaft, nennt Ortsnamen sowie einige interessante Eckdaten und -punkte. Auch liefert sie Einblick in einen Teil der Geschichte der Eisenbahn und der Strecke. An markanten Punkten verlangsamt der train touristique ohne Vorwarnung seine Fahrt, so dass genügend Zeit zum Staunen und Fotografieren verbleibt.

Warten auf den Zug...

Die Fahrt mit dem Touristenzug können Sie in verschiedener Weise erleben: Neben einer reinen „Schlemmertour", bei der es in erster Linie ums Es-

Im modernen train touristque durch die Allier-Schlucht

sen und Trinken geht und die nicht ganz billig ist, haben Sie die Wahl zwischen der kleinen Tour bis Monistrol-d'Allier – was etwa eine Dreiviertelstunde dauert – oder aber der langen Strecke von zweieinhalb Stunden, wo Sie bis Langogne chauffiert werden. Wir haben auf die Schlemmertour verzichtet. Wenn Sie weder von quengelnden Kindern noch von entnervten Hunden oder Partnern begleitet werden, sollten Sie die längere Version nehmen. Es ist nicht nur ein besonderer Genuss, Sie haben zudem die Möglichkeit, sich **Langogne** ohne Parkplatzprobleme anzusehen. Mehr unter **www.train-gorges-allier.com/deutsch/**. In der Hauptreisezeit empfiehlt es sich, Karten am Vortag am Schalter des Bahnhofes zu kaufen.

Wir fahren weiter. Unser Ziel ist das rund fünf Kilometer entfernte **Chanteuges**, das auf der Strecke nach Saugues an der D 585 liegt.

Vom Campingplatz aus nehmen wir am dortigen Rondell die 3. Ausfahrt und fahren auf der D 585 entlang des Alliers. Chanteuges ist ausgeschildert.

Dieser Teil der D 585 trägt den vielsagenden Namen „**Avenue du Géauvaudan**". Passen Sie auf, dass Ihnen nicht ganz plötzlich die Bestie vors Wohnmobil läuft! Wie, Sie wissen nicht, wovon ich rede? Dann sollten Sie schnell im nächsten Kapitel nachlesen! Dieser berühmt-berüchtigten Bestie werden wir nämlich in Tour 11 begegnen.

Bald schon überqueren wir Bahnschienen und kurze Zeit darauf erreichen wir Chanteuges, einen kleinen aber sehenswerten Ort mit einem sehr schön gelegenen, ruhigen und sauberen Stellplatz, von wo aus Sie einen fantastischen Blick auf

(144) Offizieller WOMO-Stellplatz: Chanteuges

GPS: N 45° 04' 19.8" E 03° 31' 47.6"

Esplanade de la Gare

Max. WOMOs: 10

Ausstattung: Ver- und Entsorgung, Toilette, Mülleimer.

Beschreibung: Ruhig gelegener, sehr sauberer, kostenloser Stellplatz am Ortsrand beim ehemaligen Bahnhof. Parzelliert, auf Schotter. Spielplatz nebenan. Zentrum 200 m. Fantastische Aussicht.

Zufahrt: In den Ort fahren und die erste Straße – noch vor dem Zebrastreifen – nach rechts nehmen. Über eine kleine Brücke. Am Ende der Straße nochmals nach rechts und durchfahren.

Hinweise: Die V&E befindet sich etwas weiter vorne auf der linken Seite beim Spielplatz und dem Toilettenhäuschen.

das dortige Priorat – die ehemalige **Abtei Chanteuges** – haben. Mitte des 12. Jahrhunderts wurde die Abtei mit Gewalt erobert und zu einer Festung umgebaut. Beinahe drohend thront sie nun – auf der schmalsten Stelle eines von zwei gegenüberliegenden Felsen umgebenen Felsvorsprungs – über dem Allier sowie dem weniger bekannten Fluss Desges. Beide vereinigen sich weiter nördlich.

Chanteuges selbst besteht aus dem Unterdorf, wo sich unser Stellplatz befindet, sowie aus dem Oberdorf, wo sich ein paar Häuser um das Kloster gruppieren.

Genießen Sie die Zeit dort am Platz und den Blick und folgen Sie mir dann auf den Spuren der Bestie sowie zweier berühmter Wege.

Fantastischer Blick vom Stellplatz aus...

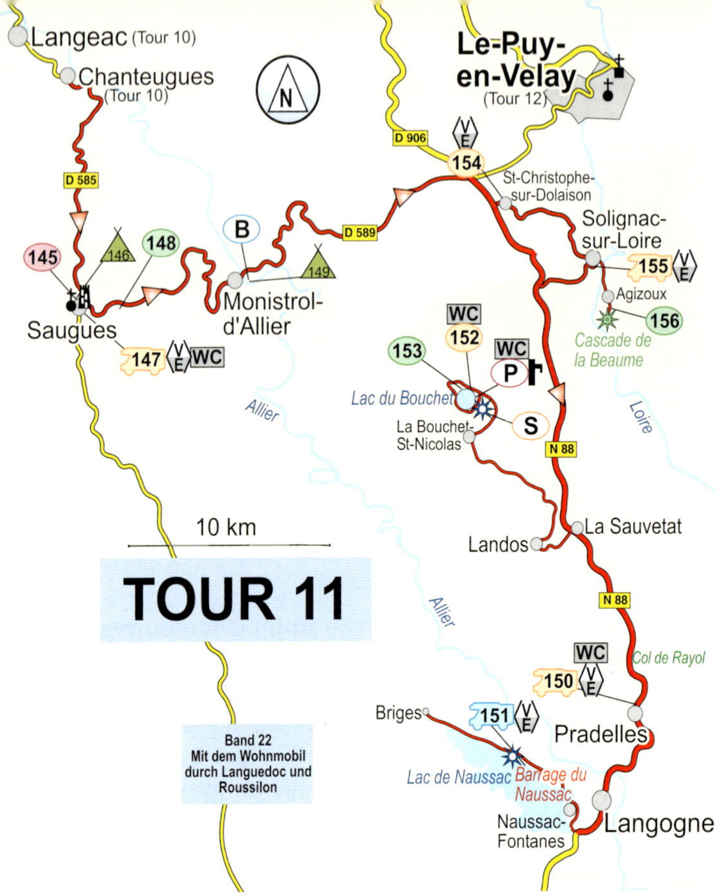

TOUR 11: Bestie, Esel & Teufel — 180 km

Saugues – Pradelles – Lac du Bouchet – St-Christophe-sur-Dolaison – Cascade de la Beaume

Stellplätze:	Saugues, Monistrol d'Allier, Pradelles, am Lac de Naussac, am Lac du Bouchet, St-Christophe-sur-Dolaison, Solignac-sur-Loire, bei der Cascade de la Beaume
Campingplätze:	Camping Municipal de la Seuge (Saugues), Camping Le Vivier (Monistrol d'Allier)
Besichtigen:	Saugues mit dem Musée de la Bête du Gévaudan, Pradelles, Kirche in St-Christophe-sur-Dolaison, Solignac-sur-Loire, die Cascade de la Beaume
Baden:	Im See in Saugues, im Allier bei Monistrol d'Allier, im Lac de Naussac, im Lac du Bouchet

Wandern:	Oberhalb von Saugues, bei Pradelles, um den Lac du Brouchet, zur Cascade de la Beaume
Märkte:	Saugues (Fr.)

Lassen Sie uns diese Tour mit der Suche nach einer legendären Bestie beginnen und mit dem Besuch einer sagenumwobenen Cascade beenden. Zwischendurch widmen wir uns ein paar Seen, dem Schriftsteller Stevenson und seinem Esel sowie einer nicht ganz alltäglichen Kirche.

Die D 585 mit unseren Reifen berührend, durchqueren wir den **Forêt de Pourcheresse**, der uns mit Farn, Fingerhut und – wie könnte es anders sein – zahlreichen Bäumen begrüßt. Stellenweise habe ich die Phantasie eines Märchenwaldes. Die bereits erwähnte Bête lief uns jedoch – zum Glück – auf keiner unserer Fahrten vors Womo. Nachdem wir nun von unserer letzten Station in Chanteuges stets die gleiche Straße befahren haben – die Strecke lässt sich mit den drei Worten „Holz", „Kühe" und „Pilze" beschreiben –, erreichen wir den „bestialischen" Ort **Saugues**.

Hier müssen Sie sich entscheiden, ob Sie zum Campingplatz, der idyllisch gelegen ist, zum benachbarten Picknickplatz, der nicht besonders ansprechend und nicht für längere Aufenthalte geeignet ist, oder zum ebenso nicht besonders einladenden Stellplatz, direkt in der Stadt, möchten.

Übrigens bietet der Campingplatz einen gesonderten Wohnmobilbereich an und Angelfreunde können sich über die Vielzahl der Fische im hiesigen Angelsee freuen. Wenn man der Informationstafel Glauben schenken darf...

(145) WOMO-Picknickplatz: Saugues

GPS: N 44° 57' 30.0" E 03° 32' 25.3"
Max. WOMOs: 2-3 **Ausstattung**: Picknickbänke, Abfalleimer.

Beschreibung: Schattiger Platz in der Nähe des Campingplatzes. Am westlichen Ortsrand, an kleinem Bach. Zentrum 800 m.
Zufahrt: Zu Ortsbeginn nach rechts die Umgehungsstraße für Schwerverkehr Richtung Le Puy nehmen und damit auf der D 585 bleiben. Dem Hinweis zum Campingplatz und zum „stade" folgen. Hinter der Sporthalle und den Tennisplätzen in den Weg nach rechts einbiegen. Über eine kleine, geländerlose Brücke. Der Platz liegt links. Rechts geht's zum Campingplatz.
Hinweise: Bei starkem Wind schlagen die Zapfen der großen Bäume aufs Womo-Dach. Steiler Weg zum Ort.

Da jubelt das Anglerherz

Nachdem Sie sich entschieden haben (Das Kästchen für den offiziellen Platz finden Sie nebenan.), sollten wir uns gemeinsam zum Stadtbummel aufmachen.

Vom Camping- beziehungsweise Picknickplatz aus gehen wir den Berg auf der anderen Seite der D 585 hoch. Vom Stellplatz aus müssen wir uns ebenfalls noch ein klein wenig bergauf quälen.

(146) WOMO-Campingplatz: Saugues (Camping Sporting de la Seuge***)

GPS: N 44° 57' 28.9" E 03° 32' 27.5" Av du Gévaudan
Tel./Fax: +33 47 17 78 062 oder +33 66 51 50 432
E-Mail: camping@saugues.fr
Internet: www.saugues.fr/camping-et-chalets_fr.
Öffnungszeiten: Mitte April - Anfang November
Beschreibung: Campingplatz am plan d'eau mit Strandzugang sowie überwachtem Badestrand am See. Auf Wiese, teils schattig. WLAN, Waschmaschine, Trockner, Snackbar, kleiner Laden und Barbecue. Diverse Sportangebote wie Basketball, Volleyball, Tischtennis, Angeln im Angelteich, Kanu, Kajak, Tretboot und Wasserski. Fitnessbereich. Hunde erlaubt. Ortsmitte rund 800 m.

Preise: Je nach Saison 8,90 EUR - 12 EUR, Strom 2,50 EUR/Tag. Hunde kostenlos.
Zufahrt: Wie zum Picknickplatz, jedoch hinter der kleinen Brücke nach rechts.
Hinweise: Gesonderte Wohnmobil-Plätze. Recht steiler Anstieg zum Ort.

Die Sehenswürdigkeiten werden Sie kaum verfehlen, da der Ort nicht besonders groß ist und zudem auf dem Boden **Fußspuren der Bestie** zum zentral gelegenen **Musée Fantastique de la Bête du Gévaudan** führen. Hier lernen Sie die mehrfach erwähnte Bestie kennen und können sich ein wenig gruseln sowie Ihren Kleinsten ein bisschen „action“ bieten.

(147) Offizieller WOMO-Stellplatz: Saugues

GPS: N 44° 57' 36.0" E 03° 32' 39.2" Place du Breuil

Max. WOMOs: >10

Ausstattung: Ver- und Entsorgung, Toilette, Mülleimer, Stadtplan.

Beschreibung: Kostenloser, nicht gerade schöner, asphaltierter gemischter Parkplatz im Ort. Ohne Schatten.

Zufahrt: Wie zu den Plätzen 145 und 146, jedoch da, wo linkerhand ein Häuserblock steht, nach links den Berg – dem Hinweisschild zum „Place de Breuil" Folge leistend – hochfahren. Auf halber Höhe, gegenüber der Feuerwehr, nach rechts abbiegen.

Hinweise: Vollkommen veraltete, kostenlose V&E, wo im Sommer 2019 kein Wasser floss. Platz ist schief, daher Keile ratsam. An Markttagen ist der Platz meistens mit PKWs ausgelastet.

[www.musee-bete-gevaudan.com/, Musée Fantastique de la Bête du Gévaudan, Dauer einer Führung 35 Minuten]

Die Bestie von Gévaudan

Eigentlich weiß keiner so recht, was an der Geschichte über die Bestie von Gévaudan wahr ist. Zahlreiche Filme und Erzählungen ranken sich bis in unsere heutige Zeit um dieses Untier. Einige Fakten gelten als gesichert. So sind etwa in den Pfarrregistern aller betroffenen Pfarreien die Namen der Toten verzeichnet. Auch der rege Schriftverkehr zwischen der Polizei in der Auvergne und den Vertretern im Gévaudan belegt die Existenz des Falles. Nicht zuletzt fand man zeitgenössische Zeichnun-

gen sowie Zeitungsartikel und Berichte über die königlichen Treibjagden.
Im Frühjahr 1764 machte die Bestie zum ersten Mal von sich reden, als am 01. Juli ein 14-jähriges Mädchen angebliches Opfer wurde. Man fand ihre schwer entstellte Leiche. Es folgten weitere weibliche Tote an wechselnden Tatorten.
Etliche Versuche, der Bestie auf die Schliche zu kommen und sie zu fangen, misslangen. Am 31.12.1764 erklärte der Bischof von Mende, das Tier sei eben eine „Geißel Gottes". Am 12. Januar 1765 wurde die Bête in der Nähe von Saugues gesichtet, wo sie eine Gruppe von sieben Kindern anfiel. Dank des ältesten Jungen – einem 12-Jährigen – gelang es, Schlimmeres zu verhindern. Mehrere Treibjagden – zumeist von König Louis XV angeordnet – fanden statt und hohe Kopfprämien wurden ausgesetzt. Im Februar 1765 organisierte Captain Duhamel eine Jagd mit über 20.000 Mann, und im September 1765 wurde erstmals ein Wolf erlegt, dem man die Gräueltaten zuschrieb. Aber das Morden ging weiter. 1767 tötete Jean Chastel an einem Ort, der „La Sogne d'Auvers" genannt wurde, und der dem heutigen Saugues entsprechen könnte, das angebliche Untier.
Historiker sprechen von über 100 Opfern in der Zeit zwischen 1764 und 1767, wovon 82 namentlich bekannt sind. Zahlreiche Kritiker widersprechen der Version eines bestialischen Wolfes, einer entlaufenen Hyäne oder eines Löwen, und führen stattdessen die Taten einem Serienmörder oder einem dem Mythos zuzurechnenden Werwolf – einem Loup-Garou – zu. Einige Fakten sprechen für eine Züchtung aus Hund und Wolf.
Heute findet man Abbilder und Spuren der Bête in und um Saugues herum all überall.

Die „bête" hinterlässt Spuren

Gegenüber des Museums geht es weiter: Hier steht die 43 Meter hohe, beinahe alles überragen-

Jean-Jacques, ein Jünger Jesu..

de **Tour d' Anglais**, von dessen oberer Plattform Sie einen fantastischen Blick über die Umgebung haben.

Ganz in der Nähe befindet sich die ursprünglich aus dem Beginn des 13. Jahrhunderts stammende **Stiftskirche St-Médard**. Im Inneren des Gotteshauses sind zahlreiche Kostbarkeiten zu finden. Dazu zählen unter anderem eine Madonna aus dem 12. Jahrhundert sowie drei silberne Kreuze aus dem 15. und 16. Jahrhundert. Mich persönlich beeindruckte der Sarg des Heiligen Bénilde, dessen „Besitzer“ ich bis dato nicht kannte. Ich habe mich schlau gemacht: Er war einst ein Bauernsohn,

Einer der zahlreichen Heiligen...

hieß mit bürgerlichem Namen Bénilde Romançon, gründete und leitete in Saugues eine Schule und starb 1862 hier.

Die kleine Statue des Jean-Jacques de Compostela weist darauf hin, dass Saugues außer der Bestie noch ein ganz anderes Wahrzeichen hat, nämlich den **Jakobsweg**. Der Ort liegt nämlich am Fernwanderweg GR 65, welcher größtenteils der französischen Via Podiensis folgt.

Ich möchte Sie jetzt zu genau diesem Wanderweg entführen. Folgen Sie mir also zu einem kleinen Wanderparkplatz mit herrlichem Panoramablick und interessanten Skulpturen.

Wir verlassen den „gruseligen" Ort, indem wir in der Ortsmitte auf die D 589 Richtung Monistrol fahren. Vom Camping- und Picknickplatz aus bedeutet das, nach rechts raus und am Rondell die 3. Ausfahrt nehmen, den Berg hoch und oben in Saugues rechts haltend auf der D 589 weiterfahren. Vom Stellplatz aus geht es nach unten raus. Bleiben Sie auf der Rue du Breuil. Wenn Sie auf die Feuerwehr stoßen, biegen Sie nach rechts und am Ende der Straße nochmals nach rechts. Dabei geht's durch den Ort. An der Kreuzung treffen Sie dann mit den anderen Lesern zusammen. Monistrol ist ausgeschildert. Aber Achtung, sollten Sie diesen Ort ins Navi eingeben, vergessen Sie den Zusatz „d'Allier" nicht!

Recht kurvenreich bewegen wir uns zum **Hochplateau der Margeride**. Schon bald sehe ich vor mir eine der zahlreichen **großen weißen Madonnenfiguren** der Auvergne. Und schon liegt rechts eine Parkmöglichkeit. Halten Sie hier, auch wenn Sie nicht wandern möchten!

(148) WOMO-Wanderparkplatz: Oberhalb von Saugues

GPS: N 44° 57' 24.6" E 03° 33' 28.3" An der D 589, 1.032 m.ü.d.M.
Max. WOMOs: 1-2
Ausstattung: Wander- bzw. Infotafel.
Beschreibung: Schotterplatz in Form einer Einbuchtung rechts der Straße. Weit außerhalb des Ortes auf einer Anhöhe mit Blick auf Saugues und die Umgebung. Ausgangspunkt für offizielle Wanderwege – die „traces de la Bête" sowie die GR 65, ein Teil des Jakobsweges.
Zufahrt: Im Ort auf die D 589 Richtung Monistrol-d'Allier fahren. Der Platz liegt auf der rechten Seite.
Hinweise: Fantastisches Panorama. In der Nähe befinden sich mehrere Holzskulpturen. Schräg gegenüber ist bei der bête noch ein Platz.

Auf einer Anhöhe von 1.032 Metern blicken wir auf Saugues hinab. Sie können auch schräg gegenüber auf der linken Seite bei der bête parken, dann nehmen Sie ihren Blickwinkel ein.

Ich unternehme einen Spaziergang mit meinen „bêtes" Bijou (sozusagen mit BB) und Miró, gehe den Weg hoch und an den Skulpturen vorbei. Betrachten Sie sich diese sehr

genau! Pilger haben hier wohl immer wieder Steine hinterlassen, und viele interessante, teils lustige Details sind zu entdecken. Sehen Sie die Jakobsmuschel? Und das lustige Eichhörnchen? Und, und, und...

Wir befinden uns auf den „traces de la Bête“, also auf den Spuren der Bestie. In einer der Quellen ist von 14 Etappen und insgesamt 304 Kilometern die Rede. Das wäre als Wanderung heute wohl beim besten Willen nicht zu schaffen.

Werfen Sie ruhig auch mal einen oder mehrere Blicke zurück. Fantastisch!?

Weiter den Weg hoch gibt es übrigens noch ein paar interessante Steinformationen. Erinnert irgendwie an die Bretagne...

Immer noch hat die bête ein Auge auf Saugues...

Im weiteren Verlauf durchqueren wir auf einer kurvigen, größtenteils gut ausgebauten Straße eine hügelige Landschaft, die uns einige Findlinge, kleinere Felsen aus Vulkangestein, sowie einmal mehr Wald nebst etlichen schattigen Rastplätzen beschert. Man kann sich gut vorstellen, wie hier la Bête du Gévaudan gewütet haben mag, und wie in dieser gottverlassenen Gegend zahlreiche Jäger vergeblich versucht hatten, das Biest zu erlegen. Skeptiker unter Ihnen, die nicht an die Geschichte glauben, sehe ich schmunzeln. Tatsache aber ist, dass ein ganzes Gebiet von irgendeinem mordenden Wesen heimgesucht wurde. Gruselig genug, oder!?

Sollte es Ihnen heiß geworden sein, empfehle ich einen kleinen Badeplatz direkt am Allier. Er befindet sich im bereits erwähnten **Monistrol-d'Allier**. Und wenn es Ihnen dort genauso gut gefällt wie uns, schlage ich für einen längeren Aufenthalt den in der Nachbarschaft liegenden Campingplatz vor.

WOMO-Badeplatz: Monistrol-d'Allier

GPS: N 44° 58' 05.6" E 03° 38' 59.6" Rue du pain de sucre
Max. WOMOs: 1-2
Ausstattung: Keine.
Beschreibung: Badestrand mit Kies am Allier, am Ortsrand, neben dem Campingplatz.
Zufahrt: Auf der D 589 am Ortsanfang über die Allier-Brücke fahren und gleich die erste Straße scharf nach rechts runter Richtung Campingplatz und zum Kanuverleih nehmen. Vor dem Campingplatz geht's nach rechts.
Hinweise: Angeln, Baden und Kanuverleih vor Ort möglich. Es besteht Übernachtungsverbot.

Badeplatz am Allier

(149) WOMO-Campingplatz: Monistrol d'Allier (Camping Le Vivier*)**

GPS: N 44° 58' 08.8" E 03° 39' 05.3" Rue du pain de sucre
Tel./Fax: +33 47 15 72 414 oder +33 62 98 52 676
E-Mail: camping.gite.chambre@gmail.com
Internet: www.campinglevivier-hauteloire.fr/
Öffnungszeiten: 15. April - 15. September
Beschreibung: Kleiner, sehr schattiger Campingplatz am Ortsrand, neben dem Badeplatz und dem Kanuverleih. Am Allier gelegen, wo sich im Juli/August eine überwachte Badegelegenheit befindet. Spielplatz, Snackbar, kleiner Laden und WLAN. Restaurant in der Nähe. Hunde erlaubt. Angelmöglichkeit.
Preise: Je nach Saison zwischen 15 EUR und 17 EUR.
Zufahrt: Wie zum Badeplatz, gleich hinter der Brücke die erste Straße nach rechts runter. Unten links halten.
Hinweise: Für Wohnmobile über 8 m kann es knapp werden.

Monsitrol selber ist ein kleiner, beschaulicher Ort in der **Schlucht des Haut-Allier**, wo der Aufstieg in die Hochebene der Margeride ihren Anfang findet, wo die Cevennen-Bahn Station macht, und wo es neben dem „Eisernen Steg" – der Eisenbahnbrücke – zahlreiche Pilgerherbergen gibt.

An genau diesem Platz hatten wir bei unserem allerersten Besuch vor vielen Jahren eine besondere Berührung mit dem Jakobsweg, der hier entlang führt: Wir trafen ein Ehepaar, das sich augenscheinlich mit Esel und Sohn im Schatten am Ufer des Alliers ausruhte. Wir kamen ins Gespräch und erfuhren, dass sie auf Wunsch ihres 15-jährigen Sohnes mit dem Esel Richtung Santiago de Compostela unterwegs waren. Endziel waren die Pyrenäen. Ob sie es geschafft haben? Der Sohn dürfte mittlerweile erwachsen sein und der Esel – so er noch lebt – weitere Pilger begleitet haben...

Der Jakobsweg

Der weltweit bekannteste Pilgerweg aller Zeiten ist der Jakobsweg – le Chemin-de-St-Jacques. Er führt quer durch Europa und endet am Grab des Apostels Jakobus, welches in der spanischen Stadt Santiago de Compostela vermutet wird.

Jakob der Ältere war als Prediger unterwegs. Nach seinem Märtyrertod in Jerusalem wurde dessen Leichnam an seine letzte Wirkungsstätte an die Iberischen Atlantikküste gebracht. Lange Zeit geriet das Grab in Vergessenheit. Erst nach den Feldzügen Karls des Großen gegen die Mauren wurde es wieder publik.

Bereits im Mittelalter zog es zahlreiche Pilger auf den so beschwerlichen Weg zum legendären Grab. Seit über 1.000 Jahren wandern alljährlich Tausende von Menschen dort hin. Heutzutage geschieht das vorwiegend, um zu sich selbst zu finden und vom Alltagsstress Abstand zu gewinnen.

Der Jakobsweg steht als Weltkulturerbe unter dem Schutz der UNESCO. Die Jakobsmuschel ist als Symbol an Gebäuden, speziell an Herbergen, zu finden.

Im Prinzip gibt es mehrere Jakobswege, allerdings haben sich im Laufe der Jahrhunderte einige wichtige Strecken herauskristallisiert, denen eigene Namen zukamen. Die längste Teilstrecke befindet sich mit rund 1.100 Kilometern in Frankreich, wo vier historische Wege existieren.

Die Via Podiensis gilt als die bekannteste. Der französische Weitwanderweg GR 65 ist in großen Teilen identisch mit der Via Podiensis. Er führt von Genf bis nach St Jean-Pied-de-Port im Département Pyrénées-Atlantiques, vorbei an idyllischen Dörfchen und zahlreichen, unter Denkmalschutz stehenden Bauwerken. Dabei schlängelt er sich über das Rhônetal bis hin zu den Pyrenäen und somit auch durch die Auvergne. Hier existieren einige der wichtigsten Stationen, wie etwa in Le Puy-en-Valey (Tour 12) im Département Haute-Loire, wo die Via Podiensis beginnt. Von dort aus führt sie über satte Wiesen und Hochebenen, vorbei an wilden Schluchten, entlang romantischer Flüsse, Dörfer und Städte sowie über vulkanische Hügel. Und eben auch durch Monistrol-d'Allier...

Weiter geht's nach **Pradelles** sowie – wenn Sie einen kleinen Seitensprung wagen möchten – an den Lac de Naussac, welcher nicht mehr zur Auvergne gehört. Ich erwähne ihn kurz. Sollten Sie mehr über ihn und die Region südlich der Auvergne wissen wollen, rate ich zum Kauf des Buches **„Mit dem Wohnmobil durch Languedoc und Roussillon" von Ralf Gréus**, das als **Band 22** in dieser Reihe im **WOMO-Verlag** erschienen ist.

Auf der D 589 begeben wir uns zunächst Richtung Le Puy-en-Velay. Nach knapp 19 Kilometern nehmen wir am Kreisel mit Kupferbogen und Bestie die 1. Ausfahrt auf die D 906 Richtung Solignac-sur-Loire. Nach weiteren fünf Kilometern kommt abermals ein Rondell. Diesmal mit einer überdimensionalen Linse. Klar, wir sind ja jetzt auch in dem Gebiet der berühmten **lentilles**, den Linsen. Hier nehme ich nochmals die 1. Ausfahrt. Grobrichtung ist Mendes/Aubenas auf der N 88. Wegweiser wollen uns zwischenzeitlich zum Lac du Bouchet sowie nach Solignac schicken. Wir bleiben standhaft. Später sollen auch diese beiden Orte unsere Ziele sein.

Am **Col de Rayol** – auf einer Höhe von 1.140 Metern – biege ich nach rechts ab. Noch vor dem Ortsschild Pradelles erwartet mich auf etwa 1.200 Metern Höhe ein Stellplatz, der auf der gegenüberliegenden Straßenseite weitere Ausweichplätze besitzt. Einziger Nachteil ist die unmittelbare Nähe zur Straße.

Übrigens können Sie hier leckere Produkte aus der Region kaufen. Zudem führt direkt hinter den Stellplätzen auf der

(150) Offizieller WOMO-Stellplatz: Pradelles

GPS: N 44° 46' 31.4" E 03° 53' 15.7" An der N 88, 1.200 m.ü.d.M.
Max. WOMOs: 40
Ausstattung: Ver- und Entsorgung, Strom, Toiletten, Mülleimer, WLAN, Picknickbänke.
Beschreibung: Kostenlose Stellplätze außerorts an der N 88. Auf Wiese und Schotter, klappstuhlgeeignet. Gegenüber der Charcuterie Salaisons mit Brotverkauf. Ort rund 500 m

Preise: Strom 2 EUR.
Zufahrt: Der Platz liegt rechts an der N 88 Richtung Lac de Naussac/Langogne, noch vor Pradelles.
Hinweise: Verkehrslärm. Verkauf regionaler Produkte auf der gegenüberliegenden Straßenseite, wo ebenfalls Wohnmobile stehen können. Strom ist nicht in ausreichender Menge vorhanden.

rechten Seite der **Stevensonweg** entlang und etwas weiter vorne – direkt hinter dem Ortsschild – haben Sie einen herrlichen Blick auf den tiefer liegenden **Lac de Naussac**.

Der Stevenson-Weg

Der Stevenson-Weg, die GR 70, ist ein Fernwanderweg. Mit 252 Kilometern Länge zeichnet er die Etappe des schottischen Schriftstellers Robert Louis Stevenson nach, der diesen im September 1878 mit seiner Eselin Modestine beschritt.
1850 in Edinburgh (Schottland) geboren, studierte er zunächst Ingenieurwesen, um dann zu Jura zu wechseln. Statt diesen Beruf auszuüben, widmete er sich der Schriftstellerei.
Wegen gesundheitlicher Probleme war er ständig auf der Suche nach dem richtigen Klima, das er natürlich in Schottland nicht finden konnte. 1890 zog er mit seiner Frau auf die Südseeinsel Samoa, wo er vier Jahre später mit nur 44 Jahren starb.
Seine berühmtesten Werke sind der Abenteuerroman „Die Schatzinsel“ sowie das psychologisch geprägte Werk „Der seltsame Fall des Dr. Jekyll und Mr. Hyde“. Der Reisebericht „Eine Reise mit dem Esel durch die Cevennen“ entstand 1879. Hier schildert er seine zweiwöchige Wanderung mit seiner Eselin. Dazu brach er im September 1878 als unglücklich Verliebter auf, denn er lebte bislang mit der zehn Jahre älteren Fanny Osbourne, einer verheirateten Mutter zweier Kinder, in Paris. Diese war nun auf dem Weg nach Amerika, um die Scheidung einzureichen. Ausgehend von Le Monastier-d'Allier machte er sich auf den über 200 Kilometer langen Weg bis nach St-Jean-du-Gard in den Cevennen. Dabei galt es, den Allier, die Loire und den Tarn zu überqueren. Durch Orte wie Le Puy-en-Velay, Le Monastier-d'Allier und Pradelles führt heute in der Auvergne der Chemin-de-Robert-Louis-Stevenson, den immer wieder Menschen mit Eseln beschreiten.

Um ins historische Zentrum zu gelangen, müssen Sie rund zehn bis fünfzehn Minuten die Hauptstraße entlanggehen. Kein schöner Weg, aber es lohnt sich. Im Ort halten Sie sich dann rechts, wo Sie die interessanteren Stellen Pradelles entdecken. Übrigens wurde der zwischen den Tälern der Loire und des Allier liegende Ort zu einem der „Plus beaux villages de France“ klassifiziert. Er steckt voller interessanter Ding wie Köpfe an der Mauer gegenüber der Kirche, hübsche Fassaden und einzelne Portale. Vieles deutet auf die Existenz des Stevenson-Weges hin.

Besonders erwähnenswert ist das **Portail Verdette**, das an die Geschichte der einst großen Stadt erinnert: 1512 fand man eine kleine Madonnenstatue neben dem Hospital. Das wurde als Zeichen „von OBEN“ interpretiert. 1586 zerstörte ein Feuer weite Teile Pradelles, lediglich die Fundstelle – wo sich heute der Glockenturm der Kapelle befindet – blieb verschont.

Die Portail Verdette

Auch beim Angriff der Hugenotten am 10. März 1588 blieb Pradelles Dank der Madonna (wie man glaubte) verschont.

Eine weitere Sehenswürdigkeit ist das **Musée du Chaval**, wo sich in einer Miniaturlandschaft alles ums Pferd dreht und ein Abenteuerparcours die Kleinsten erfreut. Ich bin eher an der Kirche in der Nachbarschaft interessiert. Gehen Sie bei klarem Wetter unbedingt hinter dieses Gotteshaus: Zu Pestzeiten wurden dort die Toten verbrannt, heute genießen wir von hier ein wundervolles Panorama – das an manchen Tagen sogar bis zur Gebirgskette Monts Dore gereicht.

Lust auf eine kleine Wanderung!? Haben Sie dreieinhalb Stunden Zeit? Dann treffen wir uns am Friedhof, der Richtung Langogne am Ortsausgang rechts unten in der Nähe der **Chapelle Notre-Dame** liegt. Bequemes Schuhwerk und etwas Proviant sind selbstverständlich.

Wanderung rund um Pradelles

Wir beginnen beim Friedhof und folgen der weiß-roten Markierung des Stevenson-Weges (GR 70), die uns in einen Feldweg zwischen Friedhof und Spielplatz dirigiert. Von nun an geht's bergab und aus Pradelles raus. Als nächstes überquere ich die D 28. Rund 1,3 Kilometer später, die uns vorbei an Wiesen führen, schlagen wir den Weg nach rechts zwischen Steinmauern ein. Damit wird der GR 70 verlassen und wir orientieren uns nun an der weiß-grünen Markierung.

Schließlich geht es nach links zu der kleinen Siedlung „Les Bories“. Beachten Sie jeweils die Markierungen! Am Dorfbrunnen, wo wir eine kurze Pause einlegen und uns sowie den Hunden etwas zum Trinken gönnen, geht's geradeaus über die Straße und an einem Bauernhof vorbei, wo oberhalb eine kleine Brücke über Bahngleise führt. Hinter der Brücke schlage ich den Weg nach links ein.

Erschien Ihnen Les Bories klein, so wirkt das nun erreichte Le Mazonric mit seinem Turm und den typischen Steinhäusern beinahe wie ein Mini-Geisterort. Sehen Sie direkt vor den Häusern links den Weg über die Bahnschienen? Den nehmen wir. Jetzt heißt es – den Wald neben uns – ein klein wenig bergauf marschieren. Zum Glück führt an der nächsten Gabelung rechts ein Weg in den Wald. Endlich wieder Schatten!

Bald müssen wir nochmals die Schienen der Touristenbahn überqueren. Nach rund zwei Kilometern (ab dem letzten Weiler) kommen wir an einen Felsen, der von seiner Spitze einen fantastischen Blick schenkt.

Und noch einmal überqueren wir die Gleise. Dann wandern wir im Schatten des Waldes bergauf. Etwa 10 bis15 Minuten später biege ich an einer Kreuzung nach rechts und gleich wieder nach links. Der Feldweg endet in einer kleinen Straße, wo wir geradeaus gehend eine Kreuzung überqueren müssen. Jetzt ist es bald geschafft! Nach rund einem halben Kilometer geht es in eine Straße, die ich nach links nehme. Nun sind wir wieder auf der GR 70, die uns zurück nach Pradelles führt.

Verabschieden wir uns von Pradelles und seiner Geschichte. Ich will zum **Lac de Naussac**, den wir schon mehrfach von oben gesehen haben und der nicht mehr zur Auvergne gehört. Dazu fahren wir auf der N 88 durch Pradelles. Jetzt geht's ziemlich steil abwärts. Bald darauf erreiche ich Langogne (Sie erinnern sich? Kleiner Tipp: Der train touristique in Langeac!). Am Ortsende biege ich sehr scharf nach rechts auf die D 26 ab. Halten Sie sich auf der Vorfahrtsstraße und wundern Sie sich nicht, dass es noch so weit ist. Wenn Sie den Campingplatz sehen, müssen Sie immer noch ein Stück weiterfahren.

(151) Offizieller WOMO-Badeplatz: Am Lac de Naussac

GPS: N 44° 44' 11.9" E 03° 50' 05.0" Rue du Lac
Max. WOMOs: 40
Ausstattung: Ver- und Entsorgung, Strom, Mülleimer.
Beschreibung: Terrassenförmiger Pass'-Étapes-Platz auf befestigtem Untergrund, weit außerhalb. Nahe der Staumauer. Teils schattig, Sicht auf den See. Überwachter Badestrand, Restaurant und Laden 1,5 km. Angeln möglich. Klappstuhlgeeignet. Schranke, bezahlen am Automat.
Preise: Gestaffelte Preise bis zu 14 EUR.
Zufahrt: Über Langogne und die D 26 zur base nautique. Noch vor der Staumauer nach links, dann zweimal rechts fahren.
Hinweise: Nachts sehr ruhig, obwohl mir von Lärm der angrenzenden Diskothek berichtet wurde.

Nachdem wir uns auf „fremdem Terrain“ ein paar Tage ausgeruht haben, geht es wieder zurück in die Auvergne. Über die N 88 fahre ich Richtung Le Puy. „Viele Wege führen nach Rom“, aber scheinbar alle zum **Lac du Bouchet**. Sie glauben es nicht? Dann achten Sie mal auf die Schilder. Zwischen Pradelles und der weiteren Tour finden Sie zahlreiche Hinweise auf besagten See, der angeblich jedes Anglerherz höher schlagen lassen soll. Diesen See will ich mir natürlich nicht entgehen lassen. Offizielle Stellplätze gibt es keine, ich habe jedoch ein paar ausfindig gemacht, die alle sozusagen „hintereinander“ liegen und recht schön gelegen sind.

Bei den vielen Wegen entscheide ich mich nun für die Strecke über die D 53, bei **La Sauvetat**, um über Landos und Le Bouchet-St-Nicolas an den See zu gelangen. Hier die Plätze der Reihe nach :

WOMO-Stellplatz:
Am Lac du Bouchet I (St-Nicolas)

GPS: N 44° 54' 14.8" E 03° 47' 35.3" Coste du lac, 1.205 m.ü.d.M.
Max. WOMOs: 15
Ausstattung: Toilette, Mülleimer.
Beschreibung: Kostenloser, schattiger Platz im südöstlichen Seebereich, weit außerhalb, Zugang zum See. Bewachter Badestrand 500 m. Angelmöglichkeiten, Spazierwege. Restaurant/Bar in der Nähe.
Zufahrt: Auf der N 88 nach Pradelles Richtung Le Puy-en-Velay. Bei La Sauvetat auf die D 53 und den Wegweisern zum See folgen.
Hinweise: Keinerlei Einkaufsmöglichkeiten. Ab der 2. Juliwoche bis Ende August ist der Badestrand überwacht. Von 22 - 7 Uhr für uns verboten.

WOMO-Picknickplatz:
Am Lac du Bouchet II (Cayres)

GPS: N 44° 54' 35.6" E 03° 47' 52.1" An der D 312, 1.205 m.ü.d.M.
Max. WOMOs: 1-2
Ausstattung: Wasser, Toilette, Mülleimer, Informationstafel.
Beschreibung: Picknickplatz im östlichen Seeuferbereich. Wandern, Angeln und Baden möglich.
Zufahrt: Am zuvor genannten Stellplatz vorbei und noch etwa 850 m durch den Wald fahren.
Hinweise: Keinerlei Einkaufsmöglichkeiten. Ab der 2. Juliwoche bis Ende August ist der Badestrand überwacht. Übernachten verboten.

(152) WOMO-Stellplatz:
Am Lac du Bouchet III (Cayres)

GPS: N 44° 54' 43.3" E 03° 47' 36.4" An der D 312, 1.205 m.ü.d.M.
Max. WOMOs: 10 **Ausstattung**: Toilette, Mülleimer.
Beschreibung: Platz vor Hotel/Restaurant, am nordöstlichen Seeufer. Schöne Aussicht auf den See. Angeln und Baden sowie Spazierwege.
Zufahrt: Am Picknickplatz weiterfahren. In rund 450 m erreichen Sie das Hotel/Restaurant.
Hinweise: Keinerlei Einkaufsmöglichkeiten. Ab der 2. Juliwoche bis Ende August ist der Badestrand überwacht. Achtung: Einige Plätze sind extra für Angler reserviert!

(153) WOMO-Wanderparkplatz:
Am Lac du Bouchet IV (Cayres)

GPS: N 44° 54' 50.0" E 03° 47' 22.4" 1.205 m.ü.d.M.
Max. WOMOs: 1-2
Ausstattung: Keine.
Beschreibung: Kleiner Parkplatz im Norden des Sees mitten im Wald. See rund 200 m entfernt, direkter Zugang. Wandern und Angeln sowie Baden möglich.
Zufahrt: Am letzten Platz vorbei und ca. 450 m weiterfahren.
Hinweise: An Feiertagen sowie bei schönem Wetter Betrieb durch Wanderer. Es steht hier (noch) kein Verbotsschild für uns.

Der Lac du Bouchet ist ein **kreisrunder Kratersee** auf etwa 1.205 Metern Höhe. Er hat tiefblaues, klares Wasser. Mit einer Fäche von etwa 44 Hektar sowie einem Umfang von annähernd drei Kilometern lässt er sich zu Fuß leicht umrunden. An seiner tiefsten Stelle misst er 28 Meter. Der See befindet sich an der Stelle, wo einst das alte Dorf gleichen Namens angesiedelt war. Der Legende nach sollen die Götter die wohltätigste Person des Ortes angehalten haben, mit ihrer Ziege den Weiler zu verlassen und sich nicht umzudrehen oder von der Straße abzubiegen, da ansonsten das Dorf vernichtet werden würde. Auf halber Strecke hörte sie einen Schlag und drehte sich natürlich um: Eine gigantische Welle erfasste Bouchet. Tja, (weibliche) Neugier wird bestraft. Für uns jedoch entstand so ein schöner See, mit einem beliebten

Freizeitbereich für zahlreiche Franzosen. Ab der zweiten Juliwoche bis Ende August wird der offizielle Badebereich sogar überwacht. Neben Badenixen im Sommer tummeln sich hier ganzjährig schmackhafte Forellen.

Begeben wir uns wieder zurück zur N 88 und schlagen abermals die Grobrichtung Le Puy ein. Mein nächstes Ziel heißt eigentlich Solignac-sur-Loire. Hier auf dem Stellplatz verbringe ich immer wieder gerne ein paar Tage. Ausruhen und Ausflüge sind angesagt. Nehmen Sie dazu die Abzweigung nach rechts auf die D 276. Solignac-sur-Loire ist ausgeschildert.

Ich schreibe bewusst „eigentlich", weil ich vor dem Ausruhen erst einmal einen „auf Kultur" machen und Sie zunächst zu einem kleinen Umweg über **St-Christophe-sur-Dolaison** überreden möchte. Hier gibt es eine sehr bemerkenswerte Kirche. Sehen Sie selbst! Wer mag, kann in deren Nachbarschaft sogar ver- und entsorgen sowie übernachten. Daher ignoriere ich zunächst die Schilder nach Solignac und fahre rund 1,5 Kilometer weiter, wo es am Rondell nach links auf die D 906 Richtung Brioude geht. Das ist nun für kurze Zeit meine Strecke. Doch bald schon schickt uns ein Schild nach rechts zu meinem Ziel.

(154) WOMO-Stellplatz: St-Christophe-sur-Dolaison

GPS: N 44° 59' 52.0" E 03° 49' 17.8"
Rue des Iris
Max. WOMOs: 1-2
Ausstattung: Ver- und Entsorgung, Mülleimer.
Beschreibung: Kostenloser, ruhiger Platz auf Asphalt in der Ortsmitte, vorm Friedhof, nahe der Kirche.
Preise: Wasser 2 EUR, mit Jetons.
Zufahrt: Durch den Ort den Wohnmobil-Schildern folgen. Gegen Ortsende geht es hinter der mairie nach links.

Auch dieser Ort liegt am Jakobsweg. Seine besondere Sehenswürdigkeit beruht jedoch auf der **Église de Saint-Christophe-sur-Dolaison** aus dem 12. Jahrhundert, welche nur wenige Schritte von uns-

Eine beeindruckende Kirche...

rem Stellplatz entfernt liegt. Noch nie habe ich so eine „zierliche“ – ein anderes, passendes Adjektiv fällt mir dazu nicht ein – Kirche gesehen. Und ich habe viele in meinem Leben zu

... mit einem beeindruckenden Glockenturm

Gesicht bekommen! Sie ist vollständig aus dem rötlichen, regionalen Vulkangestein der Region gebaut und besitzt unter anderem einen bemerkenswerten Glockenturm mit vier Öffnungen, jedoch nur drei Glocken. Ihr Inneres lässt sich mit den Worten „schlicht und einfach aber beeindruckend“ treffend beschreiben.

Doch nun auf nach **Solignac**, denn dort ist der Stellplatz weitaus schöner. Dazu sollten wir wieder auf die N 88 Richtung Süden fahren und entsprechend nach links abbiegen. Wer sich St-Christophe entgehen lassen will, biegt eben gleich von der N 88 nach rechts ab. Wir treffen uns!

Gleich zu Ortsbeginn ist in einer Rechtskurve schon das Hinweisschild auf den Wohnmobilstellplatz zu sehen, zu dem ich gleich darauf nach rechts abbiegen und durch eine Art „Neubaugebiet“ fahren müsste. „Müsste“ deshalb, weil es Ihnen nichts nützt, da Sie erst im Ort eine Art Zugangsschlüssel holen müssen. Die genaue Beschreibung entnehmen Sie dem Stellplatzkästchen. Übrigens: Halten Sie einen 50er (Nicht Cent – Euro!) bereit. Wozu? Kaution...

Dieses System ärgert mich ehrlich gesagt ziemlich, da es vollkommen umständlich ist. Aber der Platz ist so schön, dass ich es in Kauf nehme. Vielleicht wird ja mal was geändert!?

(155) Offizieller WOMO-Stellplatz: Solignac-sur-Loire

GPS: N 44° 57' 53.2" E 03° 52' 47.6"
Le Vis/Rue de l'Iris
Max. WOMOs: 20
Öffnungszeiten: 1. Mai bis 1. November
Ausstattung: Ver- und Entsorgung, Strom, Mülleimer, Picknickbänke.
Beschreibung: Ruhige, parzellierte Plätze auf Wiese. Eingezäunter, ehemaliger Campingplatz. Mit Schranke. Außerhalb, beleuchtet, klappstuhlgeeignet, Spielplatz nebenan. Ortsmitte mit kleinem Supermarkt und Bäcker rund 800 m.
Preise: 12 EUR inklusiv Ver- und Entsorgung sowie Strom.
Zufahrt: Von der D 276 kommend gleich nach Ortsbeginn bei einer Kurve nach rechts in die Straße einbiegen. Schlecht ausgeschildert. Den Berg hoch. Wenn rechts ein Sportplatz auftaucht, einen weiteren Berg nach rechts hochfahren.
Hinweise: Achtung! Zuerst einen Zugangscode in der mairie im Ort holen! Dazu durch Solignac fahren, am Ende der Straße nach rechts und an der nächsten Kreuzung abermals nach rechts. Die mairie liegt links. Gegenüber befindet sich ein Parkplatz. Sie müssen 50 EUR Kaution hinterlegen!

St-Vincent hoch über der Loire

Solignac selber liegt auf einem Plateau über der Loire. Die Bezeichnung „sur-Loire“ führte mich ursprünglich in die Irre,

da ich glaubte, der Ort läge direkt am Fluss. Weit gefehlt!

Den Ortskern erreichen Sie, indem Sie zur Hauptstraße zurück gehen, sich dort rechts halten, an der großen Kreuzung abermals ein klein wenig nach rechts biegen und sich nun an der Kirchturmspitze orientieren.

Wieder einmal ist nicht nur das Äußere einer Kirche – der **romanischen Kirche St-Vincent** aus dem 12. Jahrhundert – sehenswert, auch innen gibt es viel zu entdecken. Haben Sie gleich links die schwarze Madonna, die in einen Glaskasten gesperrt wurde, gesehen? Als eine Art

Kontrastprogramm steht vor der Kirche ein großes Kriegerdenkmal mit Granaten und Kanonen. Und daneben wiederum eine weiße Madonna. Ist schon irgendwie makaber, wie ich finde.

Vom Friedhof nebenan genieße ich bei schönem Wetter eine fantastische Aussicht. Und wenn Sie genau hinschauen, entdecken Sie auch „sur Loire". Auch der Weg links runter lohnt sich, wenn Sie sich noch ein wenig in der Natur die Beine vertreten wollen.

Als nächstes plane ich einen Abstecher zur ungefähr vier Kilometer entfernten **Cascade de la Beaume**. Sie ist so eine Art „Such-Cascade" für mich, denn bei meinem allerersten Besuch bin ich beinahe verzweifelt, weil ich den Weg nicht fand.

Sie können entscheiden, ob Sie mit dem Womo, dem Rad oder zu Fuß dorthin möchten. Ich entschließe mich fürs Womo, da ich von da aus zur Tour 12 durchstarten möchte. Fuß- und Radweg sind am Stellplatz ausgeschildert. Wie gut? Weiß ich ehrlich nicht, denn ich habe beide noch nie ausprobiert.

Den schönen, ruhigen Stellplatz in Solignac verlassend, geht es im Ort an der mairie vorbei, wo Sie sich gleich Ihre 50 Euro wieder abholen können, die Sie als Pfand hinterlassen hatten.

Ich befinde mich auf der schmalen D 54, der Route de la Cascade, und passiere den Ort **Agizoux**. Wenn Sie schon nicht mehr dran glauben, dass Sie richtig sind, weil Ihnen die Straße immer schmäler zu werden scheint, taucht nach zahlreichen Kurven eine kleine Steinbrücke auf. Das ist jetzt beinahe unsere letzte „Hürde". Gleich darauf geht es nämlich nach rechts runter, wo wir als wirklich allerletzte Aufgabe noch einen Parkplatz finden müssen, was – je nach Andrang – nicht immer ganz einfach ist.

Mein Tipp: Wählen Sie am besten einen Werktag! Ehrlicherweise muss ich sagen, dass ich nicht weiß, wie es an Wochenenden ist. Habe das auch wohlweislich noch nie probiert...

Das entsprechende Wanderparkplatz-Kästchen finden Sie – ebenso wie die zur Cascade gehörende Legende – auf der nächsten Seite

Jetzt können Sie in die Zauberwelt der Legenden eintauchen sowie an heißen Tagen eine erfrischende Abkühlung finden. Also los, dorthin, wo sich das Wasser der Beaume – einst Ourzie genannt – aus 27 Metern Höhe ins Loiretal stürzt, um später in die Loire zu fließen. Nichts wie hin! Allerdings müssen Sie aufpassen, dass Sie hier weder dem Wahnsinn noch dem Teufel begegnen.

(156) WOMO-Wanderparkplatz: Bei der Cascade de la Beaume

GPS: N 44° 56' 32.3" E 03° 52' 53.6"
Max. WOMOs: 1-2
Ausstattung: Mülleimer, Picknickbänke.
Beschreibung: Kleiner, ruhiger Parkplatz weit außerhalb jeglicher Zivilisation. Fester Untergrund.
Zufahrt: Auf der D 54 über Agizoux. Nach einer kleinen Steinbrücke nach rechts runter zum Parkplatz. Alles nicht sehr gut beschildert.

Die Legende der Cascade de la Beaume

Die Legende besagt, dass sich dereinst die Fürstentochter im Wald verirrte. Als sie im Wasserspiegel das Bild des Teufels sah, wurde sie wahnsinnig und wollte sich in die Schluchten stürzen. Aber der Teufel, den sie zu sehen vermeinte, war nichts anderes als ein kleiner Ziegenhirte, den ihre Eltern geschickt hatten, um sie zu suchen. Der Knabe rettete sie und fand Gefallen an ihr. Von da an waren die beiden unzertrennlich.
Eines Abends glaubte der Vater, ein Heilmittel gegen Wahnsinn zu wissen: Reichlich kaltes Wasser auf das Haupt. Am nächsten Tag zog der Ziegenjunge mit der Fürstentochter auf die Höhe des Wasserfalls und wollte sie überzeugen, zu springen, indem er sagte: „Ich sehe das Bild der Heiligen Jungfrau an der Unterseite. Oh, komm zu sehen, wie schön sie ist!“ Seine Angebetete beugte sich über und riss den Ziegenhirten mit in die Tiefe. Die Jungfrau indes bremste den Sturz. Das Mädchen war fortan nicht mehr verrückt, die beiden heirateten und der Ziegenhirte wurde Herr von Beaume.

Kleine Wanderung zur Cascade de la Beaume

Normales Schuhwerk reicht für die rund 30-minütige Wanderung. Handtuch sowie Proviant für ein Picknick mit einem erfrischenden „Bad“ wären zu empfehlen.
Wenden Sie sich vom Wanderparkplatz aus nach rechts Richtung Wasser und benutzen Sie entweder den kleinen Holzsteg oder aber waten Sie wie wir barfuß durch das erfrischende Nass auf die andere Seite des Baches. Hier ist alles gut ausgeschildert. Wir überqueren auf unserem Weg mehrfach den Bach oder gehen an ihm entlang. Schon bald vernehmen wir das Tosen der Wassermassen. Gegen Ende geht's nach rechts.

Na, wie war die Wanderung zum Wasserfall? Ich hoffe nur, dass Sie sich nicht – wie dereinst die Fürstentochter – verirrt haben und mit mir gemeinsam zurück nach Solignac-sur-Loire fahren können, um zur kurzen Tour 12 durchzustarten.

TOUR 12: Pilgerort & Linsenhauptstadt 20 km

Le Puy-en-Velay

Stellplätze:	Place Maréchal Leclerc, Avenue de Bonnevile, vorm Campingplatz, Chemin de Bouthezard, Chemin de la Passerelle, Avenue de Roderie
Campingplätze:	Camping de Bouthezard
Besichtigen:	Altstadt von Le Puy sowie den Ortsteil Aiguilhe, die Kathedrale, die beiden Rochers, Hôtel de Dieu
Besonderheit:	Prozession am Gründonnerstag, La Fête Renaissance du Roi de l'Oiseau
Märkte:	Mittwoch und Samstag

Dies ist eine etwas andere Tour: Wir besuchen nämlich nur einen einzigen Ort. Warum? Lange habe ich überlegt, wie ich Le-Puy-en-Velay gerecht werde, bis ich auf die Idee kam, ihm ein eigenes Kapitel zu schenken. Der Ort hat es verdient!

Beginnen wir an der Cascade de la Beaume und fahren zurück nach Solignac-sur-Loire. Wir kommen wieder an der mairie vorbei und anschließend an die Kreuzung, wo es links zum Stellplatz ginge. Ich fahre geradeaus und bin nun auf der D 27. Unser Ziel – Le Puy – ist gut ausgeschildert. Wir passieren Solignac und biegen bei **Les Baraques** am STOP-Schild nach rechts auf die N 88. Dieser Straße bleibe ich treu. Wir bewegen uns gen Norden und schon bald erblicken Sie das Wahrzeichen der Stadt: Die rote Madonna mit Kind.

Le Puy, das seit 1988 die offizielle Bezeichnung **Le Puy-en-Velay** trägt, bietet uns viele Stellplatzmöglichkeiten sowie einen zentral gelegenen Campingplatz. Die meisten der Plätze befinden sich im nahe der historischen Altstadt gelegenen Stadtteil **Aiguilhe**.

Ehe ich Sie zu einer Stadtbesichtigung überreden möchte, nenne ich Ihnen die Übernachtungsmöglichkeiten, die ich ausfindig gemacht habe. Bleiben Sie zunächst auf der N 88, wo es bergab in den Ort geht. Nach einer der Ampeln – wegen des Verkehrs vergaß ich zu zählen – folgen Sie dem Hinweisschild auf einen Stellplatz.

(157) Offizieller WOMO-Stellplatz: Le Puy-en-Velay I

GPS: N 45° 02' 40.9" E 03° 53' 41.5" Place Maréchal Leclerc
Max. WOMOs: 28
Ausstattung: Ver- und Entsorgung, Strom, öffentliche Toiletten nebenan, Mülleimer, WLAN.

Beschreibung: Pass'-Étapes-Platz auf Asphalt am Bahnhof. Einfahrt mit Schranke, beleuchtet, videoüberwacht, schöne Aussicht. Nicht besonders ruhig. Fußweg ins historische Zentrum 20 min., Geschäfte in der Nähe.
Preise: 13,60 EUR inklusive allem.
Zufahrt: Von der N 88 kommend im Ort an einer Ampel rechts, den Wegweisern zum Gare S.N.C.F. sowie zum „P camping-cars" folgen.
Hinweise: Eine Navette fährt alle 15 min. von nebenan ins Zentrum.

Von Stellplatz 157 aus haben wir zwar eine fantastische Sicht auf Le Puys rote Dame, aber einen längeren Fußmarsch zur historischen Altstadt als von den anderen Plätzen aus. Dem kann man jedoch mittels der Navette entgegenwirken.

Wer zu den nächsten Stellplätzen oder zum Campingplatz möchte, folgt weiterhin der N 88. Sowohl die Schilder zum Campingplatz als auch die zum Stadtteil Aiguilhe weisen uns den Weg. Alles liegt jetzt ziemlich dicht beeinander. Zuvor jedoch kommen wir noch an eine **Ver- und Entsorgungsstation [N 45° 02' 58.8" E 03° 53' 23.4", Boulevard de Cluny]**.

Nichts zum Übernachten, aber Stellplätze und Campingplatz sind nun nicht mehr weit. Der nächste – offizieller Stellplatz – liegt direkt an der Straße, nahe einem Rondell. Er ist sehr schön angelegt, bietet jedoch nur wenigen Womos Platz. Hier geht es recht eng zu, und es ist nicht immer leicht, mit einem großen Mobil ein- und auszuparken. Die Sicht jedoch ist auch hier fantastisch. Ruhig hingegen geht anders...

(158) Offizieller WOMO-Stellplatz: Le Puy-en-Velay II (Aiguilhe)

GPS: N 45° 03' 02.5" E 03° 53' 01.0" 9 Avenue de Bonneville

Max. WOMOs: 5

Ausstattung: Wasser, Mülleimer, Toilette, Picknickbank.

Beschreibung: Kostenloser Parkplatz auf Asphalt am Fuße des Rocher St-Michel-d'Aiguilhe. An einem Rondell. Gegenüber des Campingplatzes, in der Nähe des Friedhofes. Kameraüberwacht. Historisches Zentrum 500 m.

Zufahrt: Der N 88 weiter folgen. Dort, wo es geradeaus nach St-Étienne und links nach Clermont-Ferrand geht, nach links abbiegen. Weiter den Hinweisen zum Campingplatz und zum Stadtteil Aiguilhe folgen. An der Ver- und Entsorgungsstation vorbeifahren. Der Platz befindet sich linkerhand am 2. Kreisel danach. Zum Wenden einmal ums Rondell herum und nach rechts raus.

Hinweise: Nur für Womos unter 8 m geeignet; wenig Platz zum Rangieren.

Häufig stehen auch Wohnmobile zum Übernachten auf der gegenüberliegenden Straßenseite. Es wird geduldet, wie mir gesagt wurde. [159: N 45° 03' 03.4" E 03° 52' 55.6", Einfahrt bei N 45° 03' 04.6" E 03° 52' 54.5", am Rondell die erste Ausfahrt raus und gleich nach rechts rein, Chemin de Bouthezard] Hier passen maximal sechs Wohnmobile hin. Natürlich geht es auch hier nicht sehr ruhig zu. Platz ist jedoch etwas mehr.

Eine weitere – offizielle – Übernachtungsmöglichkeit im Juli und August finden Sie auf der nächsten Seite. Sie befindet sich ebenfalls am Rondell, links neben dem Campingplatz. Letzteren empfehle ich, wenn Sie länger bleiben wollen und/oder sich ausbreiten möchten. Das Personal ist überaus freundlich und hilfsbereit. Und man trifft auf ein sehr „buntes Publikum". Im Sommer 2019 standen in meiner unmittelbaren Nachbarschaft Gäste aus sieben verschiedenen Nationen. „Man" schlief bequem in Zelten, Wohnwagen oder Wohnmobilen

(160) Offizieller WOMO-Stellplatz: Le Puy-en-Velay IV (Aiguilhe)

GPS: N 45° 02' 59.3" E 03° 52' 52.0" 6 Avenue de Bonneville
Max. WOMOs: >10
Ausstattung: Ver- und Entsorgung, Mülleimer, Waschmaschine, Brotservice, WLAN*.
Beschreibung: Einfacher, befestigter Platz links neben dem Campingplatz. Historisches Zentrum 500 m. Park nebenan.
Preise: 12 EUR inklusive Benutzung des Services am Campingplatz.
Zufahrt: Wie zu Stellplatz 159, jedoch am Rondell die zweite Ausfahrt nehmen und in die Sackgasse zum Campingplatz fahren.
Hinweise: Lediglich im Juli und August bietet der Campingplatz Übernachtungen auf dem angrenzenden Terrain an. Hierzu muss man sich an der Rezeption anmelden. Die Serviceeinrichtungen können mitbenutzt werden. Der Platz an sich hat keinerlei Ausstattung.

(161) WOMO-Campingplatz: Le Puy-en-Velay (Aiguilhe) (Camping de Bouthezard***)

GPS: N 45° 03' 02.0" E 03° 52' 50.0"
Chemin de Bouthezard/Avenue de Bonneville
Tel./Fax: +33 47 10 95 509
E-Mail: camping.puyenvelay@aquadis-loisirs.com
Internet: www.aquadis-loisirs.com/de/campingplatz-de-bouthezard/
Max. WOMOs: 72 **Öffnungszeiten**: Mitte April - Ende Oktober
Beschreibung: Kleiner, ruhiger sowie naturbelassener Stadt-Campingplatz, der größtenteils von Jakobspilgern besucht wird. Waschmaschine, TV-Raum, Brotservice, kostenloses WLAN. Hunde erlaubt. In der Nähe des Rondells sowie des Flusses, Sicht auf den Rocher St-Michel-d'Aiguilhe. Historisches Zentrum rund 500 m.
Preise: Je nach Saison ab 15 EUR.
Zufahrt: Wie zu Stellplatz 160.
Hinweise: Öffnungszeiten der Rezeption: 9-12 Uhr und 14-19 Uhr; außerhalb der Öffnungszeiten ist kein Einlass möglich. Sehr freundliches Personal.

und sogar weniger bequem in PKWs oder gar im Schlafsack unter freiem Himmel. Viele Menschen – Jung wie Alt, alleine oder in Gesellschaft – waren mit dem Rad oder zu Fuß unterwegs. Die meisten befanden sich auf dem **Jakobsweg**.

Drei besondere Ereignisse prägen unseren Aufenthalt auf diesem Campingplatz: Die Osterprozession in der Stadt mit allem Drum und Dran, den Sieg der französischen Mannschaft bei der Fußballweltmeisterschaft 2018, mit einer unbeschreiblichen Atmosphäre am Platz sowie am komplett bevölkerten Rondell, was mit einem gigantischen Feuerwerk endete, und letztendlich folgende Episode, die ungefähr sechs Jahre her ist: Der damalige Verwalter fischte aus dem Abfalleimer mehrere hundert Euros, die ein deutsches Wohnmobilpaar dort versehentlich „entsorgt“ hatte. Er gab alles vollständig an den rechtmäßigen Besitzer zurück. Erfunden? Mitnichten! Ich kenne diese Geschichte aus erster Hand, denn das Ehepaar sind Freunde von uns, und wir waren damals gemeinsam unterwegs.

Seither ist mir auch die Vokabel „poubelle" ein stets parater Begriff. Noch Jahre später konnte man sich an der Rezeption an uns erinnern...

Zu guter Letzt noch zwei Alternativvorschläge, falls Sie bislang nicht fündig geworden sein sollten:

(162) WOMO-Stellplatz: Le-Puy-en-Velay V (Aiguilhe)

GPS: N 45° 03' 01.4" E 03° 53' 14.9" Chemin de la passerelle
Max. WOMOs: 4-6
Ausstattung: Keine.
Beschreibung: Kostenloser Notbehelfs-Platz auf Asphalt für einmalige Übernachtung in der Nähe des Super-U und des Flusses. Tankstelle und Waschsalon in der Nähe. Historisches Zentrum rund 20-30 min. Fußweg. Spazierwege am Fluss entlang.
Zufahrt: Wie zum Campingplatz, jedoch bereits am ersten Rondell die 1. Ausfahrt Richtung Supermarkt nehmen. Der Platz liegt linkerhand des Super-U.

(163) WOMO-Stellplatz: Le-Puy-en-Velay VI (Aiguilhe)

GPS: N 45° 03' 01.7" E 03° 53' 20.2" Aveue de Roderie
Max. WOMOs: 6-8
Ausstattung: Mülleimer.
Beschreibung: Kostenloser Parkplatz auf Asphalt vor dem Super-U, am Fluss. Tankstelle und Waschsalon in der Nähe. Historisches Zentrum rund 20-30 min. Fußweg. Spazierwege am Fluss entlang.
Zufahrt: Wie zu Platz 162, jedoch nach links zum Parkplatz am Supermarkt fahren. Parken Sie hinten Richtung Fluss.
Hinweise: Hier stehen immer wieder Wohnmobilisten auch für längere Zeit.

Gleichgültig, für welchen Platz Sie sich entscheiden, Grobrichtung für einen Stadtrundgang sind die beiden Vulkankegel mit Kirche beziehungsweise Madonna, die man nicht übersehen kann. Aber wir können uns ja am Rondell beim Campingplatz treffen!? Zuvor jedoch noch ein paar Informationen zum Ort und seine Besonderheiten:

Le Puy – Ein zweites Lourdes?

Le Puy-en-Velay, kurz Le Puy, befindet sich in einer Vulkanlandschaft, wo die Vulkane noch rauchten, als bereits die ersten Menschen dort lebten.

Kuriose Erzählungen und Legenden ranken sich um die beiden Wahrzeichen der Stadt, um die Basaltschlote Rocher Corneille und Rocher St-Michel-d'Aiguilhe. So erzählt man sich beispielsweise, dass der Erzengel Michael dereinst ein junges Mädchen beim Sturz vom Felsen aufgefangen habe, oder dass der heutige Fundamentplatz der Kathedrale einst ein Druiden-Kultplatz mit Dolmen und heiliger Quelle gewesen sei. Zudem wird behauptet, einer fieberkranken Witwe sei dort die Muttergottes erschienen und habe ihr angeraten, auf dem heidnischen Druidenaltar zu übernachten. Und siehe da: Die Witwe tat, wie ihr gesagt wurde und ward geheilt. Noch heute wird dieser Fieberstein – der Pierre des Fievres – ehrfurchtsvoll in einer Seitenkapelle aufbewahrt.

Nicht zuletzt ist Le Puy eines der ältesten Marien-Wallfahrtszentren.

Manche Quellen bezeichnen es als „Lourdes des Mittelalters". Der Ort ist Ausgangspunkt der „Via Podiensis", des französischen Jakobsweges, und in das französische Fernwandernetz – GR 65 – eingegliedert.
Als eine Stadt mit Bistum, das eine mehr als tausendjährige Geschichte vorzuweisen hat, gilt Le Puy zudem als bedeutendes kulturelles Zentrum. Die Tatsache, dass sechs Päpste sowie zahlreiche Könige Le Puy besuchten, unterstreicht die Wichtigkeit.
Die Kathedrale Notre-Dame-du-Puy mit der Schwarzen Madonna, den auffallenden Kuppeln, den beeindruckenden Fresken und Votivgemälden, sowie der imposanten Westfassade ist – nicht nur bei Pilgern – ein Begriff.
Weit über die Grenzen hinaus hat sich der Ort zudem Dank der lentilles – den berühmten grünen Linsen – einen Namen gemacht. Selbst ein eigenes Museum ist den kleinen, ovalen Hülsenfrüchten gewidmet. Aus diesen vitaminreichen Botschaftern Le Puys werden sogar – man glaubt es kaum! – Süßigkeiten hergestellt, und selbst in New York existiert ein Gourmet-Restaurant, das diese Linsen anbietet.

Und noch ein paar Tipps: Zum einen können Sie sowohl am Campingplatz als auch im Touristenbüro Ermäßigungskarten erhalten, wenn Sie sich gleich mehrere gebührenpflichtige Sehenswürdigkeiten der Stadt anschauen möchten. Zum anderen sollten Sie für den Stadtrundgang viel Zeit einplanen und bequeme Schuhe anziehen. Den Fotoapparat natürlich nicht vergessen! Und sollte es so heiß wie bei meinem letzten Besuch sein, dann ist eine Wasserflasche im Rucksack auch nicht schlecht, schließlich geht es beinahe permanent bergauf.

Nun zum Weg: Drehen Sie sich um und schauen Sie nach dem Heiligen Michael auf der Nadel, wie der **Saint-Michel-d'Aiguilhe** – also der Berg vor Ihnen – frei übersetzt heißt. Jetzt gehen wir gemeinsam das recht steile Sträßchen – die Montée de la Coustette – hoch. Halten Sie sich rechts und betreten Sie die Rue Chosson, um in die Rue du Rocher zu gelangen. Es ist alles gut ausgeschildert. Wenn Sie jetzt noch Ihren Eintritt bezahlt haben, steht der Besteigung der Nadel nichts mehr im Weg. Wir gehen dabei auf über 268 Treppen dem Ziel entgegen. Ich hoffe, ich habe mich nicht verzählt!? Endlich dürfen wir es mal ungestört auf die Spitze treiben!

Der Heilige Michael auf des Nadels Spitze...

Sicherlich benötigen auch Sie ein paar Verschnaufpausen!? Ich habe meine gleichzeitig dazu genutzt, den einmalig schönen Blick auf Le Puy von oben zu genießen.

In 88 Metern Höhe befindet sich auf dem Stumpf ei-

Bald ist es geschafft...

nes durch Erosion freigelegten Vulkanschlots besagte **Kapelle St-Michel-d'Aiguilhe**, dort, wo einst in römischer Zeit ein Tempel stand. Ehe Sie sich jetzt jedoch dem vergleichsweise schmucklosen Kapelleninneren widmen, wo mich stets eine beeindruckende Stille empfing, werfen Sie mal einen längeren Blick auf das Portal am Ende des Treppenanstiegs: Der reiche Schmuck lässt einen iberisch-arabischen Einfluss – eventuell bedingt durch die Pilgerfahrten ins spanische Santiago de Compostela – vermuten. Sehen Sie die beiden Sirenen mit Netz im Türsturz? Sie sind Symbole für die Verführung.

Das kleine romanische Kapellchen aus dem 10. Jahrhundert ist übrigens – wie der Name verrät – dem Drachentöter, dem Vertreiber des Bösen, dem Heiligen Michael gewidmet. Ihn treffen wir auch im Innenraum an. Besonders beeindruckend sind auch hier der orientalische Einfluss, welcher sich in den schwarz-weißen Mosaiken und dem filigranen Arabesken-Dekor äußert, sowie die zahlreichen Wandmalereien und der Kirchenschatz, der 1955 bei Restaurierungsarbeiten unter dem Boden des Altarraums gefunden wurde. Wertvollstes Stück ist ein romanischer Christus am Kreuz aus polychrom bemaltem Holz.

Wo es rauf geht, geht es bekantlicherweise auch wieder runter. Und wenn wir schon mal beim Auf und Ab sind, lassen Sie uns doch gleich noch zur Roten Dame Frankreichs hinaufsteigen. Über die Rue du Rocher gehen wir – uns südlich

Im Inneren herrscht eine beeindruckende Stille...

haltend – Richtung Impasse des Vignerons, weiter auf dem Montée Gouteyron sowie über die Place Monseigneur de Galard. Die Rote Dame verfolgt uns bereits seit längerem. Wir biegen nun gemeinsam nach links in die Rue de la Visitation. Ein paar Meter auf der Rue Grasmanent entlang, und anschließend geht's abermals nach rechts – in die Rue Saint-Mayol. Nach etwa 50 Metern wende ich mich nach links in die Rue du Cloître. Sie meinen, das sei kompliziert? Keineswegs, denn erstens haben Sie die Dame (fast) immer im Blick – was man bei Frauen sowieso haben sollte – und zweitens ist es ausgeschildert.

Der Anblick des 115 Meter hohen **Rocher Corneille** mit der **Notre-Dame-de-France** ist oben noch beeindruckender als von unten. Und wenn Sie schon auf dem Felsen stehen, steigen Sie der Dame doch gleich mal bis zum Hals... Nein, kein Freeclimbing! Durch ihr Inneres gelangt man über Treppen Richtung „Gedächtniszentrale".

Wer mehr über die überdimensionale rote Dame wissen möchte, liest in meinem Schlaumeierkästchen auf der gegenüberliegenden Seite nach. Ich für meine Person habe für heute erst einmal genug gesehen und erlebt. Schließlich müssen ja die zahlreichen Eindrücke verarbeitet werden. Daher genieße ich auf meinem Rückweg zum Wohnmobil noch einen kleinen Schwarzen – es darf natürlich auch ein großer Roter oder etwas anderes sein. Schön lässt sich das im gemütlichen **Garten des Pilgerhauses** einnehmen.

Morgen geht's weiter, dann sind die berühmte Kathedrale inklusive der Umgebung dran.

Rote Madonna mit Kind...

Lady in Red: Notre-Dame-de-la-France

Auf dem Vulkankegel, dem Rocher Corneille, steht – in Nachbarschaft zum Rocher St-Michel-d'Aiguilhe – die gigantische Statue der Notre-Dame-de-la-France, die man hier im Jahre 1860 mit einer Größe von 16 Metern errichtet hatte. Sie wurde aus dem Metall von 213, während des Krimkrieges bei Sewastopol erbeuteten Kanonen gegossen.

Diese gusseiserne Lady, die von fast jedem Punkt der Stadt aus zu sehen ist, entstand nach einem Modell des Bildhauers Jean-Marie Bonnassieux und wurde vor den Augen von mehr als 120.000 Pilgern eingeweiht.

Die gigantische und dennoch zart anmutende Dame zählt weitere 6,70 Meter in der Höhe, wenn man den Sockel hinzuzurechnet. Dabei bringt die schwergewichtige Madame 110 Tonnen auf die Waage. Das gesamte Monument hat ein Gewicht von 835 Tonnen.

Heute ist die Statue rosa-rot angestrichen und schon alleine wegen ihrer ungewöhnlichen Farbe weit übers Land sicht- und wiedererkennbar. Des Nachts wird sie – ebenso wie der Fels in der Nachbarschaft – angestrahlt, was ihr einen romantischen Touch verleiht.

Übrigens kann man sie in ihrem Inneren besteigen, wobei ein Blick aus einigen der Luken fantastische Panoramen bietet.

Zurück am Platz empfangen mich Mann und Hunde und verlangen ihren Teil an „Bespaßung“: Wir unternehmen einen ausgiebigen Spaziergang entlang des Flusses. Auch schön...

Frisch ausgeruht begebe ich mich am nächsten Morgen wieder „nach oben“, um die Kathedrale sowie weitere Sehenswürdigkeiten zu besuchen. Also abermals den Montée de la Coustette hoch! Den Place Monseigneur de Galard sowie die Rue Gouteyron kennen Sie bereits von unserem Weg gestern. Hier finden Sie dann auch einen Wegweiser zum **Quartier Cathedrale** sowie zum **Hôtel-Dieu**. Unsere Richtung!

Wir kommen am Hôtel Dieu – einem Weltkulturerbe der UNESCO – vorbei. Dieses Gebäude ist seit dem 12. Jahrhundert als Pilgerempfang dokumentiert und beherbergt heute unter anderem verschiedene Ausstellungen sowie ein Restaurant, mit gemütlichen Sitzgelegenheiten im Garten.

Der Kathedrale sollten Sie sich von der Westfassade aus nähern, um den gigantischen Anblick zu genießen. Diese liegt in der Rue des Tables, einer wirklich malerischen Straße. Betreten Sie mit mir über 136 Stufen das Innere des Gotteshauses. Drehen Sie sich vorher noch einmal um: Ich hoffe, Sie sind jetzt von dem Anblick ebenso beeindruckt wie ich. Und nun wieder eine 180-Grad-Drehung, und schon erwartet uns die erste Besonderheit der Kirche, die eine Mischung aus

Ein beeindruckendes Bild....

romanischem Baustil und maurischen Elementen ist: Die monumentale Treppe mündet mitten im Kirchenschiff.

Vergessen Sie nicht, dem **Fieberstein** – in der nördlichen Seitenkapelle neben der Apsis – sowie der **schwarzen Muttergottes** auf dem Hauptaltar Ihre Aufmerksamkeit zu schenken. Vor der Schwarzen Madonna knieten bereits sechs Päpste und zahlreiche französische Könige. Warum nicht auch Sie!? Allerdings handelt es sich aktuell um eine Kopie, da das Original 1794 während der Französischen Revolution verbrannt wurde. In der Reliquienkapelle steht noch eine, dem Original ähnliche Figur eines zeitgenössischen Bildhauers.

Schwarze Madonna in der Kathedrale...

Wenn Sie es einrichten können, um die Osterzeit herum in Le Puy zu sein, dürfen Sie keineswegs die wirklich einmalige Gelegenheit verpassen, sich am Gründonnerstag der **Oster-**

Gespenstisch....

prozession, bei der die Bruderschaft der weißen Büßer durch die Gassen der Oberstadt zieht, anzuschließen. Dieses „unheimliche“ Erlebnis, das sich nicht beschreiben lässt, zählt zu den schönsten, die ich in der Auvergne hatte. Angefangen von der Messe in der Kathedrale bis hin zum Zug durch die engen Gassen bei Dunkelheit sowie der anschließend nachempfundenen Kreuzigung Jesus auf dem Platz neben der Kirche, verursachte mir alles eine Gänsehaut. Allein die Gesänge der (Mit)Laufenden...

Wenn Sie nun das Argument anbringen: „Ich bin der französischen Sprache nicht mächtig, was soll ich da in der Heiligen Messe?“, dann kann ich nur antworten: „Macht nichts, ich habe auch kein Wort verstanden, und ich spreche recht gut französisch!“ Aber allein das Drumherum ist einen Besuch wert: Die Franzosen zeigten auch hier wieder einmal mehr, wie tolerant sie sind. Jeder kam und ging, wann und wie er wollte. Kaugummi kauende Gottesdienstbesucher saßen neben in meditativer Andacht versunkenen Menschen, Kinder wie Greise waren gleichermaßen anwesend, und eine barfüßige Nonne machte mich mit ihrem permanenten Herumgerenne nervös. Besonders lustig: Einer der vielen anwesenden Priester schien zeitweilig eingeschlafen zu sein.

Widmen wir uns nun der Rue des Tables. Immer schon war sie die Hauptachse für den Pilgerstrom, heute ist sie es für den Touristenstrom. Neben zahlreichem Kitsch treffen wir auf Menschen, die den Besuchern ihre alte Handwerkskunst vor-

Da soll sich einer auskennen...

führen. Besonders beeindruckt war ich dabei von einer jungen Dame, die sich dem Spitzenklöppeln verschrieben hat. Es war wirklich einmalig, ihr zuzuschauen, wie sie durch den systematischen Wechsel von Verdrehen, Verkreuzen, Verknüpfen und Verschlingen der Fäden zu einem derart korrekten, filigranen Ergebnis kam. Selbst wenn Ihnen das Ergebnis nicht gefällt, Sie müssen jedoch zugeben, dass es eine einmalige Kunst ist, der ein großes Talent zugrunde liegt!?

Gehen wir jetzt genau diese Straße, von der Kathedrale kommend, weiter runter und halten uns links, so gelangen wir in Ecken und Winkel, Straßen und Sträßchen, die zu durchstreifen sich lohnen. In der angrenzenden Rue Raphaël etwa, dem einstigen bevorzugten Wohnsitz der Bourgoisie, stehen im Sommer trotz der Enge Tische und Stühle zum Essen draußen. Immer wieder habe ich mir hier überlegt, ob ich persönlich dort essen wollte – so auf dem Präsentierteller, wo praktisch jeder auf mein Essen starren kann, und wo besonders im Hochsommer die Hitze zu stehen scheint. Meine Antwort lautet auch heute noch: Nein! Auch wenn es noch so lecker aussieht...

Schauen Sie sich hier die Häuser und Gassen an, und richten Sie Ihren Blick nach oben. Viele interessante Details erwarten uns. So lacht mir beispielsweise an der Ecke Rue Raphaël/Rue Chamarlenc eine schwarze Madonna mit Kind entgegen. Entdeckt?

Ein weiterer interessanter Eckpunkt bei der Stadtbesichtigung wäre der **Place du Martouret**, wo heute das Leben pulsiert und im Mittelalter die Guillotine stand sowie während der Französischen Revolution die Schwarze Madonna verbrannt wurde.

Der Besuch des **Wochenmarktes am Place du Plot** mit dem schönen alten Brunnen ist für mich ein Muss.

Übrigens findet alljährlich in der 3. Septemberwoche das Renaissancefest des Königs des Vogels – **la fête de Rennaissance du Roi de l'Oiseau** – statt, welches erstmals 1524 von

Karl V. initiiert wurde. Es handelt sich um ein mittelalterliches (Schützen)Fest, zu dem Tausende kostümierte Menschen und Künstlergruppen die Straßen Le Puys bevölkern.

Verlassen Sie Le Puy jedoch nicht, ohne nicht wenigstens einmal eines der typischen Linsengerichte aus den Lentilles Vertes du Puy A.O.C. zu verköstigen. Gelegenheit dazu finden Sie viel. Wäre doch auch was für die Bordküche?

Ich persönlich gehe zum Abschluss über den alten Friedhof oberhalb des Stellplatzes 158. Er bietet neben „Gräber-

kunst“ – so es den Begriff gibt – auch eine fantastische Aussicht auf „die Nadel“. Der Weg dort hin führt über den bereits bekannten Montée de la Coustette hoch. Halten Sie sich dann links.

Blick aus der Kathedrale nach unten...

TOUR 13: Zum Stuhl Gottes & andere Höhepunkte 300 km

Brives-Charensac – Les Estables – Retournac – Allègre
La Chaise-Dieu – Cascade de l'Oulette – St-Anthème

Stellplätze: Brives-Charensac, Coubon, Le Monastier-sur-Gazeille, Les Estables, am Parkplatz Mont Mézenc, am Roche Pointue, Chaudeyrolles, Le Chambon-sur-Lignon, Tence, Montfaucon-en-Velay, Retournac, Bas-en-Basset, Vorey-sur-Arzon, Allègre, St-Paulien, La Chaise-Dieu, Arlanc, Viverols, bei der Cascade du Creuc de l'Oulette, St-Anthème, am Col des Pradeaux

Campingplätze:	Camping Municipal Audinet (Brives-Charensac), L'Estela (Le Monastier-sur-Gazeille), Camp Municipal la Garenne (Bas-en-Basset), Les Moulettes (Vorey-sur-Arzon), Camping Municipal La Pinède (Allègre), Camping Municipal Les Prades (La Chaise-Dieu), Le Pradoux (Viverols), Camping Le Rambaud (St-Anthème)
Besichtigen:	Musée Lieu de Mémoire in Le Chambon-sur-Lignon, Museum der Spitzen(Klöppelei) in Retournac, Allègre, Kathedrale, Echosaal und Kuriositäten-Kabinett in La Chaise-Dieu, Viverols, die Cascade du Creux de l'Oulette
Baden:	In der Loire bei Brives-Charensac, Coubon, und Retournac, im See bei La Chaise-Dieu, im gestauten Flüsschen und im Schwimmbad bei Arlanc, im See bei St-Anthème
Wandern:	Zum Puy de Tourte, zum Doppelgipfel des Mont Mézenc, Rundwanderweg bei La Chaise-Dieu, zur Cascade du Creux de l'Oulette, am Col des Pradeaux
Märkte:	Allègre (Mi.), Retournac (Mi.), La Chaise-Dieu (Do. und So.), Ambert (Do.), Le Chambon-sur-Lignon (Sa./Juni-Sept. Mi.), Le Monastier-sur-Gazeille (Di.), Vorey-sur-Arzon (So. und Juli/August Mi. Nachtmarkt), Tence (Di.), Viverols (1. und 3. Di. jeden Monats), St-Anthème (Di.)

Nach so viel Stadt und Kultur nehme ich Sie nun mit auf eine Tour, wo Natur und Geschichte neben einigen idyllischen (Ausruh)Orten ihren Platz haben. Dabei geht es mal wieder hoch hinaus. Neben dem „Stuhl Gottes“ erwarten uns viele kleine idyllische Orte sowie natürlich viel Wasser. Wasser zum Baden, Angeln oder Staunen. Allen voran spielt die Loire mit ihren unterschiedlichen Facetten eine Hauptrolle. Machen Sie sich auf eine lange Tour gefasst!

Unsere letzte Station war in Le Puy. Da wir hier auf verschiedenen Plätzen unser Quartier hatten, treffen wir uns am besten auf der N 88; Grobrichtung soll Valence/St-Étienne/Yssingeaux sein, um bald darauf auf die D 988A zu fahren. Richten Sie sich nach den Wegweisern, die uns nach Le Monastier dirigieren wollen. Aber mein erstes Ziel liegt nur wenige Kilometer entfernt und heißt **Brives-Charensac**. Hier erwartet uns ein Parkplatz, der an Avignon erinnert. Warum? Sie werden es sofort wissen, wenn Sie es sehen! Der Platz an sich ist nicht besonders schön, aber dafür der Ort und der Blick auf die vor uns liegende Loire – mit 1.004 Kilometern der längste Fluss Frankreichs – um so interessanter.

(164) Offizieller WOMO-Stellplatz: Brives-Charensac

GPS: N 45° 02' 48.7" E 03° 55' 46.4"
Place Blanche/Parkplatz „Le Pont Vieux“
Max. WOMOs: 5
Ausstattung: Öffentliche Toilette.
Beschreibung: Kostenloser, gemischter Parkplatz, auf Asphalt, am Ortsrand. Für unsere Größe gibt es direkt an der Loire mit Blick auf eine der sehenswerten Brücken 5 eingezeichnete Plätze. Geschäfte 1,5 km entfernt.
Zufahrt: Im Ort an einem Rondell nach links über die Brücke Richtung Le Monastier und Campingplatz. Hinter der Brücke sofort nach rechts, und weiter den Wegweisern folgen. Dazu an der Gabelung rechts halten und gleich darauf nach rechts auf den Parkplatz fahren.
Hinweise: Nicht besonders ruhig.

Der recht kleine Ort Brives-Charensac besitzt gleich **vier historische Brücken** über die Loire. An unserem Stellplatz können wir gleich eine, die **Vieux Pont**, bewundern.

Auch hier gibt es einen Campingplatz für einen längeren und angenehmeren Aufenthalt nahe des schönen Örtchens und direkt an der **Loire**. Das Kästchen dazu finden Sie gegenüber.

Avignon-Feeling!?

Lassen Sie uns jetzt weiter nach **Coubon** fahren. Da finden Sie noch mehr Loire. Dazu behalten wir einfach unsere anfängliche Richtung bei, denn am anderen Ufer ist die Straße für uns gesperrt. Richten Sie sich weiterhin nach den Hinweisen auf Le Monastier.

(165) WOMO-Campingplatz: Brives-Charensac (Camping Municipal Audinet***)

GPS: N 45° 02' 38.9" E 03° 55' 49.2" Av des sports/Plaine d'Audinet
Tel./Fax: +33 47 10 91 018
E-Mail: camping.audinet@wanadoo.fr
Internet: www.camping-audinet.fr/?langue=de
Öffnungszeiten: Mitte April - Ende September
Beschreibung: Sehr schön angelegter Campingplatz an der Loire, außerhalb des Ortes, beim öffentlichen Schwimmbad. Teils schattig. Einkaufsmarkt etwa 2 km. Hunde erlaubt. Waschmaschine, WLAN, Spielplatz, Tischtennis, Fahrradverleih, kleiner Lebensmittelladen, Restaurant. Grillen erlaubt. Im Sommer kostenlose Benutzung des nebenan liegenden, beheizten öffentlichen Schwimmbades. Baden und Angeln in der Loire möglich.
Preise: Je nach Saison 14 EUR - 17 EUR, Strom 3,30 EUR/Tag, Hund 2,50 EUR.
Zufahrt: Am Stellplatz vorbeifahren und am nächsten Kreisel der Beschilderung nach rechts folgen. Geradeaus weiter und schließlich vor der Loire nach links abbiegen.

Der Platz dort an der Loire lädt die Kleinen mit einem Spielplatz und die Großen mit Picknickplätzen ein.

(166) WOMO-Picknickplatz: Coubon

GPS: N 44° 59' 52.0'' E 03° 55' 01.2"
Espasse Quargnento/Parking d'église
Max. WOMOs: 1-2
Ausstattung: Ver- und Entsorgung, Toilette, Mülleimer, Picknickbänke.
Beschreibung: Kostenloser, asphaltierter, gemischter Parkplatz direkt am Ortsanfang, an der Loire, vor der Kirche. Spielplatz und kleine Parkanlage nebenan. Restaurants und Einkaufsmöglichkeiten in der Nähe. Baden und Angeln möglich.
Preise: Wasser 2,50 EUR.
Zufahrt: Am Vorfahrt-achten-Schild im Ort sieht man bereits die Kirche. Biegen Sie hier nach rechts und gleich wieder nach links zum Platz bei der Kirche ein. Nicht über die Brücke fahren!
Hinweise: Die Säule für die Ver- und Entsorgung ist verschlossen; einen Schlüssel bekommen Sie in der Bar/Tabac oder im VIVAL.

Nach einer kleinen Verschnaufpause geht's weiter. Ich nehme die D 37, fahre durch den Ort und bleibe weiter der Grobrichtung Le Monastier treu. Am Ortsende heißt es links halten. Aus der D 37 wird die D 38. Sollten Sie den Ort in Ihr Navi eingeben wollen, nehmen Sie die vollständige Bezeichnung **Le Monastier-sur-Gazeille**.

Die Strecke selber ist nicht besonders interessant – Weiden, Wald und Radfahrer –, aber am Ortsschild erwartet uns ein Hinweis auf eine Wohnmobil-Entsorgungsstation. Ich füge hinzu: Es erwarten uns außerdem ein schöner, ruhiger Stellplatz mit einer fantastischen Aussicht sowie ein idyllisch gelegener Campingplatz. Fahren Sie also Richtung Campingplatz. Sollten Sie eher zu „Abenteuern" neigen, können Sie gut und gerne auch die (enge) Ortsdurchfahrt nehmen.

(167) Offizieller WOMO-Stellplatz: Le Monastier-sur-Gazeille

GPS: N 44° 56' 14.5" E 03° 59' 34.2"
Rue Augustin Ollier
Max. WOMOs: 20
Ausstattung: Ver- und Entsorgung, Mülleimer.
Beschreibung: Kostenloser, einsamer, außerhalb gelegener Stellplatz auf Schotter. Schöne Aussicht. Tennisplatz und Schwimmbad in der Nähe. Fußweg zum Bäcker etwas beschwerlich, da bergauf, ca. 20-30 min.
Preise: Wasser 2 EUR, mit Jetons.
Zufahrt: Am Ortsanfang nach rechts auf die D 27. Den Schildern folgen, die zum Campingplatz weisen. An der nächsten Kreuzung an dem Womo-Schild orientieren und an der Gabelung, wo es rechts zum Campingplatz geht, halblinks weiterfahren. Oder: Durch den Ort, hinter der Kirche rechts den steilen Berg runter und an der größeren Abzweigung nochmals nach rechts.
Hinweise: Sehr ruhig. Bei Wind etwas zugig.

(168) WOMO-Campingplatz: Le Monastier-sur-Gazeille (Camping L'Estela***)

GPS: N 44° 56' 07.9" E 03° 59' 01.4" Route du Moulin de Savin
Tel./Fax: +33 47 10 38 224
E-Mail: contact@campingestela.com **Internet**: www.campingestela.fr/
Öffnungszeiten: Mitte Apr. - Ende Sept.
Beschreibung: Kleiner, familiärer, schattiger Campingplatz außerhalb. Am Fluss, Angeln und Baden möglich. Beheizter Pool, Bar, Imbiss, Brotservice, Waschmaschine, Pool, WLAN. Ort 1 km. Teils sind die Plätze mit eigenem Wasseranschluss ausgerüstet. Hunde erlaubt.
Preise: 21 EUR, Hund 2,50 EUR.
Zufahrt: Wie zum Stellplatz, jedoch an der Gabelung nach rechts. Nach etwa 350 m leicht rechts, weitere 200 m weiter leicht links in die Zielstraße einbiegen. Der Platz ist im Ort ausgeschildert.
Hinweise: Sehr steiler Aufstieg zum Ort.

Egal wo Sie stehen, Ihr Weg in den Ort wird stets bergauf führen. Noch etwas: Fahren Sie keinesfalls auf die in Monastier ausgeschilderten Parkplätze, wie ich es einst versucht habe, denn es kann sehr, sehr eng werden. Besonders die Plätze, deren Zufahrt am Ortsanfang nach links geht, können Sie vergessen. Erst wenn Sie bereits weit in die Straße hineingefahren sind, erscheint ein Hinweisschild, dass die Straße nun bald nur noch zwei Meter breit ist. Na, super!

Doch nun zum Ort selber: Seinen „Bekanntheitsgrad“ erlangte er, weil hier der Schriftsteller Stevenson mit seiner Eselin seine Reise durch die Cevennen begann. Tja, die problemlose Durchquerung Monastiers scheint eben nur für Esel gemacht zu sein!?

Heute ist der Stevenson-Weg neben dem Jakobsweg einer der bekanntesten Strecken der Region. Erinnern Sie sich? Tour 11!

Ansonsten beschränkt sich das Sehenswerte hauptsächlich auf die schöne Natur, auf die **Abteikirche St-Chaffre** mit der typisch auvergnatischen Fassade und den interessanten Arkadenbögen, auf die kleine einschiffige Église St-Jean-Baptiste sowie auf das ehemalige château. In letzteren Gebäuden sind jetzt Ausstellungen untergebracht.

Weiter geht's, wer rastet, der rostet. Ich fahre vom Stellplatz nach rechts raus und biege anschließend nach links. Vom Campingplatz aus fahren wir am besten zurück und im Prinzip stets geradeaus weiter. Es geht aufwärts, im 1. Gang schleppen wir uns den steilen Berg hoch. Oben biegen wir nach rechts und fahren am Ortsende am Rondell die 2. Ausfahrt raus auf die D 500. Grobrichtung und gleichzeitig Ziel ist **Les Estables**.

Wenn sich die Straße gabelt, fahren wir – noch vor dem **Viaduc de La Récoumène** – nach rechts auf die D 535, um an der nächsten Gabelung das Lenkrad auf die D 631 einzuschlagen.

Schön ist's hier: Rechts ein kleines Bächlein, Berge mit teils über 1.400 Metern Höhe, Kühe sowie Hinweise auf ein Skigebiet. Die Straße selber ist sehr gut ausgebaut, lediglich im einzigen Ort auf der Strecke, in **La Vacheresse,** gibt es eine enge Ortsdurchfahrt.

Wir erreichen unser Ziel. Der Stellplatz liegt direkt an der Straße, ist des Nachts jedoch wider Erwarten ruhig. Das Panorama ist wunderschön! Mehr dazu, wenn Sie umblättern.

In Les Estables befinden wir uns bei einer Höhe von 1.343 Metern in der höchstgelegensten Gemeinde des Zentralmassivs. Und wo ich schon mal dabei bin, schulmeistere ich gleich weiter: Der Ort liegt am Fuße des **Doppelberges Mont Mézenc** (1.753 m) – dem höchsten Berg der Gegend – sowie des **Mont Alambre** (1.691 m). Als idealer Vier-Jahres-

(169) WOMO-Stellplatz: Les Estables

GPS: N 44° 54' 08.7" E 04° 09' 23.2"
An der D 36, 1.339 m.ü.d.M.
Max. WOMOs: >10
Ausstattung: Wasser, Toilette, Mülleimer, WLAN.
Beschreibung: Kostenlose asphaltierte Parkfläche am südlichen Ortsrand, an der Durchgangsstraße. Im Skigebiet, am Fuße des Mont Mézanc. Restaurants gegenüber. Ortsmitte rund 100 m.
Zufahrt: Auf der Hauptstrecke bleiben und Les Estables am Rand passieren. Nicht in den Ort fahren! Sie befinden sich auf der D 36, die von links aus dem Ort kommt. Der Platz liegt gegen Ortsende rechts hinter einem Rundbau, gegenüber der Tankstelle.
Hinweise: Wasser und WC sind auf der gegenüberliegenden Straßenseite zu finden. WLAN-Code gibt es im Touristenbüro, ebenfalls auf der anderen Straßenseite hinterm Parkplatz links. Ausweichplätze ebenfalls gegenüber. Viele gute Restaurants in der Nähe.

zeiten-Ort ist Les Estables im Frühling, Sommer und Herbst vor allem bei Wanderern, Paraglidern und Mountenbikern und im Winter bei Wintersportfreunden beliebt.

Der Weg ins Zentrum ist sehr kurz: Wir überqueren die Hauptstraße, gehen über den Platz, wo sich die Wasserzapfstelle befindet, und rechts neben dem Touristenbüro in die Straße rein. Les Estables ist winzig, die Straßen an manchen

Manchmal wird's eng

Nein, kein Waschtag, sondern die „Reste“ der Tour de France.

Stellen eng, die typischen Steinhäuser sowie einzelne Details schön und die Leute nett.

Übrigens haben wir hier in der kleinen Pizzeria „Le Passadou“ im Chemin des Dentellières eine gute, riesige Pizza gegessen.

Jetzt fragen Sie sicherlich, was es neben der guten Gastronomie in Les Estables noch zu entdecken gibt? Na, ich hätte da eine kleine Kirche, einen Skilift, schöne Häuser sowie natürlich Natur, Natur und nochmals Natur im Angebot. Mit etwas Glück können Sie in der Nähe des Skilifts Paraglider, die vom Mont Alambre starten, bei der Ausübung ihres Hobbys beobachten. Wandern geht hier natürlich auch. Auf der nächsten Seite finden Sie einen Vorschlag für eine kurze Wanderung.

Sollten Sie glauben, wir hätten den „Höhepunkt“ unserer Tour erreicht, irren Sie sich. Ich nehme Sie jetzt mit Richtung **Mont Mézenc**. Dazu fahren wir über den gegenüberliegenden Parkplatz in den Ort rein – da wo's eng wird, wie man auf dem Foto nebenan sieht. „Unser“ Mont ist ausgeschildert.

Wenn wir an der Rechts-vor-Links-Kreuzung nicht nach links abbiegen würden, würden wir schon bald die Grenze zwischen **Auvergne und Ardèche** überschreiten.

Wanderung zum Puy de Tourte

Heute will ich mich nicht viel anstrengen und belasse es bei einer kleinen Wanderung von knapp sechs Kilometern. Gehen wir dazu hinter dem Stellplatz runter und durchstreifen die Wiesen. Schon bald stehen wir den auvergnatischen Rindviechern vis-à-vis, hören ein Bächlein plätschern, sehen Pferde, lauschen dem Vogelgesang und saugen die gute Luft mit ihrem einmaligen Duft ein. Ist das nicht romantisch?
Wenn Sie nun noch nach rechts in den Feldweg einbiegen und bald darauf durch das kleine Wäldchen gehen, kommen Sie zum Puy de Tourte (1.535 m) und können eine traumhafte Aussicht genießen.

Auch eine wunderschöne Gegend, aber ein anderer Reiseführer **[Mit dem Wohnmobil durch Languedoc und Roussillon, Band 22]**. Wir nehmen daher Links.

Mein erster Haltepunkt ist ein Parkplatz in rund 1.500 Metern Höhe. Bei schönem Wetter ein Genuss, was die Aussicht betrifft. Wer hier übernachten möchte, kann dies getrost tun. In der Regel bleiben Sie da nicht lange alleine, verbringen eine sehr ruhige Nacht und wachen am nächsten Morgen – je nach Wetterlage – mit einem fantastischen Panorama auf. Es könnte jedoch windig sein. In den etwas kühleren Jahreszeiten werden Sie vielleicht sogar mit einer weißen „Zuckergussdecke" überrascht. Wer weiß!?

(170) WOMO-Wanderparkplatz: Parking Mont Mézenc

GPS: N 44° 54' 45.1" E 04° 10' 13.4" An der D 274, 1.508 m.ü.d.M.
Max. WOMOs: 10
Ausstattung: Keine.
Beschreibung: Kostenfreier, gemischter Parkplatz auf Schotter. Weit außerhalb. Unterhalb des Mont Mézenc. Klappstuhlgeeignet. Wanderwege und „la maison forestière" in der Nähe.
Zufahrt: In Les Estables rechts am Touristenbüro vorbeifahren. Nach rechts und gleich wieder nach links auf die D 631. Die Richtung ist Mont Mézenc. An der Rechts-vor-Links-Kreuzung nach links auf die D 274 abbiegen. Der Platz liegt rechts.
Hinweise: Wunderschönes Panorama. Nachts sehr ruhig und sehr einsam. Es kann kalt werden.

Stellplatz mit atemberaubendem Panorama – so das Wetter mitspielt...

Egal, wie das Wetter ist, Sie sollten sich zu einer kleinen Wanderung überreden lassen.

Wanderung zum Doppelgipfel des Mont Mézenc

Für die rund 2,5 Kilometer sollten Sie unbedingt passendes Schuhwerk tragen sowie ein wenig Proviant – vor allem Trinken – mit sich führen. Es ist keine extrem schwierige Wanderung und man kann sich gut mit Kindern auf den Weg machen, jedoch müssen Sie mit ein paar Steigungen rechnen. Wir überwinden dabei eine Höhendifferenz von rund 200 Metern. Theoretisch ist die Strecke in etwa 40 bis 60 Minuten zu bewältigen, wir wollen jedoch kein Wettrennen veranstalten und die ein oder andere Rast einlegen, so dass Sie mehr Zeit einplanen müssen. Belohnt werden Sie auf jeden Fall mit einer fantastischen Aussicht von etwa 1.723 Metern Höhe – sofern das Wetter mitspielt.

Wir starten von unserem Parkplatz aus nach rechts (von der Fahrtrichtung aus betrachtet). Dort, wo links das maison forestière ist, gehen wir auf der D 274 weiter, die eine Rechtskurve macht. Nach beinahe einem Kilometer gelangen Sie an das Croix de Peccata. Hier biegen wir am Parkplatz auf der rechten Straßenseite nach rechts in den breiten Wald-

weg ein. Dieser schlängelt sich etwa einen Kilometer lang stetig bergauf. An der nächsten Kreuzung geht es nach links. Der Weg ist nach wie vor gut mit roten Markierungen ausgewiesen, und schließlich ist der Mont Mézenc ja auch aufgrund seiner Größe nicht zu übersehen. Entscheiden Sie nun selbst, wie es weitergeht: Links erwartet uns auf einer Höhe von 1.744 Metern der Nordgipfel mit einem Gipfelkreuz und rechts der Südgipfel mit einer Orientierungstafel auf 1.753 Metern Höhe.
Haben Sie eigentlich gemerkt, dass Sie nahe an der Grenze wandeln oder gar schon ihre Grenzen überschritten haben? Tatsächlich befinden wir uns im Grenzgebiet zur Ardèche.
Ach ja, zurück ... da haben wir einfach wieder den gleichen Weg genommen. Wer mag kann auch einen Rundwanderweg einschlagen, der über das Croix de Boutières zurück zu unserem Parkplatz führt.

Wenn Ihnen hier zu viel Betrieb ist, weil sich der ein oder andere Wohnmobilfahrer zu Ihnen „gekuschelt“ hat, hätte ich einen anderen – viel einsameren – wunderschönen kleinen Rast- und Schlafplatz, der zudem bezüglich des Windes etwas geschützter liegt. Fahren Sie einfach die D 274 weiter. Vorher jedoch entdecke ich links der Straße, am **Col de la Croix de Peccata**, noch einen Wanderparkplatz für etwa zwei bis fünf Womos, auf dem auf 1.570 Metern Höhe immer wieder übernachtet wird. Aber auch hier ist man eher nicht einsam. [171: N 44° 54' 58.2" E 04° 10' 43.4"] Übrigens kommen Sie von hier aus auf unseren gut ausgeschilderten Weg zum Mont Mézenc.

Doch nun zum versprochenen Platz, wo wir in all den Jahren stets die einzigen Wohnmobilfahrer, die dort „geschützt“ und ruhig standen, waren. Verfehlen kann man das idyllische Fleckchen nicht, liegt es doch direkt an der D 274. Achten Sie auf einen imposanten Felsen links der Straße. La voilà!

Bitte respektieren Sie die Natur, nehmen Sie allen Abfall mit, und fahren Sie weiter, wenn hier schon jemand steht.

Zu viel versprochen?

(172) WOMO-Stellplatz: Am Roche Pointue
In der Gemeinde Chaudeyrolles

GPS: N 44° 55' 29.7" E 04° 11' 21.7" An der D 274, 1.474 m.ü.d.M.
Max. WOMOs: 1-2
Ausstattung: Keine.
Beschreibung: Sehr einsamer Platz weit außerhalb, direkt an der D 274, vor dem Roche Pointue. Imposantes Panorama.
Zufahrt: An der D 274 von Estables nach Fay-sur-Lignon direkt links an der Straße, ehe diese eine Rechtskurve macht und es bergab geht. Vor dem auffallenden Felsen nach links in den Weg einbiegen.

Auf den weiteren Kilometern der wunderschönen Strecke werde ich von Blumen, atemberaubenden Panoramen, Menschen hoch zu Ross – Sind wohl Stevenson-Nachfolger, die den Esel durch ein Pferd ersetzen? – und immer wieder vereinzelten Wohnmobilfahrern, die ein ruhiges Plätzchen für sich gefunden haben, begleitet. Mehr als jeweils ein Womo ging da aber selten...

Letztendlich habe ich im letzten Sommer einen neuen offiziellen Stellplatz mit einer fantastischen Aussicht ausfindig gemacht. Den möchte ich Ihnen gerne zeigen. Der Weg dort hin ist eng und mit etwas Pech begegnet Ihnen – wie mir – noch ein Traktor. Aber irgendwie geht's immer!

(173) Offizieller WOMO-Stellplatz: Chaudeyrolles

GPS: N 44° 56' 58.8" E 04° 12' 09.5" 1.283 m.ü.d.M.

Max. WOMOs: 10
Ausstattung: Ver- und Entsorgung, Strom, Mülleimer.
Beschreibung: Wunderschöner, neuer, ruhiger, kostenloser Stellplatz auf Schotter mit Wiese davor. Beleuchtet. Klappstuhlgeeignet. Fantastische Aussicht. Am südlichen Ortsrand, mit Blick auf die Kirche sowie die Berglandschaft. Lokal sowie kleiner Einkaufsmarkt fußläufig in 5-10 min.
Zufahrt: Auf der D 274 Richtung Chaudeyrolles fahren. Kurz vorm Ort scharf nach links dem Schild „Les Narces de Chaudeyrolles" der kleinen engen Straße folgen.
Hinweise: Jeder Platz hat seinen eigenen Stromanschluss. V&E am Flot Bleu. Von hier aus soll es einen Wanderweg zu einer kleinen wilden Cascade geben, was ich aber erst im Nachhinein erfuhr.

Hier ist nicht viel los, was das kulturelle Leben betrifft, aber ich war erstaunt, wie viele Womos sich hierhin „verirrt" hatten. Wer bewusst hinfährt, sucht Ruhe und eine schöne Aussicht sowie Wandermöglichkeiten.

Wir setzen unsere Fahrt fort und fahren zurück. Als ich den engen Ort passiere, entdecke ich, dass wir auch durchaus vor der Kirche hätten runter zum Stellplatz fahren können. Wäre aber auch nicht viel mehr Platz gewesen, lediglich kürzer...

Am Ende der Straße, kurz nach Chanteloube, geht es nach rechts auf die D 500. Ich fahre durch Fay-sur-Lignon und biege mitten in Mazet-St-Voy an der Kreuzung nach rechts auf die D 7, um nach **Chambon-sur-Lignon** zu gelangen, was wiederum ausgeschildert ist.

Letztendlich erreichen wir den geschichtsträchtigen Ort, Chambon-sur-Lignon, der am Flüsschen Lignon liegt. Und genau dieses Flüsschen überqueren wir nun. Für Sie und Ihr Wohnmobil habe ich zwei Stellplätze. Fürs Baden im See müssen Sie einen kleinen Fußmarsch in Kauf nehmen, denn leider hat man uns dort mittels eines Höhenbalkens des Platzes verwiesen.

(174) WOMO-Stellplatz: Le Chambon-sur-Lignon I

GPS: N 45° 03' 31.4" E 04° 17' 56.2"
Route du stade/Parking de Bretchs **Max. WOMOs**: 1-2
Ausstattung: Keine.
Beschreibung: Kostenloser gemischter Parkplatz auf Asphalt am Ortsrand, in der Nähe des Flusses Lignon, neben dem collège.
Zufahrt: Gleich nach der Brücke geht es nach links Richtung Stadion, zum Schwimmbad sowie zu zwei Campingplätzen.

Hinweise: Lediglich zum Parken für eine Besichtigungstour oder zur einmaligen Übernachtung geeignet. Weitere Stellplatzmöglichkeiten bestehen für kleinere Womos entlang der Straße am Fluss.

Eine weitere Möglichkeit, Ihr Wohnmobil abzustellen, befindet sich Richtung See. Von hier aus erreichen Sie sowohl die Innenstadt als auch den Badestrand zu Fuß. Bislang stand hier auch noch kein Verbotsschild für uns.

(175) WOMO-Stellplatz: Le Chambon-sur-Lignon II

GPS: N 45° 03' 36.5" E 04° 18' 25.7" Place des Bayalés/N 103
Max. WOMOs: 2-3
Ausstattung: Keine.
Beschreibung: Kostenloser gemischter Parkplatz gegen Ortsende Richtung See. Geschäfte, Supermarkt und Restaurants in der Nähe. Zentrum 500 m. See rund 1 km.
Zufahrt: Wie zum Stellplatz 174, jedoch nach der Brücke geradeaus, am Museum vorbei und den Berg hoch. Am Ende der Straße nach rechts auf die D 103. Durch den Ort. Dann rechts halten, Richtung „la plage". Der Parkplatz liegt rechts.

Die Juden und ein Philosoph

Auf Initiative des Pfarrers André Trocmé, seiner Frau und weiteren Bewohnern der Stadt nahm man ab 1942 zahlreiche Juden auf, denen die Verschleppung ins Konzentrationslager drohte. Sie kamen in den dortigen Häusern sowie öffentlichen Gebäuden unter. Wenn eine deutsche Patrouille anrückte, versteckte man sie außerhalb des Ortes auf dem Land. Nach Abzug des Feindes gingen die Bewohner von Le Chambon-sur-Lignon mit einem bestimmten Lied auf den Lippen in den Wald, um das Ende der Gefahr zu signalisieren. Ferner besorgte man den Juden Lebensmittelkarten sowie Ausweispapiere und half ihnen bei der Flucht in die Schweiz. Trotz der Verhaftung einiger Helfer konnten auf diese Art 3.000 bis 5.000 Menschen vor dem Tod in Lagern bewahrt werden.

1942 hielt sich der bekannte Schriftsteller und Philosoph Albert Camus in Le Chambon-sur-Lignon auf, um seine Tuberkulose auszukurieren. Hier arbeitete er unter anderem an seinem bekannten Werk „Die Pest".

Um das hugenottische Städtchen, das auf einem Hochplateau liegt, zu besichtigen, bedarf es keiner gesonderten Stadtführung. Das **Museum Lieu de Mémoire** – Ort der Erinnerung –, das sich mit der Vergangenheit der Stadt und somit vor allem mit der Judenverfolgung und dem heldenhaften Tun der Bevölkerung während des Regimes der Nationalsozialisten sowie Marschall Pétain beschäftigt, liegt auf der rechten Seite bei der Ampel, wenn Sie von Platz 174 aus in die Stadt gehen. Plakate sowie eine Gedenktafel an der Hausmauer weisen darauf hin. **[www.memoireduchambon.com/]**

Der gestaute Lignon, der zum Baden, Picknicken, Angeln oder nur zum Relaxen einlädt, befindet sich am anderen Ende des Ortes, nahe des Platzes 175. Leider sind wir hier nicht erwünscht, denn es gibt weder eine Parkmöglichkeit für Womos noch sind Hunde erlaubt. Dennoch hier die Koordinaten: **[N 45° 03' 11.4'' E 04° 18' 59.8'']**

Für die Weiterfahrt treffen wir uns am besten an der großen Kreuzung, wo wir von der D 151 nach rechts auf die D 103 abgebogen sind. Vom 1. Stellplatz aus müssten Sie sich geradeaus halten. Vom zweiten geht es nach rechts ab. Mein nächstes Ziel heißt **Tence**.

Dort fahre ich bis zum Kreisel und merke, dass wir hier eigentlich auch gut und gerne über die D 103 von Le Chambon aus hätten kommen können... Egal!

Bislang haben wir uns in Tence jedes Mal verfahren. Auch das Navi scheint überfordert zu sein. Vielleicht kann ich dem Ort deshalb nichts abgewinnen? Auch der Stellplatz gewinnt keinen Schönheitswettbewerb, aber wenn Sie hundemüde sein sollten, reicht's. Das passende Kästchen finden Sie nach dem Umblättern.

Für meine weitere Tour fahre ich vom Stellplatz aus nach rechts auf die Vorfahrtsstraße, vorbei an der Kirche sowie einem Kriegerdenkmal. Bitte nun links einordnen und nach

(176) WOMO-Stellplatz: Tence

GPS: N 45° 06' 56.2" E 04° 17' 32.7" Les casernes

Max. WOMOs: 8-10

Ausstattung: Ver- und Entsorgung, Mülleimer.

Beschreibung: Kostenloser geschotterter Platz am Ortsrand. Bäcker und Restaurant 100 m, Zentrum 200 m.

Preise: Wasser 2 EUR, mit Jetons.

Zufahrt: Nehmen Sie die 1. Ausfahrt am Kreisel. Anschließend die abknickende Vorfahrt nach rechts Richtung Montfoucon fahren. Kurz darauf „mittig-halblinks" weiterfahren und am Ende der Straße nach links abbiegen. Am Vorfahrt-achten-Schild das kleine Rondell passieren und sofort mittig in die kleine Straße Richtung „Le Fieu" fahren. An den Parkplätzen mit Höhenbegrenzungsbalken vorbei. Der vorgesehene Stellplatz für uns liegt bei den Wertstoffbehältern.

Hinweise: Nicht besonders sauber, wenig einladend.

links auf die „Route pittoresque" (D 500) abbiegen, die nach **Yssingeaux** führt. Schon gleich geht's wieder nach rechts, um auf die D 103 zu kommen. In Yssingeaux muss ich wegen „meines" Übergewichts vor der Brücke nach links und am Ende der Vorfahrtsstraße gleich wieder nach rechts. Grobrichtung ist „toutes directions"/Le Puy. Bald schon habe ich einen meiner Lieblingsplätze erreicht: **Retournac** an der Loire.

(177) Offizieller WOMO-Picknickplatz: Retournac

GPS: N 45° 12' 11.4" E 04° 02' 42.8" Rue de l'industrie

Max. WOMOs: >10

Ausstattung: Ver- und Entsorgung, Toilette, Mülleimer, Picknickbänke, Infotafel.

Beschreibung: Stellplatz auf Schotter, vor einer großen Wiese, an der Loire. Zentrum rund 20-30 min. Fußweg. Klappstuhlgeeignet. Angeln, Baden sowie kleine Wanderungen möglich. Artenreiche Flora und Fauna.

Preise: 5 EUR, V&E ist kostenlos.

Zufahrt: Von der D 103 aus Richtung Yssingeaux kommend nach rechts über die Brücke. Noch vor den Bahnschienen abermals nach rechts. Den Schienen folgen. Schließlich wieder nach rechts, der Beschilderung „aire de pique-nique" nachfahren.

Hinweise: Bei schönem Wetter sowie an Sonn- und Feiertagen viel Freizeit-Betrieb. Nachts jedoch sehr ruhig. Die Gebühren werden am Abend abkassiert. Die Ver- und Entsorgungsstelle ist nicht nur sehr altertümlich sondern auch nicht besonders sauber. Toilette vollkommen verdreckt.

Auf zum fröhlichen Pumpen...

Noch bis zum Frühjahr 2019 war der Platz kostenlos, ab dem Sommer gleichen Jahres beträgt die Stellplatzgebühr fünf Euro. Ich habe das Gefühl, dass nun weniger Fahrzeuge hier stehen. Ver- und entsorgen ist immer noch kostenlos. Allerdings kann man für diese „mittelalterliche" Anlage wohl auch ruhigen Gewissens kein Geld verlangen!? Egal, mir gefällt's hier!

Wir bleiben hier meist ein paar Tage. Der Platz ist schön, und auch der Ort hat Einiges zu bieten. Die an unsere Loire lässt zudem jedes Angler-Hundeherz höher schlagen. Die Anwesenheit zahlreicher Angler und Hundebesitzer zeugen davon. Speziell bei schönem Wetter und an Wochenenden ist damit zu rechnen, dass zahlreiche Franzosen die große Wiese zum Picknicken nutzen. Von Ruhe kann dann keine Rede mehr sein! Nachts jedoch wird es wieder still. Baden kann man stellenweise in der Loire auch.

Ein ganz besonderes Erlebnis hatte ich bei meinem letzten Besuch: Nicht nur, dass riesige Schlangenadler am gegenüberliegenden Felsen ihre Runden drehten, auch Paraglider segelten von dort aus herab und landeten – Nein, nicht in der Loire! – direkt vor mir.

Er bekam seine Freiheit wieder...

Hier geht's zum anderen Ufer rüber.

Noch ein Tipp: Auf der anderen Seite des Flusses kann man schön spazierengehen. Wie Sie dort hinüberkommen? Schwimmen wäre eine Option, aber – Spaß beiseite – wenn Sie an der Loire nach links entlang gehen, kommen Sie an eine alte, geländerlose Brücke, die Sie überqueren, um sich dahinter gleich nach rechts zu wenden. So einfach ist das!

Wie wäre es jetzt mit einem Spaziergang in den Ort? Lassen Sie die Stöckelschuhe im Womo, denn es geht steil bergauf. Sie können entweder direkt nach rechts an der Loire entlanggehen oder aber den Weg nehmen, den wir gekommen sind. Egal wie, Sie müssen sich in jedem Fall etwa 15 bis 20 Minuten lang, nach rechts wendend, den Berg hinaufquälen.

Linkerhand befindet sich das **Musée de Manufacture des Dentelles**. Eines der zahlreichen „Handarbeitsmuseen“ der Auvergne. In einem vollständig restaurierten, ein wenig von der Straße zurückgesetzten Gebäude, das einst eine Fabrik für Spitzenklöppelei war, finden Sie Klöppelmaschinen sowie weitere Exponate. Interessante Vorführungen schicken uns in die Welt der Spitzen. **[www.ville-retournac.fr/musee/francais/indexfr]**

Im Zentrum angekommen, fällt die **romanische Kirche Saint-Jean-Baptiste** aus dem Ende des 12. Jahrhunderts ins Auge. Hinweise auf Wanderwege sind ebenfalls zu finden. Ich gönne mir gegenüber in einem kleinen Café immer gerne einen Espresso und komme so mit Einheimischen über Gott und die Welt ins Gespräch. Außerdem gibt es etliche Tipps...

Ein gut gemeinter Ratschlag: Besorgen Sie sich ein Baguette fürs Frühstück am nächsten Morgen, wenn Sie nicht als Frühsport den Berg „erklimmen“ möchten, denn leider kommt bislang immer noch kein Bäcker auf den Platz.

Jetzt müssen Sie sich entscheiden: Folgen Sie mir auf dem Weg durch die Gorges de la Loire oder möchten Sie noch einen Abstrecher nach Bas-en-Basset machen, wo Sie ver- und entsorgen können sowie einen kleinen – nicht besonders schönen – Stellplatz und einen Campingplatz vorfinden. Letzteres liegt etwa 18 Kilometer entfernt. In beiden Fällen verlassen wir erst einmal unseren Stellplatz Richtung Westen durch die Rue de l’industrie. Fahren Sie an deren Ende nach rechts, sind Sie auf dem Weg nach Bas-en-Basset. Links wäre mein Ziel Vorey.

Für **Bas-en-Basset** umrunden wir zunächst Retournac und biegen am Ende der Vorfahrtsstraße beim Intermarché nach rechts auf die D 9. Grobrichtungen sind die D 46, Beauzac und Monistrol. Die Straße vereinigt sich schließlich zur D 42, bis wir ein Rondell nach links raus verlassen. Die beiden Kästchen stehen wieder einmal auf der folgenden Seite.

Ich fahre jedoch lieber durch die **Loire-Schluchten** direkt nach **Vorey**. Dazu biege ich am Ende der Rue de l’industrie nach links ab, fahre an den Bahnschienen entlang, biege nochmals nach links und überquere die Brücke. Dahinter ist Vorey bereits nach rechts hin ausgeschildert. Wir bleiben nun bis zu unserem Ziel auf der wunderschönen D 103.

„Gorges“, also Schluchten, klingt spektakulär. Ganz so ist es – zumindest auf diesem Abschnitt – nicht. Die Straße ist stellenweise ein wenig eng, aber keinesfalls beängstigend abenteuerlich. Achtung, nachdem wir zwangsläufig einmal die Loire bei Le Chambon überquert haben, kommt ein Felsdurchlass, der in der Mitte 4,30 Meter misst. Dürfte für uns alle kein

(178) WOMO-Stellplatz: Bas-en-Basset

GPS: N 45° 18' 27.6" E 04° 07' 05.8"
Route du camping
Max. WOMOs: 1-2*
Ausstattung: Ver- und Entsorgung, Strom (am Relais), Mülleimer.
Beschreibung: Kostenloser Platz auf befestigtem Untergrund vor dem Campingplatz, zwischen Loire und (Angel)See. Schwimmbad in der Nähe. Am Ortsrand, Ortsmitte 800 m.
Preise: Wasser und Strom jeweils 2 EUR, mit Jetons.
Zufahrt: Im Ort am Rondell die 1. Ausfahrt Richtung Campingplatz sowie complexe sportif nehmen. Bis kurz vor den Campingplatz an der Loire entlang fahren.
Hinweise: Badeverbot im See! Teilweise parken hier PKWs. *Noch existiert kein Verbot für uns. Theoretisch könnten mehrere Womos dort stehen, ich bitte Sie jedoch, keine „Überbevölkerung“ vorzunehmen. Für Camping ist der Campingplatz da.

(179) WOMO-Campingplatz: Bas-en-Basset (Camping Municipal La Garenne**)

GPS: N 45° 18' 28.2" E 04° 07' 06.1" Route du camping
Tel./Fax: +33 47 16 67 001 oder +33 47 16 18 317
E-Mail: contact@basenbasset.fr
Internet: www.basenbasset.fr/fr/camping
Öffnungszeiten: Mitte April - Ende September
Beschreibung: Sehr großer, schattiger Campingplatz mit parzellierten Plätzen. Neben dem Stellplatz, an der Loire sowie am (Angel)See. Schwimmbad in der Nähe. Ort 800 m. Snackbar, Spielplatz, Waschmaschine. Angeln am See und im Fluss möglich. Hunde erlaubt.
Preise: 7,20 EUR.
Zufahrt: Wie zum Stellplatz.
Hinweise: Sehr ruhige Lage. Schöner Ort mit guter Infrastruktur. Sehenswürdigkeit ist u.a. die Burg Rochebaron.

Problem sein. Sieht fantastisch aus! Ein Foto gibt es leider nicht, zu viele Autos hinter mir... Die Loire selber, mit ihren Mäandern, dem teils flachen, teils tiefen Wasser, mit den Inselchen und Schlössern ist überall ein besonderes Schauspiel.

Sollten Sie die Strecke weiterfahren, kommen Sie übrigens nach Le Puy-en-Valey (Tour 12).

Doch nun zu unserem ursprünglichen Ziel, nach Vorey. Der empfehlenswerte Ort liegt auf der Strecke, hat einen „geschrumpften“ Stell- sowie einen komfortablen Campingplatz. Bleiben Sie einfach auf der D 103.

(180) Offizieller WOMO-Stellplatz: Vorey-sur-Arzon

GPS: N 45° 11' 12.2" E 03° 54' 17.0" Chemin des Félines

Max. WOMOs: 2

Öffnungszeiten: April - Oktober

Ausstattung: Ver- und Entsorgung, Strom (am Relais), Mülleimer.

Beschreibung: Sehr ruhiger, kleiner Stellplatz hinter dem Campingplatz, direkt am Arzon, am Ortsrand von Vorey. Mit kleiner Wiese und somit bedingt klappstuhlgeeignet. Zentrum 500 m, Supermarkt etwas mehr als 1 km.

Preise: 2 EUR, Strom und Wasser ebenfalls jeweils 2 EUR, mit Jetons.

Zufahrt: Auf der D 103 komplett durch Vorey fahren. Die 2. Straße nach dem Touristenbüro – noch vor dem Marktplatz – nach rechts, den Schildern folgen. Die Sackgasse durchfahren. Hinter dem Campingplatz und kurz vor Ende der kleinen Straße liegen links zwei Plätze für uns.

Hinweise: Bezahlt wird am Campingplatz etwa 120 m vorher.

Waren es vor Jahren noch vier bis fünf Plätze, so hat man uns nun nur noch zwei gelassen. Schade! Aber es gibt ja noch den Campingplatz:

(181) WOMO-Campingplatz: Vorey-sur-Arzon (Les Moulettes****)

GPS: N 58° 41' 18.0" E 1° 33' 30.2" Chemin de Félines

Tel./Fax: +33 47 10 37 048

E-Mail: contact@camping-les-moulettes.fr

Internet: www.camping-les-moulettes.fr/camping.php

Öffnungszeiten: 1. Mai - Mitte September

Beschreibung: Campingplatz am Arzon, 300 m zur Loire. Teilweise schattig. In einer Sackgasse, ruhige Lage. Snackbar, Restaurant, Laden, Spielplatz, Pool mit großer Rutsche, Sportangebote wie Tischtennisplatte. Zentrum rund 500 m und Supermarkt etwa 1 km. Hunde erlaubt.

Preise: Je nach Saison Wohnmobil 7 EUR/11 EUR, Strom 4 EUR, pro Person 4,50 EUR/8 EUR, Hund 2 EUR.

Zufahrt: Wie zum Stellplatz.

Hinweise: Unter holländischer Leitung. Es wird deutsch gesprochen.

Vorey selber ist ein touristisch erschlossener Ort, der am Zusammenfluss von Loire und Arzon liegt. Neben zahlreichen Freizeitangeboten wie Wandern und Kanufahren, finden Sie einige Geschäfte und am Ortsende einen Supermarkt, der gut zu Fuß erreichbar ist. Sehenswürdigkeiten in Form irgendwelcher historischer Bauwerke suchen wir vergebens.

Mein nächstes Ziel besitzt umso mehr interessante, alte Bauwerke: **Allègre**, ein alter, teils verfallener, auf uns ausgestorben wirkender Ort, rund 23 Kilometer entfernt. Hier gibt es einen Campingplatz vor den Toren der Stadt sowie die Möglichkeit, kurzzeitig neben dem Campingplatz, beim Sportplatz, zu übernachten.

Wir verlassen dazu den Platz in Vorey, indem wir nach rechts auf die Vorfahrtsstraße abbiegen und über die Brücke fahren. Gleich darauf geht es abermals nach rechts auf die D 21 Richtung **Bellevue-la-Montagne**. Dabei fahren wir wieder eine Schlucht entlang, diesmal die **Gorges d'Arzon**. Achtung: Sollte Ihr Wohnmobil über 12 Meter lang sein, ist diese Strecke für Sie aus nachvollziehbarem Grund gesperrt. Wir jedoch genießen den wildromantischen Abschnitt in vollen Zügen.

In Bellevue-la-Montagne geht es am Ende der Straße nach links auf die D 1 Richtung Le Puy, um gegen Ortsende nach der Kirche wieder nach rechts auf die D 21 abzubiegen. Allègre und La Chaise-Dieu – unsere beiden nächsten Ziele – sind ausgeschildert. Bleiben Sie auf der D 21, und fahren Sie am nächsten STOP-Schild geradeaus über die Kreuzung. Rund zehn Kilometer lang begleiten uns Wald und ein paar Rehe am Waldesrand. Allègre rückt näher...

(182) WOMO-Stellplatz: Allègre

GPS: N 45° 12' 30.6" E 03° 43' 09.2" Parking du stade, 1.033 m.ü.d.M.
Max. WOMOs: 4-5
Ausstattung: Mülleimer.
Beschreibung: Ruhiger, kostenloser Platz auf festem Untergrund beim Sportplatz, in der Nachbarschaft zum Campingplatz. Kleines Wäldchen in der Nähe. Historische Altstadt rund 1,5 km.
Zufahrt: Vor dem Ortsschild auf der D 21 in die kleine Straße bei einer Art Bauhof nach rechts einbiegen und Richtung Campingplatz fahren. Dieser ist ausgeschildert.
Hinweise: Lediglich für einen Kurzaufenthalt. Bei Sportveranstaltungen etwas laut und frequentiert. Idealer Platz für Spaziergänge mit dem Hund.

Versuchen Sie nicht, in den historischen Stadtkern fahren zu wollen, da wird es nämlich sehr, sehr eng!

Um Allègre zu erkunden, müssen wir leider zunächst an der Hauptstraße entlang gehen, was mit Hunden – aber auch mit Kindern – nicht ganz einfach und zeitweise auch nicht ungefährlich ist. Dafür werden wir aber mit einem wunder-

(183) WOMO-Campingplatz: Allègre (Camping Municipal La Pinède)

GPS: N 45° 12' 30.2" E 03° 43' 08.0"
Route de Bellevue, 1.033 m.ü.d.M.
Tel./Fax: +33 47 10 07 679/+33 47 10 02 284
E-Mail: camping.allegre@orange.fr
Internet: www.mairie-allegre.com/index.php?option=com_content&view=article&id=19
Max. WOMOs: 35 (20 x Strom)
Öffnungszeiten: Mitte Juni - Mitte September
Beschreibung: Kleiner, familiärer Campingplatz im Grünen, in einem kleinen Wäldchen. Sehr schattig. Weit außerhalb des Ortes, abseits der D 21. Historische Altstadt rund 30-40 Gehminuten. Waschmaschine, Spiel- und Bouleplatz. WLAN gratis. Hunde erlaubt.
Preise: Wohnmobil 4 EUR, Personen je 3,50 EUR, Strom 3 EUR. Hunde kostenlos.
Zufahrt: Wie zum Stellplatz. Der Campingplatz ist ausgeschildert.
Hinweise: Teils steiler Fußweg bis zum historischen Ortskern, keine Einkaufsmöglichkeiten am Platz.

Zeugen vergangenen Glanzes

schönen Blick auf die Silhouette des Ortes, der im Herzen des **Naturparks Livradois-Forez** liegt, belohnt. Eigentlich befinden wir uns schon auf über 1.000 Metern Höhe, aber es geht immer noch bergauf...

Allègre wurde erstmals im 13. Jahrhundert erwähnt und war damals eine wohlhabende Gemeinde mit Messen und Märkten. Dem ist heute nicht mehr so. Es ist touristisch kaum erschlossen. Souvenirläden und Boutiquen werden Sie vermissen. Es gibt jedoch einen Bäcker und einen Metzger. Dennoch hat die historische Altstadt mit den engen Gassen und den vielen (ehemaligen) Hotels etwas Anziehendes. Vor allem war ich vom Kloster und den **Resten des château** aus dem 14. Jahrhundert sowie der Aussicht dort oben beeindruckt. Die Burg wurde 1698 durch einen Brand zerstört und hat so gut wie nie wieder zu ihrem alten Glanz zurückgefunden. Heute nennt man die Überreste spitzbübischerweise „potence“, was übersetzt „Galgen“ heißt.

Mein nächstes Ziel ist ein Supermarkt in **St-Paulien**, für den ich einen kleinen Umweg in Kauf nehme. Wir biegen nach rechts auf die Vorfahrtsstraße. Am Ende geht's nach links, wo auch schon St-Paulien ausgeschildert ist. Folgen Sie den Wegweisern über die D 13. In St-Paulien fahre ich bis zum Rondell nach der Kirche und biege dort nach rechts. Ein kleines Schild weist auf den Intermarché hin. Er befindet sich rund 300 Meter weiter, rechts in der Rue du Docteur Chabanet **[N 45° 07' 56.3" E 03° 48' 52.2"]**.

Frisch mit Proviant versorgt und unserem Womo eine Extraportion Diesel gegönnt, wären wir nun reif für ein Päuschen. Ganz in der Nähe gibt es einen Parkplatz für Schwerverkehr.

(184) WOMO-Stellplatz: St-Paulien

GPS: N 45° 07' 59.8" E 03° 48' 41.0"
Max. WOMOs: 5-10
Ausstattung: Mülleimer.
Beschreibung: Kostenloser, großer, ruhiger Platz mit rotem Kiesbelag am südlichen Ortsrand. Etwas Schatten. Gegenüber einer Schule, rund 5 min. Fußweg zum Supermarkt.
Zufahrt: Wie zum Intermarché, also nach der Kirche am Rondell rechts halten und weitere 300 m später rechts zum Supermarkt einbiegen. Wenn Sie die Straße am Supermarkt vorbeifahren und gegen Ende den Rechtsknick nehmen, stoßen Sie direkt auf den Platz. Dieser ist wegen des roten Belags nicht zu übersehen.
Hinweise: Ein Hinweisschild besagt, dass es ein Parkplatz für Schwerverkehr ist.

Voller neuem Tatendrang geht es nun zum Stuhl Gottes, wie unser nächstes Ziel übersetzt heißt. Am besten treffen wir uns bei der Kirche, vor der wir nach rechts abbiegen. Grobrichtung ist Thiers/Vichy. Ich fahre auf der sehr gut ausgebauten D 906, die uns herrliche Blicke auf typisch auvergnatische Landschaften gewährt. Auf halber Strecke passieren wir schon wieder Bellevue-le-Montagne.

Sollten Sie direkt aus Allègre kommen, können Sie entweder die kürzere Strecke über die D 13 und anschließend nach links abbiegend die D 906 nehmen oder aber die bekannte Strecke zurück nach Bellevue-le-Montagne fahren und dort, wie oben beschrieben, auf die D 906 fahren. Egal wie, die D 906 begleitet uns bis **La Chaise-Dieu**.

Ich bewege mich mal wieder – dem Touren-Titel gerecht werdend – auf über 1.000 Metern Höhe.

In La Chaise-Dieu gibt es einen Campingplatz sowie verschiedene Stellplatzmöglichkeiten. Schauen Sie sich hierzu unbedingt die Wegbeschreibungen in den Kästchen an, denn Sie sollten wieder einmal auf keinen Fall durch die centre ville fahren. Dort ist es sehr eng und es geht lebhaft zu. Noch ein Tipp: Planen Sie mehrere Tage Aufenthalt ein, denn nicht nur eine Stadtbesichtigung, sondern auch Baden, Spaziergänge und Ausflüge in die nähere Umgebung sowie vielleicht eine Fahrt mit dem **train touristique** sind empfehlenswert.

Gleich am Ortsanfang erwartet mich bei einem ehemaligen Bahnhof (heute Abfahrtsort des Touristenzugs) ein offizieller Stellplatz. Mal ehrlich: Den Platz muss man sich schönreden...

(185) Offizieller WOMO-Picknick-platz:

La-Chaise-Dieu I

GPS: N 45° 18' 59.2" E 03° 41' 47.8" Rue Pablo Picasso/ D 906, 1.091 m.ü.d.M.
Max. WOMOs: 5-7
Ausstattung: Ver- und Entsorgung, Mülleimer, Picknickbänke.
Beschreibung: Kostenlose Plätze im hinteren Bereich eines gemischten Parkplatzes am südlichen Ende der Stadt. Zwischen Bahnschienen und Straße. Auf befestigtem Untergrund. Am ehemaligen Bahnhof, jetzt Haltestation für den Touristenzug. Zur Kathedrale etwa 5-10 Minuten Fußweg.
Preise: Wasser 2 EUR, mit Jetons.
Zufahrt: Der Platz ist am Ortsanfang ausgeschildert. Er liegt rechts.
Hinweise: Nicht besonders schön. Tagsüber Lärmbelästigung, Nachts ruhig.

Eine sehr ruhige, extrem naturverbundene Stellplatzmöglichkeit finden Sie Richtung Ort. Allerdings vertragen Landschaft und Anstand hier lediglich ein, maximal zwei Wohnmobile. Bitte halten Sie sich daran und vermeiden Sie Massenübernachtungen. Wirklich allein sind Sie selten, gerne gesellen sich Angler zu Ihnen.

Der Weg hierhin führt ebenfalls über die D 906, wo es nach dem Picknickplatz nach rechts Richtung **plan d'eau de Breuil** geht. Wir fahren durch eine Unterführung mit einer maximalen Höhe von vier Metern. Nun halte ich mich rechts und bleibe auf der D 20. Eine schmale Straße führt durch den Wald. Insgesamt sind es noch etwa zwei Kilometer ab der Unterführung. [186: N 45° 19' 10.4" E 03° 42' 50.3", plan d'eau de Breuil]. Herrlich, jedoch mindestens 2,5 Kilometer außerhalb jeglicher Zivilisation.

Ein idyllischer Platz... Nicht nur für Angler

Zu guter Letzt noch ein Platz im Norden des Ortes an einem See. Wenn Sie länger in La Chaise-Dieu bleiben möchten, rate ich unbedingt zum Campingplatz, der idyllisch inmitten eines Pinienwäldchens liegt. Er besitzt einen Zugang zum Badesee. Hilfsbereites, nettes Personal ist vor Ort und Sie können sich so richtig ausbreiten, da es keine vorgegebenen Abgrenzungen gibt. Einziger Nachteil ist der weite Weg in den Ort hinein. Der angrenzende Angelteich, den ich in der letzten Auflage noch erwähnt hatte, wurde leider abgelassen.

Vom Camping- und Stellplatz aus lassen sich wunderschöne Spaziergänge und Touren unternehmen. Dabei ist sicherlich für jeden Zeitplan das Passende dabei. Wenn Sie

(187) WOMO-Badeplatz: La Chaise-Dieu III

GPS: N 45° 20' 07.8" E 03° 42' 28.8" La Tour, 1.027 m.ü.d.M.
Max. WOMOs: 4-5 **Ausstattung**: Mülleimer.
Beschreibung: Kostenlose Parkfläche auf festem Untergrund, am See, unweit der D 906. Am Waldrand. Sandstrand, zeitweise überwachter Badeabschnitt. Snackbar, Picknickbänke. Verschiedene Wanderwege in der Umgebung.

Zufahrt: Auf der D 906 La Chaise-Dieu Richtung Campingplatz/Arlanc/Ambert passieren. Hinter dem Campingplatz sowie hinter dem See rechts in den Waldweg fahren.
Hinweise: Im Sommer bei schönem Wetter stehen tagsüber hier einige PKWs. Nachts ist es sehr ruhig.

(188) WOMO-Campingplatz: La Chaise-Dieu (Camping Municipal Les Prades***)

GPS: N 45° 20' 10.4" E 03° 42' 15.2"
Route de Vichy/an der D 906, 1.080 m.ü.d.M.
Tel./Fax: +33 47 10 00 788
Internet: www.auvergnevacances.com/campings-auvergne/camping-municipal-les-prades-la-chaise-dieu/ (in deutscher Sprache)
Öffnungszeiten: Juni - Ende September.
Beschreibung: Sehr ruhiger Campingplatz mit großer Stellfläche, inmitten eines Pinienwäldchens. Badesee rund 5-10 Minuten zu Fuß, Stadtmitte ca. 2 km. Sehr schattig. Waschmaschine, Trockner, Spielplatz, Tischtennisplatte, Volleyballfeld. Baguette kann im Juli/August vorbestellt werden. Sehr nettes Personal. Reitgelegenheit nebenan. Viele Wandermöglichkeiten. Hunde erlaubt.
Preise: Je nach Saison 2 EUR - 4,50 EUR/Person, Strom 4 EUR, Hunde kostenlos.
Zufahrt: Auf der D 906 durch den Ort Richtung Thiers/Vichy fahren. Gegen Ortsende an der Kreuzung nach rechts; auf der D 906 bleiben. Der Platz liegt rechts. Alles ist gut ausgeschildert.
Hinweise: Schlechter SAT-Empfang wegen der vielen Bäume. Sehr veraltete Ver- und Entsorgung.

viel Zeit mitbringen, holen Sie sich im Touristenbüro eine Wanderkarte. Ich stelle Ihnen im Folgenden eine kleine Rundwanderung vor, für die wir – mit zahlreichen Pausen – rund drei Stunden gebraucht haben:

Campingplatz – La Chaise-Dieu – Campingplatz

Wir begeben uns vom Campingplatz Richtung Straße und gehen dort nach rechts zum Badesee. Gleich daneben führt ein asphaltierter Weg – links vom See weg – leicht bergan. Ein Hinweis auf eine Wanderung zum Folgoux l'Arboretum PR 103 ist hier zu lesen. An der nächsten Kreuzung gehen wir nach rechts. Auch hier haben wir Asphalt unter den Füßen, und auch hier steigt der Weg wieder an. Er führt uns durch den Wald. Im Prinzip könnten wir uns hier von Heidel- und Brombeeren so-

wie Pilzen ernähren. Das mit den Beeren setzen wir gleich in die Tat um, die Pilze nehmen wir mit, um sie am Abend als Vorspeise zu genießen. Am STOP-Schild müssen Sie sich entscheiden. Gar nicht so einfach, denn ausgeschildert ist hier nichts mehr! Wir entscheiden uns für rechts. Wenn nicht ab und an ein Auto käme – Was suchen die hier? –, würde ich es als total einsam bezeichnen. Als Orientierung gebe ich Ihnen Folgendes mit: blaue Markierung, kleiner Bachlauf und ein kleines Fröschchen mitten auf der Straße... Letzterer wir wohl nicht mehr da sein...
Weiter geht's auf diesem kleinen Sträßchen, über die kleine Senouire mittels eines ebenso kleinen Brückleins. Und schon wieder bergauf! Ich vergaß, dass es kurzzeitig mal ein wenig bergab ging... Rechts schauen uns Kühe recht „blöd“ an. Die wundern sich sicherlich, wer hier bei glühender Hitze so sinn- und planlos durch die Gegend marschiert.
Schließlich kommen wir an die Kreuzung, wo die D 20 und die D 204 ein Rendezvous haben. Ich erkenne sie wieder: Wenn wir jetzt nach links gehen würden, kämen wir zum plan d'eau du Breuil und zu unserem Stellplatz 186. Tun wir aber nicht. Wir halten uns halbrechts. Neben einer kleinen, harmlosen, überfahrenen Schlange treffen wir auch auf die bereits schon einmal unterfahrene Unterführung. Nun immer der Nase nach, und schon sind wir in La Chaise-Dieu, in der Rue Pablo Picasso. Geradeaus kommen Sie direkt in die Innenstadt. Ich führe Sie jedoch lieber erst einmal zurück zum Campingplatz, denn für heute reicht's. Dazu biegen wir nach rechts ab und gehen immer der Straße entlang – die wir übrigens schon bei unserer Ankunft gefahren sind – Richtung Campingplatz. Kurz vorher nehme ich rechts einen kleinen Feldweg, um durch den Hintereingang zum Platz zu gelangen. Schön war's!

Auch die Fahrt mit dem Touristenzug – der „**ligne touristique du Livradois-Forez**“ –, der am Bahnhof von La Chaise-Dieu (Sie haben beim Besuch des Stellplatzes 185 bereits mit ihm Bekanntschaft gemacht!) hält, ist ein wunderbares Familienerlebnis, das allerdings nur in den Sommermonaten möglich ist. Ein unbedingtes Muss jedoch ist der Besuch der historischen Altstadt! Der Weg dahin ist einfach erklärt: Gehen Sie die D 906 in südliche Richtung, hinter den Schienen nach rechts und anschließend nach links. Jetzt befinden wir uns auf der „Zielgeraden“ und kommen zur Place Abbaye.

Der Stuhl Gottes, La Chaise-Dieu

Im Jahre 1043 verließ der Kanoniker Robert de Turlande nach der Rückkehr von einer Walfahrt die Stadt Brioude, um ein Leben in Askese zu suchen. Dabei kam er auf ein 1.082 m hoch gelegenes Granitplateau, wo er sich niederließ. La Casa Die – das heutige La Chaise-Dieu – wurde geboren. Sieben Jahre später gründete er ein Benediktinerkloster.
Ganze drei Jahrhunderte weiter wurde ein ehemaliger Mönch aus La Chaise-Dieu Papst: Pierre Roger de Beaufort, bekannt als Clemens VI., dessen Hochgrab aus schwarzem Marmor sich heute im Mönchs-Chor der gotischen Kirche Saint-Robert befindet.

Gruseliges & leckerer Kaffee...

Hier finden Sie rund um den Brunnen Souvenirläden, Bars und Cafés. Besonders beeindruckend ist der Blick auf die imposante Treppe der **gotischen Abteikirche Saint-Robert** Ich beobachte hier immer wieder gerne Touristen jeglicher Couleur, telefonierende und Zeitung lesende Franzosen, Klosterbrüder, moderne Cowboys mit Pferden, streunende Hunde und vieles mehr.

Direkt nebenan befindet sich das „**Cabinet des Curiosités Symlialys**“. Aus dessen Innerem qualmt und raucht es, und kuriose Gestalten laden zum Besuch ein. Was das ist? Schwer zu beschreiben. Ich würde es als „etwas Verrücktes“ bezeichnen, das Interesse weckt, wenn man für ein nicht alltägliches Museum offen ist. Vielleicht bringt es auch das auf den Punkt: Eine ungewöhnliche Reise in ein ungewöhnliches Künstlerhaus, wo man das Staunen und das Gruseln lernt. Am besten sehen Sie es sich selbst an. **[www.symbialys.space, geöffnet täglich von 14 Uhr bis 19 Uhr]**

Nun möchte ich Sie aber bitten, mir in die Kirche zu folgen. Bereits nachdem Sie eingetreten sind, sollten Sie sich umdrehen und nach oben schauen: Die gut restaurierte Orgel sowie die Figuren, die die schwere Last der Empore mit der Orgel tragen, sind mehr als nur einen Blick wert. Ihnen alles Interessante der **Abteikirche** zu nennen, würde den Rahmen des Reiseführers sprengen, ich möchte Sie jedoch auf ein paar wichtige Dinge aufmerksam machen: Im Mittelschiff beeindrucken 144 Chorstühle aus Eiche mit fantastischen Schnitzerei-

Fresco „danse macabre“

en. Sie flankieren die Tumba Papst Clemens VI. Die zwölf **Wandteppiche**, die zu Beginn des 16. Jahrhunderts bei einer flämischen Werkstatt von Abt Jacques von Saint Nectaire bestellt wurden, sollten Sie ebenso intensiv betrachten, wie im linken Kirchenschiff den berühmten „**danse macabre**“. Leider ist dieser „Totentanz“ – ein in den Jahren 1410 bis 1425 entstandenes Fresko – nie ganz vollendet worden und auch nur noch in Fragmenten erhalten. Dennoch lässt sich das ganze ursprüngliche Ausmaß von 26 Metern Länge sowie 140 Metern Höhe erahnen.

Nicht zuletzt sollten Sie sich in die obere Etage begeben. Allein schon das Treppenhaus ist – ebenso wie der Ausstellungssaal an sich – beeindruckend. Zu sehen sind zahlreiche Exponate verschiedener Liturgischer Gerätschaften sowie Modelle, Gewänder, Bilder und Bücher. Eine Hostienpresse hat es mir dabei besonders angetan. Auch von den unterschiedlichen Aussichten aus den jeweiligen Fenstern war ich beeindruckt.

Wenn Sie die Kirche nun durch die rechte Seitentür – den so genannten „Eingang der Mönche“ – verlassen, gelangen Sie in den **Klostergarten** mit dem schönen Wandelgang. Mönche, denen ich hier begegnete, flößten mir immer wieder Respekt ein.

Etwas schwieriger zu finden ist der berühmte **Echo-Saal** aus dem 17. Jahrhundert. Verlassen Sie dazu den Klostergarten nach links raus. Wenn Sie rechts einen Parkplatz entdecken, gehen Sie auf das Hinweisschild „salle de l'echo“ zu. Links daneben führt eine kleine, unscheinbare Treppe zu einer

Hier können Sie mit der Wand reden...

ebenso unscheinbar erscheinenden Tür. Trauen Sie sich, gehen sie hoch und treten Sie ein! Sollten Sie hier Menschen sehen, die mit dem Gesicht zur Wand stehen, so schämen sich diese nicht, nein, sie probieren das **physikalische Phänomen** aus, das darin besteht, dass sich zwei Personen von gegenüberliegenden Winkeln aus zuflüstern können ohne sich zu sehen und sich dennoch ausgezeichnet verstehen. Zumindest akustisch! Ein netter Mann aus Lothringen klärte mich dereinst auf, dass auf diese Art und Weise in früheren Zeiten Lepra-Kranke zur Beichte gehen konnten ohne in direktem Kontakt mit dem Priester zu stehen. Und sogleich demonstrierte er mir, dass es wirklich funktioniert: Ich verstand ihn zwar, aber ich verstand ihn dennoch nicht, weil er im Dialekt mit mir sprach. Schauen Sie doch auch noch mal hoch zur Decke...

Hier beende ich meine Führung und begebe mich zu einem Bad im Natursee nahe des Campingplatzes. Herrlich! Aber keine falschen Vorstellungen: Nicht immer ist es im Sommer so heiß, dass man baden kann. Schließlich befinden wir uns ja auch auf über 1.000 Metern Höhe. Vor ein paar Jahren etwa hatten wir im August im Womo nachts lediglich 12,9°C. Also, Auvergnefahrer: Immer etwas Warmes mitnehmen!

Ich verabschiede mich nun von La Chaise-Dieu und mache mich auf den Weg nach **Arlanc**. Dazu fahre ich auf der D 906 weiter. Mein Ziel liegt an genau dieser Straße in rund 13 Kilometern Entfernung.

Hier erwartet mich ein Badeplatz, der aber nur bedingt als solcher zu bezeichnen ist: Im „See“, der **gestauten Dolore**, herrscht offiziell Badeverbot, und das Schwimmbad öffnet erst am Nachmittag...

(189) WOMO-Badeplatz: Arlanc

GPS: N 45° 24' 44.3" E 03° 43' 05.2" Croix de Jacques/plan d'eau
Max. WOMOs: 9-10
Ausstattung: Ver- und Entsorgung, Toilette, Mülleimer.
Beschreibung: Kostenlose Plätze auf gemischtem, asphaltiertem Parkplatz, außerhalb des Ortes, am See/Schwimmbad. Picknickbänke, Infotafel mit Wanderwegen sowie kleiner Freizeitpark in der Nähe. Einkaufen beziehungsweise Zentrum 1 km. Kaum Schatten.
Preise: Wasser 2 EUR, mit Jetons.
Zufahrt: Am Ortsanfang über Schienen fahren und die abknickende Vorfahrt nehmen. Achtung: LKW-Verbot – uns kommen jedoch etliche entgegen! Durch den Ort und gegen Ortsende nach links auf die D 300. Grobrichtung plan d'eau und Jardin de la Terre. Nach dem Ortsschild und der Kurve nach links einbiegen.

Hinweise: Nicht besonders schön. Wasser ist im Winter abgestellt.

Etwas weiter vor uns entdecken wir weitere Wohnmobile unter den schattigen Bäumen in den dortigen Einbuchtungen.

Arlanc selber ist vom Platz aus etwas entfernt aber nicht unerreichbar. Es hat neben einem schönen Altstadtkern noch den **Jardin pour la Terre** zu bieten. Der wiederum liegt direkt an der Zufahrt zu unserem Platz. Hier sind – einzigartig in Europa – auf über sechs Hektar -zig tausend Pflanzenarten aus aller Welt zu bestaunen, deren Gesamtbild von oben betrachtet eine Weltkarte ergeben soll. Leider können Womos (noch) nicht fliegen, so dass uns dieser einmalige Blick aus der Vogelperspektive vorenthalten bleibt und ich verständlicherweise auch kein Beweisfoto liefern kann. Naturliebhaber wie wir sind gerne dort. Selbst unsere Vierbeiner dürfen mit.

Weiter geht die Reise. Ich fahre zurück zur D 906 und dort nach links Richtung Ambert/Viverols. Nach rund fünf Kilometern biege ich nach rechts auf die D 205 nach **Viverols** ab. Bald haben wir den **Col de Chemintrand** erreicht. Mein Navi behauptet, wir seien 1.041 Meter über dem Meer, ein Straßenschild hingegen besagt 1.028 Meter, aber wir wollen uns ja nicht um ein paar Höhenmeter streiten!?

Wenig später fällt mein Blick auf die Reste des **château fort** von Viverols. Auf zum Stellplatz! Oder vielleicht doch lieber zum Campingplatz? Egal, den Ort sollten Sie sich auf jeden Fall anschauen.

(190) WOMO-Picknickplatz: Viverols

GPS: N 45° 25' 52.7" E 03° 52' 57.3" Le bourg
Max. WOMOs: 3-4*
Ausstattung: Ver- und Entsorgung, Strom (am Relais), Mülleimer, Picknickbänke.**
Beschreibung: Kostenloser, sehr kleiner, enger (gemischter) Parkplatz auf festem Untergrund vorm Campingplatz. Am Ortsrand mit Blick auf die Burg sowie die historische Stadt. Am Bach. Zentrum etwa 10 min. zu Fuß.
Preise: Wasser und Strom je 2 EUR, mit Münzen. Dusche am Campingplatz 50 ct, mit Jetons.
Zufahrt: Durch den Ort und gegen Ende dem Womo-Piktogramm sowie dem Hinweis auf den Campingplatz nach rechts folgen. Nach der Überquerung der kleinen Ligonne nach rechts und sofort wieder nach links.
Hinweise: *Nur für kleinere Wohnmobile bis etwa 7 m geeignet. Wenn größere Womos dort stehen, wird es mit dem Rangieren schwierig. **Die Sanitäranlagen können gegen Entgelt am Campingplatz zu dessen Öffnungszeiten genutzt werden. Der Platz eignet sich lediglich für eine Nacht beziehungsweise zum Ausruhen und zur Ortsbesichtigung.

(191) WOMO-Campingplatz: Viverols (Le Pradoux**)

GPS: N 45° 25' 53.0" E 03° 52' 58.2" Le bourg
Tel./Fax: +33 47 39 53 431
Internet: www.viverols.fr/spip.php?article64
Max. WOMOs: >40 **Öffnungszeiten**: Ostern - Oktober
Beschreibung: Kleiner, sehr einfacher Campingplatz am Ortsrand. Teils Schatten, Spielplatz, Tischtennis, Waschmaschine. Etliche Mobilheime/Dauercamper. Hunde erlaubt. Zentrum etwa 20-30 min. zu Fuß.
Preise: Person, Platz und Wohnmobil je 1,70 EUR, Strom 3,50 EUR, Hund 60 ct, Dusche 50 ct.
Zufahrt: Wie zum Stellplatz 190. Der Campingplatz liegt direkt dahinter.

Reise in die Vergangenheit...

Der Weg ins mittelalterliche Dorf ist ganz leicht zu finden. Hier genießen wir einmal mehr eine Zeitreise. Die verwinkelten Gässchen, die alten Häuser mit zweibogigen Fenstern, eine Muschel, die daran erinnert, dass auch hier einst zahlreiche Jakobspilger Quartier fanden, sowie schmiedeeiserne Türklopfer, eine Steinbank – auf der früher die Frauen ihre Spitzen herzustellten – oder auch die Passagen, wo das Vieh – die chèvres – entlanggeführt wurden, all das erinnert an längst vergangene Zeiten. Einzig die in den engen Gassen gekonnt geparkten Autos sowie die in den Häusern lärmenden Musikanlagen holen mich in die Realität zurück. Besonders eingeprägt hat sich mir das Bild, das sich vor einigen Jahren bot und mir signalisierte, wie eng Vergangenheit und Gegenwart miteinander verknüpft sind: In modernen Jeans wusch eine Frau ihre Wäsche im kleinen Bächlein Ligonne. Auf

Le Château de Viverols

meine Frage hin, ob sie keine Waschmaschine habe, antwortete sie lächelnd: „Mais bien sûr ... mais il est également!“

Auch der Gang zum château fort ist interessant. Es geht sehr steil bergauf. Heute befindet sich die Anlage, deren Fundamente aus dem 12. Jahrhundert stammen und die eine bewegte Geschichte hinter sich hat, in Privatbesitz.

Ehe wir uns nun in ein Skigebiet begeben, machen wir noch einen kleinen Abstecher zu einem wunderschönen **Wasserfall**. Hierzu folgen Sie mir am besten Schritt für Schritt – oder besser gesagt, Kilometer für Kilometer –, denn dieser liegt (leider) etwas versteckt.

Wir fahren durch Viverols zurück und biegen hinter der Peugeot-Werkstatt nach rechts auf die D 261 Richtung **Églisolles**. Dort geht es an der Kirche abermals nach rechts – diesmal auf die D 256. Als Ziel können Sie Saillant lesen. Auch hier ist die Kirche – wie in früheren Zeiten – ausschlaggebend: Schwer erkennbar aber wahr geht es nach dem Gotteshaus nach links auf die D139. Und nun beginnt eine Irrfahrt, die eigentlich keine ist, aber uns so vorkam. Etwas später stehen wir vor einer abknickenden Vorfahrt. Hier biegen Sie bitte scharf nach rechts auf die D 257A Richtung **La Chaulme** ab. Wald begleitet uns, es wird ein etwas eng, und wir bewegen uns stark himmelwärts. Die nächstmögliche Abzweigung nehme ich nach links und lande auf der D 257 ohne A. Und nun: Überraschung! Von rechts kommt ein direkter Weg aus Saillant. Wenn Sie den zuvor gleich finden sollten, nehmen Sie ihn! Vor mir hat er sich gekonnt versteckt, tauchte aber auch ebenso gekonnt wieder auf. Auch der kleine Umweg führen ans Ziel!

An der großen Kreuzung geht es nach rechts auf die D 258. Jetzt erreichen wir auf 1.150 Metern Höhe La Chaulme. Gleich hinter der Kirche – Da ist sie wieder! – befindet sich ein extrem kleines Schild „le cascade“. Nichts wie hin! Auf den nächsten Metern wird's eng, und es sieht aus, als wären wir falsch. Aber alles wird gut! Fahren Sie weiter. Es geht ein Stück durch den Wald. Wenn ein Haus mit einem kleinen Weiher in Sicht ist, suchen Sie sich einen Parkplatz. **[N 45° 27' 39.9'' E 03° 56' 21.3'', La Chaulme, Les Plats]** Hier haben etwa drei bis vier Wohnmobile Platz. Eine Übernachtung in der Einsamkeit ist ebenfalls denkbar. Wandern hingegen ist ein Muss, nämlich wandern zur **Cascade du Creux de l'Oulette**.

Wanderung zur Cascade du Creux de l'Oulette

Nach ein paar Irrläufen entschließen wir uns, in die Richtung zu laufen, aus der wir gekommen sind, und gleich links in den Wald- bzw. Feldweg einzubiegen. Der sieht zertreten aus, das könnte er sein! Wenn man

genau hinhört, vernimmt man ein Rauschen. Die Richtung ist also klar. Aber wie kommt man dort hin?
Bleiben Sie unbedingt auf dem Weg und halten Sie sich später links. Sollten Sie der irrwitzigen Idee verfallen, nach Gehör querfeldein laufen zu wollen, kann ich nur abraten! Wir hatten es versucht und kamen an einige riskante, nicht ungefährliche Stellen. Bedenken Sie: Wir sind oben, wo das Wasser hinunterschießt!
Wenig später kommen wir unten an der Cascade heil an. Hoffen Sie nun, dass nicht viele andere Menschen die gleiche Idee haben, denn der „Logenplatz“ ist ziemlich eng bemessen. Wir hatten immer Glück: Entweder war niemand da oder die Anwesenden befanden sich gerade im Aufbruch. (Oder hatten wir sie etwa vergrault!?) Eine kürzere oder längere Rast auf einem der großen Steine vor dem tosenden Wasser ist ein Labsal für die Seele.

Nach so viel Kraxelei haben wir uns einen ruhigen Platz, möglichst mit Bademöglichkeit, verdient. Auf nach **St-Anthème**, im Winter ein Skiort, im Sommer auch nicht zu verachten.

Zurück auf die Hauptstraße und zu „unserer“ großen Kreuzung. Diese überqueren wir. Vorbei geht es an Villen und Gehöften sowie durch Wald. Einen flüchtigen Blick auf Fingerhut, Farn und Heidelbeersträucher werfend, frage ich mich, ob es noch höher hinaus gehen kann oder ob wir bald den Himmel erreichen. Antwort: Es geht! An einer Abzweigung mitten in der Kurve fahren Sie nach links auf die D 67, auf der Sie bleiben. Sie könnten natürlich auch zurück nach Églisolles und die breitere D 261 nehmen...

In St-Anthème, am Place de la Halle – dem Platz, wo die Kirche steht – biegen Sie nach rechts ab Richtung Ambert. Die Straßenschilder befinden sich hier direkt an der Kirchenwand. (Und ich dachte, Frankreich würde Staat und Kirche strikt trennen!) Folgen Sie dem Campingplatzschild.

Zweckentfremdung der Kirchenwand

(192) Offizieller WOMO-Badeplatz: St-Anthème

GPS: N 45° 31' 24.9" E 03° 54' 52.8" Rambaud
Max. WOMOs: >20 **Ausstattung**: Ver- und Entsorgung, Mülleimer.

Beschreibung: Ruhiger, großer Platz auf Wiese, am Ortsrand, beim Campingplatz. Nicht beleuchtet. Klappstuhlgeeignet. See und Fluss jeweils ca. 200 m entfernt. Kein Schatten. Zentrum rund 700 m.
Preise: 5 EUR*, Wasser und Entsorgung kostenlos.
Zufahrt: Über die D 67, an der Kirche rechts Richtung Ambert. Wir sind auf der D 996. Am Ortsende befindet sich ein Hinweis auf Camping- und Stellplatz. Dem folgen, indem wir nach links abbiegen und bald direkt auf die beiden Übernachtungsmöglichkeiten stoßen. Oder: Über die D 261 kommend gleich am Ortsanfang den Wegweisern nach links folgen.
Hinweise: *Abends kommt jemand zum Abkassieren. Baden und Angeln möglich. Am See ist ein überwachter Sandstrand. Hunde sind am See verboten. Betreten des Seegeländes kostet Eintritt.

Der Campingplatz „Le Rambaud“ liegt in direkter Nachbarschaft zum Platz 192, hat jedoch nur von April bis Ende September geöffnet. [193: N 45° 31’ 22.6” E 03° 54’ 54.0”, www.saint-antheme.fr/spip.php?article63] Er bietet sich an, wenn Sie Strom benötigen, ansonsten hat er keinen größeren Vorteil dem Stellplatz gegenüber.

Sie haben nun die Möglichkeit, hier ein paar erholsame Tage mit Baden im unmittelbar angrenzenden Badesee, mit Angeln, mit einer Ortsbesichtigung des kleinen aber interessanten Ortes oder aber mit Ausflügen in die Umgebung – beispielsweise in die Skigebiete – zu verbringen. Für den Badesee wird Eintritt verlangt, er hat eine angenehme Wassertemperatur, doch leider dürfen Hunde nicht mit aufs Gelände. Für die Ortsbesichtigung bedarf es keinerlei Wegbeschreibung. Tipp: Wenn Sie vom Stellplatz nach rechts, den Berg nach links hoch und dann Richtung Kirche gehen, beschreiten Sie eine Art „Rundweg“. Ein weiterer Tipp: Am Place de l’Aubépin – in der Nähe des Touristenbüros – befindet sich ein gut bestückter Lebensmittelmarkt.

Wir kehren St-Anthème den Rücken und begeben uns – vom Stellplatz aus – nach links raus und auf die Vorfahrtsstraße, biegen dort ebenfalls nach links und halten uns stets auf der D 996 Richtung Ambert. So kommen Sie automatisch zum

(194) WOMO-Wanderparkplatz: Am Col des Pradeaux

GPS: N 45° 31' 33.5" E 03° 50' 50.4"
An der D 996, 1.196 m.ü.d.M.

Max. WOMOs: 1-2 **Ausstattung**: Keine.
Beschreibung: Befestigter Weg, der von der Straße zur Staumauer führt. Am Pass. Bar/Restaurant nebenan. Staumauer etwa 1,5 km.
Zufahrt: Am Pass, auf der D 996, vorm Ortsschild „Les Pradeaux" sowie vor der Auberge nach rechts in den Weg fahren.
Hinweise: Nachts sehr einsam.

Col des Pradeaux, auch Port d'Auvergne genannt. Die gut ausgebaute Straße steigt auf 1.196 Höhenmeter an. Ein schöner Picknick- wie auch Wanderparkplatz nebst einer kleinen Wanderung erwarten uns.

Der Weg vom Wanderparkplatz zur **Barrage des Pradeaux**, also zum See, dauert rund 20 Minuten. Sollten Sie zur richtigen Jahreszeit dort sein, können Sie sich auf Ihrem Weg mit Heidelbeeren eindecken. Für die komplette Umrundung des Sees benötigten wir – mit vielen Pausen – etwa drei Stunden. Wenn Sie den Anmarsch zur Staumauer scheuen, lieber nä-

Fast wie eine Kitsch-Postkarte...

her am See stehen möchten, nicht viel Wert auf unversehrten Lack legen und zudem noch einen eigenen Sponsor für Reifen haben, können Sie – mit einem kleineren Mobil – den Weg dorthin auch fahren, um schließlich gut durchgeschüttelt auf einem Parkplatz zu stehen – und eventuell zu übernachten (einsamer geht es nicht!). [195: N 45° 32' 13.2" E 03° 50' 51.7"] Ehrlich: Ich würde da nicht langfahren. Allein der Gedanke, dass mir einer entgegenkommen könnte...

Ich bevorzuge den Weg zu Fuß, zumal ich mir die Begegnung mit Tieren und Pflanzen verspreche. Und ich werde nicht enttäuscht. Wieder einmal entdecken wir eine Schlange, doch leider – trotz Erste-Hilfe-Maßnahmen unsererseits – eine ziemlich tote. Hatte wohl die Verkehrsregel Rechts-vor-Links nicht beachtet!? Einige Eidechsen huschen vorbei, ein paar Reiter kommen mir entgegen, zahlreiche Vögel und Heuschrecken

begleiten uns und etliche Blumen säumen unseren Weg. Im See selber soll man Forellen angeln können. Wir verzichten diesmal auf das Abendbrot. Ach ja, ein Wolf begleitet mich ebenfalls. Sie glauben es nicht? Dann schauen Sie mal auf das Foto auf der linken Seite.

Ein erfrischendes Bad im glasklaren See ist leider nicht erlaubt, was unseren Hund – und einige Franzosen – aber nicht unbedingt abschreckt.

Da es am hinteren Ende des Sees ein wenig matschig und nass werden kann, weil sich hier einige Rinnsale, Bächlein oder was auch immer in Form von Sumpf vereinigen, und Sie eine Überquerung dessen vornehmen müssen, um dem Rundweg gerecht zu werden, sollten Sie schuhtechnisch darauf eingestellt sein. An heißen Tagen geht es ebensogut auch barfuß!

Wieder an der Staumauer angekommen können Sie entweder links hinter der Mauer vorbei und über die Wiese oder aber durch den Wald zur Hauptstraße zurückgelangen. Das Betreten der Staumauer selbst ist uns untersagt.

Wir gönnen uns zum Abschluss der Tour eine Belohnung in Form von einem leckeren kleinen Schwarzen und einem ebenso leckeren Roten im Café/Restaurant an der Durchgangsstraße. Das haben wir uns redlich verdient!?

Sie können jetzt hier nächtigen, wir hatten es bislang hier noch nie getan. Und wir ziehen auch diesmal weiter.

Genug des Höhenrausches, zurück in die „Tiefen" der Auvergne. Wir fahren nach Ambert und widmen uns in unserer Tour 14 alten Handwerkskünsten und Wellness-Oasen.

Betreten verboten...aber auch so schön!

TOUR 14: Handwerk, Knoblauch & Wellness

250 km

Ambert – Lac d'Aubusson-d'Auvergne – Billom – Riom Châtel-Guyon – Thiers – St-Rémy-sur-Durolle

Stellplätze: Ambert, an der Moulin Richard de Bas, Courpière, am Lac d'Aubusson-d'Auvergne, Billom, Pont-du-Château, Riom, St-Bonnet-près-Riom, St-Hippolyte, Châtel-Guyon, Aigueperse, Base de Loisirs ILOA, Thiers, St-Rémy-sur-Durolle

Campingplätze: Camping Municipal „Le Colombier" (Billom), Camping Municipal ILOA (Thiers)

Besichtigen: Ambert, Papiermühle „Richard-de-Bas" bei Ambert, Billom, Altstadt von Riom mit dem Heimatmuseum der Auvergne sowie dem Kunstmuseum Musée Mandet, die Fresken der Église St-Ann sowie die halles des sources in Châtel-Guyon, Aigueperse, Keramikmuseum in Lessoux, das vallée des usines, das maison de l'aventure industrielle und die Altstadt in Thiers

Baden: Im See bei Ambert, im Lac d'Aubusson-d'Auvergne, im Allier bei Pont-du-Château, im See bei der Base de Loisirs ILOA bei Thiers und bei St-Rémy-sur-Durolle

Wandern: Um den Lac d'Aubusson-d'Auvergne, bei der

	Unterstadt von Thiers, zum Kalvarienberg in St-Rémy-sur-Durolle
Märkte:	Ambert (Do.), Billom (Mo.), Pont-du-Château (Do.), Riom (Sa.), Châtel-Guyon (Di. und Fr.), Thiers (Mi., Do. und Sa.), St-Rémy-sur-Durolle (Do. und So.)

Nach einer sehr langen Tour mit viel Natur, liegt nun eine ebenfalls lange Tour mit ein wenig mehr Kultur vor uns. Wasser und Vulkane, Wahrzeichen der Auvergne, sowie das Handwerk werden uns auf dieser Tour ebenso wie ein wenig Wellness begleiten.

Zunächst kommen wir über die D 996, die uns vom **Col des Pradeaux** über zehn Kilometer lang starkes Gefälle, fantastische Aussichten sowie eine kurvenreiche aber gut ausgebaute Straße beschert, nach **Ambert**. Die Wegweiser zur Papiermühle ignoriere ich vorerst, die besuchen wir später. Natürlich können Sie auch gleich hin...

Um zum Stellplatz in Ambert zu gelangen, sollten Sie nicht auf Ihr Navi hören, wenn es ähnlichen Unsinn wie meines von sich gibt. Wir befinden uns auf der **route des fromages d'Auvergne** und fahren im Ort, wo einer der berühmten Käse der Auvergne beheimatet ist, geradeaus Richtung **train touristique** und plan d'eau. Das Ganze liegt von uns aus gesehen am anderen Ende der Stadt.

(196) Offizieller WOMO-Stellplatz: Ambert

GPS: N 45° 32' 56.0" E 03° 44' 07.2" Esplanade Robert Lacroix
Max. WOMOs: 8-9
Ausstattung: Wasser, WC-Entleerung sowie Abwasser mit Eimer, (viel zu kleiner) Mülleimer
Beschreibung: Kostenloser Stellplatz auf festem Untergrund. Am Ortsrand, gegenüber des Freizeitzentrums mit See und Fluss sowie des Bahnhofs für den Touristenzug. Baden und Angeln möglich. Wenig Schatten. Verdreckte Toilette in der Nähe. Historisches Zentrum 700 m.
Zufahrt: Auf der D 996 durch Ambert fahren. Am Ende der Straße, wo ein Brunnen und der Bahnhof sind, nach links Richtung plan d'eau. Der Stellplatz liegt rund 300 m weiter auf der linken Seite.
Hinweise: Je nach Womo-Größe und Anzahl der parkenden Mobile kann es eng werden. Primitive Wasser- und Entsorgungsstelle. Am Stellplatz befindet sich keine Möglichkeit, Gebrauchtwasser direkt abzulassen.

Base de loisir für Mensch und Tier...

Der Stellplatz ist nicht besonders schön, liegt jedoch günstig: Man ist schnell beim Bäcker sowie im Zentrum, der Touristenzug fährt direkt gegenüber ab und ein großer Freizeitpark mit Sandstrand, Badesee und zahlreichen Spiel- und Freizeitangeboten für Groß und Klein befindet sich auf der anderen Straßenseite. Wer wandern möchte, kann seine Touren von hier aus beginnen. Ach ja, sollten Sie keinen Platz mehr bekommen, versuchen Sie es in der weiteren Esplanade Robert Lacroix, da stehen immer mal wieder Wohnmobile. Aber Achtung: An einigen Stellen ist es für uns verboten!

Wie wäre es jetzt mit einem Spaziergang? Wandeln Sie beispielsweis im Garten des Komponisten Emmanuel Chabrier in der Nähe der mairie. Oder vielleicht ein Spaziergang im Bois de Boulogne auf der anderen Seite der Dore? Wir entscheiden uns erst einmal für einen Streifzug durch den angrenzenden **Freizeitpark** und weiter entlang der Dore. Für längere Wanderwege, wie etwa den „chemin des papetiers“ (Wanderweg der Papierhersteller), sollten Sie sich Karten im Touristenbüro in der Stadt besorgen. Die interessanten Wanderwege „sentier de la poule rouge“ und „sentier de l'ane bleu“ (Weg der roten Henne und Weg des blauen Esels) führen entlang eines Seitenarms der Dore.

Gegenüber von uns befindet sich der Bahnhof, wo der train touristique hält, der Courpière, Olliergues, Ambert, Arlanc und La Chaise-Dieu anfährt. Jedoch verkehrt er nur von Juli bis Mitte September regelmäßig. Nähere Informationen finden Sie unter **www.agrivap.fr.** Selbst wenn Sie nicht mit dem Zug fahren wollen, sollten Sie die Atmosphäre vor Ort genießen.

Ein Erlebnis für die ganze Familie...

Ambert – auch als Papierstadt bekannt – war im Mittelalter berühmt für seine Papiermühlen sowie für die Herstellung von Rosenkränzen. Drei Täler beherbergten um das Jahr 1450 herum rund 400 Papiermühlen. Heute ist Ambert ein teils geschichtsträchtiger, teils moderner Ort.

Interessant sind das **kreisrunde Rathaus mit umlaufenden Arkaden**, welches ursprünglich eine Kornhalle werden sollte, sowie die im Stil der Spätgotik gestaltete **Église St-Jean** mit beeindruckenden Wand- und Deckenmalereien.

Mairie, die beinahe eine Kornhalle geworden wäre...

Das Rathaus finden Sie, wenn Sie gegenüber des Bahnhofs rechts in die Avenue du 11 Novembre und dann stets geradeaus gehen. So kommen Sie auch am bereits erwähnten Gotteshaus vorbei. Die Kirche St-Jean können Sie aufgrund ihrer Größe sowieso nicht verfehlen.

Wenden wir uns vom Rathaus aus nach links. Jetzt ist Zeit, die beeindruckende Architektur zahlreicher Häuser in den engen Gässchen in vollen Zügen zu genießen. Wenn Häuser sprechen könnten...

Ein ganz besonderes Haus finden wir in der Rue des Chazeaux: **Das maison de la Fourme d'Ambert** aus dem 14. Jahrhundert, wo wir vieles über die Herstellung des köstlichen auvergnatischen Käses gleichen Namens erfahren. Selbstverständlich begnügen wir uns nicht nur mit dem Anblick und einer Geruchsprobe...

Sie meinen, Käse sei gleich Käse? Mitnichten! Der hiesige Fourme d'Ambert ist der mildeste unter den Edelschimmelkäsen. Bereits seit dem 9. Jahrhundert wird er aus der Milch der Salers-Rinder hergestellt. Er hat eine natürliche Rinde und einen kräftigen Geruch, um es mal vorsichtig auszudrücken. Klartext: Wenn Sie den in Ihrem Wohnmobil offen liegen lassen, haben alle Besucher des Stellplatzes was davon. Man sagt, er passe besonders gut zu edelsüßem Weißwein.

Ein weiterer Tipp: Nicht weit vom Stellplatz, in südlicher Richtung, ist das **Mus'Énergie**, das auf 1.600 Quadratmetern verschiedene Maschinen vergangener Handwerke ausstellt. **[GPS: 45° 32' 45.3" E 03° 44' 12.3", 116 rue**

de l'industrie, www.auvergne-centrefrance.com/geotouring/musees/puy-de-dome/mus-energie-ambert]. Selbst Hunde dürfen mitkommen, und Ihr Womo findet einen großzügigen Parkplatz.

Lassen Sie uns nun gemeinsam zur **Moulin Richard-de-Bas**, einer traditionsreichen **Papiermühle**, fahren. Den – gut ausgeschilderten – Weg kennen Sie bereits, denn aus der Richtung kamen wir.

(197) WOMO-Stellplatz: Moulin Richard-de-Bas (bei Ambert)

GPS: N 45° 32' 38.1" E 03° 47' 17.2" An der D 57
Max. WOMOs: 10 **Öffnungszeiten**: ganzjährig
Ausstattung: Keine.
Beschreibung: Kostenloser, gemischter, nachts sehr ruhiger Parkplatz. Auf Wiese, gegenüber der Moulin Richard-de-Bas. Außerhalb einer Ortschaft. An einem Bächlein. Wandermöglichkeiten und Besichtigung der Papiermühle.
Zufahrt: Gegen Ortsende von Ambert (Richtung St-Anthème) nach links auf die D 57 fahren. Rund 5 km der Straße folgen. Die Mühle liegt links, der Parkplatz rechts unterhalb der Straße.
Hinweise: Sie sollten dort nur für höchstens eine Nacht stehen und auch nur dann, wenn Sie die Papiermühle besuchen.

Allein der Anblick der Mühle ist schön. Sie sollten sich jedoch auch die Mühle von innen ansehen, entweder mittels einer Führung oder aber auf eigene Faust und hie und da jemand Kompetenten fragen. Mein Fazit: Selbst in Zeiten der Digitalisierung braucht man Papier. Wer das nicht glaubt,

sollte sich mal fragen, was er denn beim Lesen gerade in der Hand hält!? Ich brauche Papier, und ich liebe Papier!

Seit vielen Jahren ist die Moulin Richard-de-Bas in Familienbesitz. Sie erhielt Besuch von Berühmtheiten wie Salvador Dalí, der genau wie Pablo Picasso und andere Künstler das Papier dieser Mühle zu schätzen wusste. Zahlreiche alte Möbel und Papiere sowie etliche weitere Exponate erzählen hier von der Geschichte der Papierherstellung aber auch vom Leben der Leute damals. **[www.richarddebas.fr]**

Voller neuer Eindrücke fahren wir wieder zurück nach Ambert und dort auf der D 996 am runden Rathaus vorbei, biegen an der Ampel nach rechts Richtung „autres directions" und lenken das Womo an der nächsten Ampel geradeaus auf die D 906 Richtung Vichy/Thiers. Sollten Sie direkt vom Stellplatz aus kommen, müssen Sie einfach nur vor der Kirche nach links abbiegen. Es geht am Hospital vorbei und mehrere Kilometer an der Dore entlang. Rund 38 Kilometer trennen uns von **Courpière**, meinem Zwischenziel auf dem Weg zu einem Badesee, an dem wir uns ein paar Tage ausruhen möchten.

Für Letzteres sollten Sie noch einmal einkaufen, da wir am Lac d'Aubusson d'Auvergne sonst verhungern und verdursten würden. Nur begnadete Angler, Jäger und Sammler sowie solche, die das dortige Seewasser trinken möchten, sind davor geschützt. Im Sommer sieht das ein wenig anders aus: Ein geringes Speisen- und Getränkeangebot ist am Kiosk zu finden.

Besagter Supermarkt befindet sich am Ortsende von Courpière: Am letzten Rondell die letzte Ausfahrt und den Berg hoch. Courpière hat aber nicht nur einen Supermarkt, sondern auch noch einen Stellplatz, und zwar einen sehr schönen und ruhigen. Mehr dazu auf der gegenüberliegenden Seite.

Übrigens befinden Sie sich hier im Ort in guter Gesellschaft, verbrachte doch die berühmte Coco Chanel einen Teil ihrer Kindheit in Courpière. Ansonsten wären Spuren einstiger Größe im Mittelalter, wie die zahlreichen Fachwerkhäuser, die engen Gässchen und natürlich die **Tour du Maure** sowie die **Église St-Martin** aus dem 12. Jahrhundert zu erwähnen.

Wir fahren zurück zum Kreisel vor der Stadt und verlassen diesen dort nach links raus. Wer gleich zum **Lac d'Aubusson d'Auvergne** wollte, hätte zuvor hier bereits die erste Ausfahrt nehmen können. Der See ist ausgeschildert. Bald schon sehen Sie rechts einen Parkplatz und die Staumauer. Nun aufgepasst: Bald geht es nach rechts eine schmale Einbahnstraße in unserer Richtung zum See runter, wo uns gleich eine junge, charmante französische Schönheit zum Abkassieren erwartet.

(198) Offizieller WOMO-Stellplatz: Courpière

GPS: N 45° 45' 12.2" E 03° 32' 56.9"
Les Taillades
Max. WOMOs: 37
Ausstattung: Ver- und Entsorgung, Strom, Toilette, Mülleimer, Sanitärhaus, Spielplatz, Barbecue-Stelle, kostenloses WLAN.
Beschreibung: Parzellierte, großzügige, teils schattige Plätze auf einem ehemaligen Campingplatzgelände. Wiese und fester Untergrund. Am Ortsrand, im Grünen, neben dem Schwimmbad. Sehr ruhig. Der ganze Platz ist eingezäunt. Einlass nur mit Code an der automatischen Schranke. Ortsmitte 1-1,5 km.
Preise: Jan. - Ende März & Okt. - Ende Dez. 11,80 EUR und Apr. - Ende Sept. 13 EUR inklusive V&E, Wasser und Strom sowie Benutzung der Sanitäranlagen und WLAN.
Zufahrt: Gegen Ortsmitte, nach etwa einem Kilometer, nach rechts Richtung Vollore-Ville auf die D 7. Nach etwas weniger als 300 m den Schildern nach rechts folgen.
Hinweise: Der Platz gehört zu der Kette des Camping-Car-Park.

(199) Offizieller WOMO-Badeplatz: Am Lac d'Aubusson d'Auvergne

GPS: N 45° 45' 11.4" E 03° 36' 53.2" **Max. WOMOs**: >30
Ausstattung: Ver- und Entsorgung, Mülleimer, WC und Dusche in der Nähe, Picknickbänke, überwachter Badestrand, Spielplatz, Tischtennisplatten, Grillstellen, Fußball- und Beachvolleyball-Feld, Snackbar.
Beschreibung: Großer gemischter Parkplatz teils auf Schotter, teils Asphalt oder Wiese. Kaum Schatten. Klappstuhlgeeignet. Kleiner Bach. Weit außerhalb. Auf einem Freizeitgelände nahe eines Bade- und Angelsees. Bootsverleih, Spazierwege, Info-Büro in der Nähe. Orientierungs- und Informationstafeln, Lehrpfad für Kinder in französischer Sprache.
Preise: 01. April - 31. Okt. 6 EUR, ansonsten 3 EUR inklusive V&E.
Zufahrt: Rund 7 km auf der D 45 fahren. Kurz nach der Staumauer den Schildern nach rechts runter zum See folgen. Vorm See abermals nach rechts zum Kassenhäuschen.
Hinweise: Wohnmobile parkten im Sommer 2019 im hinteren Teil Richtung Wäldchen. Der Platz, den wir bei unserem vorletzten Besuch zugewiesen bekamen, liegt weiter vorne und war gerade Baustelle. Bezahlt wird am Kassenhäuschen bei der Einfahrt.

Vorher: Ruhe vor dem (An)Sturm. Blick durch das Kunstwerk

Machen Sie es sich bequem, lassen Sie die Seele baumeln oder stürzen Sie sich am Badestrand ungestört in die teils flachen Fluten. Besonders schön ist Letzteres ganz früh Morgens, wenn außer den Womofahrern noch keine Badegäste da sind.

Nachher...

Empfehlenswert sind Spaziergänge am oder um den 28 Hektar großen See herum. Je nach Tempo und Pausen sind die fünf Kilometer in gut ein bis zwei Stunden zurückzulegen. Am anderen Ende des Sees erwartet uns eine kleine Staumauer.

Wasservögel aber auch das Freizeitverhalten der Franzosen lassen sich hier am See gut beobachten. Ich war erneut beeindruckt, wie gut Jung und Alt in Frankreich zu leben wissen: Überall wurde an eigens dazu ausgewiesenen Plätzen gegrillt, es wurde gegessen, getrunken, gespielt und geruht. Für 11 Euro können Sie mit einer Tageskarte mehr oder weniger erfolglos angeln. Die Karten erhalten Sie im Informationshäuschen. Eine kleine Snackbar sorgt in den Sommermonaten für kleine Leckereien und nach Vorbestellung auch für Baguette am Morgen.

Die Entsorgungsstelle ist seit unserem letzten Besuch „erneuert" worden, kann aber keineswegs „modern" genannt werden. Sie ist einfach nur zweckmäßig...

Wir bleiben ein paar Tage und fahren dann zurück nach Courpière, wo wir am Ortsausgang am Kreisverkehr die 3. Ausfahrt auf die D 223 nehmen. **Billom**, unsere nächste Station, ist bereits zu lesen. Auf unserem Weg begleiten uns einige **Schlösser**. Das erste ist das von **Aulterible**, es folgen in der Ferne das **château von Ravel** und einige andere. Wir erfreuen uns an ihrem Anblick und fahren weiter. Auch der Anblick der Vulkane der Auvergne, die vor uns liegen, ist ein besonders schöner. Ist sie nicht herrlich, „mon Auvergne"!? Das weiß auch Bernard Oudoul in seinem gleichnamigen Chanson zu besingen. Hören Sie sich das mal an. Besser noch, schauen Sie sich das Video dazu an. **[www.youtube.com watch?v=oF6FqLf_okl]**

Verpassen Sie jedoch vor lauter Begeisterung für Landschaft und Schlösser nicht die Kreuzung, wo Sie nach links auf die D 212 Richtung Billom abbiegen müssen. Am Kreisverkehr bei Reignat geht es nach links raus auf die D 229. Zwei weitere Rondells warten auf uns: Das erste passieren wir geradeaus fahrend, am zweiten nehmen wir die 2. Ausfahrt, um kurz darauf nach links abzubiegen. Lassen Sie sich vom Hinweis auf „parking centre" leiten.

Einen offiziellen Stellplatz vermissen wir in Billom leider immer noch, aber ich habe eine Art „Notlösung" (ein Platz für eine Stadtbesichtigung und höchstens eine Nacht) für Sie. Folgendes Problem gibt es hierbei jedoch: Der Parkplatz verträgt höchstens 2-3 Womos und ist „eigentlich" mit einer Schranke versehen, die die Einfahrt auf zwei Meter Höhe limitiert. [200: N 45° 43' 37.2" E 03° 20' 15.2", parking centre ville, rue des réserves] Bislang jedoch war die Schranke stets geöffnet. Sollte das mal nicht der Fall sein, kann man mit einem Wohnmobil auch kurzzeitig davor an der Straße halten. Zur Orientierung: Wir befinden uns im Norden Billoms.

Im Touristenbüro wurde mir eine weitere Möglichkeit genannt, die im Südosten der Stadt liegt. Für große Wohnmobile ist dieser Platz jedoch nicht empfehlenswert, da die Zufahrt für LKWs gesperrt ist und es – je nach parkenden Autos – recht eng werden kann. Bleibt noch der Campingplatz...

(201) WOMO-Stellplatz: Billom II

GPS: N 45° 43' 15.7" E 03° 20' 42.4" Rue des Fossés
Max. WOMOs: 1-2
Ausstattung: Keine.
Beschreibung: Kostenloser, gemischter, asphaltierter Parkplatz vor der Kirche St-Loup. Im Ort. Teils schattig.
Zufahrt: Von der D 229 kommend am 1. Kreisel die 2. Ausfahrt nehmen. Am nächsten Rondell über die 3. Ausfahrt zur D 997A und an einer größeren Abzweigung nach rechts in die Zielstraße einbiegen. Bis zur Kirche vorfahren.
Hinweise: Nur für kleinere Womos geeignet. Die Zufahrt ist für LKWs gesperrt. In der Zielstraße kann es eng werden.

(202) WOMO-Campingplatz: Billom (Camping Municipal Le Colombier**)

GPS: N 45° 43' 43.2" E 03° 20' 44.6" 12 Allée des tennis
Tel./Fax: +33 47 36 89 150 (Hochsaison), sonst +33 47 37 33 767
E-Mail: campingabillom@laposte.net
Internet: www.billom.fr/Camping-municipal
Öffnungszeiten: Anfang Juni - Mitte September
Beschreibung: Am Ortsrand. Zentrum rund 1,4 km. Spielplatz, Schwimmbad, Tennis, Tischtennis, Volleyballfeld, Waschmaschine. Grillen erlaubt. Hunde erlaubt. Schatten. Kostenloses WLAN.
Preise: 11,50 EUR, Strom 3,30 EUR, Hund über 5 kg 1,50 EUR.
Zufahrt: Wie zu Stellplatz 201: Von der D 229 kommend am 1. Kreisel die 2. Ausfahrt nehmen. Am nächsten Rondell über die 3. Ausfahrt zur D 997A. Nach rund 300 m an der Kreuzung nach links abbiegen. Weitere 200 m später nach rechts. Bis zum Campingplatz vorfahren.
Hinweise: Sehr ruhig gelegen, gute Spaziermöglichkeiten mit und ohne Hund.

Sollte gerade Markt sein, werden Sie Schwierigkeiten haben, zu einer der genannten Stellplatzmöglichkeiten zu gelangen. Dann bleibt nichts anderes übrig, als einfach am Straßenrand eine der seltenen Lücken auszunutzen oder auf den Campingplatz auszuweichen. Bitte resignieren Sie jetzt nicht und fahren weiter. Billom – eine der ältesten Städte der Auvergne – ist wunderschön.

Was aber macht den Ort so interessant? Hier ein paar Tipps und Fakten: **Saint-Loup**, die Kirche, in deren Nachbarschaft einer unserer Stellplätze liegt, stammt aus dem 14./15.

Billom, eine Reise ins Mittelalter

Jahrhundert. Wenn Sie dort den Kirchhof überqueren und geradeaus gehen, kommen Sie am Hospital vorbei. Ihre Richtung könnte jetzt ville close oder quartier médiéval sein. Und genau im mittelalterlichen Stadtteil scheint die Zeit still zu stehen. Schauen Sie sich im Gelehrten- und im Marktviertel um. Wunderschöne Fachwerkhäuser und idyllische Gassen. Wieder einmal gibt es viele Details zu entdecken: Figuren, interessante Schriftzüge sowie andere „Merkwürdigkeiten" längst vergangener Tage.

Die **gotische, dreischiffige Stiftskirche St-Cerneuf** mit der romanischen Krypta sollten Sie unbedingt besuchen. Auch der benachbarte Justizpalast ist mehrere Blicke wert, obwohl er schon bessere Zeiten erlebt hat. In der rue des boucheries, im Fleischer-Quartier, entdecken wir „merkwürdige" Haken an den Häusern. Diese dienten in der Vergangenheit keineswegs zum Blumen oder Wäsche

Wahrlich keine mittelalterliche Kleiderhaken...

Aufhängen. Nein, hier hingen tote Tiere und Felle. Wie mag es da wohl gestunken haben!? Sollte es Ihnen heute stinken, liegt es keineswegs an Ihren Mitfahrern und hoffentlich auch nicht an unserer Reisebeschreibung, sondern an der Tatsache, dass Billom dafür bekannt ist, dass rundherum ein besonders schmackhafter **Knoblauch** angebaut wird. Besuchen Sie im August die alljährlich stattfindende Foire à l'Ail, die Knoblauchmesse. Nichts für Vampire...

Einstiger Justizpalast

Für die Weiterfahrt treffen wir uns am Ortseingang am Kreisel, wo wir die 2. Ausfahrt auf die D 997B nach **Pont-du-Château** nehmen. Am STOP-Schild setze ich den Blinker nach links und begebe mich auf die D 997. Dieser Straße folgen wir rund sechs Kilometer. Jetzt bin ich in der Toscana d'Auvergne, was die Häuschen im toskanischen Stil in Vertaizon unterstreichen. In Chignat bitte nach den Eisenbahnschienen nach links auf die D 2089 abbiegen. Sie können jetzt weiter den Hinweisschildern trauen.

Pont-du-Château verwöhnt uns mit mehreren Möglichkeiten bezüglich Parken und Übernachten: Einige Plätze liegen direkt am Allier. Die Wege ins Zentrum sind alle ein wenig weiter. Wichtig: Die WC-Cassette sollte bei allen Plätzen – außer dem letzten – geleert und Frischwassertank aufgefüllt sein, was schwierig ist, da ja bereits in Billom nichts war.

Ich nenne Ihnen hier alle Plätze hintereinander. Beginnen wir mit einem sehr kleinen, direkt am Fluss. Ein Höhenbalken von zwei Metern verhindert, dass hier mehrere Wohnmobile stehen können.

(203) WOMO-Badeplatz: Pont-du-Château I

GPS: N 45° 47' 44.1" E 03° 15' 27.2" Chemin de la plage
Max. WOMOs: 1-2
Ausstattung: Mülleimer.
Beschreibung: Kostenloser, kleiner, ruhiger Platz auf festem Untergrund, direkt am Allier, vor einem Höhenbalken. Am Ortsrand, in der Nähe der Brücke. Zentrum etwa 20-30 min.
Zufahrt: Über die D 2089 kommend noch vor der Brücke über den Allier nach links zum parc d'activité du Chambon. Sofort wieder nach rechts zum Ufer des Allier.
Hinweise: Baden und Angeln möglich.

Auch der nächste Platz ist am Allier. Leider müssen wir, um hinzukommen, eine halbe Weltreise unternehmen, da der direkte Weg extrem eng und für große Womos verboten ist.

(204) WOMO-Picknickplatz: Pont-du-Château II

GPS: N 45° 47' 48.0" E 03° 15' 01.6" Base nautique
Max. WOMOs: >5
Ausstattung: Mülleimer, Picknickbänke.
Beschreibung: Kostenlose Plätze am Straßenrand sowie am Ufer des Allier bei der base nautique. Kanustation und Sportstätten in der Nachbarschaft. Teils schattig. Außerhalb. Steiler, etwa 30-minütiger Fußweg ins Zentrum. Nachts sehr ruhig.
Zufahrt: Wie zum Badeplatz, jedoch über die Brücke und bis zum großen Rondell vorfahren. Dort die 3. Ausfahrt und durch den Ort. Auf der D 2089 bleiben, bis links ein NETTO-Markt zu sehen ist. Dahinter am Rondell die 3. Ausfahrt Richtung stades/Gendarmerie/tennis nehmen. Hier auf der D 783 bis zum Vorfahrt-achten-Schild fahren. Diese Kreuzung überqueren, und dort reinfahren, wo die Weiterfahrt nach 1.000 m verboten ist. Weiter bis zur base nautique vorfahren.
Hinweise: Die Anfahrt ist ein langer Umweg. Der direkte Weg, den das Navi vorschlägt, ist extrem eng und steil! Also keinesfalls bei der Brücke den Wegweisern zur base nautique folgen!

Im Hintergrund das „château", vorne der Allier

Der nächste Platz liegt im Prinzip „hinter" Platz 203. Da er sich in unmittelbarer Nähe von Schulgelände sowie Schulsportstätten befindet, ist er eher für Ferienzeiten geeignet.

(205) WOMO-Picknickplatz: Pont-du-Château III

GPS: N 45° 47' 28.8" E 03° 14' 46.6" Chemin des palisses
Max. WOMOs: >5
Ausstattung: Mülleimer, Picknickbänke.
Beschreibung: Ruhige, kostenlose Stellflächen am Straßenrand. Restaurant und Sportplätze in der Nachbarschaft. Ortsmitte mehr als 1 km.
Zufahrt: Vor der Brücke nach links und gleich wieder nach links Richtung Lycée. Diesem Schild sowie dem Linksknick der Straße folgen. Es geht am Allier entlang. An den rechts liegenden Sportstätten vorbei fahren und sich dort einen Platz suchen.
Hinweise: Der Platz ist nur außerhalb der Schulzeiten geeignet.

Der letzte Platz befindet sich direkt an der Hauptstraße vor dem Friedhof. Hier können Sie außerdem ver- und entsorgen.

(206) WOMO-Stellplatz: Pont-du-Château IV

GPS: N 45° 48' 04.5" E 03° 15' 41.8" Route de Vichy
Max. WOMOs: >5
Ausstattung: Ver- und Entsorgung, Strom (an Relais), Mülleimer, Stadtplan.
Beschreibung: Kostenloser asphaltierter, gemischter Parkplatz vorm Friedhof, direkt an der D 1093B. Am Ortsrand. Weiter Fußweg entlang der Straße zum Ort.
Preise: Strom und Wasser 2 EUR, mit Jetons.
Zufahrt: Auf der D 2089 über die Brücke bis zum großen Kreisel vorfahren. Dort die 2. Ausfahrt auf die D 1093B Richtung Vichy nehmen. Links vorm Friedhof befinden sich Ver- und Entsorgung sowie der Parkplatz.
Hinweise: Eher als „Notbehelf" sowie zum Ver- und Entsorgen, denn zum gemütlichen Stehen gedacht.

Um in den Ort zu gelangen, sollten Sie sich von unserer Fahrtrichtung aus gesehen hinter der Brücke links halten. Pont-du-Château ist überschaubar und besitzt nur wenige Sehenswürdigkeiten. Im Stadtzentrum sehen Sie Häuser aus unterschiedlichen Epochen, wobei in erster Linie Fachwerkbauten ins Auge stechen. Das château, das 1580 in Brand geriet und im 17. Jahrhundert umgebaut wurde, ist mit seiner herrlichen Außenfassade ein lohnendes Fotomotiv und beherbergt heute das Rathaus. Außerdem gibt es zwei Kirchen.

Weiter nach **Riom**, in die Stadt mit dem ursprünglich gallo-romanischen Namen Ricomagnum – was soviel wie „reiche Stadt" bedeutet. Heute sieht sie keineswegs reich aus...

Wir fahren in Pont-du-Château am Kreisel hinter der Brücke geradeaus Richtung Vichy und damit am Friedhof sowie an Platz 206 vorbei. Jetzt bin ich auf der D 1093B. Nach knapp drei Kilometern kommt wieder ein Kreisverkehr, den passieren wir und bleiben auf der D 1093. Das B haben wir verloren. Am nächsten Rondell nehme ich die 1. Ausfahrt auf die D 6. Richten Sie sich nun nach den Hinweisschildern. Die Straßennummern wechseln, aber Riom bleibt ausgeschildert.

(207) Offizieller WOMO-Stellplatz: Riom I

GPS: N 45° 53' 40.7" E 03° 07' 29.1" Route d'Ennezat
Max. WOMOs: 4

Ausstattung: Ver- und Entsorgung, Strom (am Relais), Mülleimer.
Beschreibung: Kleiner, kostenloser, am Ortsrand gelegener Stellplatz auf Schotter. Ohne Schatten. Innenstadt rund 1 km.
Preise: Wasser und Strom jeweils 2 EUR, mit Jetons.
Zufahrt: Über Ménétrol und die D 420, indem wir am STOP-Schild nach links abbiegen. Nun geht es nach rechts Richtung Autobahn auf die D 2009. Nicht wundern, es erscheint ein Riom-Ortsendeschild. Knapp einen Kilometer weiter die Ausfahrt auf die D 224 nach Ennezat nehmen. An der Gabelung links und auf der D 224 bleiben. Der Beschilderung „aire camping-car" folgen. Kurz vorm nächsten Rondell liegt rechts der Stellplatz.
Hinweise: Tagsüber sehr laut, da direkt an einem Kreisverkehr sowie Schienen in der Nähe.

Hier haben wir bislang immer einen Platz gefunden. Es empfiehlt sich jedoch, rechtzeitig anzukommen. Sollte es Ihnen nicht gelingen, habe ich zwei Alternativen, die zwar geräumiger, aber keineswegs ruhiger sind. Die erste ist ganz in der

Nähe, Richtung historischem Zentrum, die zweite etwa 1,5 Kilometer südöstlich der Stadt.

(208) WOMO-Stellplatz: Riom II

GPS: N 45° 53' 40.0" E 03° 07' 09.2" Rue Faubourg de la Bade
Max. WOMOs: 3-5 **Ausstattung**: Keine.
Beschreibung: Gemischter, schattiger, kostenloser, Parkplatz rund

500 m vom Zentrum entfernt. Nahe am Museum.
Zufahrt: Von Platz 207 aus über die Eisenbahnbrücke und dort in die Zielstraße. Geradeaus, bis ein Parkplatzschild nach rechts weist.
Hinweise: Bei unserem letzten Besuch war ein Teil des Platzes wegen Bauarbeiten nicht benutzbar. Ich hoffe, das ändert sich rasch.

(209) WOMO-Stellplatz: Riom III

GPS: N 45° 52' 54.7" E 03° 06' 59.5" Av des Clermont
Max. WOMOs: >5
Ausstattung: Keine.
Beschreibung: Großer, kostenloser, gemischter Parkplatz – parc des fêtes – im Industriegebiet, auf festem Untergrund. Rund 1,5 km südöstlich des Zentrums.
Zufahrt: Bei Ménétrol auf die D 2009 und durchs Industriegebiet Richtung Riom Innenstadt fahren. Der Platz wird mit dem Hinweis „parc des fêtes" nach rechts ausgewiesen.
Hinweise: Nicht besonders schön.

Um ins Zentrum zu kommen, gehen wir von Platz 207 geradeaus an Platz 208 vorbei, Richtung La Bade/centre ville. Dann über die Kreuzung und durch die Rue de l'hôtel de ville. Gleich sehen Sie das **Musée Mandet**, das Musée de Moderne Art, das ich persönlich sehr interessant finde. **[www.riom-communaute.fr/decouvrir/musees/musee-mandet]**

Moderne Kunst in altem Gebäude...

Als nächstes erreichen wir rechterhand das **Rathaus** mit dem sehenswerten Innenhof. Hier gibt es gleich drei „Schätze":

zwei Werke des bekannten Bildhauers Auguste Rodin sowie eine Kopie des Briefes von Johanna von Orléans – besser bekannt als Jeanne d'Arc –, worin sie 1429 die Bürger der Stadt um Kriegsgeräte bat.

An der Kreuzung Rue de l'hôtel de ville/rue de l'horloge müssten Sie sich für rechts, links oder geradeaus entscheiden. Ich würde alle drei Richtungen probieren. Rechts befindet sich der 30 Meter hohe **Tour de l'Horloge** im Renaissancestil. Ihn kann man über 128 Stufen besteigen, um eine fantastische Aussicht zu genießen. Gehen Sie nach links, kommen Sie zur Kirche **Notre-Dame-de-Marthuret** mit einer Kopie der Madonna mit Vogel aus dem 14. Jahrhundert. Haben Sie den Vogel entdeckt? Ich verrate es Ihnen: Das Kind hält den flatternden Piepmatz in seiner Hand. Heute würde das Tierschützer auf den Plan rufen...

Such den Vogel!

Geradeaus kommen Sie am Ende des historischen Stadtteils zur **Basilique St-Amable** aus dem 12. bis 18. Jahrhundert und zum **Ballainvilliers-Brunnen** aus dem Jahre 1764. Letzterer zeigt vier Maskaronen (Halbplastiken), die die Jahreszeiten darstellen.

Auf unserem Rückweg biege ich in einige kleine Gässchen entlang des eben genannten Weges und entdecke zahlreiche weitere interessante Gebäude und Brunnen.

Vier Maskaronen...

Im **Musée Régional d'Auvergne**, in der Rue Delille, nahe

...als die vier Jahreszeiten...

...am Ballainvilliers-Brunnen

des Musée Mandet, erfahren Sie Interessantes aus der und über die Auvergne. Exponate zu Handwerk und Landwirtschaft, Möbel, Trachten und vieles mehr bieten einen interessanten Einblick in die Vergangenheit der Region. Leider durfte ich trotz Presseausweis in den Räumen nicht fotografieren. **[www.riom-communaute.fr/decouvrir/musees/musee-regional-d-auvergne]**

Ebenfalls sehenswert sind der Löwen- sowie der Adam-und-Eva-Brunnen und das berühmte Holzhaus aus dem 15. Jahrhundert, das sich Bränden und Erdbeben zuwidersetzen wusste. Sollten Sie an einem Samstag in Riom sein, nutzen Sie unbedingt die Gelegenheit, am Place de la fédération über den wöchentlichen Markt zu schlendern.

Jetzt habe ich für Sie einen sehr ruhigen Stellplatz in rund sieben Kilometern Entfernung. Fahren Sie dazu nach **St-Bonnet-Près-Riom**. Wie kommen Sie da hin? Ganz einfach: Begeben Sie sich auf die vierspurige D 2009 Richtung Autobahn und Aigueperse. Nach wenigen Kilometern geht's am Kreisverkehr auf die D 2144, wo St-Bonnet ausgeschildert ist. Der Platz selber ist nicht zu verfehlen. Nehmen Sie die Kirche als Anhaltspunkt und achten Sie dort auf das Piktogramm.

Der Ort selber hat keine Sehenswürdigkeiten außer eine schöne Aussicht vom Platz aus, wo Sie relativ ruhig stehen. Das passende Kästchen ist auf der anderen Seite.

Der Kurort **Châtel-Guyon** – auch in der Schreibweise Châtelguyon zu finden – ist mein nächstes Ziel. Hier erwarten mich wieder mehrere Sehenswürdigkeiten. Dafür müssen wir zum

(210) Offizieller WOMO-Stellplatz:
St-Bonnet-près-Riom

GPS: N 45° 55' 38.6" E 03° 06' 49.5" Place de la liberté
Max. WOMOs: 3-4
Ausstattung: Ver- und Entsorgung, Toilette in der Nähe, Mülleimer.
Beschreibung: Kostenloser gemischter Parkplatz auf Asphalt hinter der Kirche, am Ortsrand. WC 100 m, Zentrum 200 m.
Zufahrt: Von Riom über die D 2144 kommend im Ort vor der Kirche nach links auf den Parkplatz biegen.
Hinweise: Nicht besonders schön, aber ortsnah und ruhig. Veraltete Ver- und Entsorgung. Max. Aufenthaltsdauer 24 Stunden.

großen Rondell bei Riom zurück, beziehungsweise von Stellplatz 207 aus zu diesem vorfahren. Nehmen Sie die Ausfahrt auf die D 446. Châtel-Guyon ist ausgeschildert. Wir passieren Mozac. Nun heißt es aufgepasst: Am Rondell nicht dem Wegweiser nach Châtel-Guyon folgen, sondern nach links auf die D 455 nach **St-Hippolyte** fahren. Es geht etwa vier Kilometer bergauf. Bald schon erwartet uns der offizielle Stellplatz der Stadt, wo Sie eine oder mehrere ruhige Nächte verbringen können. Ein komplett neuer Automat, an dem mit Bankkarte bezahlt wird, stellt uns erst einmal die Aufgabe, alles genau durchzulesen. Zum Glück gibt es das mehrsprachig...

Gar nicht schwer!

Wer es einsam liebt, für den habe ich einen Wanderparkplatz ganz in der Nähe. Beide Plätze liegen südwestlich der Stadt, die Kästchen hierfür „liegen" auf der nächsten Seite.

Wollen Sie näher an der Stadt stehen? Dann hätte ich noch einen gemischten Parkplatz ganz ohne was. Bislang war hier noch kostenloses Parken sowie Übernachten geduldet. Er hätte Kapazität für mehr als fünf Wohnmobile, aber bitte gehen Sie damit sensibel um. [213: N 45° 55' 04.1" E 03° 03'

(211) Offizieller WOMO-Stellplatz: Châtel-Guyon I

GPS: N 45° 54' 57.5" E 03° 03' 17.8"
Av de Russie/D 15
Max. WOMOs: 14
Ausstattung: Ver- und Entsorgung, Strom, Mülleimer, Infotafel.
Beschreibung: Große, eingezeichnete Plätze auf Schotter mit je eigenem Stromanschluss. Klappstuhlgeeignet. Teils schattig. In Straßennähe. In der Nähe der Thermen, Zentrum ca. 1 km.
Preise: 1. Apr. bis 31. Oktober 5 EUR, ansonsten kostenlos. Strom (24 h) und Wasser (10 min.) je 2 EUR, mit Jetons.
Zufahrt: St-Hippolyte passieren und am Ende am Rondell die 2. Ausfahrt Richtung Châtel-Guyon/camping-car nehmen. Nach etwa 500 m liegt der Platz links.
Hinweise: Bezahlt wird am Automaten mit Karte.

(212) WOMO-Wanderparkplatz: Châtel-Guyon II

GPS: N 45° 54' 57.5" E 03° 03' 11.1" Rue de sans souci
Max. WOMOs: 2-3 **Ausstattung**: Keine.
Beschreibung: Sehr einsamer Platz außerhalb des Ortes, am Bach, wo man, wenn er Wasser führt, auch baden kann. Im Fôret du sans souci. Auf festem Boden, schattig.
Zufahrt: St-Hippolyte passieren und am Ende am Rondell die 2. Ausfahrt Richtung Châtel-Guyon/camping-car nehmen. Wenn rechts das erste Haus zu sehen ist, scharf nach links in die Rue de sans souci biegen. Auf dieser Straße bleiben, dabei nach etwa 140 m leicht rechts halten. Geradeaus zum Val de sans souci fahren. Der Platz befindet sich rund 300 m von der Hauptstraße entfernt.
Hinweise: Die Zufahrt ist eng. Eine Wanderung von etwa 1 km zur Cascade de l'Ecureuil sowie andere Wanderungen sind empfehlenswert.

55.5", Chemin de Bussane] Dazu müssen Sie am Rondell in St-Hippolyte die 1. Ausfahrt raus. Nach etwa 550 Metern geht es nach links (LKW-Verbot/30er-Zone). Die 2. Querstraße biegen wir nach rechts und nach rund 250 Metern nach links in die Zielstraße. Der Platz liegt kurz darauf rechts. Ist eben nur ein normaler Parkplatz!

Der in unserer letzten Ausgabe genannte Parkplatz am Place de la musique erscheint mir bei dem Angebot der letzten drei Plätze nicht unbedingt mehr erwähnenswert.

Hier im Thermalkurort, wo einst berühmte Kurgäste wie der Schriftsteller Guy de Maupassant kurten und verweilten, findet noch heute die Behandlung von Darm- und Lebererkrankungen statt. Auch rheumatischen Beschwerden sowie dem Stress wird der Garaus gemacht. Wegen seiner extrem magnesiumreichen Quellen nennt man Châ-

Trinkhalle, ein Labsal für Auge und Gesundheit...

tel-Guyon auch **la Cité de Magnesium**. Das Magnesiumvorkommen können Sie an den rot gefärbten Steinen erkennen.

Schauen Sie sich im Kurviertel um, es hat alles, was man sich unter einem altehrwürdigen Thermalbad vorstellt: ein Casino, Thermen, einen Kurpark, verschiedene Quellen, eine Trinkhalle und, und, und. Besonders beeindruckt war ich von den **Halles des sources** sowie vom Gebäude der

Eine der frei zugänglichen Quellen

Grands Thermes im Stil der Belle Époque mit Kapitellen, Stuckgewölbe, Marmorsäulen und doppelläufiger Treppe.

Erwähnenswert sind ferner die **Église St-Anne** sowie der dahinter liegende **calvaire** im Osten der Stadt. Die Kirche wurde 1845 erbaut und 1956 renoviert. Ich war hin- und hergerissen von den beinahe **1.000 Quadratmetern Fresken**, die der gebürtige Este Nicolas Greschny im Jahre der Renovierung malte. Sie erzählen auf beeindruckende Weise die Bibli-

Johannes der Täufer bei der Ausübung seines Amtes

sche Geschichte. Das Kircheninnere können Sie von Hand illuminieren und erhalten so die entsprechende Stimmung.

Nach Wellness nun wieder Handwerk. Zuvor jedoch noch einen kleinen Abstecher – auch wenn's ein Umweg ist. Sie können dazu entweder wieder über St-Hippolyte zurück und später vor Riom auf die D 446 oder aber auf der D 227 durch Châtel-Guyon fahren. In jedem Fall müssen Sie auf die D 2009. Mein Ziel ist **Aigueperse**. Dort gibt es einen großen, nicht besonders schönen Stellplatz sowie eine interessante Kirche.

(214) Offizieller WOMO-Stellplatz: Aigueperse

GPS: N 46° 01' 34.4" E 03° 12' 11.7" Place du champ de Foirail
Max. WOMOs: >10
Ausstattung: Ver- und Entsorgung, Strom (am Relais), Mülleimer, Spielplatz in der Nähe.
Beschreibung: Großer, kostenloser, gemischter Parkplatz am Ortsrand ,auf Asphalt. Supermarkt, Restaurant sowie Zentrum in 200 m. Teilweise Schatten.
Preise: Wasser und Strom (2 h) jeweils 2 EUR.
Zufahrt: Am großen Rondell vorm Ort nicht den Wegweisern nach Aigueperse folgen (für LKWs über 7,5 t gesperrt), sondern besser die 1. Ausfahrt nehmen und weiter auf der D 2009 bleiben. Das nächste Rondell über die 3. Ausfahrt verlassen und bis zum folgenden Kreisel im Ort fahren. Hier die 1. Ausfahrt Richtung Gannat nehmen. Stets geradeaus, bis an einer größeren Kreuzung ein Schild „camping-car" nach links weist. Diesem Schild folgen. Zum Schluss geht es nach rechts in die Zielstraße. Der Platz liegt links.

Aigueperse war ein Abstecher, daher fahren wir wieder über die D 2009 in die andere Richtung zurück. Vor Pontmort geht's nach links auf die D 20. Ennezat und Entraigues liegen auf dem Weg. Bleiben Sie bis **Lezoux** auf der D 20. Hier erwartet mich ein weiteres Handwerk.

(215) Offizieller WOMO-Stellplatz: Lezoux

GPS: N 45° 49' 36.6" E 03° 23' 04.6" Rue de la république
Max. WOMOs: >10

Ausstattung: Ver- und Entsorgung, Toilette, Mülleimer.
Beschreibung: Großer gemischter, kostenloser Parkplatz im Ort, am Keramikmuseum. Zentrum, Supermarkt und Restaurants in 300 m. Auf Schotter, wenig Schatten.
Zufahrt: Den Ort auf der D 20 passieren. Am STOP-Schild nach links (autres directions). Etwas später geht's nach rechts. Stets dem Schild „musée de la céramique" folgen.
Hinweise: Nachts nicht immer sehr ruhig, da der Platz gerne von Jugendlichen als Treffpunkt genutzt wird.

In unmittelbarer Nachbarschaft zum Stellplatz finden Sie ein **Keramikmuseum**. Das kommt nicht von ungefähr, denn Lesoux gilt als Herkunftsstätte der Terra Sigillata, einer besonderen Art keramischen Tafelgeschirrs, das bereits Ende des 1. Jahrhunderts entwickelt und im 2. Jahrhundert hier angefertigt wurde. **[www.musee-ceramique.puy-de-dome.fr/accueil]**

Außer dem Museum gibt es noch ein **Amphitheater**, Reste mehrerer **Villae Rusticae**, eine Kirche aus dem 11. Jahrhundert sowie weitere historische Sehenswürdigkeiten. Alles ist vom Stellplatz aus gut zu Fuß zu erreichen.

Weiter geht's zu einem anderen Handwerk, zur **Messerstadt Thiers**. Wir biegen nach links und halten uns weiterhin links. Am Ende der Straße fahre ich – jawohl, links! Ich bin wieder auf der D 2089, wo ich bleibe. Nach elf Kilometern überqueren wir in Pont-de-Dore die Dore. Am Kreisel bitte Richtung Vichy, nicht Thiers! Wir wollen nämlich erst ein wenig ausruhen und die Natur genießen. Etwa 4,5 Kilometer geht's über die D 906. Ich überquere zwei Kreisel und halte die Richtung hôpital bei. Dann „unterfahre" ich die Autobahn.

(216) Offizieller WOMO-Stellplatz: Thiers (Coutry)

GPS: N 45° 52' 16.3" E 03° 29' 04.2" Base de loisirs d'ILOA
Max. WOMOs: >10*
Ausstattung: Ver- und Entsorgung, Strom, Toilette, Mülleimer.
Beschreibung: Großer, kostenloser Platz beim Campingplatz, in der Nähe eines Sees. Teils schattig. Auf festem Untergrund. Innenstadt von Thiers ca. 6 km. Badestrand und Angelmöglichkeiten in der Nähe.
Preise: Wasser und Strom (1 h) jeweils 2 EUR.
Zufahrt: Grobrichtungen sind Dorat und ILOA. Nach der Autobahnunterquerung den Schildern zur base de loisirs sowie ILOA und dem Wohnmobil-Piktogramm folgen.
Hinweise: Keinerlei Einkaufsmöglichkeiten in der Nähe. *Wenn der Platz belegt sein sollte, findet man nebenan auf dem Parkplatz weitere Möglichkeiten zum Übernachten.

(217) WOMO-Campingplatz: Thiers/Coutry (Camping Municipal ILOA**)

GPS: N 45° 52' 17.8" E 03° 29' 08.4" Base de loisirs d'ILOA
Tel./Fax: +33 47 38 09 235
E-Mail: camping@thiers.fr **Internet**: www.ville-thiers.fr/Camping-d-Iloa
Öffnungszeiten: April - Ende September
Beschreibung: Einfacher Campingplatz mit eigenem Angelsee. Ver- und Entsorgung auf dem Stellplatz nebenan. Waschmaschine, WLAN (3 EUR/Tag), kleiner Laden, Snackbar, Tennis. Hunde erlaubt. Rund 6 km bis zur Innenstadt von Thiers. Badestrand in ca. 150 m.
Zufahrt: Gleich zu Ortsbeginn nach rechts Richtung centre abbiegen und der Beschilderung folgen. Der Platz liegt links nach der Brücke.
Hinweise: Angeln kostenlos.

Sowohl der Stell- als auch der Campingplatz liegen rund sechs Kilometer nördlich der Stadt Thiers. Vorteile des Campingplatzes sind das WLAN sowie das Angebot, gratis im angrenzenden See zu angeln. Wir haben beide Plätze ausprobiert. Beide sind weit weg von jeglicher Infrastruktur, daher sollten Sie vorher den Kühlschrank füllen.

Es bietet sich an zu baden, zu angeln, zu wandern und/oder auszuruhen. Eine Umrundung des Sees ist ein kurzweiliger Spaziergang von knapp 45 Minuten. Weitere Wanderungen sind möglich, wie etwa der fünf Kilometer lange Wanderweg durchs Feuchtgebiet, der kurz vor dem Freizeitzentrum abgeht und blau markiert ist.

Doch jetzt bin ich neugierig auf Thiers. Die Stadt der Messerschmiedekunst befindet sich im Herzen des **Naturparks Livradois-Forez**.

Thiers – die Stadt der Messer

Die erste Siedlung hier war keltischen Ursprungs und wurde 532 von den Franken zerstört. Nach Beginn des Wiederaufbaus – am rechten Ufer der Durolle – entstand das, was heute im Altstadtviertel zu sehen ist.
Der Ort zog sich stets weiter den Hang hinauf und stand in der Blüte seines Daseins mit Beginn der Messerschmiedekunst. Es wird erzählt, dass die Kreuzritter aus der Auvergne diese Handwerkskunst wie so vieles andere auch aus dem Orient mitgebracht hätten. Und so ließen sich hier im 14. Jahrhundert die ersten Messerschmiede nieder. Es war ein hartes Gewerbe, da man mit kaltem Wasser und in ungesunder Haltung arbeitete. Die Anzahl der diese Kunst ausübenden Menschen stieg bis Ende des 18. Jahrhunderts stetig. Noch heute leben rund 5.000 Men-

schen von diesem Handwerk. Im Maison des couteliers können Sie unter anderem den Nachbau einer historischen Messerschmiede bewundern sowie im Musée de la coutellerie – ganz in der Nähe unseres Parkplatzes in der Stadt – Filmvorführungen und andere interessante Dinge bestaunen.

In Thiers warten zwei Plätze auf uns. Einer liegt am Fuße der Stadt, im **Vallée des usines**, der einstigen Heimat der Messerschmiedekunst, der andere befindet sich in der Oberstadt in der Nähe der historischen Altstadt. Mehr Platz haben Sie „unten", schöner aber auch enger stehen Sie „oben". Mehr Platz gibt es auf jeden Fall in der Unterstadt...

(218) WOMO-Stellplatz: Thiers (ville basse)

GPS: N 45° 50' 55.4" E 03° 32' 22.0" Allée de la foire au pré

Max. WOMOs: >10

Ausstattung: Mülleimer, Toilette.

Beschreibung: Großer kostenfreier, gemischter Parkplatz in der Unterstadt/im Tal mit sehr wenig Schatten. In der Nähe der Orangerie, im Viertel Moutier. Auf Schotter. Restaurant, Supermarkt und andere Geschäfte in 350-400 m.

Zufahrt: Auf der D 2089 Richtung Thiers/Musée de la coutellerie fahren. Am Rondell, wo es links hoch zur Oberstadt geht, die 1. mögliche Ausfahrt Richtung Z.I.du Breuil nehmen. Immer geradeaus und dabei rechts an der Kirche vorbeifahren. Die nächste Straße rechts runter fahren, bis rechts der Platz auftaucht.

Hinweise: Blick auf die Oberstadt. Zur Oberstadt ca. 1,5 km steiler Fußweg. Rund 5-10 min. Fußweg bis zu den alten Messerschmiedegassen und den Museen.

(219) Offizieller WOMO-Stellplatz: Thiers (ville haute)

GPS: N 45° 51' 25.2" E 03° 32' 37.9" Place St-Exypéry

Max. WOMOs: 10

Ausstattung: Toilette, Mülleimer, Picknickbänke in der Nähe.

Beschreibung: Asphaltierter Parkplatz in der Oberstadt. Halfpipe, Konzertsaal, Geschäfte und Restaurants in der Nähe. Bis zum Zentrum der oberen Altstadt sind es rund 500 m.

Preise: 8 EUR, Strom mit Jetons.

Zufahrt: Wie zu Stellplatz 218, jedoch am Rondell, wo wir die erste Ausfahrt nach rechts rausgefahren sind, die 2. Ausfahrt nehmen und mehr als 2 km lang den sehr steilen Berg mit einigen Kehren auf der D 2089 hochfahren. Schließlich dem nicht gerade großen Hinweisschild bei einem Konzerthaus zum Parkplatz für Busse und Wohnmobile nach rechts folgen.

Hinweise: Für uns und für Busse sind Plätze vorgesehen. Kleinere Wohnmobile können auch auf den anderen Plätzen stehen, wenn diese nicht mit PKWs belegt sind. Fantastische Aussicht auf das Durolle-Tal.

Einfach nur idyllisch ... aus heutiger Sicht!

In der Unterstadt, im Tal der Fabriken, begann sich vor etwa 600 Jahren das Handwerk der Messerschmiede anzusiedeln. Noch heute zeugen zahlreiche Häuser und andere Details von dieser körperlich schweren Handwerkskunst. Spazier- und Wanderwege – wie der durchs Vallée des rouets – versetzen uns einige hundert Jahre zurück, wo einst die Messerschmieder bäuchlings lagen, um im kalten Wasser der Durolle das Metall zu schärfen. Hunde lagen zum Wärmen auf ihren Beinen. Keine wünschenswerte Haltung fürs Rückgrad und Arbeitsbedingungen, die heute jede Gewerkschaft zum Aufschrei bringen würden. Übrigens ein sehr sehenswertes Viertel!

Gehen Sie mit mir von Platz 218 aus durch den Garten der **Orangerie** und vorbei an der Église St-Symphorien. Dann halte ich mich links, um durch die Rue des usines über die Pont de Crospailhat zu gelangen. Wunderschöne alte Häuser, fantastische Blicke auf Wasserräder und vieles mehr lassen mich tagträumen. Links ein Glasbläser. Ich möchte Sie jedoch nach rechts mitnehmen. So gelangen Sie entweder zur rue des rochers, von wo aus ein beschwerlicher Aufstieg zur Oberstadt denkbar ist, oder Sie gehen weiter, am Fluss entlang, und haben später die Gelegenheit, wieder auf die andere Flussseite zu gelangen, um zum **creux de l'enfer** – der Grube der Hölle – sowie zum **Maison de l'aventure industrielle** zu kommen. **[www.ville-thiers.fr/Maison-de-l-Aventure-Industrielle]** Beides lohnt sich!

Aber auch die Oberstadt sollten Sie besuchen. Nehmen Sie den steilen Anstieg oder platzieren Sie Ihr Womo dort am

Blick von der Oberstadt ins Tal der Durolle

place de Saint-Exupéry. Von hier genießen Sie eine fantastische Aussicht aufs Tal der Durolle. Außerdem haben Sie einen kurzen und keineswegs anstrengenden Weg zur **malerische Altstadt le vieux Thiers**, wo uns zahlreiche Fachwerkhäuser aus dem 15. bis 17. Jahrhundert erwarten. Das berühmteste, das **Maison du Pirou**, beherbergt heute das Office de Tourisme. Sicherlich fallen Ihnen auch die vielen **Coutelleries** auf. Schauen Sie daheim doch mal nach, vielleicht schlummert auch in Ihrer Küchenschublade ein Messer aus Thiers?

Nun etwas für den Stressabbau. Es geht in einen weiteren Ort, der für ein seltenes Handwerk berühmt ist: Wir fahren in die **Welthauptstadt der Korkenzieher**, nach **St-Rémy-sur-**

Durolle. Also zurück auf die D 2089, aus Thiers raus, Richtung Lyon, wobei es immer noch bergauf geht. Das zeigt mir erst mal, wie groß Thiers wirklich ist. Am Ortsende bitte dem Schild nach St-Rémy-sur-Durolle halblinks auf die D 201 folgen. Und immer noch geht's himmelwärts, und wieder jede Menge Kurven. Eine fantastische Strecke, dominiert von viel Grün, Wald und herrlichem Panorama.

(220) WOMO-Badeplatz: St-Rémy-sur-Durolle I

GPS: N 45° 53' 33.7" E 03° 35' 58.8" Plan d'eau des Prades
Max. WOMOs: 10*
Ausstattung: Ver- und Entsorgung in der Nähe (siehe Platz 221), Wasserhahn, Toilette, Mülleimer.
Beschreibung: Kostenloser Platz auf festem Untergrund direkt am See. Auch für PKWs. Restaurants sowie Eisdielen/Cafés nebenan. Verschiedene Freizeitangebote wie Bootsvermietung in den Sommermonaten in der Nähe. Kaum Schatten. Bedingt klappstuhlgeeignet. Am Ortsrand, etwa 20-30 min. steil bergauf zur Ortsmitte. Angeln und Baden gut möglich. Offizieller überwachter Badestrand in der Nähe.
Zufahrt: Im Ort Richtung plan d'eau und Campingplatz fahren. An der Kirche vorbei. Am Ortsende bei einer Tankstelle rechts den Berg runter zum See. Vorm See nach rechts biegen.
Hinweise: *Wenn man andere Plätze in der Nähe mit einrechnet, passen mehr als 10 Womos hin. Stühle und Tische sowie Markise sind möglich, sollten aber nachts reingeholt werden, um kein campingähnliches Ausbreiten zu signalisieren. Im Sommer bei schönem Wetter viel Betrieb, da Freizeitanlage in der Nähe.

Sehr schön! Man kann baden, angeln, relaxen, wandern und vieles mehr. Das Kästchen für den offiziellen Platz finden Sie auf der nächsten Seite.

In St-Rémy findet zweimal wöchentlich ein Markt statt, den ich sehr empfehlen kann. Hierzu fällt mir eine Episode ein, die ich unbedingt erzählen möchte: Bei unserer ersten Recherche mussten wir am Markttag den Ort durchqueren: Die Straßen

(221) Offizieller WOMO-Stellplatz: St-Rémy-sur-Durolle II

GPS: N 45° 53' 43.4" E 03° 35' 49.9" Plan d'eau des Prades
Max. WOMOs: 2-3
Ausstattung: Ver- und Entsorgung, Strom (am Relais), Mülleimer.
Beschreibung: Kleiner, befestigter Platz oberhalb des Sees. Restaurants, Eisdielen/Cafés sowie verschiedene Freizeitangebote wie Bootsvermietung in den Sommermonaten ebenfalls in der Nähe. Kaum Schatten. Nachts beleuchtet. Am Ortsrand, etwa 30-40 min. steil bergauf zur Ortsmitte. Angeln und Baden in der Nähe möglich. Offizieller überwachter Badestrand in der Nähe.
Preise: 5 EUR*, Wasser und Strom kostenlos.
Zufahrt: Wie zum Badeplatz, jedoch unten am See nach links und gleich wieder nach links hochfahren. Der Platz liegt rechts.
Hinweise: Nicht besonders schön. *Der Platz ist von April bis Mitte Oktober kostenpflichtig.

voller Menschen und die Stände ragten in die Fahrbahn. Mittendrin ich mit meinem Womo... Statt böser Worte und totbringender Blicke erntete ich Verständnis, Mitleid und Hilfe. Die Händler räumten ohne zu Zögern ihre Waren zur Seite.

Besonders schön ist der marché nocture im Juli/August. Dann wird gegessen, getanzt, gesungen, ver- und gekauft. Auch hier wieder ein lustiges Erlebnis: Wir wollten essen wie die Franzosen. Moules frites waren „aus“, so entschieden wir uns für ein kleines Restaurant. Das Getränk war klar, aber was essen? Nach der plât du jour gefragt, wurde auf eine

große Pfanne gezeigt, in der etwas Leckeres schmorte. Blauäugig bestellten wir. Mittlerweile hatte ich die „versteckte“ Tafel gelesen: cuisses de grenouilles... Aber es war lecker!

Noch eine Wanderung gefällig?

Rundwanderung See – Kalvarienberg – See

Hinter der mairie, direkt an der Hauptstraße, geht's Richtung Friedhof. Unterwegs sehen Sie einen überdimensionalen Korkenzieher. Den Friedhof lasse ich rechts liegen und quäle mich den Berg hoch. Am Ende geht es nach links. Und schon wieder bergauf! Bald schon sehe ich die drei Kreuze des Kalvarienberges sowie die beeindruckenden Quarzfelsen. Von hier aus haben Sie einen fantastischen Blick über die Puys und Monts der Auvergne. Nachts ist der Berg angestrahlt.
Zurück nehme ich rechts den kleinen Wanderweg hinter dem Calvair. Durch Birkenwald und vorbei an Stieleichen führt uns der etwas holprige Pfad. Am Ende kommen wir auf einen asphaltierten Planweg, wo ich mich rechts halte. Nun begleitet uns Nadelwald. Bald darauf heißt es, den Hund anleinen, weil es nach rechts auf die D 201 geht. Kurz vor dem Trafo-Häuschen biegen wir nach links. Jetzt ist auch schon der See zu sehen.

Wir verabschieden uns mit einem überdimensionalen Korkenzieher aus der Korkenzieherstadt St-Rémy-sur-Durolle und hoffen, dass Ihnen auch diese Tour gefallen hat.

Was müssen das für große Flaschen sein...

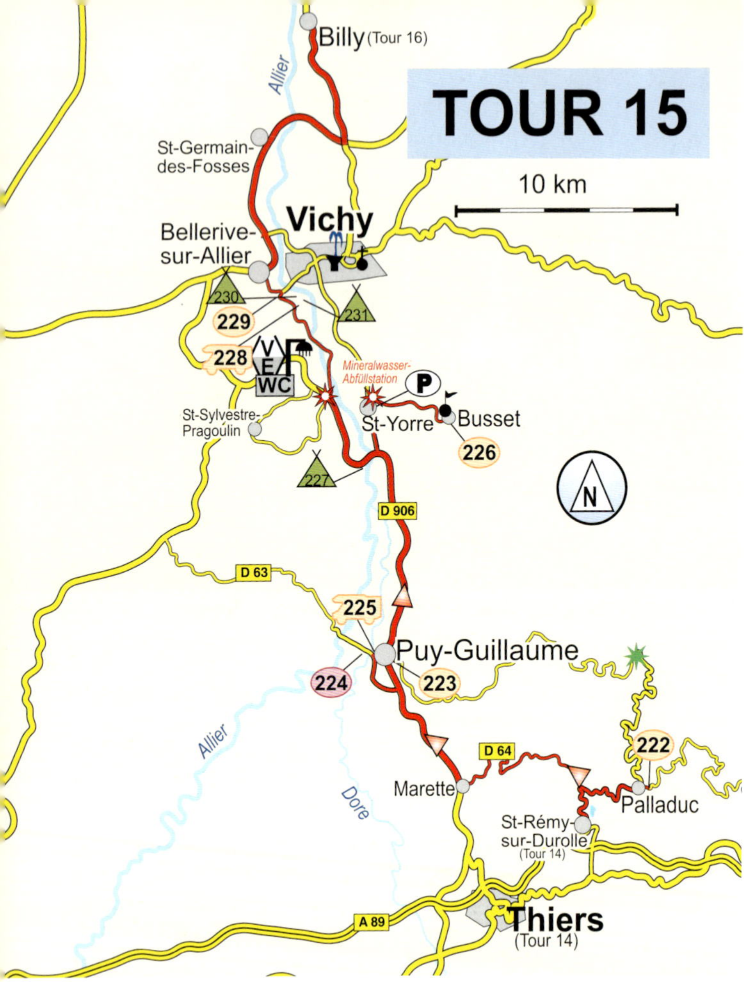

TOUR 15: Heilende Wasser & einstige Hauptstadt 60 km

Palladuc – Puy Guillaume – Busset – St-Yorre – Vichy

Stellplätze:	Palladuc, Puy Guillaume, Bellerive (Vichy)
Campingplätze:	La Gravière (St-Yorre), Beau Rivage/Les Îles (Bellerive/Vichy)
Besichtigen:	Puy Guillaume, Château de Busset, Quelle & Abfüllstation des St-Yorre-Mineralwassers, Vichy
Baden:	Im Allier, in der Dore
Märkte:	Vichy (tägl. außer Mo.), Puy Guillaume (Mi.)

In Tour 15 geht es um Geschichte, heilende Wasser und Wellness. Natürlich in Verbindung mit ein paar schönen (und weniger schönen) Plätzen für unser rollendes Heim.

Wer mich kennt und bislang mit mir gefahren ist, weiß, dass ich gerne Umwege fahre, um mehr zu sehen und mehr zu erleben. So auch jetzt. Theoretisch könnten wir zurück Richtung Thiers und über die D 906 direkt nach Vichy fahren. Möchte ich aber nicht! Ich fahre erst einmal von unserem Platz in St-Rémy-sur-Durolle den Berg hoch, um oben nach rechts auf die D 201 zu kommen. Rund fünf Kilometer kurvige, kleine Straße mit viel Natur liegen vor mir. Schließlich landen wir in einem ganz kleinen Weiler, der für uns einen sehr einsamen Stellplatz ausweist. Super! Nichts wie hin!

(222) WOMO-Stellplatz: Palladuc

GPS: N 45° 54' 17.3" E 03° 37' 48.2" Vieux Palladuc
Max. WOMOs: 2-3
Ausstattung: Mülleimer, Orientierungstafel.
Beschreibung: Kostenloser, einsam gelegener, sehr ruhiger großer Platz beim Sportplatz am Ortsrand. Auf festem Untergrund. In rund 400 m ist im Dorf ein kleiner Laden.
Zufahrt: Auf der D 201 bleiben und durch den Ort fahren. Am Ende an einer Gabelung nach rechts auf die D 64 Richtung Arconsat abbiegen und sofort wieder nach rechts auf den Parkplatz einscheren.

Glaubten Sie vorhin, unsere Strecke sei einsam und naturverbunden, so kann ich nur sagen: Es ist zu toppen! Fahren wir also durch Palladuc zurück und nach rund drei Kilometern nach rechts. Noch 16 Kilometer bis **Puy Guillaume**.

Jetzt wird es erst richtig einsam: Wir sehen so was von viel Wald und Landschaft, dass man glaubt, man sei alleine auf der Welt. Zwei Radfahrer und mehrere Kühe sind die einzigen Lebewesen, die uns auf weiter Strecke begegnen. Dafür genieße ich fantastische Blicke auf die Vulkanberge. Schnell vorwärts kommen geht gar nicht.

Am Ende der Straße muss ich nach rechts auf die wieder breitere D 906 und nach Puy Guillaume. Sind Sie jetzt von der Fahrt erschöpft oder möchten den vielen Eindrücken von der Natur entfliehen, so finden Sie direkt an der Strecke einen Stellplatz „in der Zivilisation". Das passende Kästchen sowie weitere zwei Plätze außerhalb von Puy Guillaume finden Sie auf der nächsten Seite.

Platz 224 und Platz 225 versprechen nochmals Natur und Ruhe. Wer kulturelle Entzugserscheinungen hat, schaut sich Ort und Umgebung von Platz 223 aus an: **Ruinen des einstigen Zisterzenserklosters Montpeyroux**, sowie einige **Schlösser**. Aber alles nicht wirklich ganz nah...

(223) WOMO-Stellplatz: Puy Guillaume I

GPS: N 45° 57' 28.9" E 03° 28' 30.0" Av Edouard Vaillant
Max. WOMOs: >10
Ausstattung: Keine.
Beschreibung: Kostenloser, großer Parkplatz für Schwerverkehr auf festem Untergrund. Direkt an der D 906, vor dem Bahnübergang. (Gute) Bäckerei nebenan, Zentrum mit Geschäften 200-300 m.
Zufahrt: Auf der D 906 durch den Ort und vor dem Bahnübergang nach links auf den Parkplatz fahren.
Hinweise: Nicht besonders leise. Auch für sehr große Wohnmobile geeignet.

(224) WOMO-Picknickplatz: Puy Guillaume II

GPS: N 45° 57' 41.8" E 03° 27' 43.5" Beau rivage/D 4
Max. WOMOs: 4-5
Ausstattung: Mülleimer, Picknickbänke.
Beschreibung: Picknickplatz am Dore direkt an der D 4. Weit außerhalb. Restaurant in der Nähe. Angeln und Baden möglich.
Zufahrt: Kleinere Womos unter 3,5 t fahren einfach die D 906 weiter, halten sich zunächst Richtung Vichy und biegen später nach links auf die D 63, den Wegweisern zum Campingplatz folgend. Wohnmobile über 3,5 t fahren die D 906 wieder bis zum großen Rondell außerhalb zurück und nehmen dort die 1. Ausfahrt Richtung Maringues (D 343), um am nächsten großen Rondell die 2. Ausfahrt zu wählen. Hinter der Brücke geht es sofort nach links zu einem offiziellen Picknickplatz sowie zum Restaurant „Beau Rivage". Wir fahren ein paar Meter am Fluss entlang und dann nach links auf den Platz.
Hinweise: Wir haben hier noch nie übernachtet. Uns wurde jedoch berichtet, dass es nicht immer leise sei.

(225) Offizieller WOMO-Stellplatz: Puy Guillaume III

GPS: N 45° 57' 44.3" E 03° 27' 57.3" Rue Joseph Claussat
Max. WOMOs: 3-4
Ausstattung: Ver- und Entsorgung, Strom (am Relais), Mülleimer*.
Beschreibung: Stellfläche neben dem Campingplatz, in der Nähe des Flusses. Angeln und Baden möglich.
Preise: Strom und Wasser je 2 EUR. Zahlbar nur mit Karte.
Zufahrt: Wie zum Picknickplatz, jedoch vor der Brücke nach rechts zum Campingplatz abbiegen. Kleinere Womos können durch Puy Guillaume fahren. Sie richten sich nach der Beschilderung zum Campingplatz.
Hinweise: *Der Campingplatz ist nur vom Juni bis Mitte September geöffnet. Dann kann man den Service des Platzes – WLAN, Waschmaschine etc. – nutzen. Näheres unter Camping Municipal La Dore **[www.puy-guillaume.fr/fr/information/93064/camping-piscine-aire-service]**

Wir fahren weiter. In Puy Guillaume überquere ich Bahnschienen und bleibe der D 906 treu. Vichy ist gut ausgeschildert. Kurz vor St-Yorre lacht mir ein Schild mit der Aufschrift „**château de Busset**" entgegen. Da will ich hin! Also Richtung St-Yorre und am Rondell geradeaus Richtung Zentrum. An der Ampel geht's nach rechts. Das château ist ausgeschildert.

Ihr Wohnmobil können Sie am Schlossparkplatz abstellen – laut Schlossherr auch mal eine Nacht schlafen – und zur

Besichtigung schreiten. Viel Platz ist nicht wirklich. [226: N 46° 03' 46.3" E 03° 30' 38.6", Place du château] Hier stehen viele Bäume und manchmal auch viele PKWs. Klingt und ist eng.

Gleich am Eingang zum château erhalten wir ausführliche Informationen. Übrigens: Man spricht deutsch, was nicht wundert, wenn man weiß, dass die Geschäftsleitung – „Schlossherr" klingt für mich besser – Schweizer ist. Bei meinem ersten Besuch vor vielen Jahren traf ich Beat Dutli persönlich, der sehr viel über sein château zu erzählen wusste. Also doch ein echter Schlossherr...

Château de Busset

Das Schloss ist ein sehr gut erhaltenes Bauwerk, das das Mittelalter mit der Renaissance verbindet. Vom 15. bis Ende des 20. Jahrhunderts war es im Besitz der Bourbonen. Seit 1996 wurde es zweimal verkauft und befindet sich heute in den Händen einer Schweizer Familie, die dort einen Hotelbetrieb leitet sowie Aktien anbietet.

Laut Information wurde mit dem Bau des Schlosses Ende des 13. Jahrhunderts durch Renaud de Vichy, ein Meister der Templer, begonnen. Beachtenswert sind die vier Türme. Von der Spitze des quadratischen Orionturms beobachteten einst die Tempelritter das Sternbild. Der Gefängnisturm befindet sich im hinteren Teil des Schlosses. Aus der befestigten Mittelalterburg entwickelte sich das Gebäude nach 1530 zum gemütlichen Landsitz, als Philippe de Bourbon Busset Louisa Borgia, die Tochter von Cesare Borgia, ehelichte. Hier liegt der italienische Renaissancestil des Schlosses begründet. Allein die Tatsache, dass Henri IV – künftiger König Frankreichs – 1589 zu Besuch kam, zeugt von der Wichtigkeit der Familie Bourbon, der die Provinz Bourbonnais den Namen zu verdanken hat. Selbst die Französische Revolution konnte dem château nichts anhaben, da der damalige Besitzer – François Louis Joseph de Bourbone – als „Vater der Armen" galt und beim Volk sehr beliebt war.

Das château de Busset ist nicht nur eines der bedeutendsten Schlösser der Auvergne sondern auch eines der beiden größten. Der hintere Teil wird geprägt vom Mittelalter. Ein Hauptteil der Fassaden lässt das 16. Jahrhundert erkennen. Sämtliche Granitteile – wie etwa die Türme, die Zugbrücke sowie die Terrasse und die Kapelle – stammen aus dem 19. Jahrhundert. Noch heute besitzt es als besondere Attraktion das Bett, in dem Henri IV schlief. Fresken aus dem 16. Jahrhundert, der Französische Garten – entstanden 1920 durch den Vater des verstorbenen Comtes – sowie der Italienische Garten mit modernem Pool dominieren das heutige Schloss ebenso wie das exklusive Restaurant mit ebensolchem exquisitem Hotelbetrieb.

Die Sphinx vorm Château Busset?

Geraume Zeit war das Schloss wegen Renovierungsarbeiten geschlossen, wenn Sie diesen Reiseführer in der Hand halten, wird es (hoffentlich) im alten-neuen Glanz erstrahlen und zur Besichtigung frei sein. Genannt wurde uns Mai 2020. **[www.busset.com]**

Mein Weg führt mich zurück nach **St-Yorre**, und zwar an ein großes Rondell, wo wir erst mal einkaufen und tanken wollen.

Mit dem Ort selber verbindet mich eine ganz persönliche Liebe: Die Liebe zum gleichnamigen **Mineralwasser**. Mir persönlich schmeckt es extrem gut, und so nehme ich mir auch immer etliche Flaschen als Vorrat mit. Mein Womo wurde ja schließlich nicht umsonst aufgelastet. Und nun will ich Ihnen zeigen, woher dieses, leicht salzig schmeckende Mineralwasser kommt. Folgen wir also ab dem Rondell dem Schild „**sources embouteillage**". Bahnschienen begleiten uns, irgendwann macht die Straße einen Knick nach links und wir überqueren die Schienen. Dann geht's nach rechts. Bald schon liegt linkerhand der Parkplatz der Abfüllstation, die sich gegenüber befindet. **[N 46° 04' 8.1" E 03° 27' 23.0"]**

2014: Die „Schlossherren"

Hier stehe ich nun vor der Fabrik und frage mich immer

wieder: Trägt das Wasser den Namen des Ortes oder trägt der Ort den Namen des Wassers?

Parken Sie und füllen Sie sich kostenlos etwas von dem Wasser ab, das auf mehr als 150-jährige Tradition zurückblickt. Die Zapfstelle befindet sich an der Hauswand. Schauen Sie genau hin! Schmeckt's? Es schmeckt nach Meer... und nach mehr...

Offizielle, kostenlose Selbstbedienung...

Ich fahre zurück zur Kreuzung, wo es nach rechts über den Allier geht. Direkt am Fluss gibt es einen Campingplatz, wenn Sie länger bleiben möchten.

(227) WOMO-Campingplatz: St-Yorre (La Gravière)**

GPS: N 46° 03' 39.5" E 03° 27' 28.3" Rue de la gravière
Tel./Fax: +33 47 05 61 841 oder +33 47 05 92 100
E-Mail: campinglagraviere@orange.fr
Internet: www.ville-saint-yorre.fr/pagecampinghotel
Öffnungszeiten: Mai - Ende September
Beschreibung: Campingplatz am Allier, Innenstadt rund 1 km. Teils schattig. Restaurant/Bar, Waschmaschine, Spielplatz, WLAN, Tennis und Tischtennis. Hunde erlaubt. Schwimmbad nebenan. Strand 20 m. Angeln möglich.
Preise: 12,90 EUR, Strom 3 EUR, Hunde kostenlos.
Zufahrt: Über den Allier fahren. Grobrichtung ist Hauterive/Bellerive. Gleich nach der Brücke geht es nach links zum Campingplatz.

Ich setze meine Fahrt fort. In **St-Sylvestre-Pragoulin** stoße ich direkt auf ein Monument **[N 46° 03' 30.3" E 03° 27' 14.9"]**, wo normalerweise das gute Quellwasser herausströmen soll. Leider passiert auch in diesem Jahr nichts dergleichen! Abgestellt? Leergetrunken?

Vor dem Denkmal biegen wir nach rechts auf die D 434A, die später unbemerkt zur D 131 wird. Wir passieren zwei Rondells, ehe es nach **Bellerive-sur-Allier** geht. Hier lohnt es sich, einen mehrtägigen Aufenthalt einzuplanen, denn es soll unser Ausgangspunkt für den wunderschönen, geschichtsträchtigen Ort **Vichy** sein.

Wasser kaputt?

Dazu gibt es ortsnah mehrere Campingplätze sowie einen offiziellen Stell- und einen Ausweichplatz. In der Saison geht es auf dem Campingplatz „Beau Rivage“ sehr lebhaft zu. „Les Îles“ hingegen ist ein typischer, „natürlicher“ Campingplatz, wie man ihn von früher kennt: Keine Parzellierung und einfache Sanitäranlagen. Auf dem recht komfortablen Stellplatz wiederum herrscht eine angenehme, campingplatzähnliche Atmosphäre.

(229) Offizieller WOMO-Stellplatz: Bellerive-sur-Allier (Vichy)

GPS: N 46° 06’ 55.3” E 03° 25’ 50.0” Rue Claude Decloître
Max. WOMOs: 50
Ausstattung: Ver- und Entsorgung, Strom, Toilette, Dusche, Mülleimer, Picknickbänke, Brotservice (am Campingplatz).
Beschreibung: Großer Platz am Ende einer Sackgasse, in der Nähe des Allier, am Ortsrand, in der Nähe verschiedener Campingplätze. Sehr schön angelegt. Teils schattig. Klappstuhlgeeignet. Restaurant 400 m, Einkaufen 800 m, Zentrum von Vichy etwa 2,5 km.
Preise: 10 EUR inklusive allem.
Zufahrt: Am Rondell die 1. Ausfahrt Richtung Berge de l’Allier und centre de loisirs le Petit Prince. Am Ende der Straße nach rechts dem Womo-Schild folgen. Links an einer Mauer entlang. Am Ende nach rechts in die Sackgasse und am Allier entlang, bis fast zum Schluss fahren. Sollten Sie die Einfahrt verpassen, fahren Sie durch, dort ist ein Wendeplatz.
Hinweise: Die Plätze haben eigene Wasser- und Stromanschlüsse sowie ein Wasserablassrohr. Die Anfahrtsstraße ist recht eng, um nicht zu sagen einspurig. Zufahrt mittels einer Schranke, bezahlt wird am gegenüberliegenden Campingplatz „Beau Rivage“.

Falls Sie keinen Platz finden und/oder nicht auf einen Campingplatz möchten, hätte ich in der Nähe eine Alternative für eine Nacht oder auch nur als Parkplatz für eine Stadtbesichtigung: Fahren Sie vom Wendehammer bei den drei Plätzen zurück und biegen Sie vor dem Sackgassenschild nach links rein. Sie erinnern sich? Von dort sind wir gekommen. [228: N 46° 06' 59.4" E 03° 25' 21.4", Rue de la grange aux

Schöner Stellplatz

(230) WOMO-Campingplatz: Bellerive-sur-Allier/Vichy (Beau Rivage****)

GPS: N 46° 06' 55.8" E 03° 25' 48.3" 15-17 Rue Claude Decloître
Tel./Fax: +33 47 03 22 685
E-Mail: camping-beaurivage@wanadoo.fr
Internet: www.camping-beaurivage.com/camping-auvergne-allier/
Öffnungszeiten: Mai - Anfang Oktober
Beschreibung: Großer Campingplatz am Allier, Innenstadt von Vichy rund 2,5 km. Parzellierte Plätze mit und ohne Schatten. Spielplatz, Spielhalle, Sportgelände, beheizter Pool, überdachtes Schwimmbad, Planschbecken, Wasserrutsche, Snackbar, Brotservice, Waschmaschine. Hunde erlaubt. Grillen erlaubt. Verschiedene Sport- und Animationsangebote. Angeln und Baden im Allier möglich. Restaurant nebenan.
Preise: 24,60 EUR, Strom 4,30 EUR, Hund 1,90 EUR.
Zufahrt: Wie zum Stellplatz, der Campingplatz liegt jedoch auf der linken Seite, am Fluss.
Hinweise: Im Sommer sehr stark frequentiert und nicht immer sehr ruhig. Nettes Personal.

(231) WOMO-Campingplatz: Bellerive-sur-Allier/Vichy (Les Îsles*)

GPS: N 46° 06' 54.8" E 03° 25' 51.3" 15-17 Rue Claude Decloître
Tel./Fax: +33 47 03 22 685
E-Mail: camping-beaurivage@wanadoo.fr
Internet: www.camping-beaurivage.com/camping-auvergne-allier/camping-les-Isles
Max. WOMOs: 25 **Öffnungszeiten**: Juli & August
Beschreibung: Kleiner, eher naturbelassener (Ausweich)Campingplatz am Allier, Innenstadt von Vichy rund 2,5 km. Viel Schatten. Hunde erlaubt. Angeln und Baden im Allier möglich. 100 m hinter dem Campingplatz „Beau Rivage". Restaurant nebenan.
Zufahrt: Am Campingplatz Beau Rivage vorbeifahren. Der Platz liegt dahinter.
Hinweise: Die beiden Campingplätze gehören zusammen. Alle Serviceeinrichtungen dürfen gemeinsam benutzt werden.

grains]. Dahinter liegt ein Sportgelände, also könnte es bei Veranstaltungen voll und laut werden.

Doch nun zu der geschichtsträchtigen Stadt Vichy, die Ihnen aus verschiedenen Gründen ein Begriff sein könnte:

Haupt- und Kurstadt Vichy

Die geschichtsträchtige Stadt Vichy liegt an den Ufern des Allier. Vieles erinnert auch heute noch an die Aufenthalte Napoléons und seiner Mutter in der Zeit von 1861-1866. So entstand beispielsweise der Parc des sources auf seine Anordnung hin, und am Boulevard des états-unis erinnern seine Chalets an den mächtigen Herrscher. Ihren Aufschwung behielt die Kurstadt bis ins Jahr 1890 hinein. In der Belle Époque zwischen 1900 und 1910 kommt es gar zu einem 2. Bauboom. Sein wirklich „Goldenes Zeitalter“ erlangte Vichy jedoch in den 30er Jahren des vergangenen Jahrhunderts.

Am meisten aber ist in unserem Gedächtnis die Verbindung Vichys zur Kriegs-Geschichte haften geblieben. Am 18. Juni 1940 nämlich richtete Général de Gaulle von London aus seinen berühmten Appell an die französische Bevölkerung. Damals konnte die Regierung nicht mehr in Paris bleiben und zog zunächst nach Bordeaux. Nach dem Waffenstillstand im Juni 1940 musste sie die von den Deutschen besetzte Stadt verlassen und kam so nach Vichy. Vichy besaß nämlich aufgrund seiner zahlreichen Hotels eine hohe Aufnahmekapazität und verfügte über eine moderne telefonische Infrastruktur. Am 9. und 10. Juli des gleichen Jahres sprachen sich die amtierenden Abgeordneten im Opernsaal von Vichy für das Ende der 3. Republik aus. Von da an war Vichy für vier Jahre Hauptstadt Frankreichs.

Vor allem jedoch ist Vichy wegen seiner heilenden Quellen weit über die eigenen Grenzen hinweg bekannt. Bereits die Römer wussten um die wohltuende Wirkung des Thermalwassers vulkanischen Ursprungs.

Die Schriftstellerin Madame Sévigné kurte 1676/77 hier und wurde von einer Lähmung der Hände geheilt. 1903 wurde die Quellenhalle – eine Glas-Stahl-Konstruktion – eingeweiht. Dorthin werden die wichtigsten Quellen, deren Temperaturen von 18° C bis maximal 43° C betragen, geleitet. Auch heute noch ist die Halle Anziehungspunkt für viele Gäste aber auch für Einheimische.

Um in die Stadt zu gelangen, müssen Sie entweder per Boot oder schwimmend über den Allier oder aber zu Fuß entlang des Flusses und schließlich über die Brücke. Vichy liegt nämlich am gegenüberliegenden Ufer. Ich glaube, auch Sie entscheiden sich für die letzte Möglichkeit!?

Hinter der Brücke gibt es sowohl nach rechts als auch nach links raus schöne Spazierwege am **Allier-Ufer** entlang. Wir gehen jetzt aber geradeaus in die Avenue Aristide Briand. Ich erreiche den Place de la source de l'hôpital. Von hier finden Sie in allen vier Himmelsrichtungen Sehenswürdigkeiten.

Wie wäre es mit den imposanten **Églises St-Blaise und Notre-Dame-des-Malades**? Dann lassen Sie uns zweimal nach rechts gehen. Die alte Kirche beherbergt eine der zahlreichen schwarzen Madonnen der Auvergne, die wundertätige Madonna der Kranken. Von ihr ist heute nur noch der Kopf im Original erhalten. Dieser alte Teil wurde durch den Bau einer zweiten Kirce erweitert. Mir haben besonders deren Fenster und Mosaike im Art-Déco-Stil gefallen. Zuvor finden Sie in der Rue d'Allier aber noch das älteste Haus der Stadt.

Wussten Sie, dass auf dem Gebiet der Stadt Vichy ganze **zwölf heiße sowie kalte Quellen** entspringen? Ehe Sie jedoch anfangen zu zählen, sei gesagt: Heute werden nur noch sechs verwendet. Es sind Natriumhydrogencarbonat-Quellen, die kohlensäurehaltig sind. Benutzt wird das Wasser zum Trinken sowie zur äußerlichen Therapie. Aus den Salzen der Quelle werden die berühmten **Vichy-Pastillen** hergestellt, die es mittlerweile in verschiedenen Geschmacksrichtungen gibt.

Reges Treiben, verbunden mit einer eigenartigen Ruhe, finden Sie in der **Halle des sources** und im Spa-Quartier.

Warten auf Frauchen vor dem Casino/Theater...

Die warten wohl noch länger?

Auch das an den Parc des sources angrenzende **Palais des congrès**, das ehemalige Casino, mit der benachbarten Oper erinnern an die Belle Époque. Besonders schön ist deren Nordfassade. Ebenfalls sehenswert ist das **Centre thermal des dômes** in der Galerie Napoléon III. Werfen Sie einmal einen Blick rein! Es wird Ihnen gefallen – besonders, wenn Sie die Farbe Blau lieben.

Ich könnte an dieser Stelle einen eigenen Reiseführer alleine über Vichy schreiben. Gehen Sie selbst auf Entdeckungstour.

Ach ja, meine Damen: Die wundervollen Einkaufsstraßen mit den herrlichen Boutiquen, der Markt, die Straßencafés und, und, und... Am besten lassen Sie Ihren Mann und die Kinder im Wohnmobil und nehmen lediglich die Kreditkarte mit. Eine schöne neue Tasche für das Gekaufte findet sich immer...

Ich sage jetzt Napoléon & Co. „Au revoir et à bientôt!“ und fahre vom Stellplatz zurück, biege kurz vor dem Sackgassen-Schild nach links und folge der Vorfahrtsstraße. Am Kreisver-

Galerie Napoléon II, prunkvoll außen...

kehr geht es die 1. Ausfahrt Richtung „toutes directions“/Vichy. Am nächsten Rondell ist die Autobahn auf der D 2209 meine Richtung. Hier bleiben wir. Ich komme am Hippodrôme vorbei und mache die D 6 zu meiner Straße. Orientieren Sie sich an Charmeil. An einem Rondel geht's schließlich über die 2. Ausfahrt auf die D 67. Grobrichtung ist Lapalisse/Varennes-sur-Allier. Vor St-Germain-des-Fossés überqueren wir den Allier und nehmen am Kreisel die Richtung Moulins/Billy auf. Dadurch befinden wir uns jetzt auf der N 209. Mein Navi widerspricht mir mal wieder und behauptet, es sei die N 2009. Aber was bedeutet schon eine Null?

Schon bald erblicke ich die wunderschöne Silhouette von Billy. Hier verlasse ich Sie. Wir treffen uns in Tour 16 wieder, wo uns vornehmlich drei Flüsse begleiten.

...und von innen

TOUR 16: Viel Geschichte & drei Flüsse

190 km

Billy – St-Pourçain-sur-Sioule – Lapalisse – Château des Fougis – Châtelperron – Abbay de Sept-Fons

Stellplätze:	Billy, Varennes-sur-Allier, bei Paray-sous-Briailles, St-Pourçain-sur-Sioule, Lapalisse, St-Prix (Le Roc Foucaud), St-Gérand-de-Vaux, Montoldre, Treteau, Jaligny-sur-Besbre, Châtelperron-La Gare, Dompierre-sur-Besbre, Abbaye de Sept-Fons
Campingplätze:	Camping Île de la Ronde (St-Pourçain-sur-Sioule), Camping Municipal Les Bords de Besbre (Dompierre-sur-Besbre)
Besichtigen:	Billy, Weinmuseum und Altstadt von St-Pourçain-sur-Sioule, Schloss und Botanischer Garten in Lapalisse, Skulpturengarten am Château

	des Fougis, Aquarium in Jaligny-sur-Besbre, Musée Préhistorama, Grotte des Fées, Chatelperron, Château Beauvoir, Château Thoury, Abbaye de Sept-Fons
Baden:	Im Allier, in der Sioule, im Pool bei St-Prix, in der Besbre
Wandern:	Entlang der Sioule bei St-Pourçain-sur-Sioule, zur Grotte des fées bei Châtelperron
Märkte:	Varennes-sur-Allier (Di.), St Pourçain-sur-Sioule (Sa.), Lapalisse (Do.), Jaligny-sur-Besbre (Mi.), Dompierre-sur-Besbre (Sa.)

Unsere vorletzte Tour steht ganz im Zeichen vieler Stellplätze aber auch Schlösser, Burgen, Klöster, Natur, Kunst und Kultur, sowie vor allem der drei Flüsse Allier, Besbre und Sioule. Sicherlich möchten Sie keinen Womo-Marathon starten und alle Plätze anfahren, ich „verpacke" Ihnen hier dennoch die vielen Stationen in eine einzige Tour. Dabei lässt es sich nicht vermeiden, dass ich Zick-Zack fahre. Natürlich geht es oft auch direkter oder kürzer, aber ich will ja möglichst alles mitnehmen, und das auf möglichst gut zu fahrenden und interessanten Wegen.

Ich ließ Sie mit der herrlichen Silhouette von **Billy** alleine. Jetzt hole ich Sie hier wieder ab. Mitten auf der N 209...

In Billy gibt es mehrere Übernachtungsmöglichkeiten. Wenn es sich irgendwie einrichten lässt, sollten Sie vorher ver- und entsorgt haben, denn die dortige Ver- und Entsorgungsstation ist beinahe so mittelalterlich wie der wunderschöne Ort selber.

(232) WOMO-Stellplatz: Billy I

GPS: N 46° 14' 09.0" E 03° 25' 50.2" Rue de la fontaine
Max. WOMOs: 2-3
Ausstattung: Ver- und Entsorgung, Toilette, Mülleimer.
Beschreibung: Asphaltierter, kostenloser, gemischter Parkplatz. Im Ort, château 300 m, Lebensmittelladen 200 m und Restaurant 500 m. An der Straße (N 209), vor einer Bushaltestelle, gegenüber der Schule.
Zufahrt: Direkt an der N 209 vor der Bushaltestelle nach links und gleich wieder nach rechts auf den Platz, dem Piktogramm folgend.
Hinweise: Veraltete Ver- und Entsorgung. Schräglage.

Im wahrsten Sinne des Wortes eine hervorragende Burg...

(233) WOMO-Stellplatz: Billy II

GPS: N 46° 14' 06.3" E 03° 25' 28.4"
Max. WOMOs: 1-2
Ausstattung: Keine.
Beschreibung: Kostenloser, einsamer Platz zwischen Allier und See. Zur Burg 400 m, zum Laden 500 m.
Zufahrt: Von der N 209 – noch vorm Platz 232 – nach links den Schildern nach Marchenat/Abbaye St-Gilbert folgend auf die D 130 abbiegen. Nach der Unterführung gleich nach links in die enge Gasse. Kleines Schild zur Kanu-Einlassstelle beachten. Rechts halten und bis fast zum Fluss vorfahren.
Hinweise: Die Zufahrt ist stellenweise sehr eng. Große Wohnmobile könnten (große) Probleme bekommen. Bei Regen ist der Platz matschig.

(234) Offizieller WOMO-Stellplatz: Billy III

GPS: N 46° 14' 12.2" E 03° 25' 52.4"
Montée d'Allemandière
Max. WOMOs: 4*
Ausstattung: Mülleimer.
Beschreibung: Kostenloser, befestigter Platz am Randstreifen einer Seitenstraße im Ort, vor einer Grundschule. Burg 200 m, Lebensmittelladen 200 m und Restaurant 300 m.
Zufahrt: Wie zu Platz 232, auf der N 209 in den Ort fahren. An einer Straßengabelung ist unsere Spur rechts. Gleich darauf, wenn links ein altes Stadttor zu sehen ist, nach rechts dem Womo-Schild folgend in die kleine Gasse einbiegen.
Hinweise: Laut Beschilderung 48 h erlaubt. Herrlicher Blick auf die Altstadt. In den Ferien sehr ruhig, ansonsten Kinder„lärm". *Je nach Länge der Wohnmobile auch weniger.

(235) WOMO-Picknickplatz: Billy IV

GPS: N 46° 14' 18.5" E 03° 25' 45.7" An der N 209
Max. WOMOs: 4-5
Ausstattung: Mülleimer, Bänke.
Beschreibung: Gemischter Platz auf festem Untergrund am Angelsee.
Zufahrt: Auf der N 209 Richtung Moulins durch Billy fahren. Nach der nach links führenden, abknickenden Vorfahrt nach links zum Angelsee einbiegen.
Hinweise: Achtung, die enge Einfahrt nicht verpassen! Herrlicher Blick auf die Burg. Bei Angelwettbewerben eventuell überfüllt und laut. Im Sommer 2019 fanden hier Bauarbeiten statt und der Platz war nicht zu benutzen. Man konnte mir auch nicht sagen, ob er weiterhin für uns zur Verfügung steht.

Billy liegt am **Allier** und ist wunderschön – besonders in den Sommermonaten, wenn der liebevolle Blumenschmuck in Vorgärten und auf Fensterbänken den Ort rausputzen. Dominiert wird Billy jedoch vom gleichnamigen **château**, von dem man annimmt, dass es dort erbaut wurde, wo einst ein gallisches Oppidum stand. Ende des 12. Jahrhunderts jedenfalls entstand hier eine aus Stein gebaute Burg, die im 13. Jahrhundert von der Familie Bourbon erworben wurde und viele Jahrhunderte in deren Besitz blieb. Heute können Sie die imposante und gut erhaltene Festung besichtigen und von dort aus eine atemberaubende Sicht über den Allier sowie bis hin zum Puy de Dôme genießen.

Wie Sie von Ihrem jeweiligen Stellplatz aus dort hinkommen? Keine Frage, das château-fort kann man nicht verfehlen, es thront erhaben auf einem Hügel und die Türme weisen den Weg! Kurz bevor Sie dort den Burgeingang erreichen, kommen Sie am Touristenbüro vorbei, das auf der linken Seite liegt. Das war früher das **Gerichtsgebäude**. Wie praktisch: Kurzer Weg für die Gefangenen von und zu den Türmen des benachbarten Schlosses, die ab Ende des 16. Jahrhunderts bis 1790 als Gefängnis dienten.

Werfen Sie auch einen Blick auf die wunderschönen, teils gut, teils gar nicht renovierten Fachwerkhäuser drumherum. Vom Platz 234 aus sehen Sie direkt vor sich das **ehemalige Stadttor** mit seinem acht Meter hohen Bogen. Und wenn Sie mit mir vom Platz 232 aus die Rue de la Fontaine weiter runtergehen, kommen Sie zur Fontaine de Nicolaï – auch **Fontaine de Jules César** genannt – wo im achteckigen Brunnenbecken die Truppen einst ihre Pferde getränkt haben sollen. Weiter östlich steht die **Kirche**, die ja bekanntlicherweise in keinem französischen Ort fehlen darf. Ungewöhnlicherweise ist diese ganze 800 Meter von der Burg und somit vom Ortszentrum entfernt. Sie beherbergt zwei interessante Gemälde, eine kleine Kapelle auf der linken Seite sowie eine Krypta, in

Fontaine de Jules César

die man hinabsteigen kann. Damit hätten wir schon die wichtigsten Dinge des kleinen, mittelalterlichen Ortes gesehen.

Lassen Sie uns nun auf der N 209 weiter Richtung Moulins fahren. Dazu biegen wir am Ortsende – nach dem Picknickplatz am Angelsee – nach rechts ab. Hier steht auch schon unser nächstes Ziel angeschrieben: **Varennes-sur-Allier**.

Kurz vor Varennes, wo links eine Pôterie und rechts ein Motel sind, nehme ich am Rondell erst einmal die 3. Ausfahrt auf die N 7. Wer gleich nach Lapalisse möchte, kann dies – in die entgegengesetzte Richtung fahrend – tun.

Bereits am Ortseingang von Varennes empfängt uns ein Womo-Schild. Wir sind also willkommen! Aufgrund dieser klaren Ansage fahre ich in die angegebene Richtung. Richten Sie sich nach „Vichy" und „toutes directions". Der Stellplatz liegt direkt neben der mairie. Etwas komisch mutet das Halte-

(236) Offizieller WOMO-Stellplatz: Varennes-sur-Allier

GPS: N 46° 18' 44.8" E 03° 24' 15.1" Place de l'hôtel de ville

Max. WOMOs: >5
Ausstattung: Ver- und Entsorgung, Strom (am Relais), Toilette, Mülleimer.
Beschreibung: Kostenloser, großer, gemischter Parkplatz auf Asphalt, im Ort, neben der mairie. Wenig Schatten. Geschäfte und Restaurants in der Nähe.
Preise: Wasser und Strom (1 h) jeweils 2 EUR, mit Jetons.
Zufahrt: Durch Varennes fahren. Vorm Touristenbüro und der mairie nach rechts auf den großen Parkplatz einbiegen. Die Plätze für uns sowie das Ver- und Entsorgungsrelais befinden sich im hinteren Bereich.
Hinweise: An Markttagen ist hier gesperrt. In ca. 5-10 Gehminuten – Richtung Moulins – befindet sich ein Supermarkt.

verbotsschild für Fahrzeuge über 3,5 Tonnen über dem Camping-cars-Schild an. Bislang habe ich noch keinen Wohnmobilisten gesehen, der sich hier dran hielt. Und bislang wurde auch ich noch nie daraufhin angesprochen...

In Varennes erwarten uns Reste einer **Brücke** aus dem 3. Jahrhundert, die **Chapelle Notre-Dame-de-la-Ronde**, ein schöner Wochenmarkt, ein Supermarkt mit Tankstelle an der N 7 Richtung Moulins und – bei meinem letzten Besuch – Schirme à l'Aurillac als Deco in einer der Seitenstraßen.

Als nächstes möchte ich Sie zu meinen Favoriten dieser Tour führen. Sie liegen von Varennes aus gesehen einmal westlich und einmal südöstlich. Es handelt sich um die Orte St-Pourçain-sur-Sioule und Lapalisse. Beide sind wunderschön und beide halten (noch) kostenlose, sehr schön gelegene Stellplätze für uns bereit. Hier können Sie durchaus auch mehrere Tage verbringen. Ich fahre zunächst nach **St-Pourçain-sur-Sioule**. Achten Sie auf den Zusatz „sur-Sioule“, denn es gibt mehrere St-Pourçains! Dazu biegen wir am Ortsende nach links auf die D 46. Und siehe da: Ich bin die Strecke schon so oft gefahren und entdecke erst jetzt einen schönen Badeplatz mit Schatten. Besser spät als nie!?

(237) WOMO-Badeplatz: Bei Paray-sous-Briailles (am Allier)

GPS: N 46° 19' 23.0" E 03° 22' 02.0" An der D 46
Max. WOMOs: >5
Ausstattung: Mülleimer.
Beschreibung: Kostenloser, großer, befestigter, des Nachts sehr einsamer Platz unterhalb der Straße am Allier, bei der Brücke. Sehr schattig. Angeln und Baden möglich.
Zufahrt: In Varennes Richtung Moulins, am Supermarkt vorbei und außerhalb am Rondell die 3. Ausfahrt auf die D 46 nach St-Pourçain nehmen. Die nächsten beiden Kreisel über die 2. bzw. 1. Ausfahrt verlassen, um auf der D 46 zu bleiben. Vor der Brücke gleich runter zum Fluss.
Hinweise: Übernachten ist möglich. Der Straßenlärm ist kaum zu hören.

Gut ausgeruht und erfrischt, setzen wir unseren Weg auf der D 46 fort, auch wenn zwischenzeitlich die Nummerierung sowie die Grobrichtung wechseln sollten.

St-Pourçain, wir kommen! Sie können sich nun entscheiden zwischen einem Campingplatz, der von April bis Oktober geöffnet hat, oder einem Stellplatz, auf dem campingähnliches Verhalten zelebriert wird. Da keine zeitliche Beschränkung besteht, verbringen hier viele ihren kompletten Urlaub.

Mit etwas Glück stehen Sie auf dem Stellplatz direkt an der fischreichen **Sioule** und können vom Womo aus Enten, Reiher oder andere possierliche Tierchen beobachten und angeln oder gar baden, so Wetter und Wasserspiegel es erlauben. Ein Freibad befindet sich nebenan und der Ort ist gut zu Fuß zu erreichen. Tische, Stühle und Markisen dürfen ausgepackt werden, was beinahe auch jeder tut. Die Nachteile, vor

(238) Offizieller WOMO-Stellplatz: St-Pourçain-sur-Sioule

GPS: N 46° 18' 43.5" E 03° 17' 48.3" Rue de la Moutte
Max. WOMOs: >50
Ausstattung: Ver- und Entsorgung, Strom (an wenigen Relais)*, Mülleimer, Picknickbänke, Stadtplan.
Beschreibung: Kostenloser, sehr schöner, klappstuhlgeeigneter, jedoch sehr stark frequentierter Platz. Auf Wiese, Asphalt oder Schotter. Kaum Schatten. Direkt an der Sioule, neben dem Tennis- und Sportplatz sowie dem Schwimmbad. Am Ortsrand. Historisches Zentrum 1 km, Bäcker 600 m. Angeln und stellenweise Baden möglich.
Preise: Wasser 4 EUR, Strom 4 EUR/4 h*, WC-Entleerung 4 EUR.
Zufahrt: Über die D 46 nach St-Pourçain reinkommend, den Kreisverkehr nach rechts Richtung centre verlassen. Wir sind jetzt auf der D 2009. Nach der Brücke „Charles-de-Gaulle" nach rechts Richtung Autobahn/Moulins/Paris. Im Anschluss an eine Linkskurve geht es – gegenüber der Boulangerie – rechts rein. Achtung: Der Hinweis auf den Stellplatz ist von Bäumen verdeckt! Die Straße durchfahren und an der Gabelung nach rechts. Bis ans Ende fahren, gegenüber des Schwimmbades nach links auf den Platz.
Hinweise: Campingplatz-Atmosphäre, aber auf engerem Raum. Oft verbringen Wohnmobilisten hier über Wochen ihren Urlaub. *Nur 8 x Strom, wovon häufig die einzelnen Zugänge nicht funktionieren.

allem in der Saison: Es gibt sehr wenig Schatten und gegen Abend wird es meist sehr voll, so dass man rechtzeitig ankommen muss. Doch die Stadt hat auch hierfür vorgesorgt: Ganz hinten wurden zusätzliche Stellmöglichkeiten eingeräumt. Merci, St-Pourçain! Außerdem gibt es da ja auch noch den Campingplatz. Mehr dazu auf der nächsten Seite.

St-Pourçain-sur-Sioule hat eine bewegte Geschichte sowie alles, was das Herz begehrt: Geschäfte, Markt, Kunst und Kultur, Ruhe sowie viel Natur.

Ehe Sie sich zu einem Stadtrundgang aufmachen, könnten Sie sich noch mein Info-Kästchen durchlesen.

(239) WOMO-Campingplatz: St-Pourçain-sur-Sioule (Camping Île de la Ronde***)

GPS: N 46° 18' 22.4" E 03° 17' 32.2" Quai de la ronde
Tel./Fax: +33 47 03 51 369 oder +33 76 15 23 372
E-Mail: camping.ronde@ville-saint-pourcain-sur-sioule.com
Internet: www.ville-saint-pourcain-sur-sioule
Max. WOMOs: 55 **Öffnungszeiten**: Anf. April - Ende September
Beschreibung: Campingplatz an der Sioule, historische Altstadt 400 m. Plätze auf festem Untergrund (Wiese), größtenteils schattig, teils mit Hecken abgetrennt. Snackbar, Brotservice, WLAN, Waschmaschine, Volleyballfeld, Spielplatz und Mini-Golf. Kletterpark nebenan. Hunde erlaubt. Angeln und stellenweise im Fluss Baden sind möglich.
Preise: Je nach Saison 11-13 EUR, Strom 3 EUR, Hund 0,50 EUR.
Zufahrt: Über die D 46 nach St-Pourçain reinkommend, den Kreisverkehr nach rechts Richtung centre verlassen. Wir sind jetzt auf der D 2009. Nach der Brücke „Charles-de-Gaulle" zweimal nach links, dem Campingplatzschild folgen. Die Zufahrt zum Platz liegt rechts hinter dem Parkplatz.
Hinweise: Veraltete, jedoch saubere Sanitäranlagen. Rechtzeitig kommen, da späterer Einlass nicht mehr möglich ist. Dann kann man jedoch auf dem Parkplatz davor bis zum nächsten Morgen stehen bleiben.

St-Pourçain

Erstmals urkundlich erwähnt wurde St-Pourçain-sur-Sioule Ende des 5. Jahrhunderts. Man erzählt sich, dass damals der einstige Sklave und Schweinehirt Porcianus (= Pourçain) auf der Flucht vor seinem gewalttätigen Herrn Asyl in einem Kloster fand, wo er später Abt wurde. Das Benediktinerkloster lag auf einem Hügel über der Sioule und bildete den Mittelpunkt des heute noch bestehenden Weinanbaugebietes.
St-Pourçain ist als Hauptstadt der Weingegend von Bourbonnais der wohl bekannteste Weinort der Auvergne. Der Saint-Pourçain-Wein zählt zu den ältesten französischen Weinen. Das bereits von den Phöniziern gegründete Anbaugebiet erlebte im 3. und 4. Jahrhundert einen starken Aufschwung. Auf den Tischen der Könige Frankreichs durfte er jahrhundertelang nicht fehlen. Während der Reblauskrise, Ende des 19. Jahrhunderts, als die Reben zahlreicher Weinbaugebiete vernichtet wurden, gelang es den örtlichen Winzern, neue – Reblaus resistente – Sorten zu pflanzen und somit die Weinproduktion zu retten. 2009 hat das Nationale Weinkomitee dem St Pourçain die begehrte Bezeichnung AOC verliehen.

Wahrzeichen der Stadt sind der Uhren- sowie der Glockenturm. Letzterer wurde 1940 beschossen und drei Jahre später vom Blitz getroffen. Beide Gebäude sind auf Etiketten einiger Weinflaschen zu erkennen. Ein Weinmuseum – das Musée de la vigne et du vin – befindet sich im Hof des ehemaligen Benediktinerklosters.

Folgen Sie mir in den Ort, der im 5. Jahrhundert rund um ein ehemaliges Kloster entstand. Dazu gehen wir vom Stellplatz aus links am Schwimmbad vorbei, an der Sioule entlang, um auf einen Parkplatz zu gelangen. Nun müssen wir an der alten Mühle vorbeigehen, und gleich wieder nach links zu schwenken. So kommen wir direkt am Touristenbüro raus. Das ist auch mein allmorgendlicher Gang zum Bäcker. Jetzt sehen Sie die Brücke, über die wir angereist sind. Wenn Sie nun die Hauptstraße überqueren und sich geradeaus halten, erreichen Sie die Altstadt. An den Straßen sowie an einigen Wänden werden wir mittels Schilder über die entsprechenden Sehenswürdigkeiten aufgeklärt.

Nicht versäumen sollten Sie den Besuch des im Ortskern gelegenen **Klosterhofes**. Lassen Sie uns dort – so wie der Mann auf der Rebe – ein wenig verweilen und die Zeugen der

Keine Reblaus! Nachdenklicher Mensch auf einer Weinrebe...

Kunstvolle Säulen

Vergangenheit betrachten. Schauen Sie sich die Fenster an und besuchen Sie das **Musée de la vigne et du terroir**, das uns das köstliche Nass der Gegend ein wenig näherbringt. Unterschiedliche Werkzeuge und Gegenstände, wie die monumentale Presse aus dem 17. und der dampfgetriebene Destillierkolben aus dem 19. Jahrhundert demonstrieren uns, welchen Anstrengungen der Weinbauer ausgesetzt war. **[www.museedelavigne.fr/]**

Natürlich ist der Besuch der benachbarten **ehemaligen Benediktiner-Abteikirche Sainte-Croix** aus dem 11. bis 13. Jahrhundert mit dem schönen Chorgestühl und den Säulen ein weiteres Muss. Wenn Sie nun vom Klosterhof durch den Torbogen und nach rechts in die Rue de Metz gehen, finden Sie an der Nordseite der Kirche eine Nische mit dem Namensgeber der Stadt.

Den **beffroi**, also die Tour de l'horloge, sehen Sie von fast jedem Punkt der Stadt aus. Die 5-bogige Brücke aus dem Jahr 1736, die verbreitert wurde, damit wir heute

Einst Schweinehirt und Sklave...heute verehrt...

Wein aus St-Pourçain und Käse aus der Auvergne: Leben wie Gott in Frankreich

mit unseren Womos drüberfahren können, kennen Sie ja bereits. Das wären meine wichtigsten Tipps gewesen.

Besuch...

Gerne genieße ich die Tage auf dem Stellplatz an der Sioule. Zahlreiche Besucher tierischer Art machen uns ihre Aufwartung. Herrlich! Trotz vieler Menschen herrscht eine gewisse Ruhe...

Neben dem Campingplatz schließt sich eine Art Park an. Hier können wir entlang der Sioule wandern oder radeln, es gibt gute Angelmöglichkeiten und sogar Gelegenheit zum Baden. Gleich zu Beginn ist ein Kletterpark zu finden.

Lassen Sie uns jetzt gemeinsam eine kleine Wanderung – besser einen längeren Spaziergang – wagen:

...entlang der Sioule...

Vom Stellplatz aus gehen wir den zuvor beschriebenen Weg bis zum Touristenbüro vor und dort unter der Brücke hindurch, bis wir auf der anderen Seite am Parkplatz vor dem Parc de loisirs sowie am Campingplatz ankommen. Die Beschreibung vom Campingplatz aus erübrigt sich somit! Jetzt müssen wir rechts am Campingplatz vorbei. Wir überqueren die kleine Fußgängerbrücke – rechts befindet sich der Kletterpark. Der Wegweiser verspricht die „Île de Loisirs“ sowie „Le Cordelliere/Espace Buvette – Repas“. Wir richten uns ab sofort nach dem Hinweis „promenade aux bords de Sioule“ und dem kleinen orangefarbenen Schild „Rando Office de Tourisme“.
Die Sioule liegt links von uns. Unterwegs gibt es – je nach Wasserpegel – ein paar Badestellen. Wenn sich der Weg vom Fluss entfernt, kehre ich meistens um. Sollten Sie weitergehen wollen, halten Sie sich rechts, so kommen Sie in den Ort und haben einen schönen Rundweg zurückgelegt.

Meine weiterere Route führt mich wieder zurück Richtung Varennes, an unserer Badestelle vorbei und dahinter am Rondell die 1. Ausfahrt auf die N 7 raus. Grobrichtung ist Vichy/Roanne/St-Étienne. An einem Rondell am Ortsanfang unseres Zielortes **Lapalisse** wird aus der N 7 die N 2007. Übrigens

war das früher genau die Verbindung zwischen Paris und der Côte d'Azur, was für Lapalisse bedeutete, dass für die damaligen Verhältnisse sehr viele Automobile reicher Leute mitten durch den Ort fuhren. Heute weisen überdimensionale Fotos an Häusern auf diesen Tatbestand hin. Zudem wird seit 2006 alle zwei Jahre eine Art Parade mit hunderten alter Fahrzeuge sowie nostalgischen Accessoires der 50er und 60er Jahre auf genau dieser N 7 durch Lapalisse zelebriert. Das Ereignis nennt sich „**Embouteillage de Lapalisse**". Mehr dazu unter **[www.embouteillage-n7-lapalisse.com]**

Übrigens ist Lapalisse die **Stadt der Wahrheit**. Wenn Sie die Wahrheit schon vorher finden wollen, folgen Sie dem großen Schild „**aire des vérités**", das auf einen Rasthof direkt an der Straße hinweist. Vielleicht finden Sie sie ja? Eine Übernachtungsmöglichkeit jedenfalls ließe sich hier finden, ich würde es jedoch nicht empfehlen. Warum? Bauchgefühl... Mit Rastplätzen habe ich eben schlechte Erfahrungen gemacht... [240: N 46° 14' 46.1" E 03° 36' 41.7"]

Der Weg zum offiziellen Stellplatz im Ort ist ganz einfach zu finden: Die N 7 weiterfahren und in der Ortsmitte auf das Schild achten, das nach links dirigiert.

Lapalisse – Stadt der Wahrheit!?

Der Ort hat seinen Namen dem französischen Marschall Jacques de Chabanne – auch bekannt als Jacques de La Palice beziehungsweise La Palisse – zu verdanken. Dieser wurde 1470 in Lapalisse geboren und verstarb im Jahre 1525 während der Belagerung von Pavia. Noch heute macht man sich über einen missverstandenen Satz nach seinem Tod lustig, in dem aus den Wörtern „ferait" und „envie" „serait" und „en vie" wurde, was den Sinn der Zeilen dahin gehend änderte, dass es hieß: „...vor seinem Tode war er noch am Leben". Daraus entstand das Lied „Les vérités de La Palice" auch bekannt als „Les Lapalissades". Les vérités de La Palice und Les Lapalissades sind heute zudem Köstlichkeiten, die man in den örtlichen Pâtisserien erhält. Im heutigen Sprachgebrauch bedeutet „La Lapalisade" auch soviel wie „eine Binsenweisheit".

(241) Offizieller WOMO-Stellplatz: Lapalisse

GPS: N 46° 15' 0.4" E 03° 38' 04.5" Place Jean Moulin

Max. WOMOs: >15
Ausstattung: Ver- und Entsorgung, Strom (am Relais), Toilette, Mülleimer, Stadtplan.
Beschreibung: Kostenloser, gemischter Parkplatz auf Asphalt, am Fluss, im Ort, mit Blick aufs Schloss, wenig Schatten. Bäcker 200 m. Angeln möglich.
Preise: Wasser und Strom jeweils 2 EUR, mit Jetons.
Zufahrt: Über die N 7 in den Ort fahren. Noch vor der Brücke, wenn links eine Apotheke und rechts eine Pâtisserie sind, nach links dem sehr kleinen Womo-Schild folgen. Bald geht es nach rechts auf einen großen Parkplatz. Die Stellplätze liegen ganz hinten.
Hinweise: Achtung, Donnerstags ist hier Markt!

Zum Stadtrundgang überqueren wir die Fußgängerbrücke direkt am Stellplatz und wenden uns nach rechts. Weiter geht es die Rue de la prairie hoch. Schauen Sie hin und wieder mal auf den Boden. Haben Sie's entdeckt? Ein eingelassenes Wappen dirigiert unseren Rundgang. Wir kommen in der Nähe des **Schlosses** heraus, das eine sehr lange Entstehungsgeschichte – vom 12. bis ins 16. Jahrhundert – hat. Neben dem „Goldenen Salon“ mit der vergoldeten Kassettendecke sowie den flämischen Tapisserien sind Gemälde und im italienischen Renaissancestil gehaltene Originalmöbel vorhanden. Seit rund 580 Jahren befindet sich das château im Besitz der Familie Chabannes. Die Kapelle aus dem 15. Jahrhundert beherbergt das Grab Jacques I de Chabannes und seiner Gemahlin Anne de Lavieu. Das Schloss ist nur mit Führung zu besichtigen. **[www.allier-auvergne-tourisme.com]**

Gehen Sie auch in den etwa sechs Hektar großen **Schlosspark**. Hier gilt freier Eintritt sowie freies Bewegen für Mensch und Hund. Neben einigen rund 200 Jahre alten Kastanien gibt es zahlreiche andere Dinge zu bestaunen.

Hunde sind ebenfalls im **Parc floral** unterhalb des Schlosses auf der anderen Seite der Hauptstraße an der **Besbre** erlaubt. Hier wachsen etliche einheimische wie fremdländische Bäume. Ferner war ich von der fantastischen Blütenpracht, den Wasserspielen, den Teichen und Bachläufen sowie einem „kiosque“ schwer beeindruckt.

Wenn Sie die N 7 in die Richtung zurück gehen, aus der wir angereist sind, finden Sie rechts, kurz hinter einem Friseursalon, nachdem es in die Rue Louis Carcassin geht, zwei Durchlässe in einem Haus... und ein paar Ritter.

Wenn Wege zum Schloss erzählen könnten...

Bestimmt sind Ihnen die Schaufenster aufgefallen? Einladende Auslagen von **Pâtisserien** mit köstlichen Köstlichkeiten ziehen neben vielen überdimensionalen historischen Fotos unsere Blicke in den Bann.

Im Anschluss an Lapalisse gönne ich mir wieder ein paar Tage in der Stille der Natur. Wenn Ihnen ebenfalls danach ist, folgen Sie mir etwa fünf Kilometer weit bis nach **St-Prix**. Etwas außerhalb liegt ein wunderschöner, vier Hektar großer „Park“ mit einem 200 Jahre alten, großen Herrenhaus, das sich im Besitz von Robert und Anja, zwei Holländern, befindet. Sie bieten nicht nur Bed & Breakfeast sondern auch Stellplätze, die einem Campingplatz ähneln: eben „klappstuhlgeeignet“. Weiterhin genießen wir dort die freie Benutzung des Pools sowie anderer Serviceeinrichtungen. Ein Inselchen mit

Ziegen gewährt freien Zutritt für uns Zweibeiner sowie kostenlose Angelgelegenheit. Ein kleines Paradies! Nette Gespräche mit Robert und Anja sind im Preis inbegriffen.

Ich weiß nur nicht so recht, ob der Platz ein Campingplatz- oder ein Stellplatzkästchen verdient. Eigentlich ist er beides.

(242) Offizieller WOMO-Stellplatz: St-Prix (Le Roc Foucaud)

GPS: N 46° 13' 22.9" E 03° 38' 38.2" Route du Breuil

Max. WOMOs: 8-10*
Öffnungszeiten: ganzjährig**
Ausstattung: Ver- und Entsorgung, Strom, Toilette, Dusche, Mülleimer, WLAN, Pool, Waschmaschine.
Beschreibung: Plätze auf festem Untergrund und Wiese auf einem Privatgrundstück bei einem Herrenhaus, an der Besbre. 5 km von Lapalisse, 1,5 km vom Nachbardorf entfernt. Verschiedene Freizeitangebote wie der Pool, Tennis, Kanuverleih, Trampolin etc. können mitbenutzt werden. Schattig.
Preise: 9 EUR, Wasser 1 EUR, Strom 2 EUR.
Zufahrt: Auf der N 7 direkt auf das Schloss zufahren. Hinter der Brücke rechts halten. Der Beschilderung folgen. An der Kreuzung in St-Prix rechts ab auf die D 48. Am Ende der Straße nach links Richtung Le Breuil. Kurz hinter dem großen Viadukt nach links dem Schild Le Foucaud folgend ins Grundstück einbiegen.
Hinweise: Unter niederländischer Leitung, man spricht deutsch, sehr familiär. Kostenlose Angelmöglichkeit. *Es gibt ca. 8 Stellplätze ganz vorne, weitere weiter hinten auf dem „Campingplatz". **Da die Besitzer nicht immer anwesend sind, ist es ratsam, außerhalb der Saison anzurufen. +33 47 09 67 705 (Frankreich) oder +31 61 82 17 722 (Holland). Weitere Infos unter **www.lerocfoucaud.com** (deutsch)

Der tägliche Spaziergang auf der hauseigenen Insel, das klare Wasser der Besbre und die Begegnung mit den Ziegen auf dem Inselchen hat mir ebenso gut gefallen wie die stets spannenden Neuentdeckungen zahlreicher Details und Kunstwerke, wie etwa Statuen

oder uralte französische Wagen, die ich bei einem meiner Streifzüge sah.

Beschaulich und ruhig geht es auch nach Le Roc Foucaud weiter. Sorgen Sie vorher für ausreichend Proviant, denn die Infrastruktur des nächsten Ortes **St-Gérand-de-Vaux** lässt zu wünschen übrig. Wir sind dort eben „weit weg vom Schuss".

Es gibt viel zu entdecken...

Ich fahre also zurück nach Lapalisse und auf der N 7 bis zum Rondell kurz vor Varennes weiter. Eigentlich könnte ich nun über die 1. Ausfahrt nach Montoldre abbiegen, aber ich hatte ja anderes vor. – Also bleiben wir weiter der N 7 treu. Hinter Varennes biege ich bei St-Loup nach rechts auf die D 659 ab. Die Straße wird enger. Mein Ziel ist ausgeschildert und aus der D 659 wird die D 105.

Es ist schön hier! Das denken sich häufig auch viele Angler und bei schönem Wetter ganze Familienclans, die den Platz

Idylle pur...

(243) Offizieller WOMO-Picknickplatz: St-Gérand-de-Vaux

GPS: N 46° 22' 54.9" E 03° 22' 27.4" Les gaillards
Max. WOMOs: >10
Ausstattung: Ver- und Entsorgung, Strom (am Relais), Mülleimer, WC, Waschbecken, Picknickbänke, Spielplatz, Tischtennisplatte.
Beschreibung: Sehr sauberes, riesiges Gelände mit viel Schatten auf ehemaligem Campingplatz am Angelsee. Außerhalb. Kostenlose Plätze auf Wiese, terrassenförmig. Beleuchtet. Ort 1 km. Angeln möglich.
Preise: Wasser und Strom (1 h) 2 EUR, mit Jetons.
Zufahrt: Hinter der Kirche dem Wohnmobil-Piktogramm nach links folgen. Etwa 550 m geradeaus. Dann vor dem Bauernhof nach rechts zum See. Durchfahren.
Hinweise: Baden verboten. Bei Regen matschig. Wohnmobile haben auf dem gesamten Gelände freie Auswahl zum Stehen. Mülleimer werden täglich geleert. Relais funktionierte im Juli 2019 nicht. Häufig Betrieb, da Angler- und Freizeittreff. Baguette gibt es im Café im Ort.

zum Picknicken und Feiern nutzen. Aber wir haben dennoch ausreichend Platz und Nachts sehr viel Ruhe.

Als nächstes fahre ich zurück zur N 7, Richtung Varennes. Am Rondell vor Varennes nehme ich die zweite Ausfahrt auf die D 46 Richtung Paris/Moulins. Auch am nächsten Kreisel gehört uns die zweite, am dritten jedoch die dritte Ausfahrt. Und wieder bin ich auf der N 7. Nach etwa 500 Metern biege ich nach rechts auf die kleine D 268, wo ich bleibe. Mein Ziel ist ein idyllischer, ruhiger Stellplatz mit Ver- und Entsorgung in **Montoldre**. Eine Geschwindigkeitsbeschränkung auf 70 Kilometer die Stunde maßregelt uns. Ich glaube, das ist bei diesen Straßenverhältnissen überflüssig; ich bin froh, wenn ich nicht rückwärts fahre, so langsam geht's voran.

(244) Offizieller WOMO-Picknickplatz: Montoldre

GPS: N 46° 19' 58.1" E 03° 26' 53.3" An der D 268
Max. WOMOs: 6-7
Ausstattung: Ver- und Entsorgung, Mülleimer, Picknickbänke, Spielplatz.
Beschreibung: Kleiner, kostenloser, sauberer, ruhiger, kreisförmig angelegter Stellplatz im Ort, gegenüber der mairie. Auf Asphalt, etwas Schatten. Restaurant 100 m. Keine Geschäfte im Ort. Platz ist bis gegen 23 Uhr beleuchtet.
Preise: Wasser 2 EUR.
Zufahrt: Der Platz liegt links an der Durchgangsstraße, der D 268.

Montoldre selber ist ein eher „toter Ort“, daher geht es auch gleich weiter bis zum STOP-Schild und dort nach rechts auf die D 21, die uns direkt zu unserem nächsten Ziel führt. Noch acht Kilometer bis **Treteau**. Auch hier stehen wir wieder direkt an einem (Angel)See. Baguette und ein paar wenige Lebensmittel können Sie im Ort kaufen, mehr jedoch nicht! Wer seine Vorräte nicht aufgefüllt hat, kann hoffen, den Speiseplan durch einen selbst gefangenen Fisch aufzupäppeln.

Schon die Strecke dorthin ist einsam. Ich glaube, hier sagen sich Hase und Fuchs „Gute Nacht".

In Treteau erwartet uns gleich am Ortseingang das heißgeliebte Womo-Piktogramm. Und ich staune stets, wie viele Wohnmobilisten den Weg in unbekannte Gegenden finden.

(245) Offizieller WOMO-Picknickplatz: Treteau

GPS: N 46° 22' 0.88" E 03° 31' 14.6" Rue du rosier
Max. WOMOs: >10
Ausstattung: Ver- und Entsorgung, Strom (am Relais), (Behinderten)-Toilette, Mülleimer, Picknickbänke.
Beschreibung: Ruhiger, gemischter Platz am Angelsee, am Ortsrand, auf Wiese. Schattig. Kleiner Ort mit Restaurant und kleinem Geschäft in 400-500 m.
Preise: 3,50 EUR, Wasser und Strom je 2 EUR.
Zufahrt: Von der D 21 nach rechts auf die D 163, Richtung Ort. 1. Straße nach rechts, dem Hinweisschild folgen. Bis zum See vorfahren.
Hinweise: Am Abend kommt jemand zum Kassieren. Die 6. Nacht ist frei. Sehr viele Katzenwelse im See. Kein Badesee.

Gleichzeitig wird mir auch wieder klar, wie gut Womos und Natur miteinander harmonieren. Etliche Haubentaucher, unzählige schwarze Katzenwelse (zum Leidwesen der Angler), Eidechsen, Heupferde und natürlich Kühe vervollständigen das Bild der „unberührten" Natur. Deutsche Wohnmobilisten

Besuch am Autoreifen...

traf ich hier (bislang) noch nie an. Neben der vieux moulin am Stellplatz sowie einer (geschlossenen) Kirche sind nur noch Reste eines châteaus vorhanden. Nichts mit Sightseeing!

Ehe wir uns nun einem prähistorischen Ort zuwenden, möchte ich Sie mit ein wenig Kunst und einem Schloss bekannt machen. Das tue ich, weil es interessant ist und weil die Werke von einem deutschen Künstler stammen. Vor Jahren erklärte mir ein Franzose dazu, dass „der Deutsche Verrücktes" gemacht habe. Leider ist Erich Engelbrecht, so sein Name, 2011 verstorben.

Ich fahre also wieder auf die D 21, wo wir nach rechts abbiegen und etwa vier Kilometer lang bleiben. Es geht durch den **Bois de Jaligny**. Am Ende des Waldes kommen wir an eine Kreuzung mit einem STOP-Schild und fahren geradeaus Richtung Thionne. Mein Navi, die Schilder und sogar Herr Google behaupten, es sei die D 461, im Michelin finde ich keine Bezeichnung, so klein ist die Straße. Sie müssen jedoch keine Bedenken haben, es lässt sich gut fahren. In Thionne biege ich nach links auf die D 161 Richtung Chapeau. Die Straße wird keinesfalls breiter. Jetzt heißt es, langsam fahren! Nicht nur, weil es eng ist, nein, auch weil Sie sonst den einmaligen Anblick rechts verpassen könnten. Sehen Sie es? Mitten im Feld zwischen Heuballen und vor der Kulisse eines Schlosses ein paar gigantische Skulpturen. Ein ziemlich futuristischer – oder surrealistischer? – vielleicht auch verrückter Anblick! Wir sind da?! Fahren Sie etwas weiter.

Jetzt kommt die eigentliche Herausforderung! Wie gelangen wir dort hin? Luftlinie kein Problem, aber wo versteckt sich die Einfahrt? Hier die Auflösung: Wenn Baum- und Heckenbestand dichter werden, heißt es abermals aufgepasst! Ein mittlerweile größer gewordenes Schild weist nach rechts zum **château des Fougis**. Doch das ist leider die Privateinfahrt. Also 350 Meter weiter zur nächsten kleinen „Kreuzung". Kleine Hilfestellung: Die Zufahrt befindet sich rechts bei einem klitzekleinen Hinweisschild, wo „Goyette" zu lesen ist. **[N 46° 25' 49.1" E 03° 33' 31.2", Chemin de Goyette]** Bald muss ich abermals nach rechts. Ein Parkplatzschild weist den Weg. Keine Angst, es sieht nur so aus, als würde es kompliziert. Es wird lediglich eng, und man kann nur beten, dass einem kein größeres Fahrzeug entgegenkommt. Auch sollten Sie nicht besonders pingelig sein, was den Lack anbelangt, da tiefer hängende Äste gerne einmal Ihr Wohnmobil streicheln. Eine Wendemöglichkeit gibt es am Ende. Rechts liegt bald darauf ein See, und wir kommen an den Parkplatz vorm Schloss. **[N 46° 25' 40.5" E 03° 33' 58.7"]**

Das Château des Fougis

Die Entstehung des Gebäudes wird auf die Zeit um 1580 datiert. Man erzählt, Heinrich IV., der erste Bourbonenkönig, sei zu Beginn des 17. Jahrhunderts in den dortigen Wäldern zur Jagd gegangen.
Der Name „Fougis“ stammt wahrscheinlich von „Fougères“, was so viel wie „Farne“ heißt.
Im Jahre 2000 erwarb der deutsche Künstler Erich Engelbrecht das bereits seit mehreren Jahren zum Verkauf stehende château, um auf rund 130 Hektar eine einzigartige Ausstellung monumentaler Skulpturen zu errichten.

Von hier aus können Sie den Skulpturenpark besuchen. Bitte nicht übernachten, denn das wird nicht gerne gesehen. Ich genoss die Stunden im Schlosspark mit den beeindruckenden Skulpturen sehr. Man kommt sich neben ihnen extrem klein und dennoch groß vor. Inmitten gepflegter Natur konnte ich wieder Kind sein.

Der Künstler und seine Skulpturen

Erich Engelbrecht wurde 1928 in Bielefeld geboren. 1949/1950 studierte er an der TH Hannover Elektro- und Fertigungstechnik sowie Wirtschaftswissenschaften. 1958–60 nahm er das Studium der Philosophie und der Kunstgeschichte in München auf, wo er Waltraud, seine Frau und Verbündete, kennenlernte. 1960 kehrte Engelbrecht nach Bielefeld zurück und begann zu malen. Ein Jahr später baute er einen Bauernhof in Holterdorf um. Hier arbeitete er an großen Ölbildern sowie an den ersten monumentalen Stahlfiguren. Im Laufe der Jahre bemalte er Holzfiguren, widmete sich der Gobelinweberei, fertigte Radierungen, Lithografien und Siebdrucke an und schrieb Aphorismen sowie Gedichte.
2001 eröffnete Engelbrecht einen Park mit heute mehr als 20 über zehn Metern hohen Metall-Skulpturen auf dem Grundstück des Renaissance-Schlosses Les Fougis. Aus Datenschutzrechtlichen Gründen kann ich hier keine Fotos zeigen. Wen es interessiert, der schaut unter **www.engelbrecht.fr/** nach. Die Seiten sind in Deutsch.
Am 21. Juli 2011 starb Engelbrecht in Vichy. Beigesetzt wurde er im Park seines châteaus. Die Öffnungszeiten sind: Anfang April bis Ende Oktober, Samstag und Sonntag 10.00 Uhr bis 18.00 Uhr. Eintritt 7 EUR.

Über die D 161 müssen wir zurück zur Kreuzung mit dem STOP-Schild (Sie erinnern sich?). Dort treffen wir die Leser, die auf den kleinen Abstecher in die Kunst verzichtet haben und direkt aus Treteau kommen. Ich biege nach **Jaligny-sur-Besbre** ab, was mein nächstes Ziel ist.

Hier haben Sie nach mehreren „Entbehrungen“ wieder alles, was Sie brauchen: Bäcker, Geschäfte, Restaurants, einen schönen Markt, und, und, und... Ach ja, natürlich auch einen Stellplatz direkt an der Besbre – der mal schön und gepflegt war – sowie ein **Schloss**.

(246) Offizieller WOMO-Stellplatz: Jaligny-sur-Besbre

GPS: N 46° 22' 53.1" E 03° 35' 30.4" Place René Fallet

Max. WOMOs: 5-6
Ausstattung: Ver- und Entsorgung, Strom (am Relais), Toilette, Mülleimer.
Beschreibung: Ruhiger, kostenloser Platz auf Asphalt, am Fluss, am (ehemaligen?) Kanuverleih. Bäckereien und andere Geschäfte sowie altes Schloss und Kirche in 150 m.
Zufahrt: Im Ort an der Kreuzung mit Ampel nach links Richtung centre abbiegen. Hinter der Brücke links halten und gleich wieder nach links runter zum Fluss fahren.
Hinweise: Bei unserem letzten Besuch funktionierte das Relais, an dem es kostenlos Strom und Wasser geben soll, nicht. Es sah auch nicht so aus, als sei das gerade eben erst passiert. Der Platz liegt in der Nähe des Aquariums. Angeln möglich. Der Kanu-Verleih war verwaist.

Jaligny wurde bereits 67 nach Christi als römisches Militärlager gegründet. Im Mittelalter war es Sitz der Herren von Jaligny, die eine wichtige Rolle in der Geschichte Frankreichs spielten. Es liegt an der Via Podiensis, einer der vier Strecken des Jakobsweges. Alljährlich findet im Dezember ein großer **Truthahn- und Gänsemarkt** statt, an dem der „Ehrentruthahn" vergeben wird. 1971 bekam ihn unser Ex-Bundeskanzler Willy Brandt. Zehn Jahre später drehte man in Jaligny den Film „Louis und seine außerirdischen Kohlköpfe" mit dem berühmten Louis de Funès in der Hauptrolle. Und jetzt sind wir hier... Eben ein sehr „wichtiger" Ort...

Das Schloss, das leider nur von außen zu bestaunen ist, liegt – ebenso wie der alte Ortskern – auf der anderen Seite der Hauptstraße. Es handelt sich um ein Renaissance-Schloss aus dem 15./16. Jahrhundert. Die **romani-**

sche Kirche St-Hippolyte aus dem 11. Jahrhundert, die später umgebaut und restauriert wurde, finden Sie, wenn Sie, vom Schloss kommen und nach rechts hochgehen. Interessant sind hier die Kapitellen, die Gemälde aus dem 18. Jahrhundert in der Kuppel sowie einige Statuen aus dem 15. Jahrhundert. Irgendwie wirkt sie in ihrer „prunkvollen Schlichtheit" – neue Wortschöpfung? – beinahe filigran.

Sollten Sie genug von „Altem" haben, könnten Sie ins **Aquarium „Val de Besbre"** gehen, das gleich in der Nähe des Stellplatzes liegt. Hier bekommen Sie Videovorführungen sowie vor allem die Tiere, die in der Besbre beheimatet sind, zu Gesicht. **[www.allier-auvergne-tourisme.com/culture-patrimoine/sciences-nature/maison-aquarium]**

Folgen Sie mir nun zum Beginn der Menschheit. Unser Ziel ist das **Musée préhistorama** am ehemaligen Bahnhof von **Châtelperron**. Dazu geht's nach links auf die Vorfahrtsstraße und gegen Ortsende abermals nach links auf die D 21.

Bald schon erblicke ich von Weitem das **château de Châtelperron**. Kurze Zeit danach sind wir in **La Gare**. Ein Wegweiser will uns nach rechts zum Schloss lenken, doch dahin geht's anschließend zu Fuß. Ist auch besser so, denn wirklich viel Platz für ein Wohnmobil ist dort oben nicht.

(247) WOMO-Stellplatz: Châtelperron – La Gare

GPS: N 46° 24' 07.8" E 03° 38' 07.5" An der D 21
Max. WOMOs: 1-2
Ausstattung: Mülleimer.
Beschreibung: Kostenloser Museums-/Restaurant-Parkplatz außerhalb, an der D 21, an einem kleinen Bach. Auf Schotter. Fußweg nach Châtelperron ca. 800 m, zur grotte des fées rund 15 min.
Zufahrt: Von Jaligny aus nach links auf die D 21 Richtung St-Léon/Châtelperron. Der Platz liegt links in einer Rechtskurve.
Hinweise: Wanderungen, Spaziergang zum château de Châtelperron und ein Museumsbesuch (Öffnungszeiten beachten!) sind möglich. Bitte nur kurzfristig hier stehen! Eine Nacht ist möglich, sollte aber mit einem Museums- oder Gaststättenbesuch verbunden sein.

Nebenan befindet sich ein Museum. Sie können nun picknicken, etwas Kühles im Bistro trinken, wandern, hinauf nach Châtelperron gehen, sich ganz der Menschheitsgeschichte hingeben oder aber alles hintereinander unternehmen. Sollten Sie in Begleitung von Kindern sein, ist Dank des Museums der Tag wohl gerettet. **[www.03web.fr/prehistorama, unterschiedliche Öffnungszeiten beachten, Erwachsene 4 EUR, Kinder 2 EUR]** Mehr zur Hintergrundgeschichte auf der folgenden Seite. Auch eine kleine Wanderung zur **Grotte des fées** ist dort nachzulesen.

Natürlich gehen wir noch wie versprochen nach Châtelperron hoch. Dazu überqueren wir die Hauptstraße und begeben

Neandertaler & Homo sapiens – Freund oder Feind?

Vor rund 30.000 Jahren starben die Neandertaler aus, der Homo sapiens hingegen überlebte. Das ist unumstritten. Nicht klar jedoch ist, ob diese beiden „Menschentypen" friedlich nebeneinander lebten oder sich bekriegten.

Die ersten miteinander verbundenen Höhlen der Gegend wurden 1840 beim Eisenbahnbau entdeckt. Die neuesten Ausgrabungen stammen aus den Jahren 1951-54 sowie 1962. Man fand mehrere tausend Feuersteine und Mammutstoßzähne von über zwei Metern Länge. Es wurden Knochen gefunden, die beweisen, dass Neandertaler und Homo sapiens parallel lebten, denn die Fundstücke lassen sich eindeutig den beiden Kulturen – dem Chatelperronien (Neandertaler) und dem Aurignacien (moderner Mensch) – zuordnen. Es ist also klar, dass vor rund 38.000 bis 40.000 Jahren hier Menschen wohnten, deren Vorfahren zwischen dem nahen Osten und Europa bereits seit 150.000 Jahren das Land besiedelt hatten.

In den nächsten 1.000 bis 1.500 Jahren hielten sich hier Zuwanderer aus Afrika – sogenannte „moderne" Menschen, die Homo sapiens – auf. Außerdem wurde nachgewiesen, dass die Grotte des fées vor ca. 36.000 Jahren wiederholt von Neandertalern bewohnt wurde. 2.000 Jahre später verlor sich deren Spur endgültig. Fazit: Zwischen zwei Neandertaler-Perioden hielt der Homo sapiens Einzug in die Höhle. Dies widerspricht der Theorie, dass der Neandertaler vom modernen Menschen vertrieben worden sei. Warum aber war der moderne Mensch zwischenzeitlich verschwunden? Haben beide parallel in der Höhle „gehaust" oder eine WG gegründet?

Egal, klar ist, dass sich die relativ grazilen Homo sapiens und die eher gedrungenen Neandertaler über mehr als 1.000 Jahre nebeneinander in Frankreich aufhielten. Und zwar in „unserer" Auvergne!

Die meisten Fundstücke sind im British Museum, im Philadelphia Museum sowie in Saint-Germain-en-Laye zu sehen. Das hier gelegene Préhistorama beherbergt lediglich Reproduktionen. Sollten Sie mehr über die Höhle lesen wollen und der englischen Sprache mächtig sein, bitte schön: **www.paleoanthro.org/static/journal/content/PA20080001**.

Wanderung zur Grotte des fées

Um die für die Erkenntnisse der Menschheitsgeschichte und die dortige Gegend so wichtige Grotte des fées zu besuchen, müssen Sie rechts am Bahnhofs-/Museumsgebäude vorbeigehen und sich links halten. Nehmen Sie nicht das Womo! Unser Ziel ist schließlich ja auch nur einen Kilometer entfernt.

Zunächst begleiten uns Bäume, dann wird die Sicht freier. Wenn links wieder eine Baumgruppe auftaucht, befindet sich gleich dort die Höhle.

Beschreibung: Sehr leicht zu übersehen, optisch nichts Spektakuläres und auch nicht zugänglich. – Aber wir haben uns bewegt, und unseren Hunden gefiel es. **[N 46° 24' 42.3" E 03° 38' 18.4"]**

Information: Ursprünglich gab es drei Höhlen, die alle miteinander verbunden waren. Hier fand man unter anderem Mammutzähne, Feuerkeile und Knochen.

Geisterstadt Châtelperron

uns den gegenüberliegenden Berg hoch. Ein Wegweiser will mir weismachen, dass es noch 500 Meter seien... Muss sich wohl um französische Meter handeln!? Es zieht sich, aber der „Aufstieg“ lohnt sich.

Oben empfängt uns eine Geisterstadt: Keine Menschenseele, alles wie ausgestorben. Irgendwie habe ich das Gefühl, gleich müsse der **Chatelperronien** um die Ecke kommen. Vorne rechts – gegenüber der mairie – steht die ehemalige „**cantine scolaire**“. Die hat wohl auch schon bessere Zeiten

...hat schon bessere Zeiten erlebt...

... da gab's wohl schlechtere Zeiten!?

gesehen!? Weiter hinten, auf der Anhöhe, finden wir das **château** sowie die **Kirche St-Pierre**. Wie es sich für eine „Geisterstadt" gehört, waren beide verschlossen. Sieht alles aus wie in einer Filmkulisse...

Blick vom Friedhof ins Tal

Wenn Sie vom „Burgberg" kommen, sollten Sie sich rechts halten und außerhalb des Dorfes abermals nach rechts gehen, dann kommen Sie zu einem schönen Friedhof mit einer ebenso schönen Aussicht.

Zurück zur Gegenwart, zurück nach Jaligny und dort Richtung Moulins. Am Ortsausgang geht es dazu an der Ampel nach rechts auf die D 480. **Dompierre-sur-Besbre** ist gut ausgeschildert. Nach rund zehn Kilometern zeigt ein Wegweiser nach links **[N 46° 28' 14.0" E 03° 38' 38.5"]** zum **château de Beauvoir**, einem Renaissanceschloss mit Schlosspark und Französischem Garten. Ich fahre jedoch weiter und komme – Wie könnte es anders sein? – an einem weiteren Hinweisschild auf ein weiteres Schloss. **Château de Toury** (auch Thoury geschrieben) ist zu lesen. Hier die Koordinaten für die Abzweigung nach links **[N 46° 28' 38.2" E 03° 39' 0.7"]** Dieses feudale château aus dem 15. Jahrhundert ist mit Ringmauern versehen, in deren Mitte sich ein Park befindet, in dem sogar Hunde schnüffeln dürfen.

An der Kreuzung in Dompierre sollten Sie bei der Kirche nach rechts abbiegen. In dieser Straße sind auch der Supermarkt und auch das Touristenbüro sowie ein Angelgeschäft, denn angeln kann man hier in der Besbre, im Kanal und im See. Auch unsere Übernachtungsmöglichkeiten liegen auf der Strecke: ein neu angelegter Stellplatz, Ausweichplätze und ein

Campingplatz. Alle drei sind vom Zentrum sowie von der Freizeitanlage gleich weit entfernt.

(248) Offizieller WOMO-Stellplatz: Dompierre-sur-Besbre I

GPS: N 46° 31' 08.2" E 03° 41' 06.8" Chemin des percières
Max. WOMOs: 8-10
Ausstattung: Ver- und Entsorgung, Strom, Toilette, Mülleimer, Picknickbank, Infotafel, Spielplatz im Freizeitpark nebenan.
Beschreibung: Neu angelegter, kostenloser Platz am Ortsrand, am Fluss und in der Nähe des Kanals sowie des Freizeitparks mit Seen (300 m). Auf Schotter. Restaurant, Supermarkt 500 m, Bäcker 150 m.
Zufahrt: An der großen Kreuzung bei der Kirche nach rechts Richtung Digoin/Maçon abbiegen. Der Platz liegt vor der Brücke rechts zwischen Autowaschanlage und centre de secours.
Hinweise: Baden und Angeln im Fluss an einigen Stellen möglich.

(249) WOMO-Stellplatz: Dompierre-sur-Besbre II

GPS: N 46° 31' 01.6" E 03° 40' 57.2" Rue des percières
Max. WOMOs: 5-10
Ausstattung: Keine.
Beschreibung: Kostenloser, gemischter (Ausweich)Platz auf Schotter. Am Fluss, neben dem Freizeitpark mit Seen und Spielplatz. Geschäfte, Supermarkt, Restaurants 600 m.
Zufahrt: Wie zu Platz 248, jedoch die Straße bis kurz vor die Höhenbegrenzung weiter durchfahren.
Hinweise: Nicht besonders schön, jedoch während der Nacht sehr ruhig. Baden an einigen Stellen im Fluss möglich.

(250) WOMO-Campingplatz: Dompierre-sur-Besbre (Camping Municipal Les Bords de Besbre*)

GPS: N 46° 30' 52.6" E 03° 41' 01.4" La Madeleine
Tel./Fax: +33 47 03 45 557
E-Mail: camping@mairie-dsb.fr **Internet**: www.mairie-dsb.fr/
Öffnungszeiten: Mitte Mai - Mitte September
Beschreibung: Campingplatz mit parzellierten Plätzen, teils schattig. Waschmaschine, Spielplatz, WLAN. Hunde erlaubt. Am Ortsrand, in der Nähe des Freizeitparks mit Seen und Fluss (300 m) sowie beim Sportplatz und Hallenbad. Restaurant und Geschäfte 700 m.
Preise: Wohnmobil 3,50 EUR , Personen je 3,70 EUR, Strom 3,30 EUR, Hund 1 EUR.
Zufahrt: Wie zu den beiden Stellplätzen, jedoch die Hauptstraße weiter und über die Brücke. Hinter der Brücke nach rechts durchfahren.

Dompierre wartet mit dem typisch französischen parc de loisir auf, wo man mit oder ohne Hund spazieren gehen kann. Es lohnt sich, hier einen Streifzug zu unternehmen und den teils seltenen Wasservögeln zuzusehen. Angler finden am

Altes Badehaus mit schöner Fassade

Fluss und in den Seen ihr Paradies. An heißen Tagen sahen wir auch Leute im Fluss baden. Bis zu den Knien war ich auch drin...

Wie kommen Sie hin? Ganz einfach: vom Campingplatz aus über die Metallbrücke neben dem Sportplatz, von den Stellplätzen aus lediglich weiter nach „hinten" aus gehen...

Im Ort selber gibt es einige schöne Häuserfassaden sowie den **Parc de rosiers**. Haben Sie das ehemalige Badehaus gegenüber des offiziellen Stellplatzes gesehen?

Unser letztes Ziel der Tour 16 ist ein Kloster. Nein, ich will nicht in Klausur gehen, obwohl das für gestresste Menschen dort angeboten wird, ich möchte Ihnen lediglich eine einstige Zisterzienser- und jetzige Trappistenabtei vorstellen: **L'Abbay de Sept-Fons**. Sie liegt rund fünf Kilometer von Dompierre entfernt und erhielt ihren Namen von den sieben Quellen.

Sie können von unserem Standort aus auch mit dem Rad hinfahren. Ich habe es ausprobiert, es geht gut. Mit dem Wohnmobil fahren Sie zur Hauptstrecke zurück und biegen gleich vor oder hinter – je nach Standort – der Brücke nach rechts auf die D 55 Richtung Decise.

Bei der Brücke mit dem blauen Geländer, die über den **Canal latéral à la Loire** führt, sehen Sie das Kloster vor sich. Links befindet sich der Parkplatz, wo Sie evtl. auch einmalig übernachten könnten. [251: N 46° 32' 44.2" E 03° 42' 15.1"] Von den ersten Gebäuden ist kaum was erhalten. Die, die Sie vor sich sehen, stammen aus dem 18. Jahrhundert. Das Kloster breitet sich beidseits der Klosterkirche mit klassizistischer Fassade und drei Kilometer langer Klostermauer aus.

Keine Scheu, steigen Sie aus und begeben Sie sich durch das Tor auf der gegenüberliegenden Straßenseite. In der hauseigenen Boutique wurde ich von einem netten Mönch empfangen, der mir bereitwillig Informationen gab. Die „heiligen" Räume durfte aber auch ich nicht betreten.

Dafür konnte ich in einem der zugänglichen Trakte Bilder vom Klosterleben sowie anhand eines Modells die enormen Ausmaße des Klosters nachempfinden. Ein wirklich interessanter, 30-minütiger Film bringt uns das heutige Klosterleben näher. Nichts für mich, da müsste ich zu oft schweigen und viel zu früh aufstehen.

Auch bei den Mönchen hat die Technik Einzug gehalten: Es gibt Internet. Mehr unter: **www.abbayedeseptfons.com/**

Klosterleben

Die Abbaye Notre Dame de Sept-Fons liegt in der Nähe des Loire-Ufers und gehört zum Zisterzienserorden und dieser wiederum zu den Trappisten. Das ist ein römisch-katholischer Mönchsorden, der im 17. Jahrhundert aus der Reform des Zisterzienserordens hervorging.
1132 wurde das Kloster von Richard und Guillaume de Montbard – beide aus der Familie Bourbon-Lancy – gestiftet.1791 vertrieb man die dort lebenden Mönche und das Gebäude wurde als nationales Eigentum verkauft. Kurze Zeit später erwarben die Mönche ihr eigenes Kloster zurück und fanden 1845 ins klösterliche Leben zurück. Von 1899 bis 1934 stand es unter der Leitung von Abt Jean-Baptiste Chautard, der die Abtei durch sein Buch sowie hauptsächlich durch den Verkauf diätetischer Erzeugnisse vor dem finanziellen Ruin rettete. Die Abteikirche wurde 2009 vom Bischof von Moulins geweiht.
Heute folgen rund 70 Mönche einschließlich der jungen Novizen den Regeln des Heiligen Benedikts. Die Devise ist: „Ora et labora". Neben dem Verkauf von Büchern, Heiligenfiguren, Käse, Marmelade, Senf und anderem wird in erster Linie das Germalyne, ein Nahrungsergänzungsmittel, das im Kloster vor rund 80 Jahren entwickelt wurde, veräußert. Zudem gibt es im Kloster 27 Zimmer, die zum Zwecke der Erholung und Besinnung nach vorheriger schriftlicher Anmeldung vermietet werden. Den Familienangehörigen stehen zehn Hotelzimmer zur Verfügung.
Morgens um 3.00 Uhr werden die Mönche regelmäßig geweckt und zum Gebet gerufen. Die Armen!

TOUR 17: Abschied von der Auvergne 120 km

Beaulon – Thiel-sur-Arcolin – Bessay-sur-Allier – Moulins – Chavagnes – Paray-le-Frésil – Gannay-sur-Loire

Stellplätze:	Beaulon, Thiel-sur-Arcolin, Bessay-sur-Allier, Moulins, Chavagnes, Paray-le-Frésil, Gannay-sur-Loire
Campingplätze:	Domaine du Bourg (Gannay-sur-Loire)
Besichtigen:	Altstadt, Kathedrale und centre national du costume de scène et de la scènographie von Moulins
Baden:	Im Allier
Märkte:	Moulins (Fr.)

Es geht dem Abschied entgegen. Wir beginnen unsere letzte gemeinsame Tour am Canal latéral à la Loire bei Beaulon und enden an genau diesem Kanal in Gannay-sur-Loire. Zwischenzeitlich besuchen wir verschiedene kleinere Stellplätze und Orte sowie eine meiner Lieblingsstädte – Moulins, was mir aus verschiedenen Gründen ans Herz gewachsen ist.

Von der Abbaye Notre Dame de Sept-Fons fahre ich zurück zur D 15 Richtung Norden nach **Beaulon**. Dort müssen Sie sich zwischen links oder rechts der Straße entscheiden. Also zwischen „etwas komfortabler“ oder „einfach“? Zwischen „etwas abseits des Wassers“ oder „direkt am Kanal“? Meine Entscheidung ist immer rechts...

(252) Offizieller WOMO-Stellplatz: Beaulon I

GPS: N 46° 36' 15.3" E 03° 39' 30.9" Écluse de Beaulon/D 298
Max. WOMOs: >10
Ausstattung: Ver- und Entsorgung, Strom (am Relais), Mülleimer.
Beschreibung: Kostenloser, ruhiger Stellplatz auf Schotter nahe des canal latéral à la Loire, an der Schleuse. Außerhalb. Bäcker, Lebensmittelgeschäft und Restaurant etwas mehr als 1 km Fußweg. Teils schattig.
Preise: Strom 2 EUR/6 h, mit Jetons.
Zufahrt: In Beaulon die abknickende Vorfahrt nach links Richtung Decize nehmen. Am STOP-Schild nach links ab und am Ortsende am Rondell die 3. Ausfahrt Richtung base nautique auf die D 298 nehmen. Knapp 900 m weiterfahren. Der Platz liegt hinter der Brücke links.
Hinweise: Lange Wander- und Radwege entlang des Kanals. Angeln.

(253) WOMO-Stellplatz: Beaulon II

GPS: N 46° 36' 15.3" E 03° 39' 30.9" La Curesse/D 298
Max. WOMOs: >15
Ausstattung: Wasser, Strom (am Relais), Mülleimer, Picknickbänke.
Beschreibung: Kostenloser Stellplatz auf Wiese, direkt am Canal latéral à la Loire, nahe der Schleuse. Relativ viel Schatten. Bäcker, Lebensmittelladen und Restaurant etwas mehr als 1 km Fußweg.
Preise: Strom 2 EUR/6 h, mit Jetons.
Zufahrt: Wie zu Stellplatz 252, aber nach der Brücke nach rechts.
Hinweise: In enger Nachbarschaft mit vor Anker liegenden Booten und Yachten. Bei Regen matschig. Manchmal finden hier Feste statt, dann muss man sich den Platz mit PKWs teilen. Angeln möglich.

Hier wird noch mit Hand geschleust...

Hier am **canal latéral à la Loire** stehe ich auch außerhalb meiner Recherchen immer wieder gerne. Hier pulsieren Wohnmobil- und Schifffahrtsleben. Sie können Rad fahren, wandern, angeln oder einfach nur genießen.

Ich kann an diesem Platz vollkommen entspannt an meinen Büchern schreiben, lesen und vor allem dem Treiben auf dem Wasser oder dem Schleuser bei der Arbeit zusehen. Mein Mann tut es vielen Franzosen gleich und wirft die Angel aus. Manchmal wird auch Boule gespielt. Wir genießen die Spaziergänge entlang des Kanals, wo man auch gut mit dem Rad fahren kann. Immer wieder komme ich mit Franzosen, die hier ihre kompletten Ferien verbringen, oder mit den vor uns ankernden Bootsfahrern ins Gespräch. Nicht selten konnten wir sogar an einem der Feste oder Boule-Spiele teilnehmen, die am nicht offiziellen Platz stattfanden.

Beaulon selber gibt nicht viel her, außer dass es für mich einen besonderen Charme besitzt. Hier fühle ich mich „heimisch": die Bäckersfrau, zu der ich jeden Morgen wegen der Baguettes mit dem Rad fahre, ist freundlich, und im kleinen „Tabac" schräg gegenüber, wo es die Angelkarten und die Jetons gibt, hält man immer wieder gerne ein Schwätzchen. Das ist für mich Urlaub pur, wie ich ihn mir wünsche...

Immer wieder gemütlich...

Lassen Sie uns unsere gemeinsame Reise fortsetzen. Es geht zurück zum Rondell, wo ich die 2. Ausfahrt Richtung Dompierre nehme. Wir halten uns im Ort rechts. Nach der Kirche ist rechterhand von uns eine Mauer, der folge ich und biege schließlich nach rechts auf die D 164. **Thiel-sur-Acolin** ist unser nächstes Ziel. Mittels einer stark gebogenen Brücke überqueren wir schon wieder den Kanal. Bleiben Sie auf der D 164 und folgen Sie den Wegweisern! Die Strecke ist nicht besonders interessant. Aber wenn Sie nach links abbiegen und über eine Brücke müssen, die uns hilft, problemlos die N 79 zu überqueren, haben wir es auch bald schon geschafft.

Der Stellplatz ist leider nicht gut ausgeschildert. Ich habe ihn nur gefunden, weil ich ziemlich ratlos umhergeirrt bin und ein charmanter Franzose – selber Wohnmobilfahrer – mir den Weg wies.

(254) Offizieller WOMO-Picknickplatz: Thiel-sur-Acolin

GPS: N 46° 31' 21.0" E 03° 35' 16.2" Rue de la motte

Max. WOMOs: 2-3

Ausstattung: Ver- und Entsorgung, Strom, Mülleimer, Picknickplätze, Bänke, Orientierungstafel.

Beschreibung: Kostenloser Platz am Ende eines kleinen Ortes, gegenüber dem Friedhof. Zentrum ca. 700 bis 800 m.

Zufahrt: In den Ort, über den Bahnübergang und bis zum STOP-Schild bei der Kirche fahren. Dort nach rechts Richtung Dompierre. Die abknickende Vorfahrt nach links nehmen und vor dem Friedhof am Ende des Ortes nach links in die Straße fahren. Der Platz liegt gleich links.

Hinweise: Alles kostenlos, jedoch muss der Knopf für den Strom alle 2 Stunden erneut gedrückt werden.

Zu unserer nächsten Übernachtungsmöglichkeit fahre ich nach rechts raus, durch den Ort und gegenüber der Kirche nach links. Die kleine D 31 hat mich wieder, und ich bleibe ihr treu. Wir passieren Chapeau und Neuilly-le-Réal. Und wenn wir dann an einem STOP-Schild nach links rausfahren, gelangen wir nach **Bessay-sur-Allier**, meine nächste Station.

Aber etwas Achtung ist unterwegs geboten: Wildwechsel! Das steht nicht nur auf dem Verkehrsschild! Mir lief hier einmal eine Wildschwein-Mama mit Nachwuchs am hellichten Tag über den Weg beziehungsweise über die D 31. Nichts passiert! Schwein gehabt, im wahrsten Sinne des Wortes!

(255) Offizieller WOMO-Stellplatz: Bessay-sur-Allier

GPS: N 46° 26' 27.8" E 03° 21' 51.7"
Rue Émile Guillaumin
Max. WOMOs: 5-6
Ausstattung: Ver- und Entsorgung, Toilette, Mülleimer, Stadtplan, Spielplatz nebenan.
Beschreibung: Kostenloser, gemischter Parkplatz auf Asphalt, vor der Kirche und dem Friedhof. Innerorts. Lebensmittelmarkt ca. 5 min.
Zufahrt: Den Ort passieren. Dort, wo die N 7 eine scharfe Kurve nach rechts macht, mittig-links zur aire de service/Guise abbiegen. Die 2. Querstraße nach etwa 140 m nach links zur église. Vor der Kirche nach rechts und sofort nochmals nach rechts auf den Parkplatz.
Hinweise: Falls die Einfahrt zur Kirche verpasst wurde, weiterfahren, dann gibt es noch eine andere Einfahrt direkt auf den Platz, nach links **[N 46° 26' 26.2" E 03° 21' 52.5"]**.

Ehe ich es mir in meinem Wohnmobil gemütlich mache, begebe ich mich zu einem kleinen Bummel durch die Heimat Heinrichs IV. Ach ja, wer glaubt, der Zusatz „sur-Allier" sei wörtlich zu nehmen, der irrt. Der Fluss liegt rund drei „Gehkilometer" von unserem Platz entfernt.

Übrigens, sollten Sie mich nicht begleiten und gleich nach Moulins wollen, können Sie an der Kreuzung, wo wir am STOP-Schild nach links auf die N 7 abgebogen sind, nach rechts fahren. Wir treffen uns dort. Bonne nuit!

Am nächsten Morgen fahre ich an besagter Kreuzung, wo sich die D 31 und die N 7 ein Stelldichein geben, Richtung **Moulins**. Ein wunderschöner Stellplatz in einer wunderschönen Stadt warten auf mich. Bleiben wir also auf der gut ausgebauten N 7 bis es nach etwas mehr als fünf Kilometern nach links auf die N 79/E 62 geht. Achtung, nach etwa vier Kilometern die Ausfahrt Clermont-Ferrand/Moulins nicht verpassen! Auf meinem Navy sowie im Michelin trägt die Straße die Bezeichnung D 2009. Noch rund zehn Kilometer bis zu „meinem" Platz. Warum „meiner"? Ich habe ihn sozusagen seit seiner Geburt begleitet: Bei meiner allerersten Recherche wurde der Stellplatz nämlich gerade neu eingerichtet, und ich hatte eine nette Begegnung mit dem verantwortlichen Chef de l'Office de Tourisme. Er lud mich zu sich ins Büro ein und erzählte mir so viel über „seine" Stadt, dass ich ein dickes Buch über Moulins schreiben könnte. Seither komme ich regelmäßig her. Hier gefällt es mir, hier habe ich viel erlebt...

Schon alleine das Treiben an der Einlassschranke ist immer wieder ein Schauspiel in mindestens zwei bis drei Akten: Die

(256) Offizieller WOMO-Stellplatz: Moulins I

GPS: N 46° 33' 28.9" E 03° 19' 28.6" Chemin de halage
Max. WOMOs: 90
Ausstattung: Ver- und Entsorgung, Strom, Mülleimer, Stadtplan.
Beschreibung: Großer Platz auf einem ehemaligen Campingplatzgelände, am Allier. Schotter und Wiese, klappstuhlgeeignet. Am Ortsrand, neben einem Kanuverleih sowie einer kleinen Bar/Restaurant. Größtenteils schattig. Supermarkt 200 m, historisches Zentrum 1,5 km. Angeln und Baden im Allier stellenweise möglich.
Preise: Übernachten 10 ct/h, Strom (4 h), Wasser* 2 EUR, mit Jetons.
Zufahrt: Noch vor dem Kreisverkehr weist das Womo-Schild nach rechts zur aire de camping-cars in die Zielstraße. Den Berg links runter, dann rechts halten und bis zum Ende durchfahren.
Hinweise: Der Automat am Ausgang rechnet die Verweildauer stundenweise ab. Die ersten 120 min. sind kostenlos. *Kleinere Mengen Wasser kann man am Platz am einstigen Sanitärgebäude am Waschbecken kostenlos holen. V&E befindet sich sowohl innerhalb als auch außerhalb des Geländes. Jetons gibt es vorm Platz am Automaten zu kaufen. Alles funktioniert nur mit Karte.

Sonne blendet, und man kann dann die Zeilen am Display nicht lesen... Wenn man es endlich lesen kann, muss man mindestens fünf Semester studiert haben, um zu verstehen, was die „Maschine" von einem will... Aber nicht aufgeben! Ich kann es mittlerweile gut. Und wenn's doch nicht auf Anhieb klappen sollte, keine Angst, Sie treffen immer auf Wohnmobilisten mit helfenden oder auch weniger helfenden Ratschlägen. Irgendwann jedoch schafft es (fast) jeder. Einige Wohnmobilfahrer gaben auf und drehten um. Dabei ist es hier so schön, so billig und – wenn man es erst einmal kann – so einfach. Als Hilfestellung spricht der Automat gleich mehrere Sprachen. Hier meine Kurzanleitung: Strom, Wasser und WC-Entleerung gibt es nur mit Jetons, die an einer der Säulen rechts vor der Schranke zu ziehen sind. Diese wiederum bekommen Sie nur mit Kreditkarte. Die Jetons gelten zudem für die am Platz befindlichen Stromsäulen. Für den Einlass müssen Sie vor der Schranke stehen bleiben und am Automaten Ihr Autokennzeichen eingeben. Anschließend werden Sie von der „Maschine" gefragt, ob die Angaben auch richtig seien. Wenn Sie es bejahen, spuckt er ein Ticket in Form einer Scheckkarte aus. Nicht verlieren! Beim Verlassen des Platzes ist diese wieder in den dafür vorgesehenen Schlitz zu stecken. Der zu zahlende Betrag wird errechnet, und Sie müssen – wieder mit Kreditkarte – bezahlen.

Hat man es endlich auf den Platz geschafft, wird man mit einer großen Stellfläche sowie Ruhe, Orts- und Wassernähe belohnt.

Von meinen Aufenthalten hier kann ich ein eigenes Buch schreiben. So erlebten wir einmal ein Gewitter vom Feinsten. Braucht kein Mensch! Netterweise hingen zuvor Warnzettel am Platz aus. Bei unserem letzten Besuch hatten wir einen Nachbarn mit einem ganz besonderen „Wohnmobil": Ein Holländer kam mit seinem Traktor an, mit dem er seine Ein-Zimmer-Wohnung hinter sich herzog. Der tappte wohl nie in eine Radarfalle!?

Ein ganz spezielles, radarfallenfeindliches Wohnmobil

Wer es weniger schön, weniger bequem, dafür lieber eng mag, sowie ein kleines Wohnmobil unter 3,5 Tonnen besitzt, für den habe ich ortsnäher einen Platz, der jedoch eher eine Parkgelegenheit für eine Stadtbesichtigung ist. Das Kästchen dazu befindet sich auf der gegenüberliegenden Seite.

Zu guter Letzt noch zwei inoffizielle Stellplatzmöglichkeiten. Zunächst kann man, mit toller Sicht auf die Silhouette der Stadt, neben dem Intermarché, in der Nähe eines Badestrandes sowie gegenüber des Centre national du costume de scène et de la scènographie, aber leider auch bei Müllcontainern stehen und übernachten. [258: N 46° 33' 45.9" E 03° 19' 11.9", Rue Lev de la Charbonnière] Der Platz verträgt fünf Womos.

(257) WOMO-Stellplatz: Moulins II

GPS: N 46° 33' 57.5" E 03° 19' 29.1" Rue du manège
Max. WOMOs: 2-3
Ausstattung: Mülleimer.
Beschreibung: Größerer, kostenloser, gemischter Parkplatz hinter einem Gymnasium. Für Wohnmobile über 3,5 t gesperrt. Zentrum 700 bis 800 m.
Zufahrt: Wie zu Stellplatz 256, jedoch weiter bis zum Kreisverkehr vorfahren und dort die 2. Ausfahrt nehmen. Über die Brücke und dahinter am Rondell die 3. Ausfahrt Richtung Nevers wählen. Nach 300 m nach rechts (Rue des pêcheurs). Hier wird es eng! Die nächste Straße nach links und gleich wieder nach links zum Parkplatz, der kurz darauf rechts liegt.
Hinweise: Nicht während des Schulbetriebs nutzen. Platz ist nur für kurze Womos sowie für solche unter 3,5 t geeignet. Gedacht für Stadtbesichtigung; übernachten nur bedingt möglich.

Mein letzter Tipp liegt ebenfalls etwa einen Kilometer vom historischen Zentrum entfernt, beim Stadion sowie dem öffentlichen Schwimmbad „centre aqualudique l'Ovive". Hier können mindestens zehn Womos stehen. [259: N 46° 34' 05.4" E 03° 19' 20.7", Allée des soupirs]

Doch jetzt will ich Ihnen Moulins vorstellen. Lassen Sie uns zunächst mit einem Museum der besonderen Art beginnen und in die Welt der Berühmtheiten, des Theaters, der Opern

Wissenswertes über Moulins

Moulins wurde erstmals im Jahre 990 erwähnt. Der Name – so nimmt man an – entstand aufgrund der zahlreichen Mühlen in dieser Gegend. Die Legende besagt, dass Archambaud Graf von Bourbon während der Jagd, nachdem er den Allier überquert hatte, von der Nacht überrascht wurde und Einkehr in einer Mühle fand. Er verliebte sich in die hübsche Müllerin und erbaute dort ein Jagdhaus, aus dem später ein Schloss wurde. Drumherum entstand rasch ein Dorf. Mitte des 13. Jahrhunderts wuchs Moulins zu einer 1.000 Einwohner zählenden Stadt. Zwischen 1327 und 1527 war es gar Hauptstadt des Herzogtums Bourbon. Ein Leben in Luxus brach an. Zahlreiche Künstler wurden an den dortigen Hof von Pierre II und seiner Frau Anne de France berufen. Nach der Revolution war Moulins Sitz der Präfektur. Etliche Kloster fanden hier ihren Platz. Zu Beginn des 19. Jahrhunderts wurde in der Stadt das 1. Gymnasium Frankreichs gegründet.
Noch heute zeugen Villen, Herrenhäuser, Museen und Fachwerkhäuser von einer interessanten Vergangenheit.

und des Films eintauchen. Wir gehen einfach zur Brücke und am Kreisel geradeaus Richtung Supermarkt, wo ich mir stets meine tägliche Baguette-Ration hole. Genau gegenüber befindet sich links in einer ehemaligen Kavalleriekaserne das **centre national du costume de scène et de la scènographie**, ein Kostümtheater, mit rund 9.000 Kostümen aus Film, Theater und Kunst. Dieses 2006 gegründete CNCS – wie es in der Abkürzung heißt – ist das erste Museum weltweit, das sich ganz dem Kulturerbe „Bühne" widmet. Die Themen wechseln jährlich. So gab es beispielsweise „Divas", „Christian Lacroix", „Shakespeare, der Stoff der Welt" oder „Habiller l'Opéra". Präsentiert werden auf künstlerisch wertvolle Art und Weise edle Roben und Video-Vorführungen. Ein Shop sowie ein Restaurant runden das Ganze ab. Es ist ansprechend, aber ehrlich: Ich hatte mehr erwartet. **[www.cncs.fr/, täglich von 14 Uhr bis 18 Uhr geöffnet, Eintritt 4 EUR bis 7 EUR]**

Der Aufenthalt an den Ufern des Allier hingegen enttäuscht mich nicht: An heißen Tagen finden Sie dort Erfrischung im kühlen Nass sowie einen ruhigen Sonnenplatz. Angelfreunde werden es genießen, auf Fischfang zu gehen, und auch diejenigen, die sich lediglich an einem schönen Anblick ergötzen wollen, kommen auf ihre Kosten. Das Panorama der **Allier-Brücke** wird Ihnen unvergesslich in Erinnerung bleiben. Badespaß kann man entweder direkt beim Stellplatz 256 oder aber – noch schöner – unterhalb des Supermarktes beziehungsweise des Stellplatzes 258 genießen.

Ich nehme Sie nun mit über die Brücke. Wir gehen geradeaus, wobei ich mich ein wenig links halten muss. Das ist die Grobrichtung. Eine genaue Stadtführung benötigen Sie nicht, so groß ist Moulins nun auch wieder nicht. Hier nur wieder ein paar Dinge, die Sie keineswegs versäumen sollten:

Ein unbedingtes Muss ist der Besuch der **Kathedrale Notre Dame de Moulins**, die aus zwei verschiedenen Teilen besteht. In ihrem Inneren kann man das **Triptychon des Meisters von Moulins** bestaunen, das allerdings nur zu bestimmten Zeiten zugänglich ist. Aber auch dann

Kirchenfenster erzählen...

Grablegung: Man beachte die naturgetreuen Gesichter

ist nicht immer darauf Verlass, dass es mit der Besichtigung klappt. Eben Frankreich! So habe ich schon selbst erlebt, dass ein Priester trotz Öffnungszeiten die Tür zuschloss und mir mitteilte, er käme später wieder. Na ja, vielleicht hatte er dringende, menschliche Bedürfnisse!? Jedenfalls war er auch eine halbe Stunde später nicht da. Wann ist eigentlich ein französisches „Später"?

Die „**mal coiffée**" (wörtlich übersetzt „Die schlecht Frisierte"), also der Donjon des Herzogschlosses, der bis 1986 als

Familie Jacquemart bei der Arbeit

Gefängnis diente, finden Sie direkt gegenüber der Kathedrale. In unmittelbarer Nachbarschaft befinden sich der Schlosspark sowie der **Pavillon Anne-de-Beaujeu**. Letzteres wurde gebaut, damit der Bruder der Herzogin – König Charles VIII – hier die Pracht Italiens wiederfinden konnte. Heute beherbergt es ein Museum mit archäologischen Funden, mittelalterlichen Skulpturen, Gemälden und Fayenzen.

Besonders beeindruckend ist der am Rathausplatz, rechts hinter der Kirche, stehende **Jacquemart**, ein aus dem Jahr 1455 stammender Turm, auf dem unermüdlich die Familie Jacquemart abwechselnd die Stunden und die Viertelstunden auf Glocken hämmernd signalisiert. Ein wunderschönes Schauspiel sowie ein Ohrenschmaus.

Sollten Sie an einem Freitag in Moulins sein, nutzen Sie die Gelegenheit, über den **großen Markt** zu schlendern, der sich hier in zahlreichen Gassen und Straßen ausbreitet. Nochmals mein Tipp für die Damenwelt: Zu wirklich niedrigen Preisen können Sie hier ausgefallene Mode kaufen. Den Gourmets unter Ihnen sei gesagt: Spezialitäten jeglicher Art erhalten Sie nirgendwo so frisch und in so großer Auswahl wie auf Frankreichs Märkten. Und auch sonst findet ich stets allerlei Nötiges und Unnötiges...

Der Abschied von Moulins rückt näher, aber auch der Abschied von unserer geliebten Auvergne. Ich verlasse den Stellplatz, nicht ohne natürlich unseren relativ geringen Betrag am relativ komplizierten Automaten zu zahlen.

Am Rondell nehme ich die 1. Ausfahrt Richtung Zentrum, am nächsten abermals die 1. Ausfahrt. Bleiben Sie auf dieser

Au revoir Moulins!

Straße, die zunächst Richtung Autun/Vichy führt, und überqueren Sie an einer Ampel die Kreuzung. Der Straßenname hat mehrfach gewechselt, die Straßennummer ist geblieben: D 528. Irgendwann liegt links von uns ein kleiner Park – nur zur Orientierung. Bald taucht neben dem Hinweis auf Autun auch der auf **Chevagnes** auf. Jetzt ist's einfach.

(260) Offizieller WOMO-Stellplatz: Chevagnes

GPS: N 46° 36' 38.6" E 03° 33' 06.8"

An der D 779
Max. WOMOs: 4
Ausstattung: Ver- und Entsorgung, Strom (am Relais), Mülleimer, Bänke, Informationstafel.
Beschreibung: Kostenloser, sehr schön angelegter, parzellierter Stellplatz hinter der mairie, am Ortsrand. Kein Schatten. Auf Schotter.
Preise: Wasser und Strom je 2 EUR.
Zufahrt: Über die D 779 in den Ort, am Ende dem Wohnmobil-Schild nach rechts folgen. Der Platz liegt hinter dem großen Parkplatz rechts.
Hinweise: Nebenan auf dem Platz sind weitere Parkmöglichkeiten für Womos.

Anschließend fahre ich auf der D 779 weiter, um sofort, wenn das Flüsschen Acolin überquert ist, nach links auf die D 238 Richtung **Paray-le-Frésil** abzubiegen. Und schon wieder werden wir nach rechts dirigiert. Ich folge dieser kleinen, gradlinigen Straße bis zu unserem Ziel, wo mich zunächst ein paar neuere Häuser auf der linken Seite empfangen. Sehen Sie rechts zwischen den Bäumen einen kleinen Weiher? Dann sind Sie richtig. Bald thront vor mir eine **Kirche**. An dieser Kreuzung fahren wir nach rechts und kommen bald an den Kreisverkehr, wo unser Stellplatz liegt.

(261) Offizieller WOMO-Stellplatz: Paray-le-Frésil

GPS: N 46° 39' 16.7" E 03° 36' 46.8" An der D 238
Max. WOMOs: 3
Ausstattung: Ver- und Entsorgung, Strom (am Relais)*, Mülleimer, Picknickbänke, Orientierungstafel, Spielplatz in der Nähe.
Beschreibung: Kostenloser, schön angelegter kleiner Stellplatz auf Schotter. Ohne Schatten. Am Kreisverkehr, gegenüber einer Kirche mit altem Friedhof. In der Nähe des Schlosses. Am Ortsrand. Restaurant 200 m.
Preise: Den Knopf drücken, dann bekommt man 10 min. Wasser und 45 min. Strom. Das kann wiederholt werden.
Zufahrt: Wenn die Kirche in Sicht kommt, am Kreisverkehr die 2. Ausfahrt nehmen. Gleich daneben liegt der Stellplatz.
Hinweise: Geringer Straßenlärm sowie regelmäßiges Glockengeläut.

Ihren Schlaf könnten vorbeifahrende Autos oder das Glockengeläut stören. Aber selbst wenn Sie nicht nächtigen wollen, sollten Sie sich die Kirche sowie die (ur)alten Gräber ansehen. Das **Schloss** befindet sich ganz in der Nähe.

Kennen Sie Kommissar Maigret? Dessen geistiger Vater, der berühmte Krimi-Autor Georges Simenon, lebte 1923/24 als Privatsekretär beim dortigen Marquis Raymond d'Estutt de Tracy genau hier in diesem Ort. In seinem Roman „Maigret und die Affäre Saint-Fiacre" erhielt Paray-le-Frésil den fiktiven Namen Saint-Fiacre. Ich kann mir gut vorstellen, dass das prachtvolle Schloss, das unter der Herrschaft von Ludwig XIII. erbaut wurde, den Schriftsteller inspirierte.

Leider können wir dieses château inmitten eines zehn Hektar großen Parks mit Teich nicht besichtigen, aber Sie können es mieten – wenn Sie zu viel Geld übrig haben. Haustiere unerwünscht, also nichts für mich!

Der Besuch der Kirche hingegen ist kostenlos. Ich war von ihrem Inneren beeindruckt. Schauen Sie mal nach oben!

Beim Betrachten der Gräber im Außenbereich musste ich immer wieder an die Schicksale denken, die sich hier in diesem „Nest" wohl abgespielt haben mögen.

Wunderschöne Kirchenkuppel

Lourdes in Paray

Ein wenig wehmütig mache ich mich nun zur letzten Station unserer gemeinsamen Auvergne-Reise auf. Mein Ziel heißt **Gannay-sur-Loire**. Dazu biege ich vom Stellplatz nach links ab, um auf der D 238 zu bleiben. Die Straße ist schmal, aber alles passt...

Wenn Sie dann auf einer „Bogenbrücke" über den bereits bekannten **Canal latéral à la Loire** fahren, sollten Sie am Ende der Straße nach links auf die D 15 Richtung Gannay-sur-

(262) WOMO-Picknickplatz: Gannay-sur-Loire

GPS: N 46° 43' 37.3" E 03° 35' 56.4" Le port des vanneaux
Max. WOMOs: 3-4
Ausstattung: Wasser*, Strom*, Toilette, Duschen, Mülleimer, Picknickbänke.
Beschreibung: Picknickplatz auf festem Untergrund, direkt am Kanal, bei der Schleuse. Wenig Schatten. Außerhalb, Bäcker und Zentrum 2 km.
Zufahrt: Über die D 15 kommend im Ort links halten. Der Richtung base nautique folgen. Laut Schild verlassen wir dabei bereits wieder den Ort. Wir fahren über den Kanal und biegen ca. 150 m weiter nach links rein.
Hinweise: *Wasser und Strom sind für die Boote. Kleine Mengen Wasser in den öffentlichen Toiletten möglich. Kleiner Lebensmittelmarkt im Ort in 2 km, Bar nebenan, wo man auch Brot bekommen kann.

Loire abbiegen. Zwischenzeitlich bewege ich mich knapp an der auvergnatisch-bourgognischen Grenze. Bei meinem ersten Besuch hier am Stellplatz waren wir alleine. Im Laufe der Jahre standen wir in immer mehr Gesellschaft dort...

(263) WOMO-Campingplatz: Gannay-sur-Loire (Domaine du Bourg)

GPS: N 46° 43' 51.8" E 03° 36' 58.4" 4 Chemin des terriens
Tel./Fax: +33 - 47 04 34 901
E-Mail: info@domainedubourg.com
Internet: www.domainedubourg.com
Max. WOMOs: 25 **Öffnungszeiten**: Mitte Apr. - Ende Okt.
Beschreibung: Uriger, kleiner, familiärer Campingplatz am Ortsrand. In der Nähe der Loire. Mit Schatten. Kostenloses WLAN, Waschmaschine, Snackbar, Spielplatz, Tischtennis, Volleyballfeld, Gemeinschaftsgrill. Strand an der Loire mit Bademöglichkeit in ca. 1 km. Angelmöglichkeit.
Preise: Je nach Saison etwa 21 EUR, Hunde kostenlos.
Zufahrt: Von der D 15 kommend dort, wo wir links zur base nautique abgebogen sind, um zum Stellplatz zu gelangen, vorher nach rechts in den Chemin des terriens einbiegen.

Für einen längeren Aufenthalt gibt es den sehr kleinen Campingplatz mit leider nur begrenzten Öffnungszeiten.

Bleiben mir nur noch ein wehmütiger Spaziergang am Kanal, ein gutes französisches „Abschieds"-Essen mit Bernard Oudouls Chanson „Mon Auvergne".

Wir verabschieden uns mit einem Textausschnitt: Je la garde au fond de moi / Nous venons de cette terre /Cette **Auvergne** dont nous sommes si fiers / ... / Je vous garde au fond de moi (von Bernard Oudouls)

Danke, dass Sie uns auf unseren Touren begleitet haben. Wir hoffen, Sie fanden es in „unserer" Auvergne genauso schön wie wir. Sollte Ihnen unser kleiner, von persönlichen Eindrücken geprägter Reiseführer gefallen haben, sagen Sie es bitte weiter. Falls nicht, behalten Sie es ganz einfach für sich... Danke!

Adressen

Hier können Sie Kontakt aufnehmen oder sich online informieren. Broschüren werden nicht mehr verschickt. Kein Publikumsverkehr!

Atout France
Französische Zentrale für Tourismus
Postfach 100 128
60001 Frankfurt/Main
Tel. 0049 - (0)69 - 9758 0174
Fax:0049 - (0)69 - 745 556
info.de@atout-france.fr
www.de.france.fr/de

in Österreich:

Atout France Österreich
Prinz-Eugen-Str. 72/2/2.3
1040 Wien
Tel. 0043 - (0)1 - 503 2892
info.at@atout-france.fr
www.at.france.fr/de
www.at.ambafrance.org/Tourismus-Atout-France-8620

in der Schweiz:

Atout France Zürich
Postfach 33 76
Rennweg 42
8001 Zürich
Tel. 044 - 217 46 00
info.ch@atout-france.fr
www.france.fr/fr

Folgende Adressen könnten ebenfalls interessant sein:

Französisches Generalkonsulat
Zeppelinallee 35
60325 Frankfurt/Main
0049 - (0)69 7950960

Österreichische Konsulat in Lyon
139 Rue Vendome
69006 Lyon
Tel./Fax. 0033 - (0)472 746 956
consulat.autriche.lyon@gmail.com

Schweizerisches Generalkonsulat in Lyon
4 Place Charles Hernu
Immeuble „Le Colysée“
69616 Villeurbanne
Tel. 0033 - 472 757 910
lyo.vertretung@eda.admin.ch

Ärztliche Hilfe

Leider kann es passieren, dass jemand erkrankt oder einen Unfall erleidet und ärztliche Hilfe benötigt. Dann ist es wichtig, zu wissen, was zu tun ist. Sind Sie Mitglied einer gesetzlichen Krankenkasse, benötigen Sie die Europäische Krankenversicherungskarte (European Health Insurance Card – EHIC), die Ihre Krankenkasse kostenlos aushändigt. Privatversicherte bekommen nach der Behandlung eine Arztrechnung, die daheim bei der Versicherung und/oder der Beihilfestelle einzureichen ist.

Tipps:

- *Es gilt der Euro-Notruf **112**.*
- *Beim ADAC können Sie, ebenso wie bei den lokalen Fremdenverkehrsämtern (Touristenbüros), eine Liste deutschsprachiger Ärzte in Ihrer Region anfordern.*
- *Bei Unfall, Verletzungen, Transportfragen oder gar Todesfall ist der ADAC über die* 0049-(0)89 76 76 76 erreichbar.
- *Größere Städte wie Clermont-Ferrand, Aurillac, Montluçon, Vichy, Moulins, Riom oder Le Puy haben Krankenhäuser.*
- *Überlegen Sie, ob Sie überhaupt einen Arzt brauchen. Häufig können Apotheker weiterhelfen. Sie sprechen in der Regel englisch und sind sehr gut ausgebildet.*

Angeln

Kaum eine andere Region hat so viele fischreiche Gewässer wie die Auvergne. Daher finden Sie auch in nahezu jedem Ort Angelgeschäfte oder Supermärkte mit gut sortiertem Angebot.

Natürlich müssen beim Angeln die geltenden Fangvorschriften eingehalten werden, die Sie mit dem Kauf der Angelkarte ausgehändigt bekommen. Diese wiederum bekommen Sie gegen Vorlage des in Deutschland erworbenen Fischereischeins; nicht selten jedoch genügt auch ein gültiger Personalausweis. Die Gebühren für die Angelerlaubnis sind vergleichsweise niedrig und nach Gewässerqualität sowie nach Alter und Geschlecht gestaffelt. Campingplätze bieten manchmal kostenloses Angeln an. Angelscheine erhalten Sie ansonsten in Angelgeschäften, Bars, Tabakläden, mairies oder Restaurants. Neben Tages-, Wochen- oder Monatskarten sind Ganzjahreskarten zu haben, die entweder für bestimmte Regionen oder fürs ganze Land gelten. Für letztere Variante benötigen Sie ein Passfoto.

Weitere nützliche Informationen für die einzelnen Départements gibt es unter: **www.annuaire.service-public.fr/navigation/auvergne**

Neben dem Allier sind die Sioule und die Besbre fischreiche Flüsse im Département Allier. Die wildromantischen Schluchten der Truyère gelten als Anglerparadies im Cantal. Seen laden hier ebenfalls zum Angeln ein. Im Haute-Loire können Sie an der Gazeille, am Lignon sowie an etlichen Seen Ihrem Hobby frönen. Der Lac du Bouchet ist von Januar bis August für Hobbyangler und von September bis Dezember für Sportangler zugängig. In den Schluchten der Haute-Allier liegt ein Lachsschutzgebiet. Die meisten Angelseen sind im Dé-partement Puy-de-Dôme.

Zu den Besonderheiten der auvergnatischen Gewässer zählt der Lachs im Allier.

Dessen Vorkommen ist ebenso wie das des Fischotters und des Bibers ein Zeichen für extrem gute Wasserqualität. Weitere Fischarten sind Forelle, Bachsaibling, Zander, Hecht und Karpfen. Leider haben sich in den letzten Jahren die aus Amerika stammenden schwarzen Katzenwelse derartig vermehrt, dass sie zur Plage wurden.

Tipp:

Wer oft nach Frankreich fährt, für den lohnt sich eine Jahreskarte. Diese können Sie für 95 EUR online bestellen ***www.de.cartedepeche.fr****.*

Ausweise

Für den Aufenthalt in Frankreich reicht ein gültiger Personalausweis, den normalerweise niemand sehen will. Auf Campingplätzen wird hin und wieder bei der Anmeldung danach gefragt. Hier tut es aber auch ein spezieller Campingausweis, wie etwa der vom ADAC. Für Heimtiere benötigen Sie einen gesonderten Ausweis.

Wenn Sie eine Krankheit haben, die Notfälle befürchten lässt, kann es von Nutzen sein, einen mehrsprachigen Notfallausweis mit sich zu führen. Eingetragen sein sollen Notfalladressen sowie Medikamente. Den Pass erhalten Sie bei Ihrem Arzt oder in Apotheken.

Autohilfsdienste

Wir wünschen uns alle, dass wir von Pannen und Reparaturen verschont bleiben, dennoch ist keiner wirklich davor gefeit. Sie können jedoch das Risiko mindern, indem Sie vor Reiseantritt noch einmal in Ihre Werkstatt zur Inspektion fahren. Bei der Gelegenheit sollten Sie auch gleich das neueste internationale Verzeichnis für Kundendienste Ihrer Automarke mitnehmen.

Was aber, wenn wirklich ein Notfall eintritt?

Tipps:

- *Auch die französischen Pannendienste auf Autobahnen werden über Notrufsäulen gerufen. Ansonsten wenden Sie sich über die 17 an die Police Sécours. In Notfällen gilt die 112. Bitte beachten Sie beim Telefonieren mit dem Handy, dass zuvor die Vorwahlnummer für Frankreich (0033) gewählt werden muss.*
- *Unter der 04 72 17 12 22 ist rund um die Uhr über AIT-FIA Assistance in Deutsch ein Pannendienst anzufordern.*
- *Gut, wenn Sie sich vor Reiseantritt bei Ihrem Automobilclub oder Ihrer Versicherung einen (Auslands-)Schutzbrief besorgen. Damit werden nicht nur die Kosten für eine Pannenhilfe bis zu einem gewissen Grad übernommen, auch beinhaltet er Leistungen wie den Krankenrücktransport, die Verzollung bei Totalschaden oder den Ersatzteilversand. Aber Achtung: Für Fahrzeuge, die ein bestimmtes Maß überschreiten, muss eine Zusatzpolice abgeschlossen werden.*

Banken

Die meisten französischen Banken sind von Montag bis Freitag von 9.00 Uhr bis 16.30 Uhr geöffnet. Um von Ihrem Konto Geld abzuheben, benötigen Sie jedoch keine Öffnungszeiten, da außerhalb der Schalterstunden in den Foyers oder vor der Bank sowie in Supermärkten Geldautomaten stehen. Es können aber Gebühren von 3 EUR bis 6 EUR anfallen.

Tipp:

Erkundigen Sie sich voher, welche Gebühren anfallen, wenn Sie bei fremden Banken oder an Automaten abheben.

Bezahlung/Kredit- oder Bankkarten

Schon lange wird in Frankreich mit Karte bezahlt. American Express Karten werden jedoch nicht überall akzeptiert. Auf der sicheren Seite sind Sie mit Visa- oder Master-Card.

Immer mehr Stellplätze sind mit Automaten bestückt, an denen Sie ausschließlich mit Karte bezahlen können. Dies gilt für Übernachtung aber auch für Ver- und Entsorgung. Nicht immer werden jedoch alle Karten akzeptiert, was an den gold- oder silberfarbenen Sicherheits-Chips (den Puce) liegt. Wir haben dabei schon die abenteuerlichsten Sachen erlebt, was uns jedoch nie davon abhielt, schöne Plätze wieder aufzusuchen. Zum Trost: Es gibt immer hilfsbereite Womofahrer oder eine Notruftaste.

Auch an Autobahn-Mautstationen sowie an Supermarkttankstellen kann (meist problemlos) mit Karte bezahlt werden.

Tipps:

- *Sollte Ihnen einmal eine Karte abhanden kommen, lassen Sie sie umgehend sperren! Schreiben Sie sich dafür daheim die entsprechenden Daten Ihrer Bank auf.*
- *Als bundesweiter Sperr-Notruf gilt für die meisten Karten die +49-116 116. Eine bessere Erreichbarkeit aus dem Ausland haben Sie unter der +49 30 4050 4050. Online sperren geht unter **www.116116.eu**.*

Campingplätze

Fast jeder Ort hat mindestens einen Campingplatz. Die Plätze unterscheiden sich in Service und Ausstattung, was an ihren Sternen (ähnlich wie bei Hotels) zu erkennen ist. Es gibt private und kommunale – so genannte Camping Municipal. Letztere sind billiger aber nicht unbedingt schlechter.

Freies Camping ist – bis auf einige Ausnahmen – für kurze Zeit möglich. Das trifft besonders auf die Zeit außerhalb der Saison sowie touristisch wenig erschlossene Gebiete zu.

Einkaufen

„Hamsterkäufe" vor Reiseantritt sind unnötig, da Sie fast alles in den **hypermarchés**, den großen Supermärkten, bekommen. Auch in kleineren **épiceries** oder **alimentations** können Sie leckere Lebensmittel und einige andere Dinge kaufen. Frisches Baguette gibt es in fast jedem Ort in einer **boulangerie**. **Pâtisseries** halten für Sie unbeschreiblich viele sowie leckere Stückchen, Torten und Kuchen bereit. In einer **boucherie** können Sie Frischfleisch, in der **charcuterie** Wurstwaren und in einer **poissonnerie** Fisch kaufen.

Tipps:

- *Wir beschränken uns darauf, für die ersten 1-2 Tage ein paar „Not"-Nudeln, ein Päckchen Knäckebrot sowie Belag fürs Frühstück und natürlich Kosmetika (Denn die sind dort nicht ganz billig!) mitzunehmen.*
- *Wer Wert darauf legt, sollte sich auch seine Kaffee- bzw. Bier-Lieblingsmarke mitnehmen, die gibt es vielleicht nicht.*

Eintrittspreise

Viele Sehenswürdigkeiten sind kostenlos zu bestaunen. Sollte es dennoch etwas kosten, sind die Eintrittspreise in der Regel moderat. Häufig zahlen Kinder unter 18 Jahren gar nichts, und es gibt Ermäßigung für 18- bis 25-Jährige. Reduzierte Preise für Rentner hingegen findet man kaum. Allerdings werden Kombipreise in Form von Familientarifen oder Museumspässen angeboten. Sehr hoch sind die Eintrittspreise in Vergnügungsparks.

Fahrzeug

Bei unserer Form von Urlaub spielt das Fahrzeug eine Hauptrolle, um so wichtiger ist es, dass es in Ordnung ist. Damit unser rollendes Heim reibungslos zu benutzen ist, sollten Sie präventiv handeln. Viele Ersatzteile und Zubehöre gibt es auch in der Auvergne, aber einfacher ist es, daheim schon Vorsorge zu treffen.

Tipps:

- *Bringen Sie Ihr Womo noch vor Fahrtantritt zur Inspektion.*
- *Vergessen Sie nicht, die Zweitbatterie zu kontrollieren.*
- *Sorgen Sie für ausreichend Gasflaschen, für 1 bis 2 Liter Motoröl und vielleicht auch für eine Ersatz-Wasserpumpe.*
- *Besorgen Sie sich Ersatzbirnen und -sicherungen in ausreichender Zahl. Manche sollten auch an Zündkerzen denken.*
- *Ihr Wohnmobil hat nicht nur 4 oder 6 sondern 5 oder 7 Reifen. Ein Ersatzreifen ist völlig nutzlos, wenn er nicht einsatzbereit ist. Daher auch hier den Luftdruck kontrollieren.*

Fernsehen

Manchmal möchte man auch im Urlaub seine Lieblingssendung nicht verpassen oder die aktuellen Nachrichten sehen, daher haben immer mehr Wohnmobilisten eine „Schüssel" auf dem Dach und ein Fernsehgerät an Bord. Dabei gibt es große Qualitäts- aber auch Preisunterschiede. Vollautomatische Satelliten-Schüssel sind ebenso wie ein Fernsehgerät, das sowohl mit 220 Volt als auch mit 12 Volt betrieben werden kann, die bequemeren aber auch die teureren Varianten. Lassen Sie sich fachmännisch beraten.

Tipps:

- *Unter stark belaubten Bäumen haben Sie kaum Empfang.*
- *Für guten Empfang deutscher Sender sorgen ASTRA 1 und ASTRA 2.*

Flora, Fauna, Landwirtschaft & Landschaft

Die Auvergne ist aufgrund ihrer Lage, ihres Klimas sowie der Abgeschiedenheit der ideale Ort für eine große Artenvielfalt der Tier- und Pflanzenwelt. Schroffe Felsen, erloschene Vulkane, dichte Wälder aber auch satte Wiesen prägen das Bild. Im Frühjahr findet man Blütenteppiche aus gelben und weißen Narzissen. Ebenso kann man sich an rot blühenden Hundszahnlilien, wilden Stiefmütterchen, wildem Jasmin, Orchideen und Enzian erfreuen. Die Wurzeln des gelben Enzians, der auf den Hochplateaus wächst, werden zur Gewinnung des Aperitifs „Gentiane" verwandt. Farnen und Knabenkrautgewächs säumen viele Wege. Speziell in Feuchtgebieten und Mooren trifft man auf eine üppige Vegetation sowie eine abwechslungsreiche Tierwelt.

Weite Teile der Auvergne sind bewaldet. Die Höhenlagen sind von Buchen und Tannen dominiert. Auch der größte zusammenhängende Eichenwald Europas – der Fôret de Tronçais – befindet sich in unserer Region. Im Spätsommer und Herbst erfreuen sich die auvergnatischen Wälder eines großen Pilzvorkommens.

Im Norden – im Bourbonnais – zeichnet sich die Landschaft durch saftige Weiden und typische Heckenumrandung aus. Bäume sind nur vereinzelt zu finden. Die Gegend um Billom ist bekannt für den Knoblauchanbau, rings um St-Pourçain-sur-Sioule gedeiht Wein, und Le Puy-en-Velay ist für seine grünen Linsen bekannt. Typisch für die Auvergne sind die zahlreichen erloschenen Vulkane im Département Puy-de-Dôme.

Auch die Tierwelt ist speziell. In dieser von Landwirtschaft geprägten Region gibt es vor allem viele Kühe. Allen voran die alte französische Rasse des Salers-Rindes, deren Milch hauptsächlich zur Käsegewinnung verwandt wird. Die Charolais-Rinder sind zur Fleischverwertung gedacht.

Bei den kleineren Tieren fallen Schmetterlinge und Eidechsen auf. Die größte ihrer Art ist die Smaragdeidechse, die sich lieber außerhalb jeder menschlichen Besiedelung aufhält.

Wir schreiben mehrmals von Schlangen. Sie sind unser Hobby, aber keine Angst! Autofahren ist viel gefährlicher! In der Regel meiden Schlangen die Begegnung mit Menschen. Zudem sind die meisten europäischen Exemplare vollkommen ungefährlich. An Gewässern und in Feuchtgebieten trifft man mit etwas Glück auf Wasserschlangen. Zu ihnen zählen die Ringel- und die Würfelnatter. Einzig die Vipern und die Ottern zählen zu den Giftschlangen. In der Auvergne sind wenige Kreuzottern und Aspisvipern beheimatet. Ich habe hier noch keine getroffen. Ihr Gift ist für einen gesunden Menschen nicht tödlich. Zudem kann man davon ausgehen, dass eine Giftschlange vor dem Menschen – den sie bereits durch die Erschütterung seiner Schritte lange vor seinem Erscheinen wahrnimmt – flieht. Nur wenn sie sich

angegriffen fühlt, beißt sie zu. Aufgrund ihrer Unfähigkeit, ihre Körpertemperatur über den Stoffwechsel zu regulieren, müssen Echsen und Schlangen die Sonnenstrahlen zur Erwärmung nutzen. Daher trifft man sie nur bei schönem Wetter an.

In den Weihern der Sologne Bourbonnaise leben die in Europa sehr seltenen Europäischen Sumpfschildkröten. Wasserfrösche gibt es in vielen Gewässern zu hören und zu sehen.

Besonders artenreich ist die Vogelwelt. Neben Sing- und Raubvögeln sind viele Wasservögel unterwegs. Über den Schluchten des Haut-Allier, der Sioule sowie der Haute-Loire und des Allagnons ziehen Milane, Falken und Schlangenadler ihre Kreise. Waldkauze und Bussarde leben in den Torfmooren. Der majästetische Uhu ist aufgrund seiner Lebensweise nur zu hören. Mit etwas Glück entdecken Sie in der Nähe von Wasserläufen einen Eisvogel oder den seltenen Flussuferläufer. Selbst der Fischotter lässt sich beobachten. Im Alliergebiet sind verschiedene Arten von Reiher, Fluss-Seeschwalben und Fischadler neben Schwänen und Enten beheimatet. Auch der seltene Triel, der zu den Regenpfeifern gehört, brütet in der Auvergne. Wiedehopf und Neuntöter kehren nach der Überwinterung hierher zurück.

In den auvergnatischen Wäldern leben Füchse, Rehe, Wildschweine, Marder, Eichhörnchen und Hermeline. Die Bête-de-Gévaudan wurde zum Glück ausgerottet. Imposante Hirsche lassen sich in der Pinatelle d'Allanche (Cantal), im Haut-Allier sowie im Fôret de Tronçais beobachten. Die äußerst scheue Ginsterkatze kommt im Westen der Region vor. Eine besondere Art von „Immigranten" finden wir an den Hängen des Puy Mary und des Sancy, wo rund 300 Mufflons in enger Nachbarschaft mit Gämsen und scheuen Murmeltieren leben.

Freies Übernachten

Als Wohnmobilneuling oder -mieter werden Sie von verschiedenen Veröffentlichungen verunsichert, da man unterschiedliche Informationen erhält. Tatsächlich sind die Bedingungen sehr verschieden: In manchen Ländern ist freies Übernachten außerhalb eines Campingplatzes gestattet, in anderen toleriert und in wieder anderen strikt verboten. Der Trend geht leider dahin, dass wir Womofahrer immer mehr auf Campingplätze oder offizielle Stellplätze „verbannt" werden. Das liegt zum einen in der steigenden Zulassungszahl aber leider auch im (Fehl)Verhalten einiger weniger Wohnmobilisten begründet. Wagenburgen an einsamen Stränden oder „wildes Entsorgen" rufen verständlicherweise den Unmut der Gemeinden sowie der Anwohner hervor. Frankreich ist jedoch das wohnmobilfreundlichste Land, das ich kenne. Erfahrungsgemäß werden eine oder mehrere Übernachtungen außerhalb offizieller Plätze toleriert. Allerdings gehört hier ein gewisses Fingerspitzengefühl dazu, denn in der Hauptsaison werden Sie sicher Unmut heraufbeschwören, wenn Sie an einem überfüllten Badeseeparkplatz Vorzelt oder Markise aufbauen und tagelang am Klapptisch sitzend Parkplätze blockieren. Dieses „campingähnliche Verhalten" gehört auf einen Campingplatz.

Fremdenverkehrsbüros/OTSI

Es klingt nach „Pauschalreise", aber die französischen Touristenbüros sind erwähnenswert. In jedem größeren, oft auch kleineren Ort gibt es ein gut ausgeschildertes Office de Tourisme oder ein Syndicat d'Initiative (OTSI), wo man Sie gerne berät und informiert. Nicht immer wird deutsch gesprochen und nur in touristisch erschlossenen Orten gibt es Info-Material in deutscher Sprache. Im Internet finden Sie unter **www.auvergne-tourismus.de**. weitere deutschsprachige Infos über „unsere" Auvergne.

Gasflaschen

Wenn Sie länger in Frankreich bleiben wollen, sollten Sie auf gefüllte Gasflaschen achten, da man unsere (immer noch) nicht tauschen kann, weil die französischen Flaschen andere Anschlüsse haben.

Laufen nur Kühlschrank sowie Herd und Warmwasserzubereitung auf Gas, können Sie 5-6 Wochen mit zwei 11kg-Flaschen auskommen. Wenn aber die Heizung hinzukommt, reichen die Flaschen nur rund 2 Wochen.

Tipps:

- *Befüllbare Gasflaschen oder ein Gastank sind ideal, da sie auch an französischen Tankstellen befüllt werden können.*
- *Besorgen Sie sich einen Euro-Adapter im Fachhandel für die „Zwischenschaltung", um zur Not eine französische Flasche zu nehmen.*
- *Von einem deutschen Wohnmobilist, der mehrere Monate in Frankreich bleibt, erfuhr ich, dass die goldenen bzw. hellgrünen französischen Gasflaschen mit unseren Gasverbindungen kompatibel sein sollen. Selber haben wir es noch nicht ausprobiert. Ich geb's weiter...*

Gasbetrieb im Womo

Entgegen vieler Meinungen, sind das Kühlen und Heizen mit Gas während der Fahrt generell erlaubt. Allerdings nur unter bestimmten Sicherheitsvorschriften. Außerdem spielt das Alter des Wohnmobils eine Rolle.

Gasflaschen, die angeschlossen sind, dürfen geöffnet und fürs Heizen sowie Kühlen betrieben werden. Nicht angeschlossene Flaschen müssen zugedreht und mit einer Schutzkappe versehen sein. Die Gasflaschen müssen außerdem nach der Norm DIN EN 1949 installiert und geprüft sein. Falls es zu einem Unfall kommt, darf bei Abriss der Gasleitung keinesfalls Gas ausströmen. Eine zusätzlich eingebaute Sicherheits-Absperreinrichtung verhindert das. Die gängigsten Varianten sind der Gasdruckregler Truma MonoControl CS und Truma DuoControl MS mit einem integrierten Crash-Sensor und einer Schlauchbruchsicherung.

Ein Gesetz besagt, dass alle Neufahrzeuge ab der Erstzulassung 01. 2007 über eine Sicherung gegen Gasaustritt bei einem Leitungsabriss verfügen müssen, um die Gasanlage während der Fahrt zu benutzen. Ältere Fahrzeuge haben hierzulande einen Bestandsschutz, in Frankreich jedoch müssen die Gasanschlüsse während der Fahrt zugedreht sein!

Auf Fähren und an Tankstellen ist der Betrieb von Gasgeräten verboten. Weitere Vorschriften sind:

* Gasflaschen müssen mit einer Halterung fest und unverrückbar mit dem Reisemobil verbunden und nicht verdrehbar sein.

* Der Gaskasten muss gegenüber dem Wohnraum vollständig abgedichtet sein und darf keine elektrischen Anschlüsse haben.

* Im Kasten dürfen sich keine anderen Zündquellen befinden.

* Flüssiggasanlagen dürfen nur von einem Fachmann gewartet und repariert werden.

* Die Gasprüfung muss alle 2 Jahre durchführt werden.

Geschichte

Auf unserer Auvergne-Reise werden wir auf Schritt und Tritt mit der Geschichte konfrontiert. Daher hier diesbezüglich einige wichtige Fakten:

Vor rund 38.000 - 40.000 Jahren wohnten Neandertaler gefolgt von den „moderneren" Homo sapiens in der heutigen Auvergne **(Tour 16)**. Bis zur Jungsteinzeit (etwa 6000 v. Chr.) entwickelte sich eine Kultur, die allmählich sesshafter wurde und von Tierhaltung, Jagd sowie Fischfang lebte.

In der vorchristlichen Epoche bevölkerteten die Keltischen Stämme der Arverner die heutige Auvergne. Sie prägten ihr eigenes Geld, trieben Handel und leisteten den römischen Besatzern – wie in Asterix und Obelix nachzulesen – während der gallo-römischen Zeit energischen Widerstand. Im Spätsommer 52 v. Chr. verloren sie in der entscheidenden Schlacht von Alesia, die von Vercingetorix **(Tour 4)** angeführt wurde, ihr Land, und die Auvergne wurde romanisiert.

Unter König Eurich eroberteten dann im 5. Jahrhundert die Westgoten die Gegend. Und zu Beginn des 6. Jahrhunderts ging die heutige Auvergne im Frankenreich auf. Während des Mittelalters wurde die Region mehrfach aufgeteilt und wieder getrennt, um letztendlich im 16./17. Jahrhundert an die französische Krone zu fallen.

Zur Zeit der Französischen Revolution (1789-1799) kam es 1790 zur Bildung der heutigen Départements Allier, Haute-Loire, Cantal und Puy-de-Dôme. Dabei umfassen Allier und Haute-Loire Teile der historischen Provinzen Lyonnais, Languedoc und Bourbonnais. 1792 wurde die Erste Republik ausgerufen (Ihr folgten bis heute 4 weitere).

Napoléon führte 1804 mit seiner „Selbstkrönung" zum Kaiser die Monarchie wieder ein. Die Auvergne hat ihm die Popularität des Kurortes Vichy zu verdanken. 1940 wird Vichy gar Hauptstadt des unbesetzten Frankreichs **(Tour 15)**.

Zahlreiche Persönlichkeiten gehen aus „unserer" Region hervor. Zu ihnen gehören die Politiker Georges Pompidou und Valéry Giscard d'Estaing sowie die Künstlerin und Modeschöpferin Coco Chanel.

Die Auvergne mit den uns bekannten geografischen Grenzen und den vier oben erwähnten Départements entstand übrigens erst im Jahre 1960. Am 1. Januar 2016 fusionierte die Auvergne mit der Nachbarregion Rhône-Alpes. Daraus resultiert der vorläufige Name **Auvergne-Rhône-Alpes**.

Haustiere

Viele Wohnmobilisten reisen mit Hund, einige wenige mit Katze oder Vogel. Damit Sie bei Kontrollen nicht in Schwierigkeiten geraten, ein paar Infos, vorwiegend für Hundebesitzer.

Hunde sind kein Problem. Wir wurden oft ermutigt, unsere mit ins Museum zu nehmen, und man brachte in Cafés unaufgefordert frisches Wasser und Leckerlis. Oft werden Verbotsschilder von Franzosen erfolgreich ignoriert. Leinenzwang wird ebenfalls locker gehandhabt.

Tipps:

- *Ein EU-Pass, der vom Tierarzt ausgefüllt ist und die Identifizierung sowie die gültigen Impfungen bescheinigt, ist mitzuführen. Das impliziert, dass Ihr Hund gechipt und gegen Tollwut geimpft ist. Manchmal muss der Pass am Campingplatz vorgezeigt werden.*

- *Die Einfuhr bestimmter Kampfhunde ist verboten, sofern sie nicht in einem vom Internationalen Hundeverband zugelassenen Stammbuch eingetragen sind.*
- *Für manche „Kampfhunde" gilt ein Verbot bezüglich der Mitnahme in öffentlichen Verkehrsmitteln oder Gebäuden sowie Leinen- und Maulkorbpflicht.*

- *Weitere Infos unter **www.frankreich-hund.net** oder **www.agriculture.gouv.fr/Animaux-alimentation-voyages,2411***

Höflichkeit

Auvergnaten sind sehr höfliche Menschen. Besonders dann, wenn sie feststellen, dass ihr Gegenüber sich Mühe gibt, wenigstens ein paar Worte Französisch zu sprechen.

Einige Grundregeln der französischen Etikette sollten Sie beherrschen: Begrüßen Sie mit „Bonjour Monsieur" oder „Bonjour Madame" statt nur mit „Bonjour", dann merkt man Ihnen den Nicht-Franzosen nicht sofort an. Auch einem „Merci", oder einem „Au revoir" – dem Sie noch ein „et une bonne journée" folgen lassen könnten – sollten Sie einer „Madame" oder einem „Monsieur" anschließen.

Internet

Die Roaming-Gebühren sind seit dem 15. Juni 2017 in Europa weggefallen, was bedeutet, dass man EU-weit zu Inlandspreisen surfen kann. Die neuen Roaming-Regeln gelten sowohl für Prepaid- als auch Vertrags-Tarife.

Allerdings gibt es hier Einschränkungen für Nutzer, die häufiger als 90 Tage im EU-Ausland mobil telefonieren, surfen oder SMS verschicken. Von ihnen darf der Mobilfunkanbieter Roaming-Gebühren verlangen. Ferner ist es Mobilfunkanbietern erlaubt, vertragliche Nutzungsgrenzen beim Roaming zu ziehen. Doch selbst wenn solche Grenzen überschritten sind, dürfen sie keine höheren Roaming-Aufschläge als die von der EU festgelegten Preisobergrenzen verlangen: Momentan sind noch 7,70 EUR je Gigabyte zulässig, ab Januar 2022 nur noch 2,50 Euro pro Gigabyte.

Ansonsten erhalten Sie Zugang zum Internet in Internetcafés, bei Fast-Food-Restaurants und vielen Cafés (**„WiFi gratuit"**, also kostenlosen WLAN-Zugang), auf Campingplätzen (Teils gegen hohe Gebühren!), kostenfrei auf Stellplätzen mit Pass' Ètapes und oft auch bei Fremdenverkehrsämtern. Immer mehr öffentliche Plätze bieten „WiFi-Säulen" an.

Als Alternative können Sie sich in einem Telefon-Shop eines französischen Anbieters (die bekanntesten sind SFR und Orange) oder im Supermarkt einen „Clé 3G+", also einen Prepaid-Surfstick für den Laptop kaufen. Er ist ohne Vertragsbindung und kostet zwischen 40 und 80 EUR. Hinzu kommt noch ein stunden-tage- oder wochenweises Guthaben. Natürlich können Sie auch bereits in Deutschland einen mobilen Router kaufen. Lassen Sie sich im Fachhandel beraten. Sollte Ihr Hany oder Laptop andere Anbieter als den Vertragspartner zulassen, können Sie sich auch eine französische Prepaid-Karte in jedem Supermarkt an der Kasse kaufen. Tethering ist hierbei jedoch nicht erlaubt. Einige Anbieter verlangen eine französische Adresse oder ein französisches Bankkonto.

Ein besonderes Angebot: Travel WiFi und My Webspot bieten einen Mietservice (MIFI) an. Sie bestellen einfach über die entsprechende Webseite den Router, der Ihnen per Post zugestellt wird. Ein vorfrankierter Umschlag liegt bei, und Sie können nach Beendigung der Nutzung das Gerät zurückschicken. Die Vorteile sind: Internet ist in ganz Frankreich verfügbar, Sie habeneinen 3G- oder einen 4G-Zugang, einen persönlichen Router sowie eine automatische Verbindung mit bis zu 10 Geräten.

Zum Abschluss noch eine kleine Übersetzungshilfe:

UMTS = 3G+	UMTS-Stick = clé 3G+
SIM-Karte = la carte SIM	Prepaid-Karte = carte prépayée

Jetons

Die meisten der Ver- und Entsorgungsrelais können nur mit Jetons, eine Art „Plastikgeld", betrieben werden. Häufig gibt es auch nur Strom mit

Jetons. Jetons erhalten Sie in Tabac-Läden, in Bars oder in den Touristenbüros sowie den mairies. Die neueren Plätze haben zudem Automaten aufgestellt, die Jetons – oft nur gegen Bezahlung mit der Kreditkarte – ausspucken. Großer Nachteil, nicht jeder Jetons passt in jedes Relais.

Tipp:

- *Besorgen Sie sich Jetons auf Vorrat, wenn Sie länger in Frankreich bleiben oder öfters herkommen. Wir haben die gängigsten (Euro-Relais, Flot-bleu) immer vorrätig an Bord.*

Käse

Die Auvergne ist ein wahres Paradies für Käseliebhaber. Hier werden die meisten der französischen AOP-Käsespezialitäten hergestellt. Die besten Käsesorten stammen von der Milch der Salers-Rinder, die im Freiland stehen und sich von schmackhaften Wildblumen und Kräutern ernähren.

Die fünf bekanntesten und schmackhaftesten Käsesorten sind Fourme d'Ambert, Bleu d'Auvergne, Saint-Nectaire, Salers und Cantal. Alle mit dem AOP-Qualitätssiegel versehen. Der leckere Rohmilchkäse **Salers** wird in der gleichnamigen Stadt Salers aus der Sommermilch der Bergkühe hergestellt. Er wird in der „gerle“, dem Kastanienbottich, zum Gerinnen gebracht.

Im Winter wird die Milch der Kühe zum **Cantal**, einem Schnittkäse aus Rohmilch oder pasteurisierter Kuhmilch, verarbeitet.

Der **Fourme d'Ambert**, ein cremiger, milder Blauschimmelkäse in Zylinderform, war bereits bei den Galliern bekannt. Er wird im Naturpark Livradois-Forez hergestellt. Dort reift er in Bergbauernhöfen, so genannten „Jasseries“, drei bis sechs Monate lang. Man isst ihn gerne zum auvergnatischen Wein von Saint-Pourçain.

Der **Bleu d'Auvergne**, ebenfalls ein Blauschimmelkäse, ist intensiver und kräftiger im Geschmack.

Besonders beliebt ist der **Saint-Nectaire**, der auf Stroh reift und einen haselnussigen Geschmack hat.

Tipp:

In der Auvergne können Sie sich entlang der Route du Fromage an Käse sattessen und über Käse informieren.

Kartenmaterial

Für die Anreise sowie die Groborientierung leistet eine Übersichtskarte von Frankreich im Maßstab 1:1 Mio. (Gibt's beim WOMO-Verlag) gute Dienste. Zur richtigen Erkundung der Region dient die Michelin-Karte 522 Auvergne/Limousin (gibt's auch beim WOMO-Verlag) im Maßstab 1:200.000.

Tipp:

- *Kaufen Sie sich den kompletten „Michelin Atlas Routier France“ für etwa 20 Euro im Buchhandel, im Supermarkt oder beim Zeitschriftenhändler.*

Kinder

Für Kinder ist ein Urlaub mit dem Wohnmobil ideal. Die Umgebung ist vertraut, Mama und Papa sind in der Nähe, und es ist genügend Platz im Auto für Lieblingsspielsachen und Kuscheltiere. Während der Fahrt können die Kleinen malen, puzzeln oder schlafen. Wenn sie mal „müssen“, entfällt eine lange Toilettensuche.

Sie sollten sich aber keine zu großen Etappen vornehmen, damit alle – Kinder wie Erwachsene – stressfrei bleiben.

Tipps:

- *Denken Sie an die empfindliche Haut Ihrer Kinder. Sonnenhut und T-Shirt dürfen auch in der Auvergne nicht fehlen.*
- *Denken Sie an den nötigen Impfschutz!*

- *Suchen Sie vor dem Urlaub Ihren Kinderarzt auf und sagen Sie ihm, wohin und wie lange Sie fahren.Er stellt Ihnen dann eine Medikamentenliste zusammen.*
- *Sorgen Sie für ausreichend Beschäftigungsmaterial.*

Kreisverkehr

Frankreich hält scheinbar immer noch den Rekord bezüglich der Anzahl der „ronde points" oder „girondoits" genannten Kreisverkehre. Teils sind sie richtige Kunstwerke. Wir persönlich haben sie lieben gelernt, weil man hier die Möglichkeit bekommt, wenn man sich verfahren hat oder den Weg sucht, mehrmals zu „routieren", bis der Co-Pilot die richtige Strecke ausfindig gemacht oder sogar das Navi sich eines Besseren besonnen hat. Rondells lassen den Verkehr viel fließender laufen als Kreuzungen. Außerdem muss man das Tempo drosseln, was zur Verkehrssicherheit beiträgt.

Tipp:

Auch aus Deutschland kennen wir: Vorfahrt hat, wer im Kreisverkehr ist, es sei denn, die Beschilderung besagt etwas anderes. In Frankreich ist man mit dem „Einfädeln" aber weniger zögerlich als bei uns. An größeren girondoits wird recht abenteuerlich zwei oder dreispurig gefahren.

Kühl- und Gefrierschrank

Die meisten Kühl- und auch gesonderten Gefrierschränke können mit Gas sowie mit 12 oder 220 Volt betrieben werden. Der 12-Volt-Betrieb funktioniert nur während der Fahrt – und dann bei hohen Außentemperaturen auch nicht wirklich gut. Bleibt nur die Option: Nichts im Gefrierfach zu haben oder auf Gas umstellen, so es – bei neueren Modellen – das Gerät nicht sowieso von alleine tut. Mit gasbetriebenem Kühlschrank darf man jedoch nicht ohne entsprechende Vorkehrungen fahren. **(Siehe Punkt „Gasbetrieb im Womo")**

Tipps:

- *Bei Schräglage wird Ihr Kühlschrank schlechter kühlen. Die Geräte vertragen eine Neigung von 15%. Allerdings werden Sie selber das wohl weniger gut vertragen!?*
- *Bestmögliche Kühlleistung erreichen Sie mit einer guten Belüftung des Aggregats sowie einem zusätzlichen thermostatgesteuerten Lüfter. Stellen Sie zudem das Womo mit der Kühlschrankseite nach Norden.*

Ladenöffnungszeiten

In Frankreich gibt es keine staatlich geregelten Öffnungszeiten. Größere Einkaufszentren haben in der Regel von 9.30 Uhr bis 20 Uhr geöffnet, sehr große gar bis 22 Uhr. Kleinere Läden sind normalerweise zwischen 12.30 Uhr und 14.30 Uhr geschlossen. Viele Bäckereien und Supermärkte haben Sonntagvormittag geöffnet, manchmal dafür aber Montags geschlossen.

Lebensmittel

Für die Anfahrt nehmen wir normalerweise Brotbelag und ein Fertiggericht mit. Wer am Wochenende startet, sollte soviel Verpflegung einpacken, dass er über Sonntag nicht verhungert. Immer mehr Supermärkte haben jedoch auch Samstags bis in die Abendstunden geöffnet, einige sogar am Sonntagvormittag.

Tipps:

- *Kommen Sie nicht auf die Idee, etwas, das mit Fisch oder Käse zu tun hat, mitzunehmen!*
- *Das Angebot an Fleisch ist in etwa mit unserem zu vergleichen. Lamm- und Hammelfleisch wird allerdings wesentlich häufiger angeboten als*

bei uns. Wir haben auch das Gefühl, es schmeckt besser. Testen Sie selbst!

- *Mit den französischen Würsten konnten wir uns nicht anfreunden und unterlassen daher jede Stellungnahme.*
- *Beim Käse ist es – besonders in der Auvergne – ein Muss, ihn vor Ort zu kaufen: Wir haben noch keinen gefunden, der uns nicht schmeckte. Sie finden eine riesige Auswahl vor. Probieren Sie sich durch; am Ende Ihres Urlaubs haben Sie bestimmt einige Lieblingssorten gefunden.*
- *Vom Wein brauchen wir gar nicht erst zu reden!? Wer ihn mit nach Frankreich nimmt, begeht ein Verbrechen.*

Literatur

Das Buch, das Sie auf Ihrer Reise durch die Auvergne am nötigsten brauchen, haben Sie gerade vor sich liegen. Da wir aber natürlich nicht auf alles eingehen können und auch nicht wissen, was Sie speziell interessiert, möchten wir hier noch einige weitere Literaturtipps geben:

- *Michelin Auvergne Berry; Der Grüne Reiseführer. Architektonische Kleinode, erloschene Vulkane und ursprüngliche Natur in sattem Grün; Verlag: Travel House Media; Michelin Touristikabteilung.*

Das Buch (auch über den WOMO-Verlag erhältlich), das sich hauptsächlich an Wanderfreunde richtet, ist:

- *Bettina Forst; Rother Wanderführer – Auvergne mit Massif Central und Vallee du Lot. Die schönsten Tal- und Höhenwanderungen; Bergverlag Rother.*

Ein weiteres, interessantes Buch von Bettina Forst ist:

- *Auvergne, Cevennen, Massif Central; Reise Know-How Verlag Rump, Bielefeld.*

Weitere Tipps:

- *Gabriele Kalmbach/Hans E. Latzke, Auvergne & Cevennen – das Zentralmassiv; DuMont Reiseverlag, Ostfoldern. Hans E. Latzke; Auvergne Tarn & Cevennen; DuMont Reiseverlag, Ostfildern.*
- *Kauderwelsch Französisch aus dem Reise Know How Verlag* (gibt's auch beim WOMO-Verlag)
- Robert L. Stevenson übersetzt von Christoph Lenhartz; Reise mit dem Esel durch die Cévennen; Edition La Colombe; 2000.
- Bildband Auvergne (Deutsch); Baltic Sea Press; 2015.

Weitere Bildbände in Französisch sind in der Region in Buchhandlungen, Touristenbüros oder Supermärkten erhältlich.

Zum Schluss noch etwas zum Schmunzeln:

- *Goscinny/Uderzo, Band XI, Asterix und der Arvernerschild, DELTA Verlagsgesellschaft, Stuttgart,*

Maut

Die meisten französischen Autobahnen kosten Geld, so genannte Maut. Sie bekommen es durch den Schriftzug „péage" zuvor angezeigt, so dass Sie noch die Möglichkeit haben, rechtzeitig abzubiegen. Größere Städte umfährt man mautfrei. Die jeweils anfallenden Gebühren werden an Mautstellen entrichtet, die entweder mit Personal besetzt oder immer häufiger mit

Automaten bestückt sind. Bezahlen können Sie bar sowie mit Karte. Meistens bekommen Sie jedoch erst einmal einen Schein, den Sie unbedingt aufbewahren müssen, weil am Ende einer Teilstrecke abgerechnet wird. Problematischer ist oft die Benutzung für uns Womo-Fahrer, da die Höhe des Karte ausspuckenden oder des Bezahl-Schlitzes selten identisch mit unserer Sitzhöhe ist. Dann sind einige gymnastische Übungen gefragt.

Die Preise sind gestaffelt, wobei Womos der Klasse II bzw. III (über 3 m Höhe und/oder 3,5 t) zugeordnet werden.

Tipps:

♦ *Achten Sie beim Anfahren an Mautstationen auf die entsprechende Fahrspur: Nicht dort einordnen, wo télepéage (erkennbar am t) steht. Häufig macht hier ein Querbalken sowieso die Einfahrt unmöglich.*

♦ *An den Mautstationen wird ihr Fahrzeug automatisch vermessen und als LKW empfunden. Drücken Sie den Hilfeknopf und sagen, dass Sie ein Wohnmobil (campin-car) haben. Daraufhin wird in der Regel neu berechnet und Sie zahlen nur noch 60 Prozent des zuvor berechneten Preises.*

Märkte

Ein Hochgenuss sind die Märkte Frankreichs – und so auch die der Auvergne. Daher finden Sie jeweils zu Beginn unserer Touren die Markttage einiger Ortschaften. Besonders im Sommer ist es schön, über den Markt zu schlendern, zumal dann auch das Angebot größer ist als in den anderen Jahreszeiten. Ein ganz spezielles Erlebnis sind die marchés de nuit – die Nachtmärkte.

Auf den Märkten der Auvergne finden Sie neben regionalen Produkten wie Käse und Gemüse auch Haushaltswaren, Mitbringsel sowie modische Accessoires und Bekleidung. Achtung meine Damen: Hier bekommen Sie manchmal modische Garderobe, die erst in 1-2 Jahren bei uns „in" sind! Bei Größenangaben sollten Sie vorsichtig sein: Viele Kleidungsstücke fallen vergleichsweise klein aus, und zahlreiche Händler wollen Ihnen weis machen, alles sei „taille unique", also Einheitsgröße. Tipp: Probieren Sie vor Ort im Lieferwagen hinter dem Stand an.

Auch der Besuch der marchés aux puces oder der brocantes – vergleichbar mit unseren Flohmärkten – ist empfehlenswert.

Medikamente

Arzneimittel, die Sie regelmäßig einnehmen müssen, sollten Sie sich zuvor in nötiger Menge besorgen.

Tipps:

♦ *Der Erste-Hilfe-Koffer im Womo sollte überprüft und aufgefrischt werden, vor allem in Hinblick auf Verfallsdaten.*

♦ *Am häufigsten reagieren die Verdauungsorgane auf geänderte Ess- und Lebensgewohnheiten. Gegen Durchfall helfen Kohletabletten. Was Sie bei Verstopfung brauchen, kann Ihnen Ihr Apotheker sagen.*

♦ *Zum Schluss noch ein paar notwendige Mittel(chen):*
1. etwas gegen Mückenstiche
2. Insektenstift zur Beseitigung des Juckreizes nach Insektenstichen, wenn 1. versagt hat.
3. Sonnenschutzmittel
4. (Kopf-)Schmerzmittel
5. Zeckenmittel für den Hund

Notrufnummern

Wie überall in Europa gilt auch hier die Notrufnummer 112. Weitere kostenlose Notrufnummern sind:

- Feuerwehr (Pompiers): 18

- Polizei Notruf (Police): 17
- Rettungsdienst (SAMU): 15
- Ärzte rund um die Uhr (SOS Médecins) 0147 077 777
- Deutschsprachiger ADAC-Notruf: 04 72 17 12 22

Vom Handy aus müssen Sie die 0033 vorwählen.

Parken

Natürlich gelten auch hier die entsprechenden Ver- und Gebotsschilder, selbst wenn einem häufig das Gefühl beschleicht, man könne parken wo und wie man will. Ja, man kann, aber man darf nicht! Neben den Schildern gilt: Bei gelben Streifen am Fahrbahnrand besteht Park- und Halteverbot. Gleiches trifft auf Unterführungen, Tunnels sowie unter Brücken zu. In den „zones bleu“ ist Parken zeitlich begrenzt. Der Zusatz „sauf camping-cars“ bedeutet, dass das Park-, Halte- oder Durchfahrverbot nicht für Womos gilt.

Pass' Étapes

Immer mehr setzen sich die offiziellen Stellplätze des Betreibersystems „Camping-Car-Park“ – von mir im Buch auch als „Pass'- Ètapes-Kette“ bezeichnet – durch. Auf den ersten Blick wirken die Plätze aufgrund ihres Systems bezüglich der Einfahrt recht kompliziert und damit abstoßend. Hat man es aber erst einmal verstanden und selbst durchgeführt, so ist alles ganz einfach: An einem automatischen Beschrankungssystem müssen Sie zunächst einen persönlichen und wiederaufladbaren „Pass' Étapes“ erwerben. Dieser kostet eine einmalige Gebühr von 4 EUR. Hinzu kommen dann die Stellplatzgebühren, die relativ moderat sind und sowohl Ver- und Entsorgung als auch WLAN und oft zusäzlich Strom beinhalten.

Die genaue Ansage bekommen Sie am Automaten auch auf Wunsch in deutscher Sprache gemacht.

Ferner müssen Sie eingeben, ob Sie erstmalig diese Plastikkarte erwerben oder einen bereits vorhandenen Pass' Étapes aktivieren möchten. Als notwendige Angaben sind beim ersten Besuch ihre Handynummer sowie Ihre Kreditkartennummer einzugeben, da der entsprechende Betrag von Ihrem Konto abgebucht wird. Sie können auch die Karte gleich auf einen höheren Betrag aufladen und an verschiedenen Stellplätzen – in ganz Frankreich immer – „abarbeiten“.

Die von mir besuchten Camping-Car-Parks waren bislang alle sehr komfortabel und gut gepflegt. Die Automaten funktionierten ebenso wie das Abbuchungsprozedere perfekt.

Wer einmal registriert ist, bekommt mit dem Newsletter regelmäßig

Informationen über (neue) Stellplätze. Sie können auch reservieren. Mehr erfahren Sie unter **www.camping-car-park.com**.

Radfahren

Das Land der Tour de France ist ausgesprochen radfahrerfreundlich. Allerdings macht es uns als Amateure die Auvergne mit ihren vielen Höhen und Tiefen nicht immer leicht. Leicht hingegen macht sie es uns, was die Radwege anbelangt. Es gibt vergleichsweise viele. In Touristenbüros erhalten Sie geeignete Radfahrkarten mit den entsprechenden Tourenvorschlägen.

Bitte sichern Sie Ihre Räder ausreichend am Fahrradhalter und in der Heckgarage.

Tipps:

- *Achten Sie darauf, Abstandshalter zu haben, die dafür sorgen, dass die Räder im oberen Bereich auseinander gehalten werden. Jedes Rad sollte am Grundträger befestigt sein.*
- *Haben Sie einen Heckträger und ärgern Sie sich über die unzureichenden oberen Befestigungen, so empfehle ich, auf die Abstandshalter der im Handel befindlichen Alu-Träger-Systeme auszuweichen. Da die Alu-Rohre jedoch dicker sind als die kunststoffbeschichteten Stahlrohre, müssen Sie einen Trick anwenden: Kaufen Sie sich im Baumarkt Isolation für Heizungsrohre. (Messen Sie zuvor den Durchmesser Ihres Grundträgers.) Auf das so ummantelte Rohr können Sie nun Ihren Abstandshalter schrauben.*

Reisezeit / Klima

Die ideale Reisezeit hängt von Ihren Wünschen und Vorstellungen ab. Wie überall kann es zu jeder Jahreszeit schön sein. Generell ist die Auvergne für ihr raues Klima bekannt. Die Winter sind kalt, und in den Bergen herrscht Wintersportbetrieb. Im Frühjahr ist es wechselhaft, der Sommer ist größtenteils heiß, in den Bergen weht jedoch ein kühlender Wind. Der Herbst bezaubert mit bunten Wäldern, Pilzen und vielen Sonnentagen.

Aufgrund der allgemeinen Wetterlage würden wir persönlich Mai bis September vorschlagen. Wegen der klaren Luft genießen Sie in der Regel im April, Mai und September die besten Aussichten über die Vulkanberge. In den Wintermonaten ist in Höhenlagen mit Schnee zu rechnen.

Restaurants

Frankreich und Restaurants gehören zusammen, das gilt natürlich auch für die Auvergne. Unterschiedliche Gastronomien bieten für jeden Geldbeutel und jeden Geschmack das Passende. Damit Sie genau wissen, was Sie erwartet, hier eine kleine Gaststättenkunde:

Die **Brasserie** ist mit unseren Gaststätten vergleichbar. **Cafés** entsprechen unseren Kneipen: Man trifft sich, um etwas zu trinken und sich zu unterhalten. In einer **Crêperie** können Sie eine Vielzahl französischer Pfannkuchen durchprobieren. Das **Restaurant** heißt auch bei uns Restaurant. Der „Michelin“ vergibt hier nach strengen Kriterien bis zu drei Sterne.

In Frankreich betritt man ein Restaurant und wartet darauf, dass man einen Platz zugewiesen bekommt.

Ehe Sie das Lokal mit Hund betreten, fragen Sie nach, ob Ihr vierbeiniger Freund erwünscht ist. In einfachen Brasserien, Cafés und Cêperien ist das selten ein Problem. In gehobeneren Restaurants sind Hunde nicht immer gerne gesehen – vor allem große Hunde.

Wenn Sie das passende Restaurant gefunden haben, wäre es gut, wenn Sie die Speisekarte verstehen könnten. Am einfachsten und preiswertesten ist es, ein Menü zu bestellen. Wollen Sie à la carte speisen, hier die wichtigsten Vokabeln:

Fische

anchois....Sardelle
anguille....Aal
brème....Brasse
cabillaud....Kabeljau
carpe....Karpfen
congre....Meeraal
dorade....Brassen
equille....Sandaal
hareng....Hering
lieu noir....Seelachs
lotte de mer....Seeteufel
loup de mer....Seebarsch
maquereau....Makrele
merlan....Wittling, Merlan
merlu....Seehecht
perche....Barsch
plie....Scholle
raie....Rochen
sandre....Zander
saumon....Lachs
sole....Seezunge
thon....Thunfisch
truite....Forelle
turbot....Steinbutt

Gemüse/Obst

ail....Knoblauch
concombre....Gurke
lentilles....Linsen
oignon....Zwiebel
pomme....Apfel
pomme de terre....Kartoffel

Geflügel

canard....Ente
coq....Hahn
dinde....Pute
faisan....Fasan
oie....Gans
poulet....Huhn

Sonstige Meerestiere

araignée....Seespinne
bouquet....Seekrebs
coque....Herzmuschel
crabe....Krabbe
crevette....Garnelen
crevisse....Flusskrebs
grenouille....Frosch
homard....Hummer
huîtres....Austern
langouste....Languste
moules....Miesmuscheln
poulpe....Krake
praire....Venusmuschel
seiche/calamar....Tintenfisch
tourteau....Taschenkrebs
coquille St-Jacques....Jakobsmuschel

Fleisch

escalope....Schnitzel
agneau....Lamm
bifteck....Beefsteak
boeuf....Rind
cervelle....Hirn
côtelette....Kotelett
foie....Leber
langue....Zunge
lapin....Kaninchen
mouton....Hammel
porc....Schwein
sanglier....Wildschwein
saucisses....Würstchen
veau....Kalb

Getränke

eau minérale....Mineralwasser
bière....Bier
vin du pa....Landwein
vin blanc....Weißwein
vin rouge....Rotwein
vin de table....Tafelwein

Schwarze Madonnen

In der Auvergne gibt es besonders viele Schwarze Madonnen – Vierges noires. Warum diese schwarz sind, konnte nicht eindeutig geklärt werden. Am bekanntesten ist die von Le Puy, die seit dem 13. Jahrhundert verehrt wird. Man sagt, König Ludwig IX. habe die Statue von seinem Kreuzzug gegen Ägypten mitgebracht. Während der Französischen Revolution wurde sie öffentlich verbrannt. Warum sich aber letztendlich die Anzahl der Schwarzen Madonnen hier so stark erhöhte, obliegt Spekulationen. Die einen behaupten, sie seien Überbleibsel aus der Zeit der Kelten und hätten deren Göttinnen ersetzt, andere führen ihre Existenz auf die Bibel zurück, da im Hohelied des König Salomons steht: „...Seht mich nicht an, dass ich so gebräunt bin...". Noch heute werden ihr zu Ehren Feste und Prozessionen in verschiedenen Orten abgehalten.

Straßen

Wie überall in Frankreich, sollten Sie auch hier in der Auvergne die Autobahn (A) meiden. Damit sparen Sie Geld, da ein Großteil gebührenpflichtig ist, und Ihnen wird ein schöneres Landschaftsbild präsentiert. Idealist die Benutzung der gut ausgebauten Route Nationale (RN oder N), wenn man rascher vorwärts kommen möchte oder ein großes Womo besitzt. Die Départementstraßen (D) liefern etliche Picknick- und Übernachtungsplätze sowie idyllische Ortschaften. Allerdings sind diese häufig (sehr) schmal. Nicht selten läuft in der Auvergne auch schon mal eine Herde Kühe oder Schafe die Straße entlang oder aber Radfahrer fahren im Pulk nebeneinander her. Da braucht mal Geduld...

Die Nummerierung am Straßenrand stimmt mit denen des Navis oder denen im Atlas nicht immer überein. Zudem lieben es die Franzosen, die Nummern öfters mal auszutauschen. So ändert sich beispielsweise auch die Straßennummer ein und derselben Straße mit Überschreitung der Départementsgrenze.

Auch sonst haben wir „abenteuerliche" Erfahrungen mit den Straßen Frankreichs machen dürfen. Öfters führte uns oft eine Déviation – eine Umleitung – auf eine landschaftlich interessante aber kurvenreiche und abenteuerliche Strecke, die keiner mit einem Wohnmobil größerer Art freiwillig fahren würde. Zu meiner Beruhigung sagte ich mir immer wieder, dass ja schließlich auch Busse und LKWs hierhin umgeleitet werden. Wenn es nur nicht gerade in meine Gegenrichtung wäre...

Ein Tipp unter Womo-Fahrern: Vertrauen Sie nie ganz Ihrem Navi! Es könnte Sie unter Brücken hindurch führen wollen, die aus Ihrem chicken Alkoven ein Cabriolet machen würden. Vermeiden können Sie das, indem Sie mitdenken sowie Ihren Beifahrer mit der neuesten Straßenkarte beschenken.

Ortsdurchfahrten sind nicht immer kommod. Fahren Sie vorausschauend und misstrauen Sie schon mal einer Abzweigung, die Sie zu einem

Parkplatz oder ins Stadtzentrum führen will. Bei Unsicherheit vergewissern Sie sich vorab zu Fuß.

An die überaus vielen Kreisverkehre haben wir uns gewöhnt. Sie haben ja auch ihr Gutes. Zuletzt möchte ich Sie auf zahlreiche, fest installierte sowie mobile Radaranlagen aufmerksam machen. Also immer schön an die vorgeschriebene Geschwindigkeit halten, wenn Sie nicht ein Porträtfoto von sich als Souvenir haben oder Ihren Urlaub finanziell ausweiten wollen.

Übrigens sind viele Ampeln in den Ortschaften so geschaltet, dass sie auf Rot springen, sobald Sie zu schnell in den Ort hineinfahren. Eine geschickte Sache!?

Sicheres Übernachten

Vollkommen sicher ist man nirgendwo, außer vielleicht daheim im Bett. Spaß beiseite, man hört, wenn man viel unterwegs ist, wahre Schauermärchen. Aber ich denke, dass die betroffenen Wohnmobilisten manchmal auch eine Teilschuld trifft. Man lässt keine Wertsachen offen liegen und lässt sein Bauchgefühl bei der Wahl der Plätze am besten ein wenig mitsprechen. Wir hatten in den letzten Jahrzehnten keine Probleme.

Tipps:

- *Nicht auf Autobahnraststätten übernachten!*
- *In der Nähe größerer Städte die offiziellen Übernachtungsplätze benutzen, da dort die Gendarmerie kontrolliert. Sicher ist auch ein Campingplatz.*
- *Nie Wertgegenstände sichtbar liegen lassen.*
- *Abschreckend kann eine Hundeleine auf der Ablage oder ein Hundefoto (natürlich nicht von einem Shitzu) sein.*
- *Wie wäre es mit dem Knackerschreck aus dem WOMO-Verlag?*

Sprache

Zuerst die gute Nachricht: Mit ein paar Brocken Französisch werden Sie nicht verhungern. Und nun die weniger gute: Auf englische oder deutsche Sprachkenntnisse können Sie nur in Touristenorten hoffen. Wenn Sie Bruchstücke Ihres Schulfranzösisch in den Alltag hinüberretten konnten, gebrauchen Sie sie! Ihr Gesprächspartner wird bemüht sein, sich Ihnen verständlich zu machen. Die angebliche Arroganz der Franzosen werden Sie kaum erleben, wenn Sie sich wenigstens bemühen. Kaufen Sie sich einen kleinen Sprachführer (ein Wörterbuch nützt wenig!). Hier die wichtigsten Vokabeln für Sie:

ja/nein ... oui/non
Guten Tag/Guten Abend ... bonjour/bonsoir
Auf Wiedersehen ... au revoir
bitte ... s'il vous plaît
danke ... merci
Verzeihung ... pardon
Sprechen Sie deutsch/englisch ... Parlez-vous allemand/anglais?
Was kostet das? ... Ça fait combien?
Wo/Wohin? ... Où?
links/rechts ... à gauche/à droite

Da die Franzosen sehr höflich sind, sollten Sie jedem dieser Ausdrücke ein Monsieur oder Madame folgen lassen. Und hier noch ein paar wichtige touristische Vokabeln:

abbay – Abtei
fôret/bois – Wald
col – Pass
étang – Teich
fontaine – Quelle
marché – Markt
beffroi– Bergfried
château – Schloss
église – Kirche
lac – See
monastère – Kloster
puy – erloschener Vulkan

Für Öffnungszeiten oder Markttage hier die Wochentage:

lundi – Montag
mardi – Dienstag
mercredi – Mittwoch
jeudi – Donnerstag
vendredi – Freitag
samedi – Samstag
dimanche – Sonntag

Supermarkt

Ich liebe Frankreichs gut sortierte hypermarchés. Sie sind größer und heller als unsere, und auch das Personal scheint stressfrei und freundlicher zu sein. Supermärkte befinden sich am Ortsrand in der Z.A. – der zone artisanal – oder im centre commercial. Die größten sind Leclerc, Carrefour, Intermarché, Auchon, Cora und Casino.

Besonders hervorzuheben sind die Frischfischtheken, die selbst in der Auvergne mit einer großen Auswahl zu günstigen Preisen aufwarten. Das Angebot an Fleischwaren besteht aus viel Rind, Pute, Ente, Gans, Huhn, Kaninchen und Lamm neben etwas Schweinefleisch. Die Gemüse- und Obstabteilungen sind ebenfalls gut bestückt. Neben Lebensmitteln und Getränken bekommen Sie Haushaltswaren, Elektroartikel, Angelzeug, Bücher, Zeitschriften, Kosmetika und Bekleidung. Den meisten Märkten ist eine Tankstelle angegliedert.

Tanken

Benzin und Diesel ist auch in Frankreich teuer geworden. Am günstigsten ist es an Supermarkt-Tankstellen, wo Sie rund um die Uhr mit Karte tanken können. Manchmal ist die Zufahrt eng und die Höhe stimmt nicht immer mit dem Alkovenmobil überein.

Telefonieren

Die Vorwahl Frankreichs lautet 0033. Wer von dort aus nach Deutschland telefonieren möchte, wählt die 0049 vor. Österreicher wählen die 0043 und Schweizer die 0041, wenn Sie in ihr Heimatland anrufen möchten. Dabei ist stets die erste 0 der entsprechenden Ortskennzahl wegzulassen.

Trinkgeld

Das Trinkgeld – le pourboire – ist prinzipiell im Preis enthalten, dennoch ist es üblich, etwa 10% des Rechnungsbetrages nach dem Bezahlen mit der Rechnung liegen zu lassen.

Ver- und Entsorgung

Die meisten Orte weisen eine gut ausgeschilderte Ver- und Entsorgungsstation aus. Manchmal sind sie kostenlos zu benutzen, einige schlucken einen Euro oder 50 Cent, wieder andere möchten einen Jeton oder die Kreditkarte haben. Nicht immer sind Ablässe und Anschlüsse leicht zugänglich, und man muss schon mal erfinderisch sein.

Verkehr

Prinzipiell ist der Verkehr in Frankreich natürlich mit dem bei uns vergleichbar: In Ballungszentren recht hohes Verkehrsaufkommen, auf dem Land weniger Verkehr. Die Straßen jedoch sind teilweise etwas anders. Zum einen sind zahlreiche Autobahnen mautpflichtig (siehe auch „Maut“ und „Straßen“), zum anderen gleichen einige der Straßen unseren grünen Planwegen. Aber Franzosen können fahren und nehmen auf Womos Rücksicht! Beim Einfädeln in ein Rondell ist der Franzose keineswegs zögerlich. Passen Sie sich an!

Immer mehr Orte werden in ihrer Durchfahrt für Fahrzeuge über 3,5 t gesperrt. Das ist gut so, hält es doch den Schwerverkehr und somit das Verkehrschaos ein wenig ab. Schlecht ist es, weil viele von uns Wohnmobile über 3,5 t besitzen. Aber, wer in den Ort fahren will, um zum Stellplatz zu kommen, der ist natürlich „riverain“ und somit Anlieger. Städte, die nur mit grüner Umweltplakette zu befahren sind, gibt es in der Auvergne (noch) nicht.

Verkehrszeichen

Die Verkehrszeichen sind natürlich mit unseren identisch. Einige französischsprachige Zusätze haben wir hier für Sie aufgeschrieben und erklärt:

Accès interdit ....Einfahrt verboten
Camping-car.. Womo
Carrefour ....Große Kreuzung
Cédez le passage.. Vorfahrt gewähren
Chantier.. Baustelle
Déviation.. Umleitung
feux... Ampel
Hauteur limitée.. Höhenbeschränkung
Passage à niveau... Bahnübergang
Ralentissez! .... Langsam fahren!
Rappel.. Erinnerungshinweis
Sens unique... Einbahnstraße
Stationnement interdit...Halteverbot
Vent latéral... Seitenwind
Vitesse contrôlée......................... Geschwindigkeit wird überwacht/ Radar
Vous n’avez pas la priorité.................................. Sie haben keine Vorfahrt
sauf riverains/camping-cars ....außer Anwohner/Wohnmobile
Bleifreies Benzin...essence sans plomb
Diesel...gasol/gasoil
Super ....super
tanken ....prendre de l’essence
Tankstelle ....station-service

Zapfsäule ....pompe à essenceVéhicules lents serrez à droite..............................Langsame Fahrzeuge rechts fahren!

Wandern

Neben dem Jakobs- und dem Stevenson-Weg gibt es in der Auvergne viele andere ausgewiesene und nummerierte Wan-derwege. Karten erhalten Sie in Touristenbüros und Buchläden.

Folgendes sollten Sie sich merken: Die PR (Petit Randonnée) ist rot-weiß gekennzeichnet und benennt eine rund 2,5 bis 6 Stunden dauernde Wanderstrecke. Die GR (Grande Randonnée) ist eine längere, Tage oder Wochen dauernde Wanderroute.

Wasser und Wasserversorgung

In der Auvergne brauchen Sie keine Angst vor Wassernotstand oder schlechtem Trinkwasser zu haben. Nirgendwo findet man so viele (Mineral)Quellen, Bäche, Flüsse und See wie hier.

Ihr Womo verfügt wahrscheinlich über eine Frischwasserreserve von 20-150 Litern!? Kanister können Sie an jedem Wasserhahn auffüllen. Mit den eingebauten Tanks sieht das anders aus. Nicht immer ist überall ein Schlauch vorhanden, und wenn doch, meist nicht besonders hygienisch, da man nie weiß, was der Vorgänger damit gemacht hat. Es empfiehlt sich also die Mitnahme sowohl einer speziellen „Trinkwassergießkanne" als auch eines ca. 5 m langen Schlauchs mit mehreren Gardena-Anschlussstücken.

Sollten Sie dennoch Bedenken haben, empfehlen wir, ihr Trinkwasser mit einem Mittel auf Silberionen-Basis zu entkeimen und haltbar zu machen. Eine Veralgung ist ebenfalls nicht mehr zu befürchten. Mittel auf Silberionen-Basis sind – gegenüber anderen Mitteln – geruchs- und geschmacksneutral, 10 Jahre haltbar und frei von Chlor sowie Jod. Die Entkeimungstabletten erhalten Sie bei Ihrem Fachhändler.

Feste und Feiertage in der Auvergne

Feiertage

Damit Sie sich auf Ihrer Reise auf Tage mit vielleicht mehr Verkehr oder geschlossene Geschäfte einstellen können, hier folgende Informationen:

Frankreich hat 12 gesetzliche Feiertage, wovon die meisten christlichen Ursprungs sind. Dann sind die meisten Geschäfte geschlossen und die Straßen sowie die Freizeiteinrichtungen überfüllt. Es wird häufig ein Picknick mit Freunden oder der ganzen Familie verastaltet, bei dem viel gegessen und getrunken wird. Das sind die gesetzlichen Feiertage.

* Neujahr am 1. Januar
* Ostermontag
* Tag der Arbeit am 1. Mai
* Tag des Sieges (1945) am 8. Mai
* Christi Himmelfahrt
* Pfingsten
* Französischer Nationalfeiertag am 14. Juli
* Mariä Himmelfahrt am 15. August
* Allerheiligen am 1. November
* Waffenstillstand von Compiègne (1918) am 11. November
* 1. Weihnachtstag

Besondere Events

Es gibt wohl kaum einen Ort in der Auvergne, der nicht sein eigenes, kleines oder größeres lokales Fest hat. Oft wird es zu Ehren des Ortsheiligen ausgerichtet, beginnt mit einer Messe und nimmt im Laufe des Tages zunehmend weltlichere Formen an, die in Essen, Trinken, Musizieren und Tanzen enden. Gibt es keinen Ortsheiligen, so finden die Auvergnaten andere Gründe zu feiern. Dabei sind sie sehr gastfreundlich und freuen sich, wenn Sie sich mit ihnen an einen Tisch setzen und mitfeiern.

Hier in alphabetischer (Orts)Reihenfolge einige größere, regelmäßig stattfindende und wiederkehrende Events der Region. Eine detaillierte Übersicht erhalten Sie in den jeweiligen Touristenbüros vor Ort.

* **Allanche:** „Foire à la Brocante"; Trödelmarkt Anfang August
* **Aurillac**: Internationales Straßentheaterfest am letzten Augustwochenende. Dann ist der Stellplatz gesperrt! / „Ländliche Lebensweise" Mitte Oktober / Wettbewerb der Geschichtenerzähler auf Französisch & Okzitanisch Ende November/Anfang Dezember
* **Château des Fougis:** „Festiv'Allier", Internationales Tanz- und Musikfestival im August
* **Clermont-Ferrand**: Mittelalterfest in der Altstadt in der ersten Junihälfte / Wasserfest Ende Juli / Jazzfestival Ende Oktober/Anfang November
* **Gannat:** Folklorefestival mit Musikern aus aller Welt Ende Juli
* **Hérisson:** Konzerte klassischer Musik Mitte Juli bis Anfang August.
* **Issoire**: Musikfestival Mitte Juni bis Mitte Juli / Tanzfest Mitte Juli
* **La Chaise-Dieu**: Ende August Kirchenmusikkonzerte in der Abteikirche
* **Lapalisse:** Embouteillage N7, große Oldtimer-Parade, alle zwei Jahre (Herbst 2020) als Erinnerung an die Ferienzeit früher, als alle Pariser über die N 7 ans Mittelmeer fuhren
* **La Roquebrou**: Boogie-Woogie-Festival Mitte August
* **Le Mont-Dore:** Musikfestival Juli - August
* **Le Puy-en-Velay**: Traditionelle Prozession der weißen Büßer am Gründonnerstag / „Fête du Roi de l'Oiseau", da wird Anfang September der Ort für eine Woche zur Renaissancestadt / Internationales Mongolfierentreffen am Wochenende um den 11.11.
* **Montferrand (Cl.-Ferrand):** Mittelalterfest „Dauphin d'Auvergne" Anfang Juni
* **Montluçon**: Fest der Charolais-Rinder im März / Marienprozession am Sonntag nach dem 8. September
* **Mourjou (Cantal):** „Fiéira de la Castanha", Kastanienfest am 3. Oktoberwochenende
* **Orcival**: Prozession an Himmelfahrt. Abends zuvor Fackelzug und Messe
* **Riom:** Prozession in Kostümen aus dem 17. Jahrhundert am 11. Juni oder dem darauf folgenden Sonntag
* **Riom-ès-Montagnes:** Käsefest im August
* **St-Flour:** Treffen der Gebirgskulturen an Pfingsten / „Fest del Pais", großer Viehmarkt mit traditioneller Musik Ende Juni
* **St-Pourçain-sur-Sioule:** „Fête des Vins", Weinfest Ende August

Der WOMO-Knackerschreck

* ist die universelle und **sofort sichtbare Einbruchssperre**.
* Wird einfach in die beiden Türarmlehnen eingehängt, zusammengeschoben und abgeschlossen.
* Passend für Ducato, Peugeot, Renault Master, MB Sprinter und VW (alle Typen).
* Krallen aus 10 mm massivem, einbrennlackiertem Stahl, d. h. nahezu unverwüstlich.

Nur 59,90 € – und nur bei WOMO!

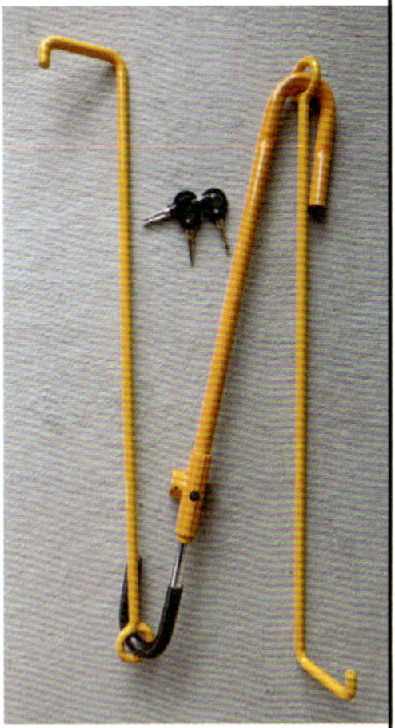

Der WOMO-Aufkleber

* passt mit 14 cm Breite auch auf Ihr Wohnmobil.
* ist das weit sichtbare Symbol für alle WOMO-Freunde.

0,00 € – und nur bei WOMO!

Der WOMO-Leserservice

Passend zu unseren Reiseführern bieten wir in unserem Online-Buchshop unter **www.womo.de** an:

* Die besten **Autokarten** von Michelin, Freytag & Berndt, Reise-know-how, die garantiert die komplette Reiseroute abdecken.
* Die Kauderwelsch-**Wörterbücher** für jede Sprache unserer Reiseländer.
* Von jedem Reiseland mindestens einen Rother-**Wanderführer** über die schönsten Wanderregionen.
* Die **GPS-Daten** aller Bücher in den Versionen (.gpx und .kml) zum Download für die schnelle Übertragung auf Ihr Navi.

Info-Blatt aus dem WOMO-Buch: Auvergne '20

Lokalität: Seite: Datum:
(Stellplatz, Campingplatz, Wandertour, Gaststätte, usw.)

unverändert gesperrt/geschlossen folgende Änderungen:

Lokalität: Seite: Datum:
(Stellplatz, Campingplatz, Wandertour, Gaststätte, usw.)

unverändert gesperrt/geschlossen folgende Änderungen:

Lokalität: Seite: Datum:
(Stellplatz, Campingplatz, Wandertour, Gaststätte, usw.)

unverändert gesperrt/geschlossen folgende Änderungen:

Lokalität: Seite: Datum:
(Stellplatz, Campingplatz, Wandertour, Gaststätte, usw.)

unverändert gesperrt/geschlossen folgende Änderungen:

Lokalität: Seite: Datum:
(Stellplatz, Campingplatz, Wandertour, Gaststätte, usw.)

unverändert gesperrt/geschlossen folgende Änderungen:

Lokalität: Seite: Datum:
(Stellplatz, Campingplatz, Wandertour, Gaststätte, usw.)

unverändert gesperrt/geschlossen folgende Änderungen:

Meine Adresse und Tel.-Nummer:

Info-Blatt aus dem WOMO-Buch: Auvergne '20

Lokalität: Seite: Datum:
(Stellplatz, Campingplatz, Wandertour, Gaststätte, usw.)
unverändert gesperrt/geschlossen folgende Änderungen:

Lokalität: Seite: Datum:
(Stellplatz, Campingplatz, Wandertour, Gaststätte, usw.)
unverändert gesperrt/geschlossen folgende Änderungen:

Lokalität: Seite: Datum:
(Stellplatz, Campingplatz, Wandertour, Gaststätte, usw.)
unverändert gesperrt/geschlossen folgende Änderungen:

Lokalität: Seite: Datum:
(Stellplatz, Campingplatz, Wandertour, Gaststätte, usw.)
unverändert gesperrt/geschlossen folgende Änderungen:

Lokalität: Seite: Datum:
(Stellplatz, Campingplatz, Wandertour, Gaststätte, usw.)
unverändert gesperrt/geschlossen folgende Änderungen:

Lokalität: Seite: Datum:
(Stellplatz, Campingplatz, Wandertour, Gaststätte, usw.)
unverändert gesperrt/geschlossen folgende Änderungen:

Meine sonstigen Tipps und Verbesserungswünsche:

Wir bestellen: (Preisänderungen vorbehalten)

- ☐ Wohnmobil Handbuch .... 12,00 €
- ☐ Wohnmobil Kochbuch .... 12,90 €
- ☐ Heitere Geschichten .... 6,90 €
- ☐ Albanien .... 19,90 €
- ☐ Allgäu .... 19,00 €
- ☐ Andalusien (Spanien Süd) .... 22,00 €
- ☐ Auvergne .... 22,00 €
- ☐ Baden-Württemberg .... 22,00 €
- ☐ Baltikum .... 23,00 €
- ☐ Bayern (Nordost) .... 20,90 €
- ☐ Bayern (Nordwest) .... 20,90 €
- ☐ Bayern (Südost/Oberbayern) 22,00 €
- ☐ Belgien & Luxemburg .... 19,90 €
- ☐ Bretagne .... 20,90 €
- ☐ Burgund .... 19,90 €
- ☐ Dänemark .... 21,00 €
- ☐ Elsass .... 19,90 €
- ☐ England (Nord) .... 19,90 €
- ☐ England (Süd) .... 19,90 €
- ☐ Finnland .... 19,90 €
- ☐ Frankreich Südwest .... 22,00 €
- ☐ Französische Alpen .... 20,90 €
- ☐ Franz. Atlantikküste (Nord) ... 19,90 €
- ☐ Französisches Jura .... 19,90 €
- ☐ Griechenland .... 19,90 €
- ☐ Hessen (Norden + Osten) .... 19,90 €
- ☐ Hessen (Mitte + Süden) .... 19,90 €
- ☐ Hunsrück/Mosel/Eifel .... 20,90 €
- ☐ Irland .... 22,00 €
- ☐ Island .... 18,90 €
- ☐ Korsika .... 18,90 €
- ☐ Kroatien / Montenegro .... 19,90 €
- ☐ Languedoc / Roussillon .... 19,90 €
- ☐ Ligurien .... 18,90 €
- ☐ Loire-Tal/Paris .... 17,90 €
- ☐ Lothringen .... 17,90 €
- ☐ Marokko .... 22,00 €
- ☐ Meckl. Vorpommern (West) .. 18,90 €
- ☐ Meckl. Vorpommern (Ost) ..... 18,90 €
- ☐ Mittel-Italien .... 19,90 €
- ☐ Namibia .... 20,90 €
- ☐ Neuseeland (Nord) .... 19,90 €
- ☐ Neuseeland (Süd) .... 19,90 €
- ☐ Niederlande .... 21,00 €
- ☐ Nord-Frankreich .... 19,90 €
- ☐ Normandie .... 22,00 €
- ☐ Norwegen (Nord) .... 21,00 €
- ☐ Norwegen (Süd) .... 19,90 €
- ☐ Österreich (Ost) .... 22,00 €
- ☐ Österreich (West) .... 17,90 €
- ☐ Ostfriesland .... 20,90 €
- ☐ Peloponnes .... 19,90 €
- ☐ Pfalz .... 19,90 €
- ☐ Piemont/Aosta-Tal .... 22,00 €
- ☐ Polen (Nord/Masuren) .... 21,00 €
- ☐ Polen (Süd/Schlesien) .... 17,90 €
- ☐ Portugal (Nord) .... 21,00 €
- ☐ Portugal (Süd) .... 20,00 €
- ☐ Provence & C. d'Azur (Ost) .. 19,90 €
- ☐ Provence & C. d'Azur (West) 19,90 €
- ☐ Pyrenäen .... 19,90 €
- ☐ Rumänien .... 19,90 €
- ☐ Sachsen .... 20,90 €
- ☐ Sardinien .... 19,90 €
- ☐ Schleswig-Holstein .... 22,00 €
- ☐ Schottland .... 19,90 €
- ☐ Schwarzwald .... 17,90 €
- ☐ Schweden (Nord) .... 19,90 €
- ☐ Schweden (Süd) .... 19,90 €
- ☐ Schweiz (Ost + West) .... je 19,90 €
- ☐ Sizilien .... 19,90 €
- ☐ Slowenien .... 18,90 €
- ☐ Spanien (Nord/Atlantik) .... 19,90 €
- ☐ Spanien (Ost/Katalonien) ..... 18,90 €
- ☐ Südafrika (Krüger NP) .... 24,90 €
- ☐ Süditalien (Ost/Apulien) .... 21,00 €
- ☐ Süditalien (West/Kalabrien) .. 19,90 €
- ☐ Süd-Tirol .... 20,00 €
- ☐ Thüringen .... 22,00 €
- ☐ Toskana & Elba .... 22,00 €
- ☐ Trentino/Gardasee .... 21,00 €
- ☐ Tschechien .... 18,90 €
- ☐ Türkei (West) .... 18,90 €
- ☐ Türkei (Mitte-Kappadokien) .. 17,90 €
- ☐ Umbrien & Marken mit Adria. 19,90 €
- ☐ Ungarn .... 18,90 €
- ☐ Venetien/Friaul .... 19,90 €
- ☐ Wales .... 18,90 €

* WOMO * * WOMO * * WOMO * * WOMO *

Absender:

Datum

Unterschrift

WOMO-VERLAG

Versandabteilung

OT Mittelsdorf

An der Liethe 4-6

36452 Kaltennordheim

DIE REISE- UND ERLEBNISFÜHRER

* Bequeme Touren durchs ganze Urlaubsland.
* Viele Plätzchen für freie Übernachtungen mit GPS.
* Genaue Hinweise auf viele Trinkwasserstellen.
* Die schönsten Badeplätze, die nicht jeder kennt.
* Bergtouren und Spaziergänge für groß und klein.
* Die besten Anreiserouten, Fähren, usw.
* 300 Tipps und Tricks – für Ausrüstung, Reisevorbereitung und Urlaub.
* Ausgefeilte Profipackliste.
* Spezialkarten mit präzisen Einträgen der freien Stellplätze, Trinkwasser- und Entsorgungsstellen.

DAS KOCHBUCH

* Einrichtung der WOMO-Küche.
* Lebensmittel-Grundausstattung.
* Konserven selbst gemacht.
* Backen in der Bratpfanne – Kuchen, Pizza, Brote.
* Viele, viele WOMO-Rezepte für zwei Gasflammen – einfach, schnell und lecker!
* Einkochen im Urlaub.
* Spezialrezepte für den Dampftopf.
* Der WOMO-Pfannenknecht.

DAS HANDBUCH

* Beratung bei Kauf und Miete.
* Gas-, Wasser-, Elektroinstallation.
* Einrichten des Wohnmobils.
* Tipps & Tricks fürs Wochenende.
* 3200 freie deutsche Stellplätze.
* 700 deutsche Entsorgungsstationen.
* Urlaubsvorbereitung, Profipackliste.
* .Stellplatz-Infos für ganz Europa.
* Wohnmobil und Wintersport.
* Der WOMO-Urlaubspartner-Service.
* Gastankstellen in ganz Europa.

Unsere Bücher erhalten Sie in jeder Buchhandlung oder auf Rechnung direkt vom Verlag. Hier gibt's auch die aktuellen Infos über unsere ständigen Neuerscheinungen. (Versandkosten 1,20€, ab 10€ portofrei/Ausland 7,50€, Preisänderungen vorbehalten).

Bestell-Telefon: 036946-20691 * Fax: 036946-20692**
Internet: www.womo.de * eMail: verlag@womo.de**

* WOMO * * WOMO * * WOMO * * WOMO *

Reisenotizen

Reisenotizen

Reisenotizen